L'onda digitale: illusioni e delusioni

Mario Ricciardi

AF898023

Copyright © 2025 Mario Ricciardi
Copyright © 2025 Generis Publishing

All rights reserved. This book or any portion thereof may not be reproduced or used in any manner whatsoever without the written permission of the publisher except for the use of brief quotations in a book review.

Title: L'onda digitale: illusioni e delusioni

ISBN: 979-8-89966-095-5

Author: Mario Ricciardi

Cover image: www.pixabay.com

Publisher: Generis Publishing
Online orders: www.generis-publishing.com
Contact email: info@generis-publishing.com

L'ONDA DIGITALE

ILLUSIONI E DELUSIONI

Contents

INTRODUZIONE

1. Dal grande fratello al grande facilitatore. Il grande fratello di Orwell

Il grande fratello è il dittatore di Oceania. Nella società che Orwell descrive, ogni individuo è tenuto sotto controllo."Il Grande Fratello vi guarda", in originale "*Big Brother is watching you*", ricorda continuamente agli abitanti il suo potere assoluto e la sua presenza in ogni luogo, anche nell'intimità. Quando Winston Smith, protagonista del romanzo, chiede esplicitamente a O'Brien, durante la tortura, se il Grande Fratello esista davvero o meno, dicendo «Esiste come esisto io?», O'Brien gli risponde «Tu non esisti». Nessuno ha mai visto il Grande Fratello. È un volto sui manifesti, una voce che viene dal teleschermo. Il partito è il dominatore. Orwell fa riferimento a casi storici al nazismo ma soprattutto al totalitarismo sovietico.

Il grande facilitatore non è più un despota, la raffigurazione di una forza assoluta che opprime ma al contrario è una macchina, un sistema e una rete di macchine guidate dal potere assoluto dell'algoritmo. La promessa è che l'educazione e l'apprendimento sono alla portata di tutti e possono essere conseguiti da tutti. No friction era la parola chiave usata da Bill Gates per rappresentare la trasformazione del capitalismo industriale che chiede sacrifici e impegno ed è per sua natura portatore di disuguaglianza, tra ricchi e poveri tra padroni e salariati.

Al contrario il mondo di internet consente a tutti, senza fatica, di appropriarsi non solo della conoscenza diffusa ma di trasformare il mondo diviso in un mondo di pari. L'informazione di internet è per tutti gli utilizzatori della rete.

Il mondo di internet costruisce il paradiso del consumatore. Non più i produttori ma consumatori che internet mette tutti sullo stesso piano e allo stesso livello. La rete distribuisce in modo egualitario l'informazione e la distribuisce globalmente realizzando la speranza di Adam Smith . Ma Il grande facilitatore può essere apparenza e nascondere il potere dell'algoritmo che produce profitti e ricchezze smisurate, senza essere visibile e senza essere soggetto, nel suo ingresso nelle forme rinnovate e rivoluzionate di capitalismo contemporaneo (capitalismo radicale) alle leggi e alle regole.

2. Internet storia e leggenda

Internet è l'interconnessione globale tra reti di telecomunicazioni, resa possibile dal protocollo "TCP/IP"

Diffusione

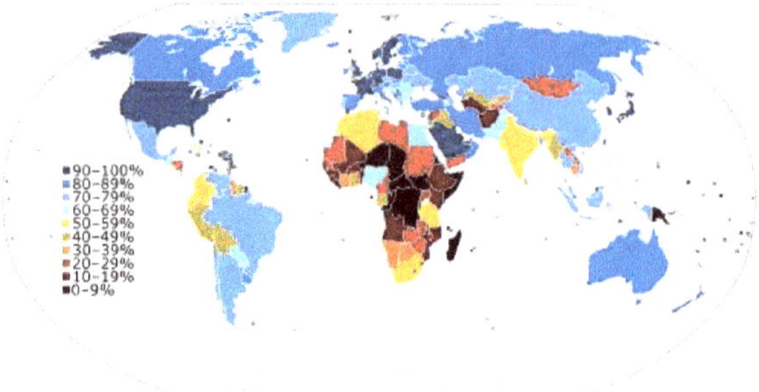

Utenti Internet, espressi in percentuale della popolazione per nazione, nel 2023

Prima del 1993 Internet è una rete dedicata alle comunicazioni all'interno della comunità scientifica e tra le associazioni governative e amministrative

All'inizio del 1995 i sistemi connessi a Internet nel mondo erano quasi 5 milioni, circa il doppio di un anno prima, e si stimava che permettessero l'accesso a circa 50 milioni di utenti. Si arriva al 1998 con centinaia di milioni di computer connessi in rete in parallelo. Questa è la situazione di diffusione di Internet nel mondo occidentale, mentre nel secondo e terzo mondo il tasso di penetrazione è pesantemente inferiore

Internet, nei primi anni 2000,è un agente forte della globalizzazione.

L'inizio di Internet è caratterizzato dallo scambio di dati essenzialmente dati testuali e immagini fisse, poi dilagano i contenuti multimediali.

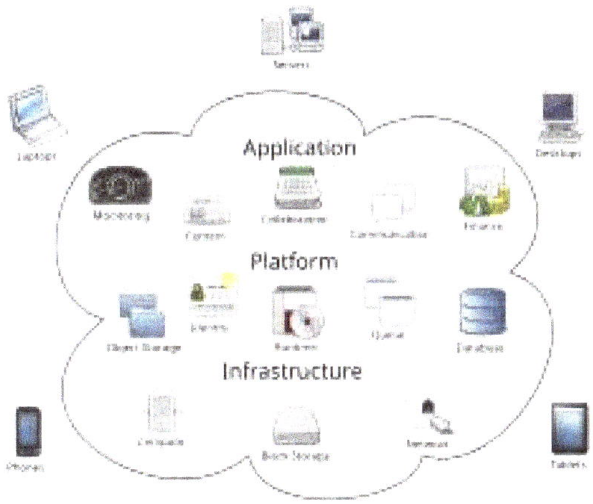

L’interesse economico esplode favorendo i grandi network o fornitori di servizi e contenuti di rete (Google, YouTube, Facebook, Twitter, LinkedIn, ecc.). quello che viene definito il capitalismo delle piattaforme.

Un’ulteriore evoluzione della Rete potrebbe essere l'estensione della connettività agli oggetti taggati del mondo reale dando vita a Internet delle cose.

L'**Internet delle cose** (**IdCa**), dall'inglese ***Internet of Things*** (**IoT**), fa riferimento all'estensione di internet al mondo degli oggetti e dei luoghi concreti, che acquisiscono una propria *identità digitale* in questo modo ogni oggetto puo’ comunicare con altri oggetti connessi a Interrnet.

gli oggetti (le "cose") si rendono riconoscibili e acquisiscono intelligenza comunicando dati su se stessi. In realtà enormi aziende che gestiscono la rete, possono estrarre dati gratuitamente e informazioni sugli utenti,: questo e' il vero e nuovo profitto ricavato da Internet. Questi oggetti connessi che sono alla base dell'Internet delle cose si definiscono più propriamente "oggetti intelligenti" (in inglese *smart objects*) e si contraddistinguono per alcune proprietà. L'obiettivo dell'internet delle cose è far sì che il mondo elettronico tracci una mappa di quello reale, dando un'identità elettronica alle cose e ai luoghi dell'ambiente fisico.

Internet delle cose

Rappresentazione grafica dell'Internet delle cose gli oggetti (le "cose") si rendono riconoscibili e acquisiscono intelligenza comunicando dati su se stessi e ricavando informazioni da parte di altri. Questi oggetti connessi che sono alla base dell'Internet delle cose si definiscono più propriamente "oggetti intelligenti" (in inglese *smart objects*).

Il valore del mercato è stimato in 100 miliardi di dollari.. quali sono i problemi generati da Internet delle cose?la sicurezza e la privacy, La pervasività dell'infrastruttura digitale, secondo Shoshana Zuboff sta trasformando i dispositivi <<da qualcosa che possediamo a qualcosa che ci possiede>>.

Inoltre la mancanza di normative adeguate a regolare l'enorme potere delle industrie monopoliste private del settore, consente totale libertà di estrarre dai flussi informativi tutti i dati che ritengano utili ai loro business senza controllo neppure dagli interessati.

3. Onda digitale

Le tecnologie (senza pensiero) sostituiscono i maestri nella vita quotidiana. L'apprendimento e il percorso difficile e faticoso per la conoscenza non richiedono più friction anzi sono facilitati. queste situazioni vengono dopo e in conseguenza dell'onda digitale. L'onda digitale si è trasformata in una vera e propria marea che favorisce e utilizza l'espansione globale. Vengono dopo quando la marea digitale invade l'intera umanità (globalizzazione).

L'ipertesto sconvolge il modello fondante la civiltà umana, nato dall'invenzione della scrittura e dell'alfabeto. Questa tecnologia afferma, infatti, un paradigma che non è più quello logico-sequenziale.

3.1. Illusione di libertà: Internet delle origini

Internet si afferma, alle origini, come processo di liberazione da un potere autoritario e repressivo, identificato principalmente nelle istituzioni pubbliche. L'obbiettivo è la libertà culturale dall'autorità e dalle "catene" che si sono costruite nel tempo attraverso il dominio della mente alfabetica e del paradigma logico-sequenziale. Internet propone di rivedere il potere al centro, la forma di dominio che assegna attraverso le regole pubbliche create nel tempo, tutto il potere concentrato al centro. Così come ad es. avveniva per i media di massa e le società totalitarie. Non solo il paradigma logico-sequenziale crea l'abitudine e l'assoggettamento a questo potere che sta al centro delle società o delle comunità. Questa cultura, fondata storicamente sulla mente alfabetica, si identifica con la natura umana moderna (ratio alfabetica e ratio moderna) e con la sua visione del mondo.

Il processo opposto è una controrivoluzione. Al centro di questa controrivoluzione è il ridimensionamento e poi l'annullamento della centralità sociale dei produttori. I produttori del tempo della modernità sono la personificazione dialettica e conflittuale tra capitalisti industriali (i padroni, gli imprenditori) e i salariati (gli operai, i disoccupati e alla fine i cittadini, chi vive di un salario sufficiente a vivere). L'obbiettivo primario è stato un ribaltamento dall'utopia dell'uguaglianza (presente nella critica al logocentrismo e nell'affermazione della parità globale di ogni punto della rete) alla realtà di un dominio feroce della disuguaglianza su scala globale.

4. Cyberspazio

Il mito: andare oltre, esplorare oltre i confini fisici e della tradizione

Che cos'è il ciberspazio?

> *Cyberspazio. Un'allucinazione consensuale sperimentata quotidianamente da milioni di operatori legittimi, in ogni nazione, da bambini ai quali sono stati insegnati concetti matematici... Una rappresentazione grafica di dati astratti da banche dati presenti in ogni computer del sistema umano. Complessità im- pensabile. Linee di luce ordinate nel nonspazio della mente, serie di ingranaggi e costellazioni di dati. Come luci della città che retrocedono.*[1]

Il termine *cyberspazio* è sinonimo di Internet, e più tardi, di World Wide Web, mondo delle reti, luogo-non luogo, parallelo alla società e al territorio, fortemente influenzato anche dall'apparizione di alcuni straordinari film come Blade Runner (1982). Barlow lo descrive così annunciando la formazione dell'EFF (Electronic Frontier Foundation) nel giugno del 1990:

> *In questo mondo silenzioso, tutta la comunicazione è digitata. Per entrare in esso, ci si deve liberare sia del corpo che dell'ambiente circostante e si diviene solo una cosa fatta di parole. Si può vedere quello che i nostri interlocutori stanno dicendo (o che hanno detto di recente), ma non come sono loro fisicamente, né il luogo dove si trovano [...]che lo scrittore di fantascienza William Gibson battezzò Cyberspazio.*[2]

«Il cyberspazio è là dove si trovano i tuoi soldi quando introduci la tua carta di

---

[1] B.STERLING, Introduzione a *Giro di vite contro gli hacker*, Shake edizioni undergrond, Milano 1993.

[2] KEALEY, citato in M. BENEDIKT, *Cyberspace, Primi passi nella realtà virtuale*, Muzzio, Padova 1993.

credito nello sportello del bancomat».

> *... è una parola che dà il nome a una nuova fase, a un nuovo e irresistibile progresso nell'elaborazione dell'economia e della cultura umana, all'insegna della tecnologia. Ciberspazio: un nuovo universo, un universo parallelo creato e alimentato dalle reti globali di comunicazione via computer. Un mondo in cui prende forma uno scambio globale di conoscenze, segreti, misurazioni, indicatori, divertimenti e agenti non umani: luci, suoni, presenze mai viste sulla faccia del- la terra che sbocciano in una vasta notte elettronica.*[3]
>
> *[...]*
>
> *Ciberspazio: il regno dell'informazione allo stato puro, che si riempie come un lago e diffonde messaggi che trasfigurano il mondo fisico.*[4]

L'obiettivo di chi vuole tradurre l'idea e il mito di cyberspace in opportunità, è di abitare questi spazi sia della mente sia delle tecnologie; nuove visioni, nuove possibilità di sviluppo. In tutti appare l'idea che è possibile fare di più, fare esperienze più intense più ricche di motivazioni più entusiasmanti. Una realtà aumentata è la dimensione che appare possibile.

5. Che cos'è il virtuale?[5]

Pierre Lévy sostiene che il fondamento della virtualità è la tecnologia, ma non solo. virtuale non è opposto a reale, virtuale è il possibile, quello che non appare ancora ma già esiste (in potenza). È la base delle attività umane più ricche e libere; quindi, dei processi creativi. Evita qualunque forma di meccanicismo nei comportamenti umani. Il virtuale è una grande occasione per sfuggire alla dimensione piatta, uni- direzionale della routine quotidiana.

[3] H. RHEINGOLD, *Comunità virtuali. Parlare, incontrarsi, vivere nel ciberspazio*, Sperling & Kupfer, Milano 1994.

[4] ALLUCQUÈRE R. STONE, *The War of Desire and Technology at the Close of the Mechanical Age*, MIT Press, Cambridge 1996, p. 47. [*T.d.A.*]

[5] P. LÉVY, *Il virtuale*, Cortina, Milano 1997.

Il processo di virtualizzazione ha due caratteristiche: la de-territorializzazione e il continuo, fluido passaggio tra interiore e esteriore, tra privato e pubblico.

Il processo di virtualizzazione in taluni casi elimina, in altri riduce la resistenza che esiste nella materia e nel mondo fisico.

Il territorio e l'esperienza del genere umano su di esso, si basano sulle due categorie dell'hic (spazio) et nunc (tempo). Sono le due categorie che ritornano costantemente nella critica alla realtà esistente e alla tradizione da parte dei protagonisti della rivoluzione digitale. La virtualizzazione produce l'allontanamento dai vincoli del qui e ora. Il luogo fisico dove avviene un incontro tra viventi non è più localizzabile con precisione. Anche nel caso di una conversazione telefonica è difficile stabilire dove essa avvenga. in modo ancora più evidente il problema si pone nel caso di un'impresa virtuale, tipica dei processi di de-localizzazione. La medesima situazione si può ritrovare anche in un testo (nella sua versione ipertestuale) che si trova in rete e che noi probabilmente non avremo occasione di leggere ma avremo sempre presente e accessibile in rete. Esso non è meno reale di un testo che leggiamo nella sua forma classica e nel suo supporto tradizionale, cioè il libro.

La seconda caratteristica di questo processo riguarda il passaggio dall'interno all'esterno e viceversa. Si manifesta a più livelli: quello delle relazioni tra privato e pubblico, individuale e comune, soggettivo e oggettivo, carta e territorio, autore e lettore, ecc. Un esempio può es- sere nuovamente quello dell'impresa virtuale, in cui il telelavoratore trasforma il proprio spazio privato in spazio pubblico, e viceversa, i luoghi e i tempi si mescolano. Solo nel reale le cose sono nettamente delimitate. La virtualizzazione, passaggio alla problematica, spostamento dell'essere sull'interrogazione, è necessariamente una rimessa in discussione dell'identità classica, pensata servendosi di definizioni, di determinazioni, di esclusioni, di inclusioni e di terzi esclusi. Per questo la virtualizzazione è sempre eterogenesi, divenire altro, processo di accoglimento dell'alterità.

Lévy sostiene che la virtualizzazione non investe solo l'ambito del- l'informazione e della comunicazione, ma anche il corpo, il sistema economico, la sensibilità individuale e il senso comune e l'esercizio dell'intelligenza. Per sottolineare che l'emergere del virtuale è un processo dalla valenza rivoluzionaria che modifica le grandi categorie le- gate all'identità sia soggettiva sia collettiva (sociale) e che produce un radicale cambio di paradigma, Lévy inserisce il processo di virtualizzazione, che ha origine dall'affermazione delle tecnologie dell'informazione, nei grandi processi di civilizzazione dell'umanità.

5.1. La Realtà virtuale

La realtà virtuale può essere considerata il primo e più importante campo di applicazione delle suggestioni nate dall'idea di cyberspazio. Lo scopo della VR (*virtual reality*) è quello di simulare l'intero com- plesso dei dati sensoriali che costituiscono l'esperienza "reale". L'utente indossa un'apparecchiatura che sostituisce i dati sensoriali provenienti dal mondo naturale con quelli prodotti da un computer. Davanti agli occhi sono posti degli schermi e il corpo (le mani ad esempio) sono dotate di sensori. In questo modo lo schermo fornisce la vi- sione di questo mondo artificiale, e dall'altro i sensori connettono le sensazioni che si provano al suo contatto. Inoltre un dispositivo di monitoraggio collegato al corpo registra i movimenti, in modo che, come l'utente si muove, anche ciò che egli vede o sente viene alterato di conseguenza.

L'immersione permette un'identificazione completa con l'esperienza, un'occasione creata artificialmente ma molto più suggestiva e attraente di quanto la società le istituzioni la vita quotidiana possano offrire: «Per reale che possa essere il mondo fisico, il mondo virtuale è esattamente altrettanto reale, e si è guadagnato pari stato; ma al tempo stesso possiede anche un grado infinito di possibilità».

L'esperienza della realtà virtuale è originale e inedita. Lanier polemizza con energia con una società piatta, conformista che non ha nulla di nuovo o di coinvolgente da proporre. Gli individui devono cercare altrove lo scopo della loro vita.

6. La critica

La società in cui le immagini digitali occupano la scena si trasforma in una società dell'apparenza. Ciò che appare è creduto vero (credenza, opinione). Apparire è il contrario di essere. Su questi presupposti si formano posizioni radicalmente critiche verso l'eccessiva e incontrollata potenza delle tecnologie e contro la diffusione di questa esperienza. Le posizioni critiche vengono da lontano (nel tempo e nello spazio) e sono tipiche degli intellettuali europei.

Il consumatore. Adorno e la musica

Quindi il consumatore scambia e conseguentemente riduce a merce, il valore spirituale della musica con lo spettacolo musicale per cui paga il biglietto. Il consumatore, quindi, non riesce a cogliere più la vera essenza dell'esperienza degli oggetti, dei valori ma consuma solo la loro apparenza. Così il mercato funziona da meccanismo livellatore che riduce sia i prodotti a merci (connotati soltanto dal valore economico e non dal loro valore intrinseco) sia i fruitori a consumatori comandati dalla pubblicità.

Il processo di regressione non è soltanto individuale ma di massa:

«La coscienza delle masse di ascoltatori è consona alla musica feticizzata». Questo processo inibisce ogni forma di distacco critico o di possibile valutazione autonoma da parte dell'esperto: tutti sono diventati esperti come già diceva Benjamin e quindi non esiste più quello spazio di distacco, quella "resistenza" che permette di giudicare e di apprezzare autonomamente e con competenza l'opera d'arte. Non può esistere consumatore di massa che non sia alienato:

> *«L'ascolto avviene in base alle prescrizioni ricevute, e di certo la depravazione stessa non sarebbe possibile se vi fosse una resistenza, e se le esigenze degli ascoltatori fossero superiori anche di poco alla cerchia di quello che viene loro porto»*[6].

Adorno trasferisce l'analisi freudiana di una patologia individuale a una forma di vera e propria patologia di massa. Gli ascoltatori di mu- sica si comportano tutti allo stesso modo, seguendo le "prescrizioni" dei mass media e della pubblicità, orientati non a presentare il valore autentico del brano musicale, ma piuttosto a vendere prodotti. Adorno vede il consumatore massa come una figura collettiva senz'anima e senza identità, completamente plagiato dall'industria culturale. Per questo non oppone alcuna resistenza a questa spinta al consumo e alla perdita di identità.

[6] Adorno, Dissonanze p.31

7. La società dello spettacolo[7]

La posizione di Guy Debord che dà origine a un movimento, il Situazionismo, intende aggiornare le teorie marxiane legate all'economia politica, in particolare le categorie di alienazione e reificazione:

> *La fase presente dell'occupazione totale della vita sociale da parte dei risultati accumulati dell'economia conduce a uno slittamento generalizzato dell'avere nell'apparire, da cui ogni "avere" effettivo deve trarre il suo prestigio immediato e la sua funzione ultima. Ciò che aliena l'uomo, ciò che lo allontana dal libero sviluppo delle sue facoltà naturali non è più, come accadeva ai tempi di Marx, lo sfruttamento del lavoro subordinato e il feticismo delle merci, bensì è lo spettacolo.*[8]

Lo spettacolo non è un insieme di immagini, ma un rapporto sociale tra le persone, mediato dalle immagini. È la società stessa, per come si presenta: "Lo spettacolo è il capitale a un tale grado di accumulazione da divenire immagine".

Una tendenza che viene sottolineata in età recente mano a mano che la dimensione dell'immagine abbinata alla tecnologia appare più potente e pervasiva:

> *Con la modernità, in cui non smettiamo di accumulare, di aggiungere, di rilanciare, abbiamo disimparato che è la sottrazione a dare la forza, che dall'assenza nasce la potenza. E per il fatto di non essere più capaci di affrontare la padronanza simbolica dell'assenza, oggi siamo immersi nell'illusione inversa, quella, disincantata, della proliferazione degli schermi e delle immagini.*[9]

Il concetto di cyberspazio contraddice il modello delle società tradizionali così come è descritto da Jack Goody:

> *Tutte le società sono in qualche modo rette da una qualche forma di norme e di regole. Ma quando queste ultime rimangono implicite, al livello della strut- tura profonda, esse non si configurano allo stesso modo, né agli occhi dell'at- tore né a quelli della società, di quando vengono invece esplicitamente formulate su richiesta dei governati o*

---

[7] Ivi, p. 31.

[8] G. DEBORD, *La Société du spectacle*, Paris, Èditions Buchet-Chastel, 1967.

[9] *Le traduzioni di La Société du spectacle in italiano sono state effettuate da diversi tra- duttori e per editori diversi.*

esposte nel foro, magari incise sulla pietra, da parte dei governanti. [...] perché si è subito attribuito un più elevato valore di verità allo scritto: nei tribunali, in campo letterario e filosofico, nella pure e semplice citazione di un'"autorità".[10]

8. Colonizzare il cyberspazio

La parola chiave è rivoluzione digitale. Una definizione di parte e quindi parziale. Enfatizza il ruolo delle tecnologie informatiche nel profondo e globale cambiamento in atto nella società mondiale. Rivoluzione vuole sottolineare che il cambiamento è radicale, totale e investe nello stesso tempo tutti i settori della società dall'economia alla cultura. La rapidità dei processi e la loro globalità sono i caratteri più evidenti: le nuove parole chiave sono condivisione delle risorse e collaborazione tra gli utenti.

Il primo protagonista è Bill Gates, il libro scelto è *The Road Ahead* (la strada che porta al domani) in particolare il capitolo "Friction Free Capitalism". La rivoluzione digitale per Bill Gates si realizza attraverso Internet. Internet diventa il mediatore globale, vetrina totalmente trasparente, che mette sullo stesso piano produttori e consumatori. La trasformazione del mercato capitalistico avviene attraverso la diffusione dell'informazione: il consumatore informato si libera dai condizionamenti materiali propri della sua origine e della sua esperienza locale, costruisce comunità in cui l'informazione consente processi di personalizzazione liberando il consumatore dalla dimensione piatta e passiva della società di massa.

Il diritto di proprietà è stato l'architrave del mercato e quindi dell'economia capitalistica. Jeremy Rifkin sostiene che una nuova opportunità caratterizza la rivoluzione digitale: l'accessibilità dei beni e dei prodotti. La società non si divide più tra ricchi e poveri, tra chi ha e chi non ha, ma tra chi accede all'informazione e alle reti e chi non può accedervi, rimanendo escluso dal futuro. Il cyberspazio viene colonizzato e abitato da una popolazione che vi trasferisce virtualmente i propri interessi, le proprie aspettative, le proprie esperienze. Con la ricerca nel campo delle tecnologie assume un ruolo decisivo.

Il digitale è un mondo e non soltanto esperienza di laboratorio, fa parte della vita quotidiana. Il digitale invade l'intera società e trasforma i rapporti sociali creando

[10] Intervista *in http://www.mediamente.rai.it/home/bibliote/biografi/v/virilio.htm*

una dimensione inedita oltre i condizionamenti materiali. *Essere digitali* è la fotografia di una rivoluzione sempre in corso e sempre più diffusa. La comunicazione e l'informazione sono i veicoli principali di queste dinamiche e gli esseri umani legano sempre di più esperienza, comunicazione e tecnologie facilmente usabili.

Bill Gates rappresenta l'utopia concreta del capitalismo che supera la società industriale proponendo un mondo "libero" da vincoli e da attriti (friction free capitalism) e un mondo dove *change is good* (tema monografico di un numero di Wired): il cambiamento è rivoluzione e non solo evoluzione; è uno stato perenne, il vero motore della nuova società in costante sviluppo. La comunicazione è l'espressione culturale e il valore sociale che universalmente diffonde il vettore tecnologico, il vero agente di cambiamento. In questa utopia la tecnologia, e non il lavoro, cambia la società e libera intelligenze, energie, speranze. Proprio là dove hanno fallito le istituzioni liberali e il socialismo nel costruire una società e nel dare un senso alla vita di milioni di persone, la tecnologia sostituisce e supera la politica e con essa la sfera pubblica. Globale è uno stato attuale, già affermato e tutto dominato dal dinamismo economico. Perciò le tecnologie della comunicazione possono essere sia la più forte "ancella" della potenza dell'economico sia la forza che ne disgrega le vecchie regole e i sistemi consolidati.

È un fronte aperto: c'è un capitalismo che intende liberarsi dai rapporti industriali, dalla città industriale, dalle politiche industriali e quindi ambisce a costruire un'altra società, ancora assai indefinita, ma altra da quella delle metropoli urbane, dei lavoratori salariati, degli stati regolatori dell'economia. Un capitalismo che vuole uscire dagli orizzonti del XX secolo, abbandonando la società che ha contribuito a costruire: è un capitalismo rivoluzionario. Questo è un capitalismo che gioca tutte le sue carte sul cambiamento e sull'accelerazione del cambiamento, dunque su processi rivoluzionari in grado di cambiare la natura dell'attuale civiltà.

L'idea della parificazione tra produttore e consumatore attraverso la forza livellante e trasparente delle tecnologie dell'informazione, trasformate in ambienti globali di comunicazione, cioè in Internet, è un messaggio che si scontra con le strutture portanti e profonde della società capitalistica. La comunicazione è pensata e praticata come mezzo per superare le resistenze (conflitti sociali, particolarismi municipali o nazionali, radici nella tradizione o nei territori) perché invece di essere un movimento che si sviluppa secondo la gerarchia sociale procede secondo un percorso orizzontale che annulla quelle gerarchie e invalida il primato del centro.

Per questo motivo il modello cooperativo sembra essere la necessaria applicazione nel campo del lavoro e dei servizi, contraddicendo quell'ideologia forte dell'individualismo che invece stava alla base e concorreva alle fortune del capitalismo. La personalizzazione, il ruolo attivo del consumatore, il suo collocarsi dentro il progetto di produzione vanno in direzione opposta: storicamente il consumatore non poteva essere alla pari del produttore, tantomeno concorrere alle sue strategie. Se questo avviene, le due figure, quella di produttore e di consumatore, sono oggetto di un forte rivoluzionamento La personalizzazione è estranea al modello, proprio della modernità, di individuo. Questo programma ha ambizioni più generali, si confronta con lo stato delle cose, vuole concorrere alla spinta emergente della globalizzazione.

Ma il processo ha due facce: una liberante e innovativa perché spinge oltre la matura società delle relazioni industriali e dell'economia materiale; l'altra, invece, distruttiva e violenta vuole cancellare le forme storiche del lavoro industriale, compresi i sistemi di garanzia e l'insieme delle regole determinate dalla composizione dei conflitti di classe e dalle rivendicazioni del movimento operaio tra XIX e XX secolo. La cancellazione della fabbrica, quale luogo privilegiato del lavoro produttivo, comprende anche una nuova forma di sradicamento; la delocalizzazione infine è anche sottrazione di spazio e di territorio, di suolo su cui costruire impianti e, per i lavoratori, mettere radici e costruire identità accettabili socialmente. Un aspetto critico dell'attacco al welfare state è appunto questo: si impone la ridiscussione di patti fra le generazioni e si elimina la fiducia in accordi che possano durare oltre il tempo di vita; la durata rimane nella memoria sociale un valore, ma nella pratica del presente è visibilmente indebolita se non messa in radicale discussione.

L'economia corre avanti alla società; la società è vecchia e i suoi valori sono ostacolo alla rapidità del cambiamento: la forza e il limite del liberismo globalizzante stanno proprio qui. È forte nel distruggere una società ormai esaurita, è debolissimo nel proporre patti o legami che possano ragionevolmente superare l'interesse immediato o andare oltre la dimensione strettamente economica.

Il nuovo millennio si apre con una forza inedita del capitalismo che vuole realizzare anche un'altra società, sfruttando la propria posizione dominante attraverso l'uso quotidiano e multi-personale delle tecnologie, specie quelle dell'informazione e della comunicazione. Deve combattere quindi contro se stesso, contro i vincoli determinati dalla sua storia recente, quella strettamente legata al rapporto con lo stato interventista e con la politica dei mass media su scala globale; e si scontra proprio con quei soggetti che vivono del lavoro salariato o traggono profitti dalle attività industriali. Lo stato sociale, il ruolo stesso dello stato nella società e nell'economia rappresentano, in questa prospettiva, un punto di mediazione, ormai superato, con le politiche del socialismo (ma anche con le diverse forme di totalitarismo del Novecento).

L'interpretazione di Bill Gates, che lui stesso dichiara di ricavare — per superarla — dall'idea di mercato propria di Adam Smith nella *Ricerca sopra la natura e la causa della ricchezza delle nazioni*, innalza il mercato a misura della società. Il paradiso del mercato si avvale del paradiso dell'informazione. Ogni informazione è buona; la somma delle informazioni disponibili offre un mercato completo dei saperi in modo tale da non consentire errori per ignoranza o mancanza di informazione. Il consumatore dichiara il suo profilo (tenendosi per sé qualche dato personale) apertamente, facilitando così lo scambio di informazioni, le transazioni necessarie. Anche in questo caso si realizza una trasparenza inedita: la rete è una vera casa di vetro. Non ci sono resistenze né rumori che impediscano la contemporanea circolazione dell'informazione e delle merci.

L'utopia che la verità sia raggiungibile attraverso la somma di tutte le informazioni disponibili presuppone che non ci siano verità nascoste, ma risorse latenti, e non ancora sfruttate. È una molla formidabile per impadronirsi del presente, per vivere totalmente il presente e per attendersi da esso una verifica immediata e concreta: il successo, la ricchezza, il benessere. La strada che porta al domani è l'appropriazione del presente e una forte carica di cambiamento del presente: cambiare e vivere la trasformazione sono i valori di un capitalismo che si sta liberando delle politiche industriali e del sistema industriale moderno.

Per questo motivo il modello cooperativo sembra essere la necessaria applicazione del potere innovativo della comunicazione nel campo del lavoro e dei servizi, contraddicendo, in modo solo parzialmente consapevole, quell'ideologia forte dell'individualismo che invece stava alla base e concorreva alle fortune del capitalismo. La personalizzazione, il ruolo attivo del consumatore, il suo collocarsi dentro e in anticipo rispetto al programma di produzione vanno in direzione opposta: storicamente il consumatore non può essere alla pari del produttore, tantomeno concorrere alle sue strategie. Se questo avviene, le due figure, quella di produttore e di consumatore, sono già oggetto di un forte rivoluzionamento.

La comunicazione porta con sé sia il superamento delle regole generali, concordate tra gli stati su scala mondiale sia la distruzione progressiva delle gerarchie consolidate e del modello della società differenziata in classi sociali. La comunicazione è una forza trasversale che, sia a livello micro sia a livello macro, avvolge la società esistente e ne muta radicalmente i tessuti connettivi (la socialità, le relazioni, gli spazi definiti e differenziati), il microcosmo individuale e privato che viene liberato dalla sua soggezione all'autorità del pubblico.

In sintesi i temi più importanti: oltre l'economia classica ma non contro l'economia classica, internet è la piazza elettronica del mercato e il mediatore globale. La teoria di Adam Smith sul mercato perfetto, la parità tra venditore e consumatore, si realizzano nell'informazione.

> *Un nuovo mondo di capitalismo a basso attrito e a basse spese generali nel quale le informazioni di mercato saranno abbondantissime e i costi delle transazioni saranno bassi. sarà il paradiso del cliente [...] Internet amplierà la "piazza del mercato elettronica" e ne farà l'intermediario decisivo, il mediatore universale. Quando vorremo acquistare qualcosa, potremo dire al computer di trovarla per nostro conto al miglior prezzo proposto da ogni fornitore accettabile [...] Le informazioni di mercato saranno abbondantissime e i costi delle transazioni saranno bassi. Sarà il paradiso del cliente [il consumatore]. Nel futuro quanti producono beni capiranno, con molta più efficacia di quanto sia mai stato possibile in passato, ciò che vogliono i compratori e i potenziali consumatori potranno comprare quei beni a un miglior rapporto qualità/prezzo. Adam Smith ne sarebbe compiaciuto.*[11]

Per Bill Gates l'ostacolo è rappresentato dalla materialità dei luoghi. Il luogo è impedimento che nega la concorrenza.

> *«Il vantaggio di trovarsi in una particolare collocazione geografica (potrebbe non essere più sufficiente) [...] L'autostrada informatica*

[11] B. GATES, *La strada che porta a domani*, Mondadori, Milano 1997, p. 227 (Ed. or.: *The Road Ahead*, Penguin, New York 1996).

consentirà loro di rendere i propri servizi disponibili a clienti di qualsiasi luogo»[12].

«La maggior parte delle persone sceglie una banca che abbia una filiale vicino a casa (rendita di posizione collegata al luogo) ... la rete renderà meno importanti le collocazioni geografiche»[13].

I paradigmi di riferimento

Prima innovazione: l'unificazione digitale, la possibilità, cioè di considerare qualunque contenuto informativo riconducibile a una sequenza di numeri binari, è alla base delle possibilità di costruire dispositivi multimediali sempre più potenti, sempre meno costosi, sempre meno ingombranti e più "naturali". La seconda grande innovazione è quella di costruire un rapporto senza interruzioni tra i diversi soggetti, utenti e fornitori, che definiscono la rete di relazioni attraverso la quale si concretizza il servizio informativo: *always on*, sempre connesso, indica un salto di qualità nelle modalità di organizzazione dei servizi, di concezione dei contenuti, di organizzazione del tempo da parte dell'utente. Il terzo paradigma è quello che postula il collegamento senza fili [*wireless*], capace cioè di raggiungere l'utente in qualunque luogo. Il collegamento alla persona, al dispositivo con il quale si intende dialogare e non, come avveniva tradizionalmente con il telefono, il collegamento ad un luogo fisico. Il collegamento sempre attivo tra individui e non tra luoghi, la possibilità che questo collegamento permetta la costruzione di uno spazio virtuale condiviso dai diversi soggetti è una speranza, in parte realizzata, che spiega l'interesse per le nuove tecnologie.

Si affaccia, dice Nicholas Negroponte[14], una quarta opportunità, nata quasi per caso dai laboratori che avevano bisogno di costruire reti per la trasmissione dell'informazione che non avessero peso.

---

[12] Ivi, p. 228.

[13] Ivi, p. 258.

[14] Negroponte N., *Being digital*, Hodi capitalisder & Stoughton, London 1995 [trad.it.: *Essere digitali*, Sperling & Kupfer, Milano 1995].

8.1. Accesso

Nel 2000 appare *L'era dell'accesso* di Jeremy Rifkin[15] una pubblicazione di largo successo che indica fin dal titolo l'obbiettivo dell'autore: descrivere un grande cambiamento, un cambio di paradigma, una rivoluzione. Qualche anno prima Rifkin aveva pubblicato un saggio dedicato alla fine del lavoro industriale[16]. Questa pubblicazione prevedeva che la tendenziale sparizione della classe operaia americana era un processo che riguardava tutti i lavoratori produttivi, quindi una platea enorme, e che insieme al declino dei lavoratori, inevitabilmente, si sarebbe compiuto il declino del sistema industriale americano. Capitalisti e operai protagonisti della storia americana del Novecento stavano cedendo il passo a processi totalmente nuovi che li rendevano marginali e che li sostituivano nel ruolo di protagonisti. Questo processo colpiva alle radici la natura del capitalismo industriale. Era un cambiamento che modificava la natura del capitalismo stesso nella sua espressione fondamentale, cioè l'economia. Entrava in crisi lo strumento essenziale dell'economia capitalistica, e cioè il mercato. La pubblicazione suscitò molte polemiche e posizioni contrastanti, ma indicava un processo in atto.

Con *L'era dell'accesso* Rifkin rappresenta i luoghi, reali e ideali, dove questo processo si realizza e indica i nuovi protagonisti. Il luogo è il cyberspazio, così descritto:

> *Un quinto della popolazione mondiale sta migrando verso il cyberspazio e le relazioni di accesso, il resto dell'umanità è ancora intrappolato in un mondo in cui scarseggiano i beni materiali [...] Il divario tra chi ha e chi non ha è ampio, ma sarà ancora più grande quello tra chi è connesso e chi non lo è [...] Le reti digitali di comunicazione globale [...] contribuiscono a creare un nuovo e totalizzante spazio sociale, quasi una seconda sfera terrestre, al di sopra della madre terra, sospesa nella dimensione eterea del ciberspazio.*[17]

---

[15] J. RIFKIN, *L'era dell'accesso. La rivoluzione della new economy*, Mondadori, Milano 2000 (Ed. or.: *The Age of Access*, Penguin, London 2000).

[16] ID, *La fine del lavoro. Il declino della forza lavoro globale e l'avvento del post-mercato*, Baldini&Castoldi, Milano 1995 (Ed. or.: *The End of Work: The Decline of the Global Labor Force and the Dawn of the Post-Market Era*, Putnam, New York 1995).

[17] ID, *L'era dell'accesso*, cit., p.19.

Rifkin dà concretezza alle utopie o ai sogni che avevano circondato la diffusione del mito del cyberspazio. Il nomadismo evocato da scrittori e artisti, che recuperavano in modi allusivi grandi esperienze artistiche in opposizione all'affermarsi della seconda rivoluzione industriale, viene qui indicato come un processo reale, tipico della globalizzazione. La globalizzazione in questa visione è un processo di trasformazione che sconvolge i parametri esistenti e incide radicalmente sulla società. Il cyberspazio può essere una via di uscita dal capitalismo e dalla società industriale (non di fuga). Ma può essere luogo dove si possono rinnovare in modo ancora più drammatico le disuguaglianze tipiche del capitalismo industriale: non più un'opposizione tra classi sociali, tra chi ha e chi non ha. La disuguaglianza sarà giocata sulle reti, sulle connessioni e sulle regole, gli interessi, le economie che verranno veicolati dalle reti. La disuguaglianza sarà tra chi può approfittare della radicale spinta al cambiamento che è generata dal cyberspazio costituito fondamentalmente da tecnologie informatiche e reti, e chi è escluso da questo mondo. Tra chi può accedere a questa enorme ricchezza di informazioni e di opportunità e chi ne è escluso.

Questa rivoluzione intacca e spesso distrugge i fondamenti stessi della società industriale e della società del welfare, minando i patti generazionali e tra le parti. È un altro segnale della fine di un percorso, tipico soprattutto dell'Europa e degli Stati Uniti, legato alle economie della produzione industriale, ai processi di emancipazione dei lavoratori e alle politiche della redistribuzione del reddito: «Lo spostamento dall'ambito geografico al ciberspazio, dal capitalismo industriale a quello culturale, dalla proprietà all'accesso, è destinato a provocare un radicale ripensamento del contratto sociale»[18].

La proprietà dei beni è la struttura portante del capitalismo e del sistema di mercato, ma il cambiamento tecnologico, la rapidità e la diffusione immediata dei processi di cambiamento richiede altre regole e altri soggetti:

> *«La proprietà è un'istituzione che si adatta con ritmi troppo lenti alla velocità travolgente della cultura del nanosecondo [...]Tutto invecchia molto in fretta: in un'economia la cui unica costante è il cambiamento, avere, possedere, accumulare ha sempre meno senso».*

L'economia è il campo in cui è più visibile la frizione tra la nuova economia basata sull'invenzione, innovazione e creatività e la vecchia economia. Il cyberspazio è per sua natura un mondo in cui tutto è possibile e soprattutto è possibile un futuro

[18] Ivi, p. 20.

ancora da esplorare. Nelle posizioni di Rifkin echeggia un altro mito della società americana: quello del far west, della nuova frontiera. L'economia connessa è la struttura della New Economy; un'economia globale, un'economia che si basa sulla condivisione delle risorse, sulla rapida circolazione dell'informazione e sulla cooperazione diretta dei protagonisti.

L'età dell'accesso apre una finestra su mutamenti strutturali del capitalismo industriale e ripropone in forma rovesciata un percorso tipi co della seconda metà del Novecento, quello della progressiva invasione da parte del mercato rispetto alla cultura. Un percorso definito dall'industria culturale, dal ruolo trainante della pubblicità e descritto dalla sociologia critica come un processo di mercificazione della cultura e della sua sottomissione alle regole del mercato delle merci.

> *L'accesso è più importante della proprietà nella strutturazione della vita economica. I rapporti di proprietà sono compatibili con un mondo in cui funzioni prevalenti dell'economia sono l'elaborazione, la fabbricazione e la distribuzione di beni fisici ... sono solidi e, perciò, fisicamente scambiabili fra le parti. Possono essere posseduti solo da una delle parti alla volta e, dunque, soddisfano il requisito dell'esclusività [...] Ma, nella nuova economia culturale, la struttura della vita economica non è altrettanto semplice: è un mondo di simboli, reti e anelli di feedback, connettività e interattività in cui confini e delimitazioni diventano incerti e tutto ciò che è solido tende a smaterializzarsi.*[19]

La società di mercato è una società delle cose, di relazioni fisiche, di produzione e circolazione di oggetti concreti; invece il cyberspazio abbandona questo mondo e lo sostituisce con l'elaborazione e la circolazione delle idee, con la competizione tra intelligenze che sono assai più difficilmente definibili in ruoli e funzioni. La nozione stessa di cultura si confonde con i caratteri e gli attributi tipici dell'esperienza, della vita di relazione. La cultura non appartiene solo a élites specializzate nell'elaborazione delle idee, a gruppi che assumono ruoli separati e indipendenti. La cultura è cultura diffusa e la conoscenza diventa un valore strategico per la società specie quando si collega alla scienza, alla tecnologia, alla produzione e diffusione di informazione.

La globalizzazione e l'estensione del cyberspazio all'intera società promuove e contraddice alcuni valori propri della società delle reti. Condivisione e

---

[19] Ivi, pp. 183–184.

connessione si riferiscono a risorse materiali, come sono appunto le tecnologie, ma implicano una forma particolare di relazione e cioè la cooperazione e la collaborazione, anche competitiva; quindi una socialità nella connessione che è veicolata dagli stessi ambienti artificiali, dalle reti: qui nascono le comunità virtuali, cioè ambienti non tradizionali. Lo scarto è nella forma associativa e nella modalità organizzativa. Quella fordista è verticale e gerarchica, con le parti pre-assegnate e comandate dall'alto, con la definizione non discutibile dei compiti e la determinazione da parte del comando, degli obiettivi, il modello taylorista dell'organizzazione scientifica del lavoro non viene modificato. La forma culturale storicamente determinata è dunque la separazione degli individui in una società regolamentata.

L'applicazione del modello fondato nel cyberspazio mette in crisi un sistema basato sulle gerarchie e sui ruoli, la comunicazione attraverso le tecnologie di rete favorisce rapporti diretti tra gli utenti. Senza mediazioni vuol dire che è saltata la mediazione del comando fordista e quella mediatizzata dai massmedia, mentre si sta affermando un'altra forma di socialità e di associazione tra i soggetti che enfatizza il ruolo dominante della comunicazione sul silenzio dei rapporti costituiti dall'economia industriale. È una liberazione di risorse umane straordinaria non solo a partire dalla catena di montaggio. La voce arriva anche dentro i mass media creando relazioni orizzontali e circolari prima vietate e spezzate dalla civiltà meccanica.

Negli anni successivi alla pubblicazione de *L'era dell'accesso* l'ottimismo iniziale viene fortemente contraddetto: i processi reali assumono forme impreviste, favorite proprio dalla diffusione e efficienza della comunicazione digitale. Riemergono con violenza i processi di mercificazione.

La trasformazione in merce di tutte le forme di comunicazione digitale va di pari passo con la trasformazione in merce di molte fra le relazioni che fanno parte dell'esperienza vitale, della vita culturale degli individui e della comunità. È necessario un ripensamento dell'idea di comunicazione e soprattutto della matrice che collega comunicazione con comunità, cioè con la sua natura sociale.

> *La comunicazione è il mezzo attraverso cui gli esseri umani trovano significati comuni e condividono il mondo che contribuiscono a creare [...] Non è un caso dunque che comunicazione e comunità abbiano la medesima radice linguistica: le comunità esistono attraverso la condivisione di significati comuni e di forme comuni di comunicazione.*

Questa relazione, così ovvia, viene spesso trascurata nel dibattito sulla comunicazione, nell'implicito assunto che la comunicazione sia un fenomeno in sé e per sé, indipendentemente dal contesto sociale che interpreta e riproduce ... E questo è proprio ciò che sta accadendo: la cultura –cioè le esperienze condivise che attribuiscono un significato alla vita dell'uomo – viene spinta inesorabilmente verso il mercato dei media, dove viene rielaborata secondo parametri commerciali.[20]

8.2. Essere digitali

Quando venne pubblicato per la prima volta nel 1995, *Being Digital* divenne subito un best-seller e da allora è stato pubblicato in ben 25 lingue. L'apertura del libro rivela un paradosso autobiografico: Negroponte è dislessico, quindi non ama la lettura e di conseguenza i libri. Il libro è il mediatore materiale, il medium decisivo nella formazione della società moderna. Gutenberg come sosteneva McLuhan è all'origine della società moderna. La rivoluzione digitale ha inizio anche da qui, dal superamento del libro come medium universale e dal cambiamento profondo della cultura e della società che si è costruita su di esso e con esso.

Tutto ciò sta cambiando rapidamente. Lo spostamento faticoso di musica registrata sotto forma di pezzi di plastica, come pure il lento spostamento manuale di gran parte dell'informazione sotto forma di libri, riviste, quotidiani e videocassette sta per trasformarsi nello spostamento istantaneo e poco costoso di dati elettronici che si muovono alla velocità della luce. In questo modo l'informazione diventa veramente accessibile.[21]

Being Digital è un titolo perentorio: la rivoluzione digitale si è affermata, non è più un processo in discussione. È una rivoluzione totale che contrappone una struttura elementare, di base e il suo linguaggio di pertinenza — il bit, alla struttura materiale che ha determinato la società e le regole del mondo moderno, cioè l'atomo. Negroponte si esprime attraverso un linguaggio semplice che mette in evidenza processi di innovazione e diversità radicali. Si tratta di mondi, di società e non soltanto di tecnologie: il digitale è parte integrante della vita e

---

20 Ivi, p. 186.
21 N. NEGROPONTE, *op. cit.*, p. X.

dell'esperienza dei cittadini che entrano nel terzo millennio. L'ostacolo è l'atomo, le barriere da superare e da eliminare sono tutte quelle fondate sul luogo materiale, sui corpi sociali, sulle esperienze della vita quotidiana radicate nel *local*, negli spazi circoscritti. L'attrito, la resistenza così come la lentezza e la staticità, sono gli ostacoli che la rivoluzione digitale deve superare.

«L'informatica non riguarda più solo il computer, è un modo di vivere»[22].

Negroponte applica questa affermazione alla propria vita. Nel 1985, al MIT, fu co-fondatore insieme a Jerome Wiesner di uno dei più prestigiosi laboratori del mondo: il MediaLab. Dopo sette anni passati a raccogliere fondi, riuscirono a creare quello che assomigliava al Salon des Refusés del 1863 a Parigi. Perché Negroponte considera il Salon des Refusés il suo modello?

È chiamata Salon des Refusés (Salone dei rifiutati) l'esposizione, organizzata nel 1863 da Napoleone III per accogliere le opere degli artisti rifiutate dal Salon ufficiale, ovvero quello dell'Accademia delle Belle Arti di Parigi. Nel 1863 la giuria di ammissione dell'Accademia rifiutò di esporre circa 3000 dipinti. Allora Napoleone III fece organizzare un'esposizione parallela a quella ufficiale, consentendo ad artisti come Edouard Manet con il suo *Le déjeuner sur l'herbe* (v. Fig. 1), che fece "scandalo", Claude Monet, Camille Pissarro, James Whistler e altri di esporre le loro opere. L'esposizione ebbe un grande successo di pubblico, fu insieme molto popolare e duramente criticata dalla critica d'arte ufficiale. Anche tra il pubblico non mancarono reazioni di protesta e di polemica. In realtà al Salon des Refusés parteciparono anche artisti già affermati come Degas e Renoir, ma per convenzione si considera l'occasione dell'apertura del Salon des Refusés come l'origine del movimento dell'impressionismo.

Negroponte si pose l'obiettivo di raccogliere esperti, professionisti, ricercatori che non trovavano posto nelle istituzioni o nelle imprese più importanti perché non si collocavano pacificamente nei filoni di ricerca dominanti e più finanziati come i sistemi operativi, le reti e i relativi protocolli, i linguaggi di programmazione e l'architettura di sistema.

[22] Ivi, p. XII.

Figura 1. Édouard Manet, *Le Déjeuner sur l'Herbe*

Alla fondazione del Media Lab, ricorda Negroponte, parteciparono soggetti molto dissimili tra di loro, che raramente potevano far parte dello stesso team di ricerca soprattutto per la loro eterogeneità e originalità. Vi erano, oltre a lui e Wiesner, un regista cinematografico, un designer grafico, un musicista, un fisico, due matematici e alcuni ricercatori in campo multimediale. Lo scopo del laboratorio era: pensare, prevedere, progettare e realizzare sistemi di interfaccia tra l'uomo e il computer, facilitando il più possibile l'interazione tra chi chiede informazioni e servizi e chi li fornisce.

Negroponte rappresenta bene, con questa pubblicazione e con le sue dichiarazioni, un'ideologia tecnocratica, cioè una cultura fondata sul primato dei tecnologi. Questa ideologia è anche una cultura e una forte cultura del cambiamento.

8.3. Le connessioni e la società

> *«Aumentando le interconnessioni tra gli individui, molti dei valori tradizionali propri dello stato-nazione lasceranno il passo a quelli di comunità elettroniche, grandi o piccole che siano. socializzeremo in un*

vicinato digitale dove lo spazio fisico sarà irrilevante e il tempo giocherà un ruolo differente»[23].

Nicholas Negroponte, in un articolo sulla rivista Wired[24], spiega perché i collegamenti wi-fi trasformeranno il sistema delle telecomunicazioni. In questo articolo rintracciamo alcuni paradigmi di riferimento.

Prima innovazione: l'unificazione digitale, la possibilità cioè di considerare qualunque contenuto informativo riconducibile a una sequenza di numeri binari, è alla base delle possibilità di costruire dispositivi multimediali sempre più potenti, sempre meno costosi, sempre più piccoli.

Seconda innovazione: costruire un rapporto senza interruzioni tra i diversi soggetti, utenti e fornitori, che definiscono la rete di relazioni attraverso la quale si concretizza il servizio informativo: *always on*, sempre connesso, indica un salto di qualità nelle modalità di organizzazione dei servizi, di concezione dei contenuti, di organizzazione del tempo da parte dell'utente.

Terza innovazione: il collegamento senza fili [wireless], capace cioè di raggiungere l'utente in qualunque luogo, il collegamento alla persona, al dispositivo con il quale si intende dialogare e non, come avveniva tradizionalmente con il telefono, il collegamento ad un luogo fisico.

Il collegamento sempre attivo tra individui e non tra luoghi, la possibilità che questo collegamento permetta la costruzione di uno spazio virtuale condiviso dai diversi soggetti sono diventati una realtà. Si affaccia una quarta opportunità, nata quasi per caso dai laboratori che avevano bisogno di costruire reti per la trasmissione dell'informazione che non richiedessero pesanti interventi all'interno di edifici: l'utilizzo di tecnologie senza fili e con soluzioni a basso costo, a bassa potenza, in grado di autoconfigurarsi, di assicurare il riconoscimento tra gli apparati e di costruire, con la stessa logica di replicazione che usano i virus, la rete attraverso la presenza degli utenti della stessa. Il paradigma della rete intelligente, il paradigma del servizio costruito sulla base delle esigenze dell'utente, si rafforza così fino a rendere l'utente del servizio la

---

[23] Ivi, p. XIII.

[24] N. NEGROPONTE, *Being Wireless*, in Wired, n. 10, anno 10, Ottobre 2002. Disponibile online all'indirizzo http://www.wired.com/wired/archive/10.10/wireless.html

cella elementare che replicandosi costituisce le infrastrutture di telecomunicazione.

> *Tutto ciò che crediamo di conoscere sulle telecomunicazioni sta per cambiare. Grandi compagnie di telefonia mobile e fissa saranno sostituite da micro-operatori, milioni dei quali saranno intrecciati in una rete globale di connettività broadband. Come potrà verificarsi tutto ciò? Ecco come. [...] Le ninfee: la vera nuova generazione. [...] Le rane: saltare da un lato all'altro della rete interconnessa. Nel futuro, ogni sistema Wi-Fi si comporterà anche come un piccolo router, comunicando con i vicini più prossimi. I messaggi potranno saltare attraverso reti peer-to-peer, balzando da una ninfea all'altra come rane - non servono gambi. Avremo sistemi di comunicazione broadband, costruiti dalle persone per le persone. Gli operatori sono consapevoli di tutto ciò, ma non ne tengono conto perché credono che non ci sarà sufficiente copertura. Si sbagliano* [25]

9. Disembedding il luogo

Giddens[26] lo individua come processo costitutivo della modernità perché rende possibile l'autonomia dell' azione sociale dal luogo di origine e crea relazioni sociali basate non solo sulla presenza e sull'interazione faccia a faccia. all'opposto possiamo individuare la posizione di alcuni antropologi che mantengono un valore positivo a quella che viene chiamata «conoscenza locale»[27].

Meyrowitz[28] sostiene che i «media elettronici» abbiano portato alla separazione tra luogo fisico e luogo sociale, sradicando – o meglio liberando - l'esperienza sociale dalla necessità della presenza e dai vincoli delle relazione fisica con le persone:

---

[25] *Ibidem.*

[26] Giddens A. (1990), *The Consequences of Modernity*, California, Stanford University Press (trad. it. *Le conseguenze della modernità,* Bologna, Il Mulino, 1994).

[27] Geertz C. (1983), *Local Knowledge: Further Essays in Interpretative Antrhropolgy*, New York, Basic Books (trad. it. *Antropologia interpretativa*, Bologna, Il Mulino, 2001)

[28] Meyrowitz J. (1985), *No Sense of Place. The Impact of Electronic Media on Social Behavior*, New York-Oxford, Oxford University Press (trad. it. *Oltre il senso del luogo. Come i media elettronici influenzano il comportamento sociale*, Bologna, Baskerville, 1995).

«..i *media elettronici sminuiscono il significato del luogo fisico come determinante delle situazioni sociali»*[29] ... *«quando comunichiamo attraverso il telefono, la radio, la televisione o il computer, la nostra collocazione fisica non determina più dove e chi siamo a livello sociale»*[30].

Mayrowitz vede nel cambiamento che provocano i media elettronici una ridefinizione dei rapporti di potere che la tradizione della materialità dei luoghi, alfabetica e fordista, ha incapsulato in rigidi e immutabili rapporti gerarchici tra gli attori sociali. in sintesi i media elettronici tendono a ridefinire la società basata sulle disuguaglianze, sulle classi sociali e sul peso determinante del luogo di origine. Queste distinzioni erano favorite dall'isolamento di persone diverse in luoghi diversi (la formazione moderna dell'individuo). la società era costituita da differenti identità sociali basate sulle esperienze individuali che si potevano vivere in determinati luoghi. Riunendo tanti tipi diversi di persone nello stesso 'luogo' de-materializzato, i media elettronici hanno favorito la fusione o la vera e propria confusione di ruoli sociali un tempo distinti «i media elettronici hanno alterato gli aspetti di identità di gruppo, socializzazione e gerarchia che un tempo dipendevano da luoghi fisici particolari e da particolari esperienze che in quei luoghi era possibile fare»[31]. una posizione molto simile a quella in Beeing digital di Negroponte[32], libro manifesto della rivoluzione digitale:

> *"Aumentando le interconnessioni tra gli individui, molti dei valori tradizionali propri dello stato-nazione lasceranno il passo a quelli di comunità elettroniche, grandi o piccole che siano. Socializzeremo in un vicinato digitale dove lo spazio fisico sarà irrilevante e il tempo giocherà un ruolo differente".*

Meyrowitz – l'autore che aveva teorizzato il superamento del «senso del luogo» scrive nel 2004 un breve articolo in cui parla di *glocality*[33], recuperando la consistenza fisica e relazionale del luogo. c'e' del local nel global! potrebbe essere

---

[29] Meyrowitz cit., p. 201)

[30] Meyrowitz cit. p.190)

[31] Meyrovitz cit, p.206

[32] N. NEGROPONTE, Being digital 1995, trad. it Sperling & Kupfer, p. XIII,

[33] Meyrowitz J. (2005), "The Rise of Glocality, New Senses of Place and Identity in the Global Village", in: Nyíri K. (a cura di) *A Sense of Place: The Global and the Local in Mobile Communication*, Vienna, Passagen Verlag (disponibile all'indirizzo: http://21st.century.philinst.hu/Passagen_engl4_Meyrowitz.pdf)

lo slogan. andare oltre il senso del luogo non è soltanto un disancorarsi e un abbandonare i propri referenti che fanno capo alla singola esperienza di origine, alla realtà quotidiana, sperimentata tutti i giorni nel ripetersi di comportamenti abituali, legati a luoghi e spazi consueti.. se così stanno le cose specialmente con l'affermarsi dei media digitali e dei network sviluppati da Internet e dal Web è necessario abbandonare il radicalismo anti-luogo proprio del primo saggio e invece tenere conto del fatto che «nel mondo mediato tutte le esperienze sono globali e locali insieme». Meyrovitz abbandona una posizione radicale quello di no sens of place per una posizione conciliante molto evidente anche nel lessico scelto nell'articolo del 2004. Nell'articolo prosegue mettendo soprattutto in luce come l'esperienza globale dei media influenzi quella locale in senso positivo, allargando gli orizzonti e estendendo il nostro campo percettivo: «persone e cose di cui facciamo esperienza non sono esclusivamente locali». la televisione di cui Meyroriwitz ha una visione decisamente positiva fornisce informazioni che tutti i fruitori recepiscono come un insieme comune superando i particolarismi e i limiti dell'esperienza locale: «siamo meno portati a vedere i nostri contesti fisici come il centro dell'universo». Le persone della nostra cerchia intima – il vicinato, il paese, la casa, i nostri "congiunti" – hanno dunque meno influenza sull'immagine che ci facciamo di noi, poiché attraverso i media possiamo entrare in contatto anche con chi non è fisicamente presente. non si tratta più di superamento del luogo ma di un progresso nella conoscenza oltre i limiti del proprio "posto" il local non è più la gabbia, la prigione che occorre superare e da cui è necessario dis-ancorarsi approfittando del nuovo spazio offerto dai media. le **potenzialità di emancipazione e di liberazione non si basano più sul distacco o sul superamento! sono in larga misura garantite dai media.** Secondo questa più recente posizione i media ci permettono di essere maggiormente liberi di scegliere dove VORREMMO vivere e con CHI e chi VORREMMO essere senza i vincoli dei luoghi della tradizione: *«la glocalità resa possibile dai media e dai network permette di avere identità multiple, stratificate, fluide e modificabili di continuo»*[34]. La tendenza recente a ripiegare dal radicalismo degli anni '80 e '90 del secolo scorso verso una cultura conciliante si accompagna certamente a un atteggiamento orientato verso la pacificazione delle posizioni conflittuali. la riscoperta del luogo e del local come occasione per ripensare il nostro mondo, quello in cui facciamo esperienza situata nell'hic et nunc, rivaluta concetti come comunità, esperienza quotidiana, originate dalla condivisione "arricchita". Riemergono concetti all'origine della scienza dei media: ad es quello di villaggio globale. La formula «villaggio globale» di

[34] cfr. intervista in www.Technonews.it

McLuhan riflette il duplice processo, caratteristico della storia dei media contemporanei: la globalizzazione e il ritorno, nel contempo, di forme sociali pre-industriali. due processi che hanno un percorso opposto: la globalizzazione è un percorso "imperiale", di dominio del mondo e di occupazione di ogni spazio disponibile; le forme "tribali" di villaggio sono invece il segno della sopravvivenza di altre civiltà che esistono oggi solo in modo sotterraneo o periferico, ma che possono riemergere o fare sentire ancora la loro influenza. la formula di Mcluhan non sottolinea il conflitto tra due civiltà, l'una vincente, il global come espressione massima e aggressiva del capitalismo industriale che si trasforma in capitalismo finanziario, e l'altra perdente, marginalizzata, periferica, che salva un'identità primitiva. La globalizzazione passa attraverso la diffusione delle tecnologie della comunicazione e delle reti telematiche che avvolgono l'intero globo. Tale pervasività rimanda l'immagine di un mondo unificato, al di là delle differenze sociali, culturali, religiose; un mondo in cui esiste uno scambio intenso di notizie e di informazioni tra gli uomini. Nella sua versione più ottimistica implicherebbe la possibilità per ciascuno, quale che sia la sua condizione di partenza, di partecipare di tale paradiso telematico. In realtà questa visione è contraddetta dalle arretratezze sociali ed economiche diffuse sul nostro pianeta e dal divario, che sembra, al contrario, aumentare, tra coloro che hanno e coloro che non hanno, fino a creare quel *digital divide,* considerato oggi altrettanto drammatico e pericoloso delle differenze planetarie tra paesi sviluppati e non, tra ricchezza e povertà. Il villaggio, invece, richiama la riapparizione di forme di associazione premoderne, comunità più ristrette e più semplici in cui tutti si conoscono e tutti partecipano, opposte all'alienazione della società industriale. Il villaggio è anche una regressione, un ritorno a forme di civilizzazione – fondate principalmente sull'oralità – che sembravano scomparse o limitate a zone periferiche. il villaggio globale di McLuhan allude alla condizione di un'umanità perennemente connessa nei network e nei flussi di comunicazione, facilitata nei rapporti di vicinato e di comunità come se fossimo tutti nello stesso agglomerato urbano esteso, ma non affollato e congestionato come le metropoli della società industriale. nello stesso tempo recupera forme di relazione premoderne e comunitarie, fondate sull'oralità e sui rapporti diretti tra i "vicini" (anche soltanto per via telematica).

10. Locative media

Con il termine *locative media* si indica una tendenza[35] che privilegia la localizzazione [media location based] come piattaforma materiale orientata al collegamento sia fisico sia di significato, dei contenuti digitali ai luoghi geografici. i progetti *locative* valorizzano l'ibridazione tra materiale e digitale, tra reale e virtuale in un'ottica di conciliazione, nell'intenzione di sanare un dissidio, una ferita che, nella loro visione, si è aperta già alla fine degli anni '60 del secolo scorso e ancor più a partire dagli anni '80. la logica per opposizioni e per conflitto, la logica che in altre posizioni fa ancora capo ai movimenti di liberazione e perfino alla tradizione del socialismo con l'ideale dell'emancipazione e lo slogan sapere è potere. questa logica promuove infine l'affermarsi di una visione di mondi paralleli come critica immanente al mondo circostante, al presente e alle sue regole costrittive e vincolanti così come viene formulata dai pionieri della nuova frontiera e da quelli che approderanno senza compromessi all'esaltazione del cyberspazio. la strategia di internet già indebolisce la storica contrapposizione basata sulla società delle differenze e quindi sulla critica dell'attuale prevalenza nella società contemporanea, della logica delle disuguaglianza. arrestata o sconfitta, la spinta dei movimenti di liberazione e fortemente compromessi i movimenti storici per l'emancipazione, viene scelta una nuova strada basata sull'aggiramento (deplacement) delle istituzioni sia locali sia a dimensione globale. il cyberspazio è anche una via di fuga.. I progetti *locative* sono progetti di partecipazione comunitaria: in essi è centrale l'attivazione dei residenti nell'interpretazione creativa dello spazio.o meglio dei luoghi.

Una *Net Locality* è un luogo mediato in cui le tecnologie vengono utilizzate per attivare connessioni tra le persone che stanno lì, che vogliono recuperare i fondamentali rapporti di prossimità in uno spirito comunitario che non chiude la porta ai flussi di comunicazione inevitabilmente globali che circondato il luogo definito e vissuto. piuttosto indirizza i propri obiettivi verso soluzioni di problemi concreti, spesso generati dalla cattiva amministrazione o dalla corruzione delle istituzioni con cui si ha un rapporto diretto e quotidiano. l'ideale di essere cittadini del mondo viene lasciato da parte; in cambio l'idea di cittadinanza è più limitata ma orientata a limitare i danni che la globalizzazione aggressiva impostasi in

---

[35] ***Giulia Bertone, Connecting places.*** *Il coinvolgimento delle comunità locali nella valorizzazione partecipata del territorio: le prospettive aperte dai locative media. Tesi di Dottorato* ***Politecnico di Torino*** *SCUOLA DI DOTTORATO Dottorato di ricerca in Beni Culturali – XXIV ciclo Indirizzo: comunicazione, valorizzazione e territorio, Marzo 2012*

questi ultimi anni ha causato. guardando i processi di lungo periodo è una soluzione attuale per mediare tra soggetti "abitanti" e "cittadini" di luoghi definiti e non più per realizzare le grandi utopie legate all'idea della conquista del mondo: essere cittadini del mondo. l'obbiettivo polemico è la globalizzazione:

«Net Locality rovescia la tradizionale idea della globalizzazione, si concentra su come il locale influenza il globale. I luoghi non sono rilevanti perché sono connessi alla rete globale; sono rilevanti perché hanno il potere di cambiare le pratiche globali. Nell'ambito della netlocality, il locale è valorizzato non solo per le sue connessioni con il globale, ma anche perché ci consente di essere costantemente in contatto con conoscenza locale e informazione». [36]. possiamo considerarla una critica sia delle principali teorie delle comunicazioni di massa sia delle teorie fondate sulle tecnologie digitali e di rete là dove immaginano i network come reti estese a livello globale che passano **sopra** i luoghi e gli abitanti dei luoghi e per questo riescono a connetterli tra di loro superando essenzialmente la barriera della distanza e della separazione fisica. Il mondo dei network ha costruito in alternativa al sistema delle comunicazioni di massa forme di associazione e di coesione sociale più fluide e instabili e deboli delle società tradizionali costituite nella storia moderna. queste nuove forme di relazioni sociali si sono costituite prevalentemente come virtual communities (comunità virtuali).

10.1. nuova cittadinanza e emersione del quotidiano

Iperconnessioni e tecnologie *ubiquitous* mediano la nostra esperienza in città e fuori di esse. e' l'alba di una nuova cittadinanza che rimette in piedi tutto il corpo sociale nel territorio di origine o di elezione sviluppando o modificando anche pesantemente il paradigma all'origine di tutti questi movimenti e cioè il paradigma Internet e la cultura del cyberspazio e dei mondi paralleli. Questi contesti sono definiti da De Souza e Silva come: «situazioni sociali in cui i confini tra contesti remoti e contigui non possono essere più definiti con chiarezza». In questi spazi ibridi le persone fanno quotidianamente uso di più ambienti tecnologici e network di comunicazione per organizzare e programmare la loro esistenza quotidiana. Come osserva Castells con il diffondersi delle tecnologie *wireless* e mobili, le interazioni quotidiane – che avvengono comunque in luoghi e spazi fisici - sono costantemente immerse nello spazio dei flussi:

[36] Gordon e De Souza e Silva 2011, p. 156,

«Poiché la comunicazione mobile modifica inesorabilmente il riferimento al luogo, lo spazio dell'interazione è interamente definito all'interno dei flussi di comunicazione. Le persone sono qui e altrove, in una ininterrotta combinazioni di luoghi. Tuttavia i luoghi non scompaiono... . Dunque i luoghi continuano a esistere, comprese le abitazioni e i luoghi di lavoro, ma esprimono la loro esistenza come punti di convergenza nei network di comunicazione creati e ricreati dalle decisioni degli individui».[37]

Alcuni studi sottolineano il carattere alienante dei dispositivi mobili, evidenziando soprattutto il loro utilizzo come mezzi per evadere ed allontanarsi dai vincoli tipici delle relazioni sociali in presenza, una fuga quotidiana e facile per uscire dalle costrizioni e dal disagio del rapporto di prossimità e di contiguità attiva sia con le persone sia con le cose.

11. Smart

In contrasto con questa linea negativa e di rifugio dalla globalizzazione, si pone ancora, mantenendo le sue posizioni iniziali, Rheingold. *Smart mobs* deriva dall'abbreviazione dell'espressione inglese «smart mobile», che letteralmente significa «telefono cellulare intelligente». Per estensione si può intendere un qualunque apparecchio o tecnologia mobile senza fili. Rheingold va oltre l'ambito strettamente tecnologico, definendo *smart mobs* come «folla/moltitudine intelligente» e sottolineando la novità dell'uso sociale di queste tecnologie. Poiché il cellulare è un medium assolutamente personale e che consente diretti rapporti personali, la rete sociale che si costruisce ha caratteristiche nuove: non ci sono filtri o barriere, il rapporto è diretto e immediato. La società è costruita in modo partecipato da ogni singolo utente, ma è instabile. Il gioco di parole è tra il termine *smart*, che rinvia all'idea di intelligente o brillante (attivo), e il termine *mobs*, che storicamente rinvia al concetto negativo di folla, di massa non organizzata e non consapevole. Lo sviluppo della banda larga e l'introduzione di tecnologia per accedere alla rete ad un costo notevolmente più basso di un PC hanno modificato il modo di comunicare di tante persone. È stata soprattutto la possibilità di inviare velocemente messaggi di testo (SMS, e-mail) a dare notevole impulso a questo tipo di tecnologia. Uno dei cambiamenti sociali più rilevanti è la possibilità per ciascuno di essere raggiungibile in ogni momento e in ogni luogo. *Smart mobs*

[37] Castells 2007, trad. it. p.188

sembra assumere un significato paradossale, specie se letto ricordando la storia mondiale del XIX e XX secolo: la folla, le masse sono presentate, almeno da una parte consistente della cultura, come soggetti passivi, irrazionali, subalterni. Per Rheingold *smart mobs* vuol dire invece folla intelligente, folla che si muove e si mobilita attraverso piccoli media: i cellulari e la rete di relazioni che attraverso questi oggetti ogni persona può continuamente attivare. Un'altra rivoluzione sia nel sistema di relazioni «globale» tra gli umani sia nel modo di concepire le forme di società e di comunità. Il luogo da cui prende le mosse l'osservazione del viaggiatore Rheingold è un incrocio metropolitano, quello di Shibuya, a Tokyo, dove si registra la maggiore densità di telefoni cellulari del mondo. In media, 190.000 persone nei giorni feriali e 250.000 nei week-end attraversano ogni giorno questo incrocio; circa 1500 persone attraversano a ogni scatto del semaforo e l'80% di esse ha il telefono cellulare.

12. Metamorfosi della comunicazione

12.1. L'affermazione del mobile

L'idea è che le reti di informazione siano senza peso, che a un'infrastruttura spaziale – Internet – si sostituisca una rete leggera e senza fili: se la rete era nello spazio, ora la rete è lo spazio perché le informazioni non corrono più lungo i cavi telefonici, ma riempiono lo spazio d'informazione come nelle reti Wi-Fi. La comunicazione senza fili non rappresenta di per sé uno scenario rivoluzionario: ogni genere di medium informazionale, a partire dalla radio fino al notiziario in televisione, è sempre stato "wireless"[38]. L'aspetto innovativo è che per la prima volta gli individui possono accedere all'informazione quando e dove vogliono e attraverso terminali a portata di mano. Questa trasformazione è stata resa possibile dalla progressiva convergenza dei media a un formato digitale e dalla ricerca tecnologica nel campo delle reti per la comunicazione mobile che ha favorito la diffusione di dispositivi portatili sempre più potenti in termini di capacità di elaborazione dati e funzionalità multimediali.

L'innovazione, quindi, risiede non tanto nella tecnologia, quanto nel modello di comunicazione che enfatizza le potenzialità del *terminale-utente*: significa

[38] C. Tellis, N. Proctor, *In the Wireless Economy, the World is Listening to What it Wants to Hear*, in *Museums and the Web 2001: Proceedings*, 2001, https://www.archimuse.com/mw2001/papers/tellis/tellis.html [ultimo accesso: giugno 2021].

informare i contenuti presenti nell'etere in base a bisogni individuali o percorsi mentali originali e accessibili in ogni luogo attraverso dispositivi leggeri come i computer portatili, i palmari, i tablet o gli smartphone. Si definisce il modello di *information on demand*, in cui gli individui possono liberarsi sia dai vincoli delle istituzioni (editori, enti di formazione, mass media), sia dai luoghi fisici della fruizione o del commercio di contenuti culturali.

Internet delle cose sono le cose che producono dialogo

12.2. Capitalismo delle piattaforme

Caratteristica comune dei giganti digitali e fattore determinante per la loro crescita è l'acquisizione di enormi quantità di dati: gli utenti, infatti, mentre navigano regalano alle piattaforme infinite informazioni personali (gusti, abitudini, contatti, ecc.), estremamente preziose per il business di queste aziende. È grazie a questi innumerevoli dati che è possibile profilare in modo sempre più preciso gli utenti. I profili dei singoli individui rappresentano un valore inestimabile, permettono ad aziende private, governi e partiti politici di far arrivare messaggi sempre più mirati. L'utente è bombardato da contenuti che rispondono alla sua profilazione. Si innesca così un meccanismo che continua ad alimentarsi, in cui è difficile essere raggiunti da contenuti differenti, distanti dalle caratteristiche del proprio profilo, e che favorisce una forma di assuefazione all'utilizzo di queste piattaforme[39].

Queste imprese hanno ormai capitali assimilabili ai PIL degli Stati nazionali e la loro capacità di monopolizzare l'economia ha stravolto interi settori, dal commercio all'editoria, dalla pubblicità alla musica.

Lo straordinario potere economico di quelle che negli Stati Uniti sono definite FAANG, cioè Facebook, Apple, Amazon, Netflix e Google,

[39] Sul tema si veda *The Social Dilemma*, un docufilm del 2020 diretto da Jeff Orlowski, in cui vengono intervistati esperti del settore, come Jaron Lanier e Shoshana Zuboff, ed ex dipendenti delle principali aziende tecnologiche, che affrontano la questione etica che si pone quando si prendono decisioni che incidono così profondamente sulla vita delle persone.

inattaccabile la loro forza di mercato è «l'accumulo e la capacità di strutturare e profilare tramite algoritmi le enormi quantità di dati raccolti»[40].

Le piattaforme digitali non solo hanno intensificato la personalizzazione di ogni servizio al consumatore, ma hanno dato il via a una profonda trasformazione del tessuto economico. di "capitalismo delle piattaforme"[41], una nuova economia in forte espansione, che ogni anno cresce esponenzialmente e consente a poche grandi corporation di drenare quote crescenti di ricchezza. Il suo potere non è basato sui prodotti che ci vende. Una piattaforma non possiede i mezzi di produzione ma fornisce (e controlla) i mezzi di connessione. Secondo una definizione largamente accettata, una piattaforma è un modello di business che crea valore facilitando gli scambi tra gruppi di persone o di aziende: per lo più tra produttori e consumatori. Rispetto al passato, lo schema è rovesciato perché i servizi che queste piattaforme ci forniscono senza chiedere soldi in cambio (la ricerca e l'email di Google, le connessioni video di Skype, i social network, ecc.) o a basso costo (Amazon, Uber, ecc.) sono legati ai dati che noi forniamo loro.

Noi siamo, contemporaneamente, consumatori (acquistiamo beni online), produttori (produciamo contenuti e giudizi sulla merce) e prodotti (sono i nostri dati che vengono accumulati, elaborati e venduti per ottimizzare il processo). Siamo noi stessi il prodotto che le aziende digitali "vendono" sul mercato.

Google fu fondata 1998 con questa strategia: «regalare servizi in cambio dell'attenzione degli utenti, e quindi dei loro dati. Ecco le due parole chiave dell'economia digitale: *dati* e *attenzione*»[42]. In un mondo in cui c'è una sovraesposizione all'informazione, l'attenzione è diventato un bene scarso, e quindi prezioso[43]. Cosa succede allora se un'azienda monopolizza la nostra attenzione? Se le aziende che cercano di attirare la nostra attenzione occupano una

---

[40] G. Stazi, *Il potere delle piattaforme digitali tra economia e politica*, in «Menabò di Etica ed Economia», n. 111/2019, disponibile online https://www.eticaeconomia.it/il-potere-delle-piattaforme-digitali-tra-economia-e-politica/ [ultimo accesso: giugno 2021].

[41] Nick Srnicek, *Platform Capitalism*, Polity Press, Cambridge 2016, trad. it. *Capitalismo digitale*, Luiss University Press, Roma 2017.

[42] E. Pedemonte, *Google, Facebook, i nuovi monopoli e gli ideologi della Silicon Valley*, in «DigitCult - Scientific Journal on Digital Cultures», 2016, Vol. 1, N. 2, pp. 27-34, disponibile online: https://digitcult.lim.di.unimi.it/index.php/dc/article/view/11 [ultimo accesso: giugno 2021].

[43] Tema anticipato già nel 1971 da Herbert Simon, premio nobel per l'economia, in H. A. Simon, "Designing Organizations for an Information-Rich World," in Martin Greenberger, *Computers, Communication, and the Public Interest*, MD: The Johns Hopkins Press, Baltimore 1971.

fetta sempre maggiore del nostro tempo e diventano sempre più invasive, è giusto parlare di monopolio e quindi prevedere delle sanzioni per questo?

Le piattaforme sono veri e propri imperi, instaurando quello che Shoshana Zuboff, economista di Harvard, definisce "capitalismo della sorveglianza"[44]: nel mondo digitale il valore aggiunto non dipende più dallo sfruttamento delle risorse naturali ma dall'estrazione dei dati relativi alla nostra vita, dall'analisi e dalla previsione dei nostri comportamenti. Impero potere assoluto estrazione del falso consenso o dell'apparenza di una pseudo decisione che ciascuno concede alle piattaforme perché' entrate nell'uso comune, principalmente dagli smartphone

Si delinea così un nuovo scenario:

> *il crescente potere di queste aziende rappresenta «l'installazione di un nuovo tipo di potere sovrano» che ci offre una promessa rassicurante: «la predizione perfetta del futuro». Il capitalismo della sorveglianza è l'erede e il potenziamento della cultura del controllo.*[45]

E' una forma nuova e invadente di dittatura digitale.

13. Condivisione cooperazione connessione

Condivisione e connessione si riferiscono sempre a risorse materiali, come sono appunto le tecnologie, ma implicano una forma particolare di relazione e cioè la cooperazione e la collaborazione, anche competitiva, quindi una socialità nella connessione che è veicolata dagli stessi ambienti artificiali, dalle reti; qui nascono le comunità virtuali, cioè ambienti non tradizionali. Lo scarto è nella forma associativa e nella modalità organizzativa. Quella fordista è verticale e gerarchica, con le parti pre-assegnate e comandate dall'alto, con la definizione non discutibile dei compiti e la determinazione da parte del comando degli obbiettivi; il modello taylorista dell'organizzazione scientifica del lavoro non viene modificato. Senza mediazioni vuol dire che è saltata la mediazione del comando fordista e quella

---

[44] S. Zuboff, *The Age of Surveillance Capitalism: The Fight for a Human Future at the New Frontier of Power*, Profile Books, Londra 2019, ed. it.: *Il capitalismo della sorveglianza*, Luiss Univesity Press, Roma, 2019.

[45] E. Pedemonte, P. Bottazzini, *La paura, il virus e la dittatura digitale*, in «DigitCult - Scientific Journal on Digital Cultures», 2020, Vol. 5, N. 1, pp. 1-10, disponibile online: https://digitcult.lim.di.unimi.it/index.php/dc/article/view/167 [ultimo accesso: giugno 2021].

mediatizzata dai massmedia, mentre si sta affermando un'altra forma di socialità e di associazione tra i soggetti che enfatizza il ruolo dominante della comunicazione sul silenzio dei rapporti costituiti dall'economia industriale. È una liberazione di risorse umane straordinaria non solo a partire dalla catena di montaggio. La voce arriva anche dentro i mass media creando relazioni orizzontali e circolari prima vietate e spezzate dalla civiltà meccanica.

Oltre a produrre nuove forme di socialità, la dimensione cyber crea nuove dimensioni personali. La metafora di Windows utilizzata da Sherry Turkle nel suo libro[46] è quanto mai azzeccata. Le finestre ci permettono di svolgere un'azione ciclica tra il cyberspazio e la vita reale... Windows ci dà modo di essere in più situazioni nello stesso tempo. L'utilizzo delle finestre sullo schermo ci fa pensare non più come singolo individuo ma come un sistema multiplo e decentrato. La vita reale può essere vista a questo punto come "una finestra in più... e solitamente non la migliore". Sono le parole di uno studente intervistato che considera i mondi virtuali che vive attraverso il computer, reali quanto il mondo fisico. Egli parla anche del tempo che trascorre impersonando 4 sue creazioni in 3 diversi MUD's, semplicemente cliccando da una finestra all'altra dello schermo. Il computer ed Internet gli permettono così di esplorare diversi aspetti finora sconosciuti del suo io... "Tu sei ciò che vuoi essere". Si avvera il mito di Wired: change is good.

13.1. Engelbart

Condivisione e cooperazione a distanza nello stesso network si possono realizzare tra individui che stanno semplicemente in due stanze diverse, nella stessa organizzazione o impresa, ma in uffici o con ruoli diversi. come funziona l'interazione col computer in rete? facilitando le relazioni tra più soggetti collegati. la collaborazione ipotizzata e sperimentata da Engelbart è, pragmaticamente, l'anticipazione di un principio teorico: quello dell'intelligenza collettiva[47]. il fondamento di questa teoria è l'affermazione che la partecipazione attiva tra più esseri umani "associati" produce un incremento qualitativo di conoscenza e di sapere che non è la mera somma, quantitativa, dell'azione di più soggetti o di più dati accumulati meccanicamente l'uno sull'altro. questa è la base anche delle teorie fondate sull'assunto dell'intelligenza aumentata e della realtà aumentata. gli

---

[46] S. Turkle, *La vita sullo schermo*, Apogeo, Milano 2005

[47] Lévy P., *L'intelligenza collettiva. Per un'antropologia del cyberspazio*, Feltrinelli, Milano 1996

individui possono agire e interagire a distanza. E' inevitabile lo sganciamento del concetto di spazio da quello di tempo, che fino all'epoca delle interazioni non mediate era fondamentale e costitutivo dell'esperienza umana.

Con l'interazione mediata, alla distanza spaziale non è più collegata una dissociazione temporale. i media trasmettono contenuti simbolici a distanza, nello spazio e nel tempo, riorganizzando in modo radicale l'uso sociale di queste dimensioni con prevalenza del linguaggio sull'azione e sui contenuti. la comunicazione appare un universo dominato da segni e simboli.

13.2. Bolter

Altrettanto significative sono le rilessioni sui rapporti reciproci tra i diversi media. Bolter[48] concentra l'attenzione sull'interazione tra media diversi e non soltanto sull'influenza dei media sugli utenti (spettatori, fruitori...) con il paradigma della **re-mediation.**

Nella nostra cultura un singolo medium non può mai operare in forma isolata. Il concetto di RIMEDIAZIONE ha le sue radici in McLuhan, quando scrive: "Il 'contenuto' di un *medium* è sempre un altro *medium*. Il contenuto della scrittura è il discorso, così come la parola scritta è il contenuto della stampa e la stampa quello del telegrafo" [49] . quindi il contenuto dei media digitali sono gli altri media, in un rimando continuo che non si arresta di fronte ai confini di ogni singolo formato/ambiente comunicativo, ma si autoalimenta, producendo sempre nuove forme di differenziazione e di integrazione. Quasi tutti i modelli di comunicazione, ovvero interfacce, software ma anche pratiche e usi del linguaggio del computer sono stati importati dall'universo mediatico precedente all'interno dei media digitali[50]. secondo Bolter opera una doppia logica della remediation: *IMMEDIACY (*o *trasparenza), HYPERMEDIACY (*o *opacità*).

IMMEDIACY ha l'obiettivo di mantenere "un punto di contatto tra il medium e ciò che rappresenta" e di rendere trasparente il dispositivo mediale dell'interfaccia: *raggiungere immediatezza ignorando o negando la presenza del*

---

[48] J.D. Bolter, R. Grusin, *Remediation. Competizione e integrazione tra media vecchi e nuovi*, Guerini, Milano 2002: 37

[49] M. McLuhan, *Gli strumenti del comunicare, Il Saggiatore, Milano 1967*

[50] L. Manovich, *Il linguaggio dei nuovi media*, Olivares, Milano 2002

medium o dell'atto di mediazione stesso[51]. Immediatezza significa possibilità di avere un'esperienza, che è sempre mediata dalle tecnologie, ma è trasparente dal punto di vista percettivo, cioè non lascia percepire (o nasconde) all'utente la presenza dell'interfaccia[52].

HYPERMEDIACY viene sviluppata nell'ambiente digitale del personal computer, con la diffusione del *windowed style* (uno spazio *eterogeneo* si è aggiunto e in parte sostituito allo spazio *unificato* imposto dalla logica dell'immediatezza). Caratteristica: moltiplicare i segni della *mediazione* e renderli visibili.

> *Se la logica dell'immediatezza porta a cancellare o a rendere automatico l'atto di rappresentazione, la logica dell'ipermediazione riconosce atti di rappresentazione multipli e li rende visibili*[53]. *Dove l'immediatezza suggerisce uno spazio visuale unificato, l'ipermediazione ne offre uno eterogeneo, all'interno del quale la rappresentazione è considerata non come finestra sul mondo, ma come entità costruita da finestre: finestre che si aprono su altre rappresentazioni o su altri media*[54].

Alla fine, secondo Bolter, la logica prevalente dei media e dei media digitali è questa:

> *La cultura contemporanea vuole allo stesso tempo moltiplicare i propri media ed eliminare ogni traccia di mediazione: idealmente, vorrebbe cancellare i propri media nel momento stesso in cui li moltiplica*[55] .

Per individuare un punto d'incontro tra analisi del sistema dei media e azioni sociali sul territorio possiamo pensare alla rimediazione come ri-conciliazione, pacificazione che annulla o almeno attenua le tensioni e i conflitti latenti o espliciti tra opposti paradigmi. Possiamo considerare in questa prospettiva le strategie di

---

[51] *(Bolter,cit., p. 36-37*

[52] *Manovich cit. e Brenda Laurel,* "Un'interfaccia è una superficie di contatto» B. Laurel, *Introduction*, in Id. (a cura di), *The Art of Human ComputerInterface Design*, Addison-Wesley, Reading (Mass.) 1990; Id., *Computer as Theatre* Addison-Addison-Wesley, Reading (Mass.) 1993.Wesley, Reading (Mass.) 1993. *Introduction* cit., 1990: XII
Addison-Wesley, Reading (Mass.) 1993.

[53] *Bolter, cit, p.* 59

[54] Bolter, cit. p. 59

[55] *Bolter, cit. p. 29*

rimediazione utilizzate dai *locative media*: in alcuni casi rivelano la dinamica originaria tra spazio e luogo[56] in altri recuperano il conflitto "genetico "tra logica narrativa e logica del data base. questa interpretazione attribuibile allo spirito dei locative media, quindi a una tendenza che ha assunto forme generali e diffuse, comprendendo posizioni a loro volta eterogenee[57] si pone in posizione polemica rispetto alla spirito della nuova frontiera (Internet) e della cultura di appartenenza del cyberspazio là dove sostiene e promuove l'idea fondamentale dell'esistenza di due mondi paralleli. Quindi il cyberspazio può essere nella visione prevalentemente estetica, di artisti e scrittori, un modo di fuga dalla realtà oppressiva, alienante e totalmente impartecipabile così come furono i miti del viaggio da Rimbaud agli impressionisti (Paul Gaugin) o dei paradis artificiels per i poètes maudits nella Parigi capitale del XIX secolo. la posizione di Michel de Certeau intende quindi recuperare una dinamica che può ancora essere radicata(luogo) e quindi esplorata sia attraverso il corpo individuale nella vita quotidiana sia attraverso il corpo sociale nelle pratiche quotidiane; in ogni caso sempre lontano e distante dal potere costituito o dal potere istituzionale. Nel caso invece di Manovich lo scopo è di risolvere il conflitto irriducibile tra la logica quantitativa e rigidamente normativa del dato secondo la scienza del computing, e la creatività, la forza espressiva del linguaggio e delle sue forme tipiche di comunicazione come la narrazione.

---

[56] M. DE CERTEAU, l'invention du quotidien, folio-essais, Gallimard, 1990

[57] Si veda a questo proposito il numero speciale di REM, a cura di M. Ricciardi, 2, 2010

PARTE PRIMA

1. Stolta virtù ... in peggio precipitano i tempi ... (Leopardi, Bruto minore)

Premessa

L'attenzione è concentrata sulla forma inedita di dominio propria della comunicazione digitale. Questo dominio è comparabile con la frattura epocale che ha caratterizzato l'affermazione del capitalismo nel mondo ed è comparabile con la rivoluzione inavvertita (Eisenstein, 1986) che ha segnato l'avvento della tipografia gutemberghiana. La rottura e crisi della modernità richiede una nuova narrazione. Decisivo è il ruolo della tecnologia, non più strumento del paradigma logico-sequenziale (codice alfabetico) ma, al contrario, "domina assoluta" della comunicazione digitale. Lo strappo che il dominio della comunicazione digitale imprime alla società del presente è in un primo tempo la promessa delle tecnologie di libertà (De Sola Pool,1995). Ma poi prevalgono cedimento, resa e complicità totale alla forza dominante del capitalismo radicale. La narrazione controllata dal dominio della comunicazione digitale rappresenta una realtà libera da conflitti e frizioni (Gates, 1997). È una realtà piatta. A questa narrazione oppongo una visione drammatica, di lungo periodo e un pensiero del conflitto. Il comando globale della comunicazione digitale non accetta forme di costituzione di una scienza che analizzi e riveli la sua natura e i conflitti che genera, tantomeno una teoria "negativa" che riattualizzi un'antica forma di teoria critica (Adorno, Horkheimer, 1947). Rimane oscura la fine traumatica della modernità: la falsa pace universale della globalizzazione va a pezzi, sparisce il nocciolo duro della modernità, quello definito da Kant: la ragione, e con essa il suo strumento fondamentale la ratio alfabetica. L'apparenza di una diffusione globale di ricchezza e di benessere si fonda sull'ideologia di una realtà piatta. Narrata da un pensiero conciliante che non conosce conflitti, disuguaglianze, guerre e povertà.

Questo è il campo in cui vivono gli outsiders senza che essi percepiscano la drammaticità della propria condizione di vita. Il popolo degli outsiders è un soggetto intermittente ma originato da questi processi rivoluzionari e al tempo stesso involutivi. Gli outsiders sono una realtà e una presenza attuale. Un popolo attrezzato tecnologicamente ma povero culturalmente. I fans, infine, sono la degradazione degli outsiders.

1. Il dominio della comunicazione: una forma inedita

Più la comunicazione comanda e meno si afferma una scienza della comunicazione, tantomeno una teoria critica della comunicazione. Intendiamo sottolineare alcuni elementi decisivi nel caratterizzare la forma inedita di dominio propria della comunicazione digitale. Crediamo che questo dominio sia comparabile con la frattura epocale che ha caratterizzato l'affermazione del capitalismo nel mondo e sia comparabile con la rivoluzione inavvertita (Eisenstein, 1986) che ha segnato l'avvento della tipografia gutemberghiana. La comparazione con questi fenomeni di rottura profonda col tempo passato avvengono con una nuova forza. Si è creata una situazione in cui il capovolgimento dei fattori decisivi nella natura degli eventi e della loro narrazione avviene attraverso il nuovo ruolo della tecnologia, non più ancella del paradigma logico-sequenziale (codice alfabetico) ma al contrario "domina assoluta" della comunicazione digitale. Concentriamo la nostra attenzione su una definizione: la forma del dominio della comunicazione digitale. In sintesi, intendiamo valorizzare lo strappo che il dominio della comunicazione digitale imprime alla società del presente in un primo tempo con la promessa dell'affermazione delle tecnologie di libertà (De Sola Pool, 1995). Ma successivamente cede alla forza dominante del capitalismo radicale che porta con sé violenza, tipica di un capitalismo aggressivo a tendenza predatoria che viene fatto falsamente scomparire dal flusso dominante, apparentemente privo di conflitti e di frizioni (Gates, 1997) della comunicazione digitale. Proponiamo dunque una visione drammatica e concentrata su un processo di lungo periodo che ha le sue origini lontano nel tempo ma è attuale, fortemente attuale. Il comando globale della comunicazione digitale non accetta forme di costituzione di una scienza che analizzi e riveli la sua natura e i conflitti che genera, tantomeno una teoria critica che riattualizzi un'antica forma di teoria critica (Adorno, Horkheimer, 1947). Dobbiamo perciò usare un linguaggio che riveli il dramma e quindi l'esperienza drammatica causata dall'avvento di una supremazia che si afferma come forma di dominio. Alla fine, è il dominio della comunicazione digitale. Il primo passo è la fine traumatica della modernità: la falsa pace universale della globalizzazione va a pezzi e rivela il pesante trauma che nasconde. Tra gli elementi determinanti (guerre, stragi di massa di intere popolazioni, i flussi disperati e incontrollabili dei migranti etc.) sparisce il nocciolo duro della modernità, quello definito da Kant: la ragione, e con essa il suo strumento fondamentale la ratio alfabetica. La Ragione moderna si fondava sull'idea di *aufklarung*. Il rischiaramento, per gli illuministi, è impegno per rimuovere l'oscurità e la barbarie al servizio dell'inganno che impediscono il pensiero autonomo e libero.

> *«L'illuminismo è l'uscita dell'uomo dallo stato di minorità che egli deve imputare a se stesso. Minorità è l'incapacità di valersi del proprio intelletto senza la guida di un altro. Imputabile a se stesso è questa minorità, se la causa di essa non dipende da difetto d'intelligenza, ma dalla mancanza di decisione e del coraggio di far uso del proprio intelletto senza essere guidati da un altro. Sapere aude! Abbi il coraggio di servirti della tua propria intelligenza! È questo il motto dell'Illuminismo».* (Kant, 1784)

La dimensione drammatica (non percepita dal popolo degli outsiders) è conseguenza di una prospettiva che non si fonda più sulla ratio alfabetica ma obbedisce a una realtà piatta, liquida (Bauman, 2002), che scivola via senza che i cittadini ormai degradati da detentori di diritti, ne percepiscano la drammaticità sottesa. Il risultato è il popolo degli outsiders digitali. Infine i fans sono la degradazione estrema degli outsiders (generati dai media e dai media digitali). Paradossalmente il passaggio significativo della comunicazione dei media derivato dalla formula di McLuhan - "il medium è il messaggio" - a quella di Steve Jobs - "io sono la comunicazione", rappresenta il punto di svolta e più intenso della nuova, dilagante ideologia della personalizzazione, ben rappresentata da quel "Think different" di Steve Jobs che non è pensiero critico o pensiero del conflitto, non più società di individui associati ma campo aperto e senza regole di incontrollata concorrenza tra individui alla ricerca del successo (Turkle, 2011). La comunicazione esprime un dominio in modo diverso dalle classiche forme di comando e di oppressione. Si diffonde in modo apparentemente innocuo senza creare conflitti o contrasti, non sembra ancella del capitalismo moderno, piuttosto è strettamente legata alle forme più note e vincenti della globalizzazione. Ma, capovolgendo lo spirito dei pionieri della comunicazione digitale, si diffonde sì a miliardi di persone e offre gratis servizi, esalta il valore assoluto delle connessioni ma appare, come vedremo, la massima espressione di nuove strade, come la personalizzazione opposta al welfare e allo spirito di comunità, si appoggia e potenzia le origini violente della *de-regulation* contro i diritti acquisiti dei cittadini e trova nel capitalismo radicale la nuova forma libera da vincoli istituzionali (le leggi, i contratti) su cui fare perno.

2. La terza via

Nella fine della modernità si consolida il tentativo di annullare il secolare conflitto tra operai e capitale (Mario Tronti,1966)), l'opposizione tra capitalismo e comunismo oppure tra socialismo, welfare e liberismo. Alla rottura che genera conflitto e guerra può essere contrapposto un lento, accomodante processo? Un esempio è la "terza via". La terza via come soluzione "morbida" tra capitalismo e comunismo (socialismo). Il teorico è Antony Giddens e la base del suo ragionamento è rappresentato dalla parola chiave *disembedding*. Cioè un percorso controllato e controllabile della fine della modernità.

2.1. Disembedding

Secondo Anthony Giddens i processi di globalizzazione sono tipici della società moderna, hanno quindi una storia legata all'evoluzione della società caratterizzata da accelerazioni anche violente e da fasi di crisi prolungata. Crisi che interagiscono con vicende legate al rapporto tra ricchezza e povertà nel segno della disuguaglianza nei rapporti sociali. Giddens definisce tardo moderna la nostra epoca, caratterizzata da un processo di *disembedding*, cioè di disaggregazione dei sistemi sociali: «Per disaggregazione intendo l'enuclearsi di rapporti sociali dai contesti locali di interazione e il loro ristrutturarsi attraverso archi di spazio-tempo indefiniti» (Giddens, 1994 p.32). Giddens lo considera un processo costitutivo della modernità perché rende possibile l'autonomia dell'azione sociale dal luogo di origine e crea relazioni sociali basate non solo sulla presenza e sull'interazione faccia a faccia.

> *«Possiamo quindi definire la globalizzazione come l'intensificazione di relazioni sociali mondiali che collegano tra loro località distanti facendo sì che gli eventi locali vengano modellati dagli eventi che si verificano a migliaia di chilometri di distanza e viceversa. Si tratta di un processo dialettico perché questi eventi locali possono andare in direzione opposta alle relazioni distanziate che li modellano» (Giddens,* 1994, p. 71).

Come è noto, Giddens è tra i principali teorici della "terza via" che ha trovato attuazione pratica soprattutto nella politica di Tony Blair e anche di altri leader della sinistra democratica (come Massimo d'Alema in Italia). Dopo un periodo di successo e esiti molto incoraggianti sul piano elettorale, questa politica ha fallito il suo scopo principale (la riforma del capitalismo contemporaneo) e lasciato i presunti alfieri del socialismo senza politica e senza consenso popolare. Non hanno riconosciuto che il processo inizia con la *deregulation* e prosegue con la globalizzazione. La comunicazione digitale prima accompagna il processo poi diventa la protagonista di un dominio che altera profondamente i rapporti sociali che caratterizzano una società, creando mondi illusori fondati sulla forza mediatica degli apparati di comunicazione, avvalendosi dei processi di personalizzazione e del potere delle tecnologie digitali sempre più povere di innovazione e sempre più orientate all'uso indiscriminato da parte di un pubblico incompetente e facilmente ingannabile. E' la spiegazione elementare del successo degli smartphone o di Facebook. Un mondo immaginario fondato sulla rappresentazione falsa di una realtà piatta, uniforme, senza frizioni e senza conflitti. L'esclamazione di Zuckerberg può essere il grido vincente e rappresentativo di questa parte del mondo (quella dei popoli ricchi del nostro globo): "they trust me-dumb fucks" (si fidano di me stupidi coglioni)

Mark Zuckerberg in un post del 24 agosto 2015 annuncia:

> *"Facebook record, 1 miliardo di persone in 1 giorno. Una persona su 7 in tutto il pianeta è entrata su Facebook per connettersi con parenti e amici.. Questo è solo l'inizio per connettere il mondo intero... Un mondo più aperto e connesso è un mondo migliore... porta ad una economia più forte con più opportunità e una società più forte che riflette i valori di tutti", e successivamente: "Una delle più grandi sfide della nostra generazione è connettere 5 miliardi di persone".*

Ma Bill si oppone a Mark: "Internet da solo non cambierà il mondo".

I cambiamenti anche drammatici e violenti sono in corso, sotterranei e soprattutto non sono percepiti dalla maggioranza delle persone. Si realizza una situazione così analizzata da Saskia Sassen (2014):

> *«Le forze distruttive tagliano trasversalmente i nostri confini concettuali, i termini e le categorie che utilizziamo per pensare l'economia, la politica, le differenze tra stati-nazione e fra ideologie nei sistemi capitalistico e comunista. Ma tali forze operano per sfuggire alla nostra visuale concettuale ed è in questo senso che le definisco 'concettualmente sotterranee'. Qui la complessità concorre a determinare l'invisibilità» (Sassen, 2014, p. 231).*

Coesistono la sparizione di mondi trasformati in fantasmi, spettri e, in primo piano, l'affermazione personale per il successo, l'ideologia della personalizzazione.

2.2. Personalizzazione

Personalizzazione è lo strumento per uscire da una società di tutti, in cui tutti sono uguali o almeno simili, è l'ideologia iniziale che esalta il successo negli affari, ma, anche, a suo modo, rivoluzionaria e intenzionata a cambiare il mondo, questa è la visione di Steve Jobs. Le parole chiave sono tutte orientate a un distacco dei consumatori non più cittadini, dalle istituzioni (discorso del 7 marzo 2008 a Stanford, California). Commentiamo alcuni passi significativi di quel discorso:

Il discorso di Steve Jobs all'Università di Stanford può essere analizzato come un testo complesso in cui sono presenti alcune idee forza dello stesso Jobs e ancora come portatore involontario, forse inconscio, di alcuni segni decisivi della sua stessa vita. Ma può essere letto anche come il manifesto di un protagonista della guerra informatica e della lotta per il successo nella nuova affermazione dell'economia del computer e della digitalizzazione.

La vita e la morte sono presenti insieme e sono segnate da un forte timbro personale che arriva fino al destino conclusivo dello stesso Jobs che dopo la diagnosi di cancro al pancreas (organo in quel momento, decisivo per la sua sopravvivenza, che Jobs spavaldamente dichiara di non aver saputo fino a quel momento neppure della sua esistenza) citata esplicitamente nel discorso

Io non mi sono mai laureato. A dir la verità, questa è l'occasione in cui mi sono di più avvicinato ad un conferimento di titolo accademico.

E' una sfida aperta, anche al suo pubblico, quello dei giovani che sono lì per laurearsi e per dare un senso alle proprie aspirazioni in una prestigiosa università. Dichiarazione di estraneità dal mondo tipico della progressione di carriera, di storie di vita che vengono ratificate dalla laurea e dai riconoscimenti accademici.

Tutto è cominciato prima che io nascessi.

La vita e le scelte di vita, che caratterizzano le vicende di steve sono segnate da una forza misteriosa, da situazioni che sfuggono alle regole della società e dalla civiltà degli umani. Non so quanto consapevolmente ma è forte il richiamo a Freud alla coppia eros e thanatos....

Nel discorso e nei diversi episodi richiamati il percorso seguito è sempre lo stesso: l'esaltazione della personalizzazione. Insieme una retorica del successo personale e delle scelte di vita personali sullo sfondo di destini forse oscuri o soltanto intuiti, afferrati solo per un istante. C'e' qualcosa di drammatico che sta sotto il successo e le scelte innovative, non possiamo dire di tragico. Troppo impegnativo e fuori dalla cultura americana specie di quella californiana. Ma un alone di mistero inafferrabile, di destini sfuggenti rimane palpabile.

Vita e morte eros e Thanatos

L'università come scopo e attesa di vita per la madre biologica

L'aspettativa della madre biologica frustrata. Non e' possibile un inserimento nella vita comune e quindi nelle attese comuni. Lo scarto è quindi la logica degli interessi pesonali, quelle che steve chiama passioni amore. La dimensione in cui realizzare i sui sogni e' il mondo digitale, la nuova impresa che viene presentata come nuovo mondo e rivoluzionamento della logica capitalistica dell'impresa e del profitto. Non si parla di denaro e di successo.

Logica del'interesse personale

Così decisi di abbandonare, avendo fiducia che tutto sarebbe andato bene lo stesso. **OK, ero piuttosto terrorizzato all'epoca, ma guardandomi indietro credo sia stata una delle migliori decisioni che abbia mai preso**. Nell'istante in cui abbandonai potei smettere di assistere alle lezioni obbligatorie e cominciai a seguire quelle che mi sembravano interessanti.

L'università rappresenta nella storia di vita presentata da steve la consuetudine della società di massa. Ruoli immersi nella routine quotidiana. L'università e' una delle istituzioni della tarda società di massa, da cui non si può aspettare nulla di nuovo o occasioni per andare oltre. In queste affermazioni steve riecheggia le vera parole ordine e le vere aspettative di chi ha rivoluzionato o ha pensato di rivoluzionare la società americana degli anni dell'affermazione dei cultori del cyberspazio, dei devoti della nuova società libera, senza regole e senza padroni.

Ma nella realtà steve ha praticato queste esperienze e ha seguito coraggiosamente queste strade. Possiamo dubitarne.

L'occasione della vita, paradossalmente e' un libero corso di calligrafia da ci ha origine il tesoro di mac che viene copiato da Windows. il corso di calligrafia (scelta personale) che si traduce nell'editing di Mac.

Progettammo così il Mac: era il primo computer dalla bella tipografia. Se non avessi abbandonato gli studi, il Mac non avrebbe avuto multipli caratteri e font spazialmente proporzionate. E se Windows non avesse copiato il Mac, nessun personal computer ora le avrebbe.

La guerra e la concorrenza (o la concorrenza sleale Microsoft presentato agli studenti di Stanford.

La mia seconda storia parla di amore e di perdita.

Avevamo appena rilasciato la nostra migliore creazione - il Macintosh - un anno prima, e avevo appena compiuto trent'anni... quando venni licenziato

Ciò che aveva focalizzato la mia intera vita adulta non c'era più, e tutto questo fu devastante.

Non potevo accorgermene allora, ma venne fuori che essere licenziato dalla Apple era la cosa migliore che mi sarebbe potuta capitare..

Steve rovescia le regole del buon senso, delle occasioni fallite che distruggono la propria vita personale.

E' l'occasione per trovare le vostre passioni

La mia terza storia parla della morte.

Ricordarvi che state per morire è il miglior modo per evitare la trappola rappresentata dalla convinzione che abbiate qualcosa da perdere. Siete già nudi. Non c'è ragione perché non seguiate il vostro cuore.

Un anno fa mi è stato diagnosticato un cancro

Così mi sono operato e ora sto bene.

La Morte è la migliore invenzione della Vita.

E' l'agente di cambio della Vita: fa piazza pulita del vecchio per aprire la strada al nuovo. Ora come ora 'il nuovo' siete voi, ma un giorno non troppo lontano da oggi, gradualmente diventerete 'il vecchio'e sarete messi da parte. Mi dispiace essere così drammatico, ma è pressappoco la verità. Il vostro tempo è limitato.

Steward e il suo team pubblicarono diversi numeri di The whole Earth catalog, e quando concluse il suo tempo, fecero uscire il numero finale. Era la metà degli anni Settanta e io avevo pressappoco la vostra età. **Nella quarta di copertina del numero finale c'era una fotografia di una strada di campagna nel primo mattino, del tipo che potete trovare facendo autostop se siete dei tipi così avventurosi. Sotto, le seguenti parole: "Siate affamati. Siate folli". Era il loro addio, e ho sperato sempre questo per me**. Ora, nel giorno della vostra laurea, pronti nel cominciare una nuova avventura, auguro questo a voi.

Siate affamati. Siate folli.

Steven Paul **Jobs**, detto **Steve** (San Francisco, 24 febbraio 1955 – Palo Alto, 5 ottobre 2011)

7 marzo 2008 discorso all'Università di Standford, ma

Nell'ottobre 2003 gli venne diagnosticato un tumore al pancreas, che annuncia al Consiglio di Amministrazione della Apple e ai suoi fan nel luglio del 2004. Durante quei nove mesi, Jobs rifiutò le raccomandazioni dei medici, preferendo la medicina alternativa, e per nove mesi rifiuto' di operarsi.

Operato nel luglio 2004 Muore nel 2011.

Un ritratto in chiaroscuro di Steve Jobs in cui si mescolano affermazioni originali che costituiscono certamente un momento significativo, determinante nella storia della comunicazione digitale, dell'industria informatica e della partecipazione diretta (in particolare nell'acquisto dei Mac) di un pubblico diffuso ma intenzionalmente distinto dal pubblico di massa. Oppure possiamo pensare che la storia del Mac come prodotto di qualità intellettuale superiore faccia parte di una storia di concorrenza che ha avuto il principale avversario in Microsoft. E anche qui rivalità e forme monopolistiche di controllo dei prodotti innovativi rivelano ancora una storia di contrasti e di vicende che devono essere ormai storicamente giudicate e analizzate.

La versione oscura che puo' essere rappresentata non solo da Stalmann e da altri sostenitori del software libero ma anche da un altro mito, da una favola che sotto l'apparenza di una forma di comunicazione dedicata ai bambiri traccia vicende in cui emergono vendette e episodi di crudeltà inaudita.

E' il caso del pifferaio magico dell'omonima favola dei fratelli Grimm

Comunicare per spot

1984[58] è lo spot pubblicitario, diretto da Ridley Scott e realizzato dalla Apple, per presentare il lancio del personal computer Macintosh. Lo spot è stato trasmesso un'unica volta in televisione, il 22 gennaio 1984, durante il Super Bowl.

1984 utilizza l'immagine di una giovane donna per rappresentare l'arrivo sul mercato del personal computer Apple Macintosh (una riproduzione stilizzata del quale si trova sulla maglietta bianca della protagonista). Questa giovane donna piena di vitalità e di coraggio è il simbolo di liberazione dell'umanità dal conformismo. È una rottura violenta (rappresentata nello spot dalla distruzione dello schermo e dalla cancellazione dell'oppressione segnata dal 1984 di Orwell rispetto a un mondo dominato dal totalitarismo. Fa esplicito riferimento al romanzo di Orwell *1984* con un Grande Fratello che su un maxischermo pronuncia questo discorso:

Oggi, noi celebriamo il primo glorioso anniversario delle Direttive sulla Purificazione dell'Informazione. Noi abbiamo creato, per la prima volta in tutta la storia, un paradiso di pura ideologia. Dove ciascun lavoratore può realizzarsi al sicuro da invasioni destabilizzanti di verità contradditorie e arrecanti confusione. La nostra Unificazione dei Pensieri è un'arma più potente di qualsiasi flotta o armata sulla terra. Noi siamo un popolo, con una volontà, una risoluzione, una causa. I nostri nemici dovranno parlare a sé stessi fino alla morte e noi li sotterreremo con la loro stessa confusione. Noi vinceremo!

L'eroina fugge sfugge alla polizia che la insegue e lancia un martello contro lo schermo con l'immagine del Grande Fratello che annuncia «Noi vinceremo!». Lo schermo viene distrutto e lo spot si conclude con uno slogan: «Il 24 gennaio Apple

---

[58] Spot disponibile su YouTube: https://www.youtube.com/watch?v=VtvjbmoDx-I [ultimo accesso: maggio 2021].

introdurrà Macintosh. E capirete perché il 1984 non sarà come “1984”», seguito dall’immagine del marchio di Apple.

Lo spot *1984* ha un obiettivo culturale che sostiene l’evidente intenzione pubblicitaria. Questo obiettivo dà il senso e fa la fortuna di Apple e non solo dello spot. Questo, infatti, non viene riconosciuto come messaggio pubblicitario per le finalità commerciali di un’impresa, ma viene considerato un vero e proprio manifesto, concentrato in pochi minuti, di immagini efficaci e di parole che fanno riferimento a un’epoca che non deve mai più tornare. La rivoluzione di Apple cancella un universo carcerario che non si fonda solo sul controllo totale dei cittadini ridotti a sudditi. È una rielaborazione della condanna del totalitarismo nel Novecento, collegata alla suggestione di un superamento della sua presenza nei comportamenti irregimentati e regolati della società di massa.

Non si tratta soltanto di un prodotto informatico, il Mac rappresenta un mondo e offre a chi lo acquista la grande possibilità di una nuova esperienza. L’attenzione si concentra sui valori e non sulle qualità del prodotto: è la creazione dell’“aura” del prodotto.

Perché è necessario creare l’aura di un oggetto, di un prodotto quando la società di massa del Novecento ha cancellato l’aura per produrre e consumare oggetti tutti uguali? Perché’ è necessario rianimare una qualità che è proprio della creazione artistica? Perché l’obbiettivo è di convincere il consumatore che quell’oggetto che acquista e userà per compiti nuovi è molto simile a un artefatto imperdibile e non riproducibile. Questa è la suggestione dello spot, ma alla fina il Mac è un prodotto digitale di consumo che vuole sfondare la platea dei consumatori di oggetti simii. Mac ti fa fare un’esperienza nuova e forse inimitabile, è l’esperienza il quid che differenzia il Mac dagli altri prodotti che il pubblico di massa potrebbe considerare similei se non uguali.

Nel 1997, per la campagna pubblicitaria della Apple creata per lanciare sul mercato i computer PowerBook G3 e iMac, viene creato lo slogan “think different”[59]. Il testo del messaggio pubblicitario è il seguente:

Questo film lo dedichiamo ai folli, agli anticonformisti, ai ribelli, ai piantagrane, a tutti coloro che vedono le cose in modo diverso. Costoro non amano le regole, specie i regolamenti, e non hanno alcun rispetto per lo status quo. Potete citarli,

---

[59] Spot disponibile su YouTube: https://www.youtube.com/watch?v=mnFQZwGWnUM [ultimo accesso: maggio 2021].

essere in disaccordo con loro, potete glorificarli o denigrarli, ma l'unica cosa che non potrete mai fare è ignorarli, perché riescono a cambiare le cose, perché fanno progredire l'umanità. E mentre qualcuno potrebbe definirli folli, noi ne vediamo il genio. Perché solo coloro che sono abbastanza folli da pensare di poter cambiare il mondo, lo cambiano davvero.

Viene realizzato uno spot in bianco e nero nel quale scorrono le immagini di personaggi storici molto diversi tra loro, da Albert Einstein a Martin Luther King, da John Lennon a Muhammad Ali e molti altri. Nel finale una giovane apre gli occhi, come se vedesse nuove possibilità schiudersi davanti a lei. Il protagonista è sempre una giovane donna che "scopre" una realtà nuova di cui vuole essere partecipe.

I personaggi rappresentati sono profondamente diversi, appartengono a mondi estremamente distanti, non sono quindi associati per il valore e il contenuto delle loro azioni o dei loro progetti. Se lo spot *1984* si inserisce nel processo finale di un'epoca per dichiararne il superamento, *Think Different* comunica un unico valore che è strettamente personale. Una versione di *change is good* che accentua la distanza dalle istituzioni e dalle regole pubbliche, un piccolo tassello a una forma di deregulation come modello di comportamento e come pratica individuale. Questo è il punto su cui agisce Steve Jobs, mescolando però le carte. Cosa vuol dire infine, pensare differente e gli esempi proposti, da imitare, propongono strade molto diverse da percorrere, ciascuno quella della sua esperienza. Così si propone di sradicare la falsa omogeneità del pubblico di massa ma nello stesso tempo si incrina pesantemente il valore dell'esempio. Sono esempi non confrontabili per nulla simili. Ognuno può sceglierli liberamente in base alla propria personale esperienza. "Personale" è la parola magica come personal computer. Una macchina che viene sradicata dal consumo di massa, ma sempre macchina è. Forse più uso personale, uso individuale. Una macchina più sofisticata (è stata inserita più intelligenza per un utilizzatore più intelligente).

Io sono il messaggio: il culto della personalizzazione

Il discorso che Steve Jobs tiene nel 2005 all'università di Stanford è l'occasione per concentrare tutto il messaggio su di sé, sulla propria vita, sull'esperienza dell'io. Le parole del discorso contengono gli elementi essenziali di una radicalizzazione della cultura della personalizzazione.

Il concetto di personalizzazione è uno dei temi chiave proposti e messi in pratica dai primi protagonisti della rivoluzione digitale impegnati a uscire dalla società di massa affermando la funzione rivoluzionaria di Internet.

Cosa significa personalizzazione? All'origine ha un significato condiviso perché è l'opposto dell'aggregazione forzata nella società di massa dei regimi totalitari e l'opposto del meccanismo principe delle comunicazioni e dei consumi di massa nelle società fondate sul mercato. La radicalizzazione del valore dell'individuo e soprattutto della persona viene proposta per una società in cui prevalgono le politiche della deregulation contro il welfare e contro il valore della cittadinanza (cooperare, stare insieme). A fare politica sono le imprese e le aziende. È un'azione di radicalizzazione per sostenere l'economia del nuovo capitalismo digitale, del capitalismo delle piattaforme, basato sul potere dei monopoli digitali. Un potere che supera di gran lunga quello dei governi e degli Stati.

Stay hungry, stay foolish. «Abbiate il coraggio di seguire quello che avete nel cuore, lasciatevi guidare dall'intuito. Siate affamati. Siate folli». Così Steve Jobs si rivolge ai laureandi di Stanford il 12 giugno 2005.

La frase «stay hungry, stay foolish», subito entrata nel mito, è tratta dalla rivista «The Whole Earth Catalog», pubblicata tra il 1968 e il 1972 e definita dal fondatore di Apple «il Google in forma cartacea, 35 anni prima che Google nascesse».

È il potere del linguaggio esplicito: parlare di sé e dei grandi temi che definiscono l'esistenza di ciascuno al di là dei luoghi e dei tempi in cui ognuno di noi si trova a vivere: il tempo della propria vita. Un linguaggio drammatico che non dimentica mai lo scopo per cui Steve comunica: creare un'aura attorno ai prodotti che intende vendere.

Così Steve Jobs parla di sé. La propria drammatica storia di vita è oggetto di comunicazione non più riservata, cioè privata, ma comunicazione di sé agli altri. Una violenta picconata alla distinzione fondante la modernità, la distinzione tra sfera pubblica e sfera privata:

> *la morte con tutta probabilità è la più grande invenzione della vita. [...] Spazza via il vecchio per far spazio al nuovo. [...] Il tempo a vostra disposizione è limitato, non sprecatelo vivendo una vita che va bene per altri ma non vi appartiene. Non lasciatevi condizionare, non lasciate che il rumore delle opinioni altrui copra la voce che avete dentro. [...]*

Un anno fa mi è stato diagnosticato un cancro. [...] Ricordare che sarei morto presto è stato lo strumento più utile che abbia mai trovato per aiutarmi nel fare le scelte importanti nella vita. Perché quasi tutto, tutte le aspettative esteriori, l'orgoglio, la paura e l'imbarazzo per il fallimento, sono cose che scivolano via di fronte alla morte, lasciando solamente ciò che è davvero importante. Ricordarvi che state per morire è il miglior modo per evitare la trappola rappresentata dalla convinzione che abbiate qualcosa da perdere. Siete già nudi. Non c'è ragione perché non seguiate il vostro cuore.

Il discorso contiene, inoltre, una non troppo nascosta dichiarazione anti-sistema e anti-élites istituzionali:

Sono onorato di essere qui con voi oggi, nel giorno della vostra laurea presso una delle migliori università del mondo. Io non mi sono mai laureato. A dir la verità, questa è l'occasione in cui mi sono di più avvicinato ad un conferimento di titolo accademico. Oggi voglio raccontarvi tre episodi della mia vita. Tutto qui, nulla di speciale. Solo tre storie.

Steve Jobs incarna così una rottura evidente con l'establishment e con la vecchia società, legata ancora a un'idea di massa contrapposta all'individuo e fondata proprio su questa stessa contrapposizione.

Il pifferaio magico fiaba "terribile" dei fratelli Grimm.

La realtà polemica di stallman.

Contro il mito: Richard Stallman[60]

Steve Jobs, il pioniere del computer inteso come prigione resa cool, progettato per separare gli stolti dalla propria libertà, è morto... Come il sindaco di Chicago, Harold Washington, disse del corrotto

[60] *Richard Matthew Stallman (1953), tra i principali esponenti del movimento del software libero, dopo gli studi ad Harvard e al MIT, dove partecipa alla comunità hacker, nel 1983 dà inizio al progetto GNU con l'obiettivo di realizzare un sistema operativo simile a Unix, ma prodotto interamente da software libero. Da qui prende le mosse il movimento del software libero; Stallman nel 1985 fonda la Free Software Foundation.*

precedente sindaco Daley, non sono felice che sia morto, ma sono felice che se ne sia andato.[61]

Per Richard Stallman, fondatore della Free Software Foundation, Jobs è il nemico del computing, e quindi dell'umanità, allo stesso modo di Bill Gates. Subito dopo la morte di Steve Jobs Stallman pubblica un intervento sul proprio sito in cui si scaglia contro il fondatore di Apple, colpevole, come Microsoft, di produrre software non liberi.

Nessuno merita di dover morire, né Jobs, né Mr. Bill, nemmeno le persone colpevoli di mali peggiori dei loro. Ma tutti ci meritiamo la fine dell'influenza maligna di Jobs sul computing. Purtroppo, quell'influenza continua nonostante la sua assenza. Possiamo solo sperare che i suoi successori, nel proseguirne l'eredità, siano meno efficaci.

In precedenza Stallman aveva definito Apple come «l'impero del male» perché responsabile di aver creato un sistema che lascia agli utenti ancora meno libertà rispetto a Windows. Una prigione cool, appunto, esteticamente accattivante ma che restringe significativamente il margine d'azione dell'utente: «Apple ha fatto in modo che la gente non sappia più quali sono le sue libertà, e se lo sa, pensa di non meritarsele».

Le self mitologie

Questa mente digitale crea atteggiamenti individuali e collettivi predisposti ad accettare l'universo delle connessioni e gli effetti che queste inducono nell'economia, nelle relazioni sociali e nella vita privata. Comunicazione contro produzione.

La comunicazione è lo strumento fondamentale per l'affermazione di sé stessi, per creare il mito di sé. Questi nuovi protagonisti parlano di sé, della propria straordinaria esperienza volta a creare aziende globali, mercati totalmente nuovi. I loro interlocutori privilegiati sono i consumatori attivi e non più i consumatori

---

[61] Si veda l'articolo di A. Longo, *Jobs, il padre del software libero "Contento che se ne sia andato"*, «la Repubblica», 07/10/2011, disponibile al link https://www.repubblica.it/tecnologia/2011/10/07/news/stallman_jobs-22869523/ [ultimo accesso: maggio 2021].

passivi delle comunicazioni di massa del XX secolo. Nel XXI secolo i consumatori sono coloro che *collaborano* offrendo informazioni su di sé, gratuitamente, sulle proprie abitudini in cambio di servizi di rete; è la fine della privacy intesa come valore e come protezione dell'individuo. I protagonisti di questo nuovo scenario sono Bill Gates e Steve Jobs: «Siamo qui per cambiare l'universo [...]. Noi stiamo riscrivendo la storia del pensiero umano»[62].

Pensare così alla rivoluzione digitale significa essere agli antipodi dell'idea di Havelock e di altri antropologi come Lévy strauss, Goody, secondo cui la tecnologia della scrittura è *strumento* della mente alfabetica universale. I protagonisti della "rivoluzione digitale" attribuiscono tutto il valore alla tecnologia digitale, ne occultano i meccanismi profondi e dominanti: è il potere dell'algoritmo. Sono i big data e, nel mercato dei consumatori, gli smartphone: la connessione vince sulla produzione. I mezzi di connessione dominano i mezzi di produzione.

Trasparenza e oscurità

Con Internet si afferma l'utopia della trasparenza e Tim Berners-Lee, l'inventore del WWW, trae, oggi, le conseguenze sociali di quell'utopia: la rete è un bene comune.

In un'intervista del 2017 al «Guardian»[63], Berners-Lee ribadisce la sua convinzione che la rete si debba fondare su una «piattaforma aperta che consente a chiunque di condividere informazioni, accedere a opportunità e collaborare oltre i confini geografici». Ma la neutralità di Internet è stata messa pesantemente alla prova da «gatekeeper digitali sempre più potenti i cui algoritmi possono essere armati da maestri della manipolazione. [...] Le persone vengono distorte da I.A. molto ben addestrate che capiscono come distrarle». Se, come afferma Berners-Lee, «il gas è una utility, come l'acqua potabile, così dovrebbe essere anche la connettività» perché «fa parte della vita», allora anche l'intelligenza artificiale può essere un bene comune. Ma è proprio così? Le più potenti forze economiche finanziarie politiche e culturali (i monopoli digitali) sono d'accordo con Berners-Lee? Un'intelligenza in comune non è alla base del "capitalismo delle

[62] Battuta di Steve Jobs dal film *I pirati di Silicon Valley* (1999).

[63]https://www.theguardian.com/technology/2017/nov/15/tim-berners-lee-world-wide-web-net-neutrality [ultimo accesso: aprile 2021].

piattaforme"; qui il valore economico si estrae dalle connessioni con gli utenti collaborativi e gli smartphone sono gli agenti che incrementano l'estrazione del valore economico.

"Think different" si basa su questo principio: io sono la comunicazione. È il trionfo della personalizzazione di individui fuori dalla folla, giovanissimi e arrivati giovanissimi al successo e alla ricchezza. Successivamente la personalizzazione si degrada definitivamente nella pratica di utilizzo degli smartphone, forma del dominio della comunicazione digitale. Una forma inedita di dominio. Rispetto alla rivoluzione alfabetica e al paradigma logico-sequenziale, nella comunicazione digitale la tecnologia prende il sopravvento sulla comunicazione e determina il suo dominio: una forma inedita appunto.

La comunicazione secondo gli antropologi è essenziale per la costituzione delle società anche prima dell'avvento dell'alfabetizzazione. Noi dobbiamo riconoscere, al contrario, che oggi la comunicazione come elemento portante della società cede il passo alla tecnologia. La società come comunità sociale cambia volto di fronte alla comunicazione digitale. Il mutamento è radicale, in un primo tempo si parla di tecnologie di libertà, cioè di una forma di liberazione dei soggetti sociali dai vincoli del fordismo e della società di massa per favorire una inedita e straordinaria possibilità di comunicazione, non più da uno a molti (comunicazione plebiscitaria, di massa) ma da molti a molti.

La mente digitale crea atteggiamenti individuali e collettivi predisposti ad accettare l'universo delle connessioni e gli effetti che queste inducono nell'economia, nelle relazioni sociali e nella vita privata. La comunicazione è lo strumento fondamentale per l'affermazione di sé stessi, per creare il mito di sé. Questi nuovi protagonisti parlano di sé, della propria straordinaria esperienza volta a creare aziende globali, mercati totalmente nuovi. I loro interlocutori privilegiati sono i consumatori attivi e non più i consumatori passivi delle comunicazioni di massa del XX secolo. Nel XXI secolo i consumatori sono coloro che *collaborano* offrendo informazioni su di sé, gratuitamente, sulle proprie abitudini in cambio di servizi di rete; è la fine della privacy intesa come valore e come protezione dell'individuo.

I protagonisti di questo nuovo scenario sono Bill Gates e Steve Jobs: «Siamo qui per cambiare l'universo [...]. Noi stiamo riscrivendo la storia del pensiero umano»[64].

Pensare così alla rivoluzione digitale significa essere agli antipodi dell'idea di Havelock, secondo cui la tecnologia della scrittura è *strumento* della mente alfabetica universale. I protagonisti della rivoluzione digitale attribuiscono tutto il valore alla tecnologia digitale, ne occultano i meccanismi profondi e dominanti: è il potere dell'algoritmo. Sono i big data e, nel mercato dei consumatori, gli smartphone: la connessione vince sulla produzione. I mezzi di connessione dominano i mezzi di produzione. Con Internet si afferma l'utopia della trasparenza e Tim Berners-Lee, l'inventore del WWW, trae, oggi, le conseguenze sociali di quell'utopia: la rete è un bene comune. Ma l'oggetto di dominio e di conflitto non appare visibile.

3. Il capitalismo contro se stesso

Quanto sono attuali le origini del capitalismo, lo sconvolgimento e le rotture tra civiltà! Sono comparabili con l'onda dei processi, considerati rivoluzionari (Castells, 1996), dell'affermazione della comunicazione digitale. Sono questi i terreni principali: il nesso prima di affermazione e poi di dipendenza della comunicazione digitale con i processi di globalizzazione. La comunicazione digitale favorisce enormemente i processi della globalizzazione, ma sottovaluta e spesso non conosce il presupposto strategico e conflittuale delle trasformazioni del capitalismo contemporaneo, prima di tutto lo smantellamento delle politiche di inclusione, del welfare e della politica economica di Keynes. Questa trasformazione del capitalismo ha luogo prima di tutto dalla affermazione di politiche di deregolamentazione. Significa dunque libertà di azione del capitalismo dagli stati odierni e dalle regole costruire tra gli stati e le nazioni. Questo capitalismo lo chiamo capitalismo radicale. Perché ha un contenuto importante e costitutivo di distruzione degli avversari (capitalismo di rapina), ma anche dei fondamenti stessi del capitalismo moderno. La cancellazione delle regole del capitalismo moderno fondate sull'affermazione della mente alfabetica e del paradigma logico-sequenziale quale bussola applicata per orientarsi nella

[64] Battuta di Steve Jobs dal film *I pirati di Silicon Valley* (1999).

realtà, renderla controllabile (Blumemberg, 1981) e di affermazione di una realtà piatta che nasconde i conflitti sotterranei ma presto esplosivi e inganna.

Il capitalismo radicale fa la rivoluzione contro se stesso. La comunicazione digitale è il lubrificante necessario per creare, per produrre questa realtà artificiale ma così persuasiva, attraente da conquistare una parte consistente del genere umano al tempo presente. In particolare quello delle popolazioni e degli stati più ricchi sulla terra. A questa visione si oppone un credo fondamentalista che innalza la religione, la fede a missione, a scopo della vita contro i popoli ricchi, miscredenti....

3.1. Il dominio della cultura alfabetica

La lezione di alcuni antropologi collega la natura delle società prima dell'alfabetizzazione, poi alfabetizzate alla nascente epoca delle tecnologie digitali e della loro applicazione alla comunicazione digitale.

Gli antropologi collegano la modernità al dominio della cultura alfabetica e della principale tecnologia che lo caratterizza, la scrittura.

Leggiamo alcuni brevi esempi.

Claude Lévi-Strauss, la comunicazione è la struttura della società

Il linguaggio verbale è il tratto distintivo dell'uomo. Lévi-Strauss individua in questo elemento la struttura portante della società. Società, infatti, è soltanto quella in cui gli individui comunicano tra loro, ovvero quella struttura in cui i mezzi di comunicazione svolgono una funzione sociale.

> *«Una società è fatta di individui e di gruppi umani che comunicano fra loro. Eppure, la presenza o la mancanza di comunicazione non può essere definita in maniera assoluta. La comunicazione non cessa alle frontiere della società. [...] La cultura non consiste dunque esclusivamente in forme di comunicazione ad essa peculiari (come il linguaggio), ma anche – e forse soprattutto – in regole applicabili a tutte le specie di "giochi di comunicazione", sul piano della natura come su quello della cultura» (Lévi-Straus, 1990, pp.* 329-330).

Walter Ong, tecnologizzazione della parola

Il titolo originale del volume, tradotto in italiano in *Oralità e scrittura*, recita: *Orality and Literacy: The Technologizing of the Word* (1982), e merita una riflessione. *Literacy* indica l'insieme delle funzioni dei processi di alfabetizzazione, di cui la scrittura è certamente uno degli elementi portanti, ma non il solo. (…). È un processo di civilizzazione, caratterizzato dalla separazione tra oralità e scrittura, che attribuisce all'alfabetizzazione un ruolo decisivo nel mutamento della civiltà dell'uomo. Questo processo, secondo Ong, è determinato dalla **tecnologizzazione** della parola, cioè dal passaggio da una forma di linguaggio naturale, diretto, comunitario, a una forma di linguaggio in cui la tecnica acquista un ruolo determinante. E la tecnologia è sempre e comunque artificiale, è un qualcosa di materiale che sta fuori di noi; è quindi un mezzo che influenza anche la nostra mente e il nostro io. La parola non avrà più quella funzione che le consentiva di essere l'elemento fondante della comunità; la tecnologia della scrittura e la tecnologia della stampa costruiscono società e non comunità, la mediazione tra gli esseri umani e i complessi meccanismi psicologici e sociali che vengono messi in moto sono i vettori di una nuova figura dell'io: l'individuo moderno.

Il rinvio al celebre passo del *Fedro* di Platone non può che rafforzare l'idea dell'ambiguità della scrittura rispetto alla piena trasparenza della parola. La parola è spirito e la scrittura è tecnologia. La cultura alfabetica può essere considerata una seconda natura.

> *Platone pensava alla scrittura come a una tecnologia esterna, aliena, nello stesso modo in cui oggi molte persone pensano al computer. Noi invece oggi l'abbiamo ormai interiorizzata così profondamente, l'abbiamo resa una parte tanto importante di noi stessi, che ci sembra difficile pensarla come tecnologia al pari della stampa e del computer. Ciò nonostante, la scrittura (e in special modo quella alfabetica) è una tecnologia, che richiede l'uso di una serie di strumenti quali penne stilografiche, pennelli o biro, superfici predisposte come la carta, pelli di animale, tavolette di legno, e inoltre inchiostro, colori, e molte altre cose. [...] La scrittura, sotto certi aspetti, è la più drastica delle tre tecnologie di cui abbiamo parlato. Essa dette inizio a quanto la stampa e i computer hanno poi portato avanti: la riduzione del suono a spazio, la separazione della parola dal presente immediato e vivo, nel quale possono esistere solo parole parlate.*

Al contrario del linguaggio naturale, orale, la scrittura è del tutto artificiale: non c'è modo di scrivere «naturalmente» [...]

Dire che la scrittura è artificiale non significa condannarla, tutto il contrario: come e più di ogni altra creazione artificiale, essa ha un valore inestimabile, poiché è essenziale allo sviluppo più pieno dei potenziali umani interiori. Le tecnologie non sono semplici aiuti esterni, ma comportano trasformazioni delle strutture mentali, e in special modo quando hanno a che vedere con la parola. Tali trasformazioni possono essere positive: la scrittura ad esempio innalza il livello di consapevolezza; l'alienazione da un ambiente naturale ci può far bene ed è in più modi essenziale per la pienezza della vita umana. Per vivere e comprendere bene, abbiamo bisogno non solo della prossimità ma anche della distanza; questa scrittura regala alla mente umana in modo unico, come niente altro può fare.

Le tecnologie sono artificiali, ma – di nuovo il paradosso – l'artificialità è naturale per gli esseri umani. La tecnologia, se propriamente interiorizzata, non degrada la vita umana, ma al contrario la migliora. (Ong, 1986, pp. 123-125)

Non deve sorprendere l'uso continuo che Ong fa del concetto di alienazione. È assunto nel suo senso etimologico per rappresentare la privazione che l'uomo subisce nel momento in cui la parola si distacca dal suo corpo e dalla sua mente per diventare "cosa", cioè lettera, sequenza, frase di un discorso scritto. La stampa renderà ancora più evidente questo processo di alienazione. Essa lega ciascuna lettera dell'alfabeto a un oggetto fisico (sono i caratteri mobili che costituiscono la matrice della stampa in tipografia). Introduce una tecnologia, quella legata alla tipografia e alla produzione del libro, che è parte integrante del modello di produzione in serie.

L'avanzata del capitalismo moderno e l'avanzata della scrittura e dell'alfabetizzazione, secondo Ong, cooperano ai processi di colonizzazione sul territorio dei popoli legati alla terra e di trasformazione nello spirito delle genti e della loro abitudine di conoscere la realtà esterna.

Jack Goody, mezzi di comunicazione e tecnologie della mente

I sistemi di comunicazione sono cruciali per l'indirizzo di una civiltà quanto i mezzi di produzione. I cambiamenti nei modi di comunicazione determinano cambiamenti nella società:

> *La cultura, in definitiva, è un insieme di atti di comunicazione, e le differenze nel modo di comunicazione sono spesso altrettanto importanti delle differenze nel modo di produzione, implicando sviluppi sia nell'accumulazione, nell'analisi e nella creazione del sapere umano, sia nelle relazioni tra gli individui che ne sono interessati. La proposizione specifica è che la scrittura, e più particolarmente la litterazione alfabetica, permise di scrutare il discorso in maniera diversa, dando alla comunicazione orale una forma semi-permanente.*
>
> *[...]*
>
> *La [...] finalità della mia analisi era spostare un po' quell'accento, troppo spesso e troppo marcatamente posto sui mezzi e sui rapporti di produzione, sui mezzi e sui rapporti della comunicazione. Con ciò non intendo solo riferirmi alle tecniche ma anche alla tecnologia, ivi compresa la tecnologia intellettuale che la comunicazione scritta attiva direttamente, si tratti dell'accumulazione della conoscenza nelle biblioteche o della conoscenza interna, sino agli elementi di costrizione e di libertà che gli esseri umani annettono a questi sistemi.*
>
> *[...] Benché le società non possano essere ridotte a sistemi di comunicazione e di scambio, è abbastanza ovvio che esse cambino in relazione ai cambiamenti di questi sistemi: cambiamenti in cui rientrano la monetizzazione e l'alfabetizzazione.* (Goody 1988, p. 206)

L'innovazione dell'ipertesto può essere annoverata a un processo di rivoluzionamento quale descritto da Ong e Gody.

3.2. Un popolo senza pensiero

Fine della modernità: rottura e conflitto senza uguali.

Fine del capitalismo moderno successo del capitalismo radicale. Si aprono epoche di sconvolgimenti immani e di redistribuzione del potere su scala globale. Il cambiamento della popolazione attiva, fine dei giovani nei paesi come l'Italia.

Sono i caratteri della frontiera degli Outsiders: un popolo senza pensiero.

Cent'anni di solitudine:

> *... Macondo era allora un villaggio di venti case di argilla e di canna selvatica costruito sulla riva di un fiume dalle acque diafane che rovinavano per un letto di pietre levigate, bianche ed enormi come uova preistoriche. Il mondo era così recente, che molte cose erano prive di nome, e per citarle bisognava indicarle col dito.*

Un tempo si cercavano gli oppressi così oppressi che non avevano né voce né ascolto, erano sfruttati e basta. La ricerca prima di tutto voleva dare una voce, una visibilità a quel mondo sconosciuto e temuto. Poi ci sono stati gli invisibili (non riconosciuti e accettati dal potere, ma viventi e non ai margini della società) e questi si misero a lottare a combattere e a fare la guerra, anche una guerra civile col sangue e i morti nelle strade e accanto a noi.

Gli outsiders invece sono circondati da un'alluvione di parole, di immagini, di discorsi che non vogliono dire nulla, che riducono tutto in superficie agitando il mito della trasparenza, quello di Internet. Sono dentro un'immagine generale: la realtà è piatta, levigata come uno specchio. Ma è un inganno che nasconde una violenza quotidiana, la più disperante; quella che impedisce, come dice Gallino (2014) a proposito del lavoro precario, "un qualsivoglia progetto di vita".

Gli outsiders non sono fantasmi o spettri perché le scienze positive e in primo luogo le scienze sociali non li riconoscono. Gli outsiders sono un popolo. Gli outsiders sono il popolo degli attrezzati (dotati) tecnologicamente e dei "semplici" culturalmente. Vivono le tecnologie digitali e le iperconessioni non come una élite tecnocratica, non sono padroni di questi ambienti e di questi processi. le tecnologie digitali fanno parte della vita quotidiana, sono vissute non tecnicamente (come ordigni o meccanismi) ma come media. E' un popolo che si forma a partire dalla seconda metà del secolo scorso in modi contraddittori, lungo percorsi intermittenti e senza una cultura che li unisca o dia loro identità

Il nostro scopo è identificare un percorso in cui si formano diverse componenti che oggi hanno espresso una voce, in particolare attraverso il voto "a sorpresa" (2018) in cui si sommano e si confondono sentiment di rancore[65] per la classe dirigente che li ha ingannati e traditi in questi anni e sentiment di delusione per essere stati incapaci di essere protagonisti o padroni del proprio destino. Un richiamo a essere finalmente protetti e non lasciare che altri usufruiscano di una protezione pubblica, che giudicano ingiusta. La protezione e la rassicurazione di un futuro meno dominato dalla precarietà, può essere una forma di reddito garantito che il lavoro, così come le imprese hanno configurato, non può sostenere o si è manifestato nelle forme più umilianti del lavoro precario, a ticket o a voucher. Alla fine, si tratta di una richiesta di welfare state perduto, recuperando una redistribuzione del reddito più equa. Sono stati bollati impropriamente con una forma di riconoscimento: populisti. Una categoria che genera confusione. Il ceto politico l'ha usata come una clava per nascondere la sua totale incomprensione dei processi di crisi in atto che investivano il vecchio ceto medio e le classi dei produttori (sia salariati sia piccoli e medi imprenditori). sono processi al tempo stesso di radicalizzazione e di regressione. i media e il sistema della comunicazione e dell'informazione hanno acriticamente diffuso e rafforzato l'uso di questa categoria, gli intellettuali sono stati muti. la categoria di populismo così diffusa contiene in sé un inganno reso evidente dall'assoluta inefficacia nella sua applicazione se non in atti strumentali, un messaggio generato per ingannare i destinatati del messaggio stesso.

Gli outsiders vivono in una condizione in cui non c'è neppure una casa per sé, che protegga la tua privacy e ti dia speranza per il futuro. Gli outsiders, nipoti della società del benessere e figli della fallita unità europea, forse non hanno neppure

---

[65] *Intervista a De Rita "Ma per uscire dal rancore, l'Italia avrebbe bisogno di una carica di libido che non ha più, un desiderio di crescere e possedere, la voluttà di andare oltre se stessa". Fosse stato solo per l'ossessione della misurazione dei dati della realtà italiana, cinquantaquattro anni fa, Giuseppe De Rita non avrebbe fondato il Censis: "Il 6 novembre del 1963 ricevetti la lettera di licenziamento della Svimez, la società in cui ero diventato capo della sezione sociologica. Diciassette giorni dopo, ero davanti a un notaio per creare – insieme alle altre tredici persone licenziate – una società di ricerche tutta mia. Non ce l'avrei mai fatta senza un impeto erotico, quell'energia che fa volere la vita. Del resto, è quello il periodo in cui ho fatto sette figli"* Le parole chiave del rapporto rapporto Censis (2018) sono due: ripresa e rancore.

più una casa propria di cui essere padroni. Non sono padroni del proprio tempo di vita e inconsapevolmente subiscono lo choc profetizzato da Sigmund Freud per la scienza dell'uomo quando affermò che *"la terza e più scottante mortificazione, la megalomania dell'uomo è destinata a subirla da parte dell'odierna indagine psicologica, la quale ha intenzione di dimostrare all'Io che non solo egli non è padrone in casa propria, ma deve fare assegnamento su scarse notizie riguardo a quello che avviene inconsciamente nella sua psiche".*

Negare il trauma (e quindi secondo Freud il ruolo fondamentale dell'inconscio) e le contraddizioni in profondità della realtà, compresa quella personale, sono proprie di una cultura che si accompagna a una condizione di vita, determinata nella società del nostro tempo, in Italia: vivere ai margini della globalizzazione. Gli outsiders non sono riusciti ad agganciarsi al processo ascendente della globalizzazione, quello vissuto da altri come change is good o friction free capitalism; molti di loro hanno sognato la California e ora sopravvivono cercando di difendersi dagli effetti diffusi di impoverimento sociale. Subiscono un messaggio negativo che sempre si impone quando prevalgono stagnazione economica, assenza di ideali partecipabili, un futuro senza alcuna suggestione.

Nella comunicazione digitale prevale assolutamente la tecnologia sui processi culturali. In questo modo le tecnologie digitali promuovono una rivoluzione incompiuta e se confrontata con la grande rivoluzione indotta dalla cultura alfabetica rimane una ratio incompiuta a fronte di una ratio alfabetica, promotrice della ragione dei moderni.

4. Lo strappo alla modernità

Come rappresenta lo strappo alla modernità il popolo degli outsider?

Due esempi:

1. La critica al paradigma dell'etica del lavoro (Max Weber) ma soprattutto al pensiero unico di Taylor e al fordismo. Una rottura di popolo ma senza l'apporto di un pensiero, di una rielaborazione intellettuale.
2. L'apparizione diffusa e, nel tempo, dominante di un prevalere del concreto sul pensiero astratto, della manipolazione di oggetti contro il paradigma scientifico. È la geniale rappresentazione di Claude Lévi-Strauss

rappresentata attraverso l'opposizione tra la figura del bricoleur e quella dell'ingénieur.

4.1. Un esempio è quello fornito da Himanen[66].

> *"L'etica hacker diventa sinonimo di quel generale rapporto entusiastico nei confronti del lavoro, che si sta affermando nella nostra età dell'informazione. In questo senso, l'etica hacker si presenta come una nuova etica del lavoro che sfida la mentalità che ci ha reso schiavi per così tanto tempo, quell'etica del lavoro protestante analizzata nel classico di Max Weber, L'etica protestante e lo spirito del capitalismo". P.Himanen, p.6.*

La novità di questa etica è la centralità attribuita alla macchina nuova, al mediumcomputer o compu-medium, dal punto di vista etico.

> *p. 5 Himanen, The Jargon File definisce gli hackers come "persone che programmano con* ***entusiasmo"*** *... " che ritengono che "la condivisione delle informazioni [informations sharing] sia un bene positivo di formidabile efficacia, e che sia un dovere etico condividere le loro competenze scrivendo free software e facilitare l'accesso alle informazioni e alle risorse di calcolo ogniqualvolta sia possibile*

> *Himanen, p. 45 in linea con questi principi etici, molti hackers distribuiscono apertamente i risultati della loro creatività, affinché altri li usino, testino e sviluppino ulteriormente*

> *Himanen, p. 63 un punto di forza fondamentale del modello di apprendimento hacker sta nel fatto che ciò che uno di essi impara poi lo insegna agli altri*

> *Himanen, p. 39 l'etica hacker ci ricorda anche –data la riduzione del valore individuale e della libertà che si verifica in nome del lavoro- che la nostra vita è qui e ora. ... gli hacker non fanno proprio l'adagio "il tempo è denaro", ma piuttosto la "vita è mia"*[67]

---

[66] P. Himanen, *Etica hacker e lo spirito dell'età dell'informazione*

[67] P. Himanen, passim pp. 39, 63, 45, 5

Questa idea critica l'idea dell'imprenditore capitalista, che, secondo Max Weber, è il tipo ideale che genera una società nuova.

> *[...] la figura dell'imprenditore, il capitalista che possiede doti legate alla disciplina e all'accettazione del compito e alla dedizione totale a questo [...]*
>
> *solo un carattere straordinariamente saldo poteva salvare un tale imprenditore "di nuovo stile" dalla perdita del dominio su se stesso e dal naufragio morale ed economico che insieme colla chiarezza di visione e coll'energia, furono soprattutto qualità etiche specialissime e molto forti, quelle che gli acquistarono la fiducia, indispensabile in tali innovazioni, dei clienti e degli operai, e gli conservarono l'energia necessaria per superare le resistenze non calcolate, ma soprattutto gli resero possibile quel lavoro infinitamente più intenso che allora si esigeva dall'imprenditore e che non si concilia col pacifico godimento della vita.*
>
> *[...] coloro che crearono questa trasformazione esternamente invisibile, ma decisiva per l'affermarsi del nuovo spirito nella vita economica; ma sebbene uomini formati nella dura scuola della vita, calcolatori e audaci al tempo stesso, ma soprattutto riservati e costanti, completamente dedicati all'oggetto della loro attività, con opinioni e principi severamente borghesi.* Weber M.,pp. 126, 127.

A questa figura "ideale" di protagonista della società moderna si opporrà la figura del leader, colui che fonda il proprio potere sul rapporto diretto tra capo e popolo sulla base di un valore non razionale, il carisma. Questa figura si impone storicamente nei regimi totalitari in Europa a partire dalla crisi della Prima guerra mondiale. Il carisma è una dote assolutamente personale e la sua affermazione avviene attraverso forme plebiscitarie fondate prevalentemente sui mezzi di comunicazione di massa e sull'effetto persuasivo e emotivo che generano nelle masse.

4.2. Taylor: il pensiero unico

Il protagonista è l'ingegnere sociale. Taylor afferma:

> *L'organizzazione scientifica del lavoro si chiama anche «task management» (sistema di organizzazione basato sull'attribuzione di compiti prefissi e ben definiti) ...*
>
> *« ...**la sua caratteristica più notevole era l'idea del compito**, l'idea cioè di stabilire una quantità misurata di lavoro giornaliero per ogni uomo; ed in seguito il sistema fu chiamato, per qualche tempo, "sistema a compito". La parola compito, d'altronde, **aveva un suono duro** [...]*
>
> *Infine ci si accordò su di un nome [...] e precisamente: "Organizzazione scientifica"» (dalla Deposizione di Taylor davanti alla commissione speciale della Camera dei Rappresentanti, 25 gennaio 1912):*
>
> *«Ogni movimento, ogni piccola azione diventa oggetto di una investigazione attenta e scientifica».*

Taylor non deve essere letto soltanto come un mero organizzatore del lavoro in fabbrica, un tecnico di una nuova forma di organizzazione. Il modello organizzativo si fonda sulla promozione di una figura centrale nella società industriale, quella dell'ingegnere in produzione. Cioè del realizzatore principale dei principi della produttività industriale. Questa figura di ingegnere è proiettata sull'intero universo sociale è l'ingegnere sociale. Attraverso l'organizzazione scientifica del lavoro si realizza una vera e propria **rivoluzione mentale**. Questa è un'affermazione letterale di Taylor e il suo obiettivo più ambizioso e di lunga durata.

5. Bricoleur *vs* ingénieur

La figura del bricoleur ci rivela la natura degli outsiders e l'opposizione all'ingénieur rivela non solo l'opposizione di due punti di vista (una e' una vera e propria visione del mondo l'altra si afferra al presente e nulla più).

> *Il bricoleur è capace di eseguire un gran numero di compiti differenziati, ma, diversamente dall'ingegnere, egli non li subordina al possesso di materie prime e di arnesi, concepiti e procurati*

espressamente per la realizzazione del suo progetto: il suo universo strumentale è chiuso, e, per lui, la regola del gioco consiste nell' adattarsi sempre all'equipaggiamento di cui dispone, cioè a un insieme via via "finito" di arnesi e di materiali, peraltro eterocliti, dato che la composizione di questo insieme non è in rapporto col progetto del momento, ne d'altronde con nessun progetto particolare, ma è il risultato contingente di tutte le occasioni che si sono presentate di rinnovare o di arricchire lo stock o di conservarlo con i residui di costruzioni e di distruzioni antecedenti. L'insieme dei mezzi del bricoleur non è dunque definibile in base a un progetto (la qual cosa presupporrebbe, almeno in teoria, l'esistenza di tanti complessi strumentali quanti sono i generi di progetto, come accade all'ingegnere); esso si definisce solamente in base alla sua strumentalità, cioè, detto in altre parole e adoperando lo stesso linguaggio del bricoleur, perché gli elementi sono raccolti o conservati in virtù del principio che "possono sempre servire". Simili elementi sono dunque specificati solo a metà: abbastanza perché il bricoleur non abbia bisogno dell'assortimento di mezzi e di conoscenze di tutte le categorie professionali, ma non tanto perché ciascun elemento sia vincolato a un impiego esattamente determinato. Ogni elemento rappresenta un insieme di relazioni al tempo stesso concrete e virtuali: è un operatore, ma utilizzabile per una qualunque operazione in seno a un tipo. (Lévi-Strauss C., 31-32.)

Il bricolage guarda al concreto e si colloca fuori dalla modernità e dal paradigma logico-sequenziale. Rivela un capovolgimento semantico dal negativo al positivo: superficie e non profondità, concretezza e immediata visibilità e non elaborazione intellettuale e complessità, immersione e non distacco critico. È una categoria che Lévi-Strauss usa per definire il pensiero mitico[68], e quindi il pensiero selvaggio, non contaminato dalle culture moderne, dai processi di acculturazione che conosciamo e che definiscono il nostro orizzonte di conoscenza.

Si potrebbe essere tentati di dire che l'ingegnere interroga l'universo[69], mentre il bricoleur si rivolge a una raccolta di residui di opere umane cioè a un insieme culturale di sottordine ... [...]

[68] Il pensiero mitico come una sorta di bricolage intellettuale (Lévi Strauss, 2015 p.30).

[69] Lévi-Strauss immagina il tipo ingegnere nella scia del capitalista imprenditore secondo il modello weberiano.

In rapporto alle limitazioni in cui si riassume lo stato di una civiltà, l'ingegnere tende sempre ad aprirsi un varco e a situarsi "al di là", mentre il bricoleur, per amore o per forza, resta "al di qua", il che equivale a dire in altri termini, che il primo opera mediante concetti, il secondo mediante segni. (Lévi-Strauss C., 2015:, p.33.)

La figura del *bricoleur* impone di guardare agli strumenti e alle pratiche. L'insieme dei mezzi del *bricoleur* non è definibile in base a un progetto, non conosce il pensiero astratto che guida le azioni programmate che nel Novecento si affermano attraverso l'organizzazione scientifica del lavoro. Per il *bricoleur* gli oggetti sono raccolti e conservati perché possono sempre servire (non muoiono mai), ogni elemento rappresenta un insieme di relazioni al tempo stesso concrete e virtuali. Il *bricoleur* non è una figura statica; al contrario, l'origine del vocabolo rivela elementi dinamici.

Bricolage è, all'origine, vocabolo francese che si riferisce a occasioni di gioco (biliardo, palla) o attività laterali; anche a cose che in qualche modo stanno o vanno fuori dell'ordine precostituito dalla natura o dalla materia. Lévi-Strauss usa l'espressione "movimento incidente", cioè che lascia il segno, come il cavallo che scarta dal percorso precostituito o come la palla che rimbalza senza apparente pre-destinazione. Il *bricoleur* è colui che esegue un lavoro con le mani usando mezzi diversi da quelli impiegati dall'uomo di mestiere, cioè dal professionista che, automaticamente, classifica l'altro come dilettante. Il professionista accetta regole e attributi riconosciuti dentro i quali deve operare: tradizione, regolamento, canone. Il *bricoleur* scarta (o sembra scartare), non segue le regole, improvvisa e si dedica unicamente a pratiche, che non hanno tradizione perché appartengono alla sfera dei lavori domestici o a forme di divertimento, semplici e non costruite (gioco).

Il bricolage è un segno distintivo degli utilizzatori della rete che possiamo identificare nella forma degli *outsiders*[70]. Gli outsiders sono un popolo: il popolo degli attrezzati tecnologicamente e dei "semplici" culturalmente... rivelano *segni* tipici di una cultura che abbandona il codice alfabetico e la scrittura testuale. Questa forma, contrariamente alla convinzione di molti, non va letta nel cono d'ombra dei valori della cultura alfabetica e del paradigma logico-sequenziale. Essa segue un suo percorso in cui il fare e lo sperimentare in proprio non hanno alle spalle una tradizione riconosciuta, né vogliono creare una propria tradizione,

[70] Cfr. M.Ricciardi (2016), *Friction sociology*, Roma: Aracne editore.

al contrario di quanto aveva fatto la cultura alfabetica prima e il paradigma logico-sequenziale che struttura il testo, poi. Quelli di cui parliamo oggi sono un popolo di *outsiders,* non di primitivi. Siamo in presenza di un'inedita diffusione di comportamenti e pratiche culturali, propri di una cultura che, secondo la profezia di McLuhan (1953), può essere una cultura non alfabetizzata. Sono alfabeti all'origine, ma non-alfabeti nelle pratiche: impegnati in attività culturali di tipo soprattutto visuale, desiderosi di manipolare e di toccare. Una generazione fai-da-te molto diversa dalle generazioni attive nel secolo XX che rivela una combinazione avventurosa e creativa di *self-made man* e di dilettante, calato nel mondo concreto del fare e del provare continuamente senza tradizione e senza creare tradizioni. Non a caso. Il *bricoleur,* a cui può essere ricondotto, è l'opposto della razionalità e della logica costruttiva dell'*ingénieur*.

Gli outsiders sono estranei e marginali, collocati in posizioni borderline ma senza consapevolezza e senza politica per sé stessi o associati a altri. Non possono utilizzare i canoni che appartengono alle generazioni precedenti e che si qualificano come tradizione, come cultura. Sono i senza terra (della cultura). Chi li ha preceduti nel tempo si è avventurato oltre le colonne d'ercole, ha navigato e si è fatto internauta alla ricerca di mondi nuovi, per andare oltre. Erano un misto di ingegneri e di visionari per andare nel cyberspazio, per cercare l'oltre, al di là della realtà presente. Per questi invece domina il digitale diffuso che privilegia le mani prima di tutto, le dita più esattamente e poi gli occhi e un po' di suono e poi le connessioni viventi e portabili in ogni tempo e in ogni luogo. Io lo uso per dire che gli outsiders li riconosco innanzitutto dalle pratiche perché il loro mondo è tutto costruito su tecniche (tecnologie) che visualizzano meccanismi intellettuali, cognitivi, relazionali.

Le tecnologie digitali esteriorizzano non solo attraverso l'immagine artificiale; l'esteriorizzazione è un habitus e fa parte della vita quotidiana. Abbatte la distinzione moderna tra pubblico e privato e distrugge lo scudo della privacy.

Nel passato erano nascosti dallo scudo della privacy e della sfera pubblica costituita che non consentiva l'attraversamento di queste soglie fondate sulla tradizione e sulle leggi. Questo percorso non si realizza attraverso una rivoluzione culturale, attraverso la battaglia delle idee o una forma di egemonia che accompagna percorsi di colonizzazione o di conquista o di sottomissione. È stata costruita una realtà piatta come condizione del presente. Il bricoleur non avendo progetto, non ha razionalità progettuale, è estraneo ai valori e all'ideologia del progresso, si adatta all'equipaggiamento di cui dispone e accetta la realtà così come si presenta, cioè accetta il mondo come finito e definito prima di lui e dopo di lui e quindi non partecipa a un programma di costruzione del futuro. La scienza del concreto è scienza ingabbiata nel presente; dilata enormemente il presente, vive tutto nel presente, in una estensione inedita di territori e di esperienze "aumentate", è un paradigma forse liminale. Le conseguenze per gli outsiders sono pesanti: accettano di farsi definire precari senza lottare e senza combattere, perché confliggere richiede un comune essere insieme e organizzazione di parte, organizzarsi come parte. Il suo universo strumentale è chiuso, è un insieme finito di arnesi e materiali che trova già pronti e che non intende modificare né trasformare. Il suo universo non ha nulla in comune con l'homo faber. Gli outsiders sono quindi al polo opposto della vision weberiana del capitalista eroico, etico e rivoluzionario e opposti ideologicamente al materialismo dialettico di Marx. I nostri outsiders sono naturalmente estranei al grande conflitto storico tra operai e capitale che ha caratterizzato due secoli di storia europea e mondiale. Sono totalmente estranei anche dalla figura centrale dell'ingegnere in produzione, quello di matrice taylorista e fordista, quello che io ho chiamato l'"ingegnere sociale". Per gli outsiders è un orizzonte svanito, un punto di riferimento di cui sono privi. Insisto sul carattere singolare di questo popolo allo stato nascente, in cui prevalgono i caratteri dell'assenza, della scomparsa, della sparizione; mancano soprattutto di attributi materiali conquistati dalle classi che li hanno preceduti. gli outsiders non potranno mai essere classe, ma popolo forse sì.

La figura dell'ingegnere in produzione è emblematica di questo passaggio fondamentale: per l'ingegnere il lavoro è ordinato e controllato in modo gerarchico, la società è ordinata e organizzata attraverso l'oggettivazione della scienza e la scientifizzazione di una funzione tipica del management: l'organizzazione "totale" del lavoro industriale. in questa fase storica l'ingénieur è un professionista, il bricoleur è un dilettante. Il dilettante può essere trasformato in attore collaborativo in ambienti iperconnessi, caratterizzati da tecnologie digitali e da comportamenti parole messaggi multimediali. È l'ambiente propizio per la fortuna di bande di fans[71].

---

[71] *Gli studi sulla figura del fan e sulle comunità di fan (fandom) si sviluppano in particolare all'interno dei cultural studies, si veda in particolare Lewis L. The Adoring Audience. Fan Culture and Popular Media, London-New York, Routledge, 1992, nello specifico per un'analisi delle attività di rielaborazione testuale dei fan si veda il saggio di Fiske J., The Cultural Economy of Fandom, in cui l'autore analizza le diverse forme di produttività dei fan, distinguendole in semiotica, enunciativa e testuale. Sul rapporto tra fan e cultura partecipativa si veda Jenkins.H., Textual Poachers. Television Fans and Participatory Culture, New York,*

La scienza associativa del concreto è contrapposta al pensiero astratto. Nel Novecento, nel pieno sviluppo dell'economia e della società industriale, il pensiero astratto è il pensiero analitico della scienza applicata all'organizzazione del lavoro e alla produzione di beni materiali in fabbrica. Sono i fondamenti dello *scientific management* di Taylor che guidano le applicazioni di Ford e del fordismo. Dall' astrazione del sapere (formalizzazione scientifica, pensiero logico-sequenziale) consegue l'espropriazione del mestiere operaio e dell'esperienza concreta (Rullani, 2004): la scienza dell'ingegnere è fondata sul pensiero analitico applicato alla divisione scientifica del lavoro industriale. Nel bricoleur, invece, c'è l'assemblaggio concreto del fare e del mescolare e del manipolare.

Il mondo del bricoleur non è costituito soltanto dalla scelta del mescolare e del fare da sé; è un'intenzione, una volontà, un'azione rispetto al mondo fisico e a quello simbolico. La tecnica è anche una pratica, un agire che non deve essere considerato nella sua assolutezza o nel suo isolamento. La forza della formula sta nel contesto più generale che rappresenta e ci consente di introdurre il bricoleur nel tempo presente: il bricoleur ha una cultura a-testuale (Ricciardi, 1998), vive al presente con la percezione che il suo tempo viene prima che il testo venisse codificato come paradigma fondante della società moderna, si immerge nell'oralità e nel mondo dei suoni e delle immagini e della simbologia partecipata, assimilata direttamente. È un soggetto attivo nella comunità, predisposto alla rivoluzione ipertestuale. La tecnologia digitale gioca, oggi, un ruolo che il primitivo non poteva sfruttare. La cultura fluida, il peso attribuito alle emozioni e al gioco sono il terreno fertile su cui può attecchire e svilupparsi la tecnologia ipertestuale. Prima fare, prima provare, prima sperimentare: sono idee-azioni che hanno aiutato qualche tempo fa, gli studenti e i giovani "colti" di Brown o di Berkley ma anche quelli di alcune università europee, spingendoli a utilizzare fino in fondo la splendida occasione che l'ipertesto e poi l'ipermedia offrivano.

Io uso perciò il bricolage come segno qualificante gli utilizzatori di rete che identifico nella forma degli *outsiders*. Sono *segni* tipici di una cultura che abbandona il codice alfabetico e la scrittura testuale. Ma questa forma, contrariamente alla convinzione di molti, non va letta nel cono d'ombra dei valori della cultura alfabetica e del modello logico-sequenziale. segue una sua strada, un

---

Routledge, 1992 (in cui l'autore, per descrivere le pratiche dei fan, riprende il concetto di poaching introdotto da de Certeau ne l'Invenzione del quotidiano) e Jenkins.H., Fans, bloggers and gamers. Exploring Participatory Culture, New York University Press, 2006).

suo percorso in cui il fare e lo sperimentare in proprio non hanno alle spalle una tradizione riconosciuta né vuole creare per sé una tradizione. Al contrario di quanto aveva fatto la cultura alfabetica prima e il paradigma logico-sequenziale che struttura il testo, poi. Quelli di cui parliamo oggi sono un popolo di *outsiders,* non di primitivi. Siamo in presenza di un'inedita diffusione di comportamenti culturali, di estensione delle pratiche culturali, ma di una cultura che, secondo la profezia di McLuhan (1953), può essere una cultura non alfabetizzata. Sono alfabeti all'origine, ma non-alfabeti nelle pratiche: impegnati in attività culturali di tipo soprattutto visuale, desiderosi di manipolare e di toccare. Una generazione fai-da-te molto diversa dalle generazioni attive nel secolo XX. L'*outsider* è un fai da te. È un misto avventuroso e creativo di *self-made man* e di dilettante, calato nel mondo concreto del fare e del provare continuamente senza tradizione e senza creare tradizioni. Il *bricoleur* non a caso è l'opposto della razionalità e della logica costruttiva dell'*ingénieur*. Si afferma una *home culture*, un vero e proprio spazio di meticciato, di disordine e di improvvisazione. È cultura ibrida, senza confini e senza gerarchie. In prospettiva non si vedono segnali né di forme associative (se non uno sviluppo debole dell'esperienza più significativa dei network e cioè le comunità virtuali), né di raggruppamenti ordinati e orientati, se non quelli spinti da evidenti logiche espansive di nuovi preziosi mercati, ricercati con grande accanimento poiché sembrano essere i soli (o quasi) a offrire remunerative prospettive di business (anche di breve durata).

Una speranza se non un'utopia può nascere, oggi, non dalle avanguardie, ma dal formarsi di un popolo: è il popolo degli outsiders. Sono nuovi soggetti che agiscono "culturalmente" prevalentemente nel mondo delle reti. Gli outsiders non hanno posizioni di rendita, né privilegi da difendere: non più élites o avanguardie, ma popolo, un popolo diffuso, reticolare, fuori dai canoni, che riemerge. Sfortunatamente riemerge alla fine di una fase di ricchezza e opportunità e deve confrontarsi con una globalizzazione che produce marginalizzazione, disuguaglianza e povertà. Lo scenario in grande di cui gli outsiders sono partecipi (e debolmente consapevoli) è l'irruzione della ratio computazionale (Turing, 1936-7) o ratio digitale incompiuta a sostituire la ratio alfabetica (Havelock, 1986). Spostare l'interesse sul gioco sulla manipolazione sul contatto e sulla mescolanza fisica di oggetti e manufatti, può essere l'opportunità per superare la debolezza intrinseca della mente computazionale. essa nasce solo mente e non corpo, è ratio astratta per necessità storica, incapace di fronteggiare la forza del nuovo potere finanziario che si appropria delle reti, delle comunità virtuali e dei social media.

Gli outsiders sono eredi della ratio computazionale nelle pratiche e estranei nella vita quotidiana alla ratio alfabetica e al paradigma logico-sequenziale. Noi ammiriamo attraverso i grandi processi storici e di civilizzazione, che sono la nostra tradizione, la grandezza della civiltà alfabetica che si trasforma in civiltà della scrittura e della stampa cioè nella società moderna. La mente computazionale ha percorso solo un breve tratto di strada; ci sono ancora percorsi drammatici da intraprendere, vie oscure e minacciose, a alta conflittualità. La mente computazionale può distruggere la mente alfabetica e il paradigma logico sequenziale e fondare un nuovo paradigma. In tempi recenti l'affermazione della mente computazionale, applicata al lavoro, ha favorito l'affermazione del lavoro digitalizzato contro il lavoro produttivo (Marazzi 1999 e 2002; Rullani 2004).

Per questo popolo prevale la cultura del fare per conoscere, del manipolare "cose" per saperne di più. Queste pratiche devono essere ghettizzate culturalmente o isolate come un mondo dei "loro", i primitivi, debolmente acculturati dalla scuola di massa e dalla cultura di massa e lasciate indifese di fronte alle azioni di sfruttamento commerciale. Si stanno trasformando gli strumenti della conoscenza intellettuale insieme alla sua estensione globale a soggetti diversissimi per nazionalità, cultura, vita quotidiana. Ma le pratiche intellettuali aumentano. quelle pratiche che sembrano solo attività di scarso interesse culturale sono indici di una crescita globale senza precedenti. Mai gli umani furono caratterizzati "culturalmente" in così grande numero, in forme così diffuse e con pratiche quotidiane così complesse (uso delle tecnologie digitali e dei media contemporaneamente) nella storia del genere umano. Caratterizzano una generazione fai-da-te molto diversa dalle generazioni attive nel secolo XX. È un movimento indipendente e alternativo al dominio del populismo, delle comunità emozionali sfruttate dal leader carismatico in una deriva plebiscitaria senza fine e senza opposizioni.

Bibliografia

1. Adorno, T.W., Horkheimer M. (1947) *Dialektik der Aufklärung. Philosophische Fragmente.* Amsterdam: Querido Verlag. Trad.It. (1966) *Dialettica dell'Illuminismo*. Torino: Einaudi.
2. Bauman, Z. (2002). *Modernità liquida*. Bari: Laterza.
3. Blumenberg, H. (1981). *La leggibilità del mondo. Il libro come metafora della natura.* Bologna: Il Mulino.
4. Castells, M. (1996). *The Rise of the Network Society, The Information Age: Economy, Society and Culture.* Cambridge, MA; Oxford, UK: Blackwell. Trad.It. (2002) *La nascita della società in rete*. Milano: Università Bocconi Editore.
5. Castells, M. (2009), *Communication Power,* Oxford, New York: Oxford University Press; trad. it. (2009) *Comunicazione e potere*, Milano: Università Bocconi Editore.
6. De Sola Pool, I. (1995). *Tecnologie di libertà. Informazione e democrazia nell'era elettronica*. Torino: UTET.
7. Eisenstein, E. L. (1986). *La rivoluzione inavvertita. La stampa come fattore di mutamento*. Bologna: Il Mulino.
8. Gallino, L. (2014). *Vite rinviate. Lo scandalo del lavoro precario*. Roma-Bari: Laterza.
9. Gates, B. (1997). *La strada che porta a domani*. Milano: Mondadori.
10. Giddens, A. (1994). *Le conseguenze della modernità*. Bologna: Il Mulino.
11. Goody, J., *La logica della scrittura e l'organizzazione della società*, Einaudi, Torino 1988,
12. Havelock, E. A. (1986). *Cultura orale e civiltà della scrittura. Da Omero a Platone*. Bari: Laterza.
13. E.A. Havelock, *Preface to Plato*, Harvard University Press, Cambridge 1982.
14. P. Himanen, *Etica hacker e lo spirito dell'età dell'informazione, Milano Feltrinelli 2007*
15. Jenkins, H., Ford, S., Green, J. (2013), *Spreadable Media: Creating Value and Meaning in a Networked Culture*, New York: New York University Press,; trad. it. (2013), *Spreadable media. I media tra condivisione, circolazione, partecipazione*, Milano: Apogeo.
16. Jenkins H. (2006), *Convergence Culture: Where Old and New Media Collide*, New York: New York University Press, trad. it. (2007), *Cultura Convergente*, Milano: Apogeo.

17. Kant, I. (1784) *Beantwortung der Frage: Was ist Aufklärung? In Berlinische Monatsschrift, H.12, S. 481-494.* Trad.It. (1963) *Risposta alla domanda: Che cos'è l'Illuminismo?* In *Scritti politici e di filosofia della storia e del diritto. Torino: Utet.*
18. Landow, G. (1992). *Hypertext: The Convergence of Contemporary Critical Theory and Technology.* Baltimore: Johns Hopkins University Press.. Trad.It. (2000) *L'ipertesto. Tecnologie digitali e critica letteraria. A cura di Paolo Ferri.* Milano: Bruno Mondadori.
19. Lévi-Strauss C. (2015). *Il pensiero selvaggio*, Milano: Il Saggiatore.
20. Lévi-Strauss, *Antropologia strutturale*, Il Saggiatore, Milano 1990,
21. Lewis L. *The Adoring Audience. Fan Culture and Popular Media*, London-New York, Routledge, 1992
22. Marazzi, C., Il posto dei calzini. La svolta linguistica dell'economia e i suoi effetti nella politica, Casagrande 2021
23. Marazzi C., Capitale & linguaggio. Dalla new economy all'economia di guerra, Derive Approdi
24. Mcluhan, M. (1953) "Cultura senza alfabetizzazione" in (1998) *Le radici del cambiamento*, Roma: Armando editore.
25. Ong, W. (1982). *Orality and Literacy: The Technologizing of the Word. Methuen & Co..* Trad.It.2
26. (1986) *Oralità e scrittura. Le tecnologie della parola.* Bologna: Il Mulino.
27. Ricciardi, M. (1998). "Le comunità virtuali e la fine della società testuale" in *La tecnologia per il XXI secolo*, Torino: Einaudi.
28. Ricciardi M. , Friction sociology, Roma 2016
29. Rullani, E. (2004). *Economia della conoscenza*, Roma: Carocci.
30. Sassen, S (2014). *Expulsions. Brutality and Complexity in the Global Economy.* Harvard: Harvard
31. University Press. Trad.It. (2015) *Espulsioni. Brutalità e complessità nell'economia globale.* Bologna: Il Mulino.
32. Tronti M. (1966). Operai e capitale, Torino, Einaudi
33. Turkle, S. (2011), *Alone Together. Why We Expect More from Technology and Less from Each Other*, New York: Basic Books; trad. it. (2012), *Insieme ma soli. Perché ci aspettiamo sempre più dalla tecnologia e sempre meno dagli altri*, Torino: Codice.
34. Turing, A. (1936-37). "On Computable Numbers." Proceedings of the London Mathematical Society,
35. Series 2, 42: 230–265.

36. Turing, A. (1950) "Computing Machinery and Intelligence." Mind, 59: 433–460. Trad.It.
37. "Macchine calcolatrici e intelligenza", in Somenzi, V. Cordeschi, R. (1994) *La filosofia degli automi*, Torino: Bollati Boringhieri.
38. Weber M., *L'etica protestante e lo spirito del capitalismo*, Sansoni, Firenze, 1945.

2. La costituzione del digitale

Premessa

Esiste una società della globalizzazione? O una società del digitale? Qual è il ruolo della cultura e dell'elaborazione culturale nella formazione della ratio digitale? Il contributo riflette su queste domande individuando due grandi processi nella relazione tra cultura e società digitale. Il primo si afferma come processo di liberazione da un potere autoritario e repressivo, identificato principalmente nelle istituzioni pubbliche. L'obbiettivo è la libertà culturale dall'autorità e dalle "catene" che si sono costruite nel tempo attraverso il dominio culturale della mente alfabetica e del paradigma logico-sequenziale. Questa cultura, fondata storicamente sulla mente alfabetica, si identifica con la natura umana moderna e con la sua visione del mondo. Il secondo processo è una controrivoluzione. Al centro di questa controrivoluzione è il ridimensionamento e poi l'annullamento della centralità sociale dei produttori. I produttori moderni (del tempo della modernità) sono la personificazione dialettica e conflittuale dei capitalisti industriali (i padroni, gli imprenditori) con i salariati (gli operai, i disoccupati e alla fine i cittadini). L'obbiettivo primario è stato un ribaltamento dall'utopia dell'uguaglianza (presente nella critica al logocentrismo e nell'affermazione della parità globale di ogni punto della rete) alla realtà di un dominio feroce della disuguaglianza su scala globale.

1. Cultura (Società)

Esiste una società della globalizzazione? O una società del digitale? Quale ruolo della cultura e dell'elaborazione culturale nella formazione della ratio digitale? La rete destruttura ma non costruisce società. Alcuni esempi di opinioni esplicitamente diverse. La prima di una ricercatrice che ha sottolineato il grande cambiamento con la nascita delle comunità virtuali. Un superamento degli ostacoli e delle barriere che principalmente sono al fondamento degli stati nazionali:

> *Decostructing the bounderies, costructing the communities (Reid 1991).*

Al polo opposto uno dei più grandi sociologi del Novecento:

> *Alain Touraine: non c'è società in rete. Dall'economia di mercato agli attori della produzione* (Touraine 2008).

Il fattore decisivo è il cambiamento dettato dall'economia:

> *"Viviamo il passaggio da una economia fortemente controllata dagli Stati nazionali alla formazione di reti economiche mondiali che distruggono o indeboliscono durevolmente quelle antiche forme di controllo; così si definisce un nuovo modo di sviluppo ma non un nuovo tipo di società." (Touraine 2008, 2).*

Ma l'economia è a sua volta prigioniera di una svolta decisiva: il ruolo dominante delle tecnologie in particolare le tecnologie digitali:

> *"Noi viviamo al contrario un periodo in cui le tecnologie si sviluppano indipendentemente dai rapporti sociali e quindi si legano direttamente al mondo del consumo, eliminando sempre più il passaggio attraverso i rapporti sociali di produzione." (Touraine 2008, 9).*

"Oggi la tecnologia è un fattore autonomo di cambiamento" (Touraine 2008, 9).

> *"Le nuove tecnologie non possono che svilupparsi dentro una società che accetta la propria de-socializzazione (e questo non avviene soltanto sulla spinta del profitto o del vantaggio immediato, ma soprattutto per la volontà di distruggere [decostruire] gli schemi trasmessi, per la spinta alla personalizzazione del lavoro e delle motivazioni, alla ricerca di una nuova identità e creatività]." (Touraine 2008,*12).

La cultura digitale si fonda su:

L'affermarsi globale della relazione congiunta tra tecnologie ipertestuali che intendono superare la mente alfabetica e il paradigma logico-sequenziale (Ricciardi 2012) e l'affermazione del potere della comunicazione fondata sul *digital connect* (cioè la rete e Internet). Produce una frattura profonda, non riconosciuta dagli stessi protagonisti di quella "rivoluzione inavvertita" (Eisenstein 1979). I caratteri innovativi, rivoluzionari (Castells 1996) vengono snaturati per respingere l'effetto delle tecnologie di libertà (De Sola Pool 1983) in favore del dominio incontrastato del potere predatorio e della sua economia (Sassen 2014).

La rottura culturale prodotta dalle tecnologie ipertestuali e dal *digital connect* è così profonda da indebolire pesantemente gli strumenti più efficaci che la cultura della modernità ha costruito per conoscere, ordinare e comandare sul mondo che ci sta intorno. A tal punto che, neutralizzata la mente alfabetica (Havelock 1986), svanisce la ratio alfabetica universale che aveva fuso "per sempre" il codice della leggibilità (Blumenberg 1979) alla razionalità riconoscibile del mondo esterno. La cultura acritica del dato favorisce la diffusione di un'immagine "piatta" del mondo, un'immagine conciliante e "rasserenante", ma la crisi culturale è più profonda: i nuovi strumenti culturali non riescono a "leggere" il mondo e quindi a comprenderlo e non riescono a generare un'altra ragione: la ratio digitale. La realtà appare perciò illeggibile e quindi incomprensibile. Siamo prigionieri di uno stato di disordine culturale che ci rende inadeguati a fronteggiare i violenti e profondi processi di mutamento tipici del nostro presente. Attualmente l'agente più potente, il capitalismo finanziario (Gallino 2011) sostiene l'economia dei predatori (Sassen 2014), una versione radicale della globalizzazione, che impedisce programmaticamente possibili elaborazioni culturali critiche e autonome (in origine patrimonio della cultura della ragione fondata sull'*aufklarung*).

In sintesi, due processi:

Il primo si afferma come processo di liberazione da un potere autoritario e repressivo, identificato principalmente nelle istituzioni pubbliche: lo Stato è l'obbiettivo principale. L'obbiettivo è la libertà culturale dall'autorità (degradata in stato totalitario e società autoritaria) e dalle "catene" che si sono costruite nel tempo attraverso il dominio culturale della mente alfabetica e del paradigma logico-sequenziale. Questa cultura, fondata storicamente sulla mente alfabetica, si identifica con la natura umana moderna e con la sua visione del mondo. È la cultura del progresso che combatte l'ignoranza e l'arretratezza spirituale e materiale: la cultura dell'*aufklarung*. Il secondo è una controrivoluzione, ammesso che sia avvenuta una vera e propria rivoluzione digitale. È un'azione di compressione, e spesso di distruzione o di snaturamento, di quella cultura che era apparsa a partire dal superamento della guerra fredda, dall'affermarsi della "competizione pacifica" e quindi dai movimenti di liberazione e dalle politiche del welfare state. Al centro di questa controrivoluzione è il ridimensionamento e poi l'annullamento della centralità sociale dei produttori. I produttori moderni (del tempo della modernità) sono la personificazione dialettica e conflittuale dei capitalisti industriali (i padroni, gli imprenditori) con i salariati (gli operai, i disoccupati e alla fine i cittadini). L'obbiettivo primario è stato un ribaltamento dall'utopia dell'uguaglianza (presente nella critica al logocentrismo e nell'affermazione della parità globale di ogni punto della rete) alla realtà di un dominio feroce della disuguaglianza su scala globale. Le tecnologie informatiche e telematiche e la cultura che, anche in modo frammentario, hanno espresso avevano in sé un veleno che alla fine ha favorito la trasformazione del capitalismo industriale in capitalismo finanziario. Una trasformazione che è stata scambiata per un processo di ammodernamento su scala globale. *Change is good* era negli anni '80 una formula aperta, di promesse, di opportunità, ma è fallita. L'informatica, e soprattutto le tecnologie della comunicazione, sono stati veicoli di una trasformazione dal lavoro fordista al *lavorare comunicando* (Marazzi 1999), dell'affermazione della fusione tra produzione e consumo. Ma nel tempo si è imposta una nuova forma di capitalismo, nemica dell'idea della trasparenza e della parità di accesso e di condivisione di risorse e di comportamenti alle origini di Internet. Questo potere ha trasformato le *tecnologie di libertà* in tecnologie al servizio degli interessi dominanti cioè finanziari. Uno degli effetti massicci di questo processo è stato, sul piano culturale, l'affermazione di una visione piatta del mondo, la diffusione di uno stile di vita conciliante. Il ruolo facilitante delle tecnologie della comunicazione, come di un lubrificante, ha cancellato il conflitto come chiave di volta della società moderna. Il pensiero autonomo e critico è stato espulso e collocato fuori dal perimetro del digitale. Si sono create delle nuove *enclosures* (spirituali) che hanno rimosso le radici territoriali e l'identità connessa al luogo, agendo non più con barriere e filo spinato per marcare le proprietà, ma sulla mente e sulle emozioni dei cittadini degradati e umiliati. Si è riaffermato un processo, in condizioni assai diverse, che Marcuse aveva identificato nell'uomo a una dimensione (Marcuse 1967). Per rappresentare questo processo, penso sia adatto il concetto di regressione esteso dalla patologia individuale a quella sociale, fino a individuare i caratteri culturali dominanti di questa civiltà. È necessario quindi utilizzare il pensiero radicale di Freud. Parlo perciò di costituzione del digitale incompiuta rispetto agli obbiettivi iniziali di superamento della mente alfabetica e di fondazione di una ratio digitale oltre la ratio alfabetica.

Il perimetro del digitale è escludente come le *enclosures* del tardo xv sec in Inghilterra. Quale differenza? Storicamente le recinzioni sono l'atto che espropria le comunità contadine, nell'Inghilterra del tardo XV secolo, della terra e dei rapporti sociali comunitari e popolari che costituivano quella società. In quel tempo storico si forma violentemente un potere di lungo periodo, quello del capitale e del capitalismo industriale a partire dalla proprietà e dalla terra. Fra il 1700 e il 1810, il Parlamento inglese emanò una serie di *Enclosures acts* (leggi sulle recinzioni) che obbligavano a recintare i terreni, in particolare i campi aperti (*open lands*) e i campi comuni (*commons lands*), sanzionando in modo formale il processo di esproprio iniziato alcuni secoli prima. La forma radicale che la globalizzazione ha assunto in questa fase è simile, ovviamente in un contesto profondamente diverso. L'obbiettivo non è soltanto l'espropriazione della terra e dalla terra delle comunità locali. L'azione è, se possibile, più profonda, specie in quella parte del mondo che è erede di una società opulenta e del benessere: sradicare ogni possibilità di elaborazione culturale autonoma e critica. Vengono create le nuove enclosures col duplice scopo: cancellare le promesse delle tecnologie di libertà e escludere i molti (popoli, moltitudini) dal perimetro della ricchezza digitale.

2. Ratio alfabetica

La mente alfabetica impone significato e ordine ai soggetti e alla realtà che stanno intorno. Colonizza (Ong 1982) e conquista mondi sconosciuti e inquietanti (Freud 1976-80). La cultura moderna si è identificata con la mente alfabetica sul piano culturale e ha riconosciuto e governato la natura e la società attribuendo loro i caratteri della leggibilità alfabetica, per poterli dominare. Si è creata così quella che comunemente si definisce ragione, più precisamente la ratio alfabetica. Storicamente la ragione moderna si è avvalsa del paradigma della leggibilità per riconoscere razionalità al mondo esterno: natura e società. La leggibilità si fonda essenzialmente sul paradigma logico-sequenziale; la riduzione, oppure l'eliminazione di quel paradigma, causa l'illeggibilità del mondo, una controrivoluzione silenziosa che è alla base dell'attuale disorientamento e dell'attuale disordine.

Blumenberg (1979) in un grande libro intitolato, appunto, *La leggibilità del mondo* traccia il percorso storico di questo rapporto tra cultura e mondo esterno e attribuisce alla leggibilità la chiave essenziale nei reciproci rapporti. È l'idea del mondo conoscibile come un libro aperto; si può dunque sillabare la realtà, scomporla in unità di senso caratterizzate dal paradigma logico sequenziale, e così non solo leggerla, ma padroneggiarla, controllarla, dominarla. Gli esempi scelti da Blumenberg sono passaggi cruciali nella storia dell'umanità e riguardano l'affermarsi delle religioni del libro e della scrittura "autorizzata", la rottura del mondo cristiano con la rivolta contro la lettura imposta da un'unica autorità per affermare la lettura personale e privata. Galilei teorizza il linguaggio della natura come linguaggio della matematica, ma sempre ispirato da Dio.

Nell'interpretazione della realtà attraverso la leggibilità e la possibilità di scriverla in forme comunicabili universalmente, il leggere e lo scrivere, come paradigma, portano in sé una speranza di progresso che viene fatta propria dalle élites intellettuali (come gli illuministi) e una volontà di emancipazione che è parte fondamentale di un programma politico e sociale di affermazione di popoli e di classi sociali. Il paradigma della leggibilità è anche una piattaforma formidabile per spingere gli umani a esplorare le zone oscure della realtà più intima: cioè se stessi, la psiche, le emozioni, infine i sogni e l'inconscio come appare in Freud. In particolare, nell'interpretazione dei sogni, capitolo fondamentale del libro di Blumenberg.

Secondo Blumenberg la leggibilità è l'ideale dell'esperienza della psicoanalisi. L'azione dello psicoanalista che annota e trascrive nel linguaggio alfanumerico e secondo il paradigma logico-sequenziale la narrazione, del paziente, di sogni, frammenti, visioni, percezioni personali, è un'esplorazione e una conquista di mondi *out of control* perché il sogno è l'unica possibilità di tenersi di fronte e leggere il proprio inconscio in una lingua interpretabile. E Freud conferma questa affermazione di Blumenberg: "la psicoanalisi era soprattutto un'arte della interpretazione"1 (Freud 1976-80). Ma in Freud esiste anche una cultura dell'*aufklarung*, un'idea eroica, di combattimento, perché per Freud la psicoanalisi è uno strumento che deve mettere l'Io in condizioni di conquistare progressivamente l'Es. Storicamente la ragione dei moderni è quella degli illuministi. La parola chiave è *aufklarung*. Così il mondo è leggibile solo secondo la mente alfabetica; appare illeggibile e ingovernabile quando viene meno con la mente anche la ratio alfabetica e il suo modo non solo di conoscere ma di governare il mondo. Noi soffriamo al presente l'incapacità di capire il mondo attuale e di provvedere al suo governo perché sono stati degradati, e infine neutralizzati, gli strumenti della civilizzazione dei moderni: la ratio alfabetica e il paradigma logico-sequenziale, e non sono stati sostituiti dalla costruzione di un'altra mente e di un'altra ratio, quella digitale.

La leggibilità del mondo come strumento non solo conoscitivo ma potente arma per controllare e governare la realtà che ci circonda, compresi i cambiamenti più profondi, viene neutralizzata e dissolta. Il mondo appare illeggibile, dominato da confusione e disordine. Le capacità culturali di previsione e controllo, indebolite e impotenti, devono essere rifondate e totalmente rinnovate. La costituzione del digitale ha generato il potenziale superamento della mente alfabetica e del suo paradigma logico sequenziale. Ad esempio con la tecnologia e la cultura dell'ipertesto (Delany, Landow 1991); ma l'esito attuale è un cedimento al servizio di una visione "piatta" della realtà e quindi di un dominio del potere economico-finanziario. Non esiste, attualmente, una ratio digitale che sostituisca la ratio alfabetica.

3. Regressione, malattia mortale della ragione

La crisi è dentro gli umani. È un veleno indotto in forma planetaria attraverso le emozioni e il *sentiment* della società contemporanea. La ragione moderna si fondava sull'idea di *aufklarung*. Il rischiaramento, per gli illuministi, è impegno per rimuovere l'oscurità e l'inganno che impedisce il pensiero autonomo e libero. Kant così rispondeva alla domanda su cosa sia l'illuminismo:

> *"L'illuminismo è l'uscita dell'uomo dallo stato di minorità che egli deve imputare a se stesso. Minorità è l'incapacità di valersi del proprio intelletto senza la guida di un altro. Imputabile a se stesso è questa minorità, se la causa di essa non dipende da difetto d'intelligenza, ma dalla mancanza di decisione e del coraggio di far uso del proprio intelletto senza essere guidati da un altro. Sapere aude! Abbi il coraggio di servirti della tua propria intelligenza! È questo il motto dell'Illuminismo." (Kant* 1963)

Regressione invece è un concetto nato dall'analisi di una patologia individuale, che Freud stesso si propone di guarire. Freud considera sempre la sua missione un'azione di rischiaramento, un contributo per uscire dalle tenebre e dall'ignoranza. Regressione come patologia individuale significa essenzialmente che l'adulto, bloccato nella crescita fisiologica, torna indietro a uno stato di minorità infantile. Adorno a partire dagli anni '40 del Novecento estese il concetto di regressione dalla dimensione individuale a quella sociale identificando due campi decisivi:

Quello dell'affermazione degli stati totalitari fondati sul capo carismatico, che esercita una forma di potere emozionale. Il capo sostenuto dal consenso plebiscitario sostituisce l'autorità del padre naturale e distrugge il ruolo della famiglia nella società. Quello del consumo di massa: la regressione infantilistica si trasferisce nei consumi di massa, nella resa passiva all'invadenza delle merci che degradano la sfera culturale e colpiscono sia la sfera privata sia il campo della cultura. I consumatori di musica regrediti sono un esempio di patologia di massa (dovuta all'acculturazione di massa e all'industria culturale): la regressione infantilistica dei consumatori è una vera e propria patologia di massa.

Uso quindi il concetto di regressione di civiltà per indicare il blocco di un processo, fondato sull'idea di progresso e lo snaturamento delle promesse su cui si fondava un movimento come internet e le tecnologie di libertà. Nella *Dialettica dell'illuminismo* (1947) Adorno e Horkheimer individuano l'esito finale di un tradimento dei principi della ragione illuminista mistificati nella cultura di massa. Horkheimer e Adorno nella *Premessa* all'edizione italiana del 1966 di *Dialettica dell'illuminismo* dichiarano:

> *"Il testo tedesco della Dialettica dell'illuminismo è un frammento. Cominciato già nel 1942, durante l'ultima guerra mondiale, doveva costituire l'introduzione a quella teoria della società e della storia che avevamo concepito durante il dominio nazista. [...] Dal punto di vista tematico, il nostro libro indica le tendenze che trasformano il progresso culturale nel suo contrario." (Horkheimer-Adorno 1966).*

La teoria critica intende demistificare il progresso culturale (l'idea di progresso elaborata da parte dell'illuminismo), precipitato nel suo opposto e cioè la barbarie del nazismo e poi della guerra fredda e del terrore atomico. Ma:

> *"Se la vita pubblica ha raggiunto uno stadio dove il pensiero si trasforma inevitabilmente in merce e la lingua in imbonimento della medesima, il tentativo di mettere a nudo questa depravazione deve rifiutare obbedienza alle esigenze linguistiche e teoretiche attuali, prima che le loro conseguenze storiche universali lo rendano del tutto impossibile." (Horkheimer, Adorno 1966, 4).*

Il *pensiero autonomo* degli intellettuali non può che esprimersi attraverso una forma di resistenza che le masse non sono in grado di esprimere. Una resistenza indebolita e solitaria se "Il singolo di fronte alle potenze economiche è ridotto a zero." (Horkheimer, Adorno 1966, 6). Il potere dell'economia si avvale dello stravolgimento del rapporto reale tra valore d'uso e valore di scambio: "Tutto ha valore solo in quanto si può scambiare, non in quanto è di per sé qualcosa." (Adorno 1958).

Secondo alcuni, al contrario, non si dà regressione di civiltà e dei soggetti fintantoché la mente alfabetica è il codice universale e la ratio alfabetica consente di ordinare e controllare il mondo. La mente alfabetica è artefice e baluardo della continuità nel tempo storico. Thompson oppone alla teoria critica una sociologia della documentalità, della necessità del documento scritto e quindi verificabile (Derrida 1967; Ferraris 2010). Noi siamo quello che scriviamo!

> *"a loro (Adorno e Horkheimer) avviso, la dinamica culturale fondamentale legata alla nascita delle società moderne ... consisteva, innanzitutto, nei processi di razionalizzazione e secolarizzazione attraverso i quali le società moderne si sarebbero gradualmente sbarazzate, si pensava, dei gravami del passato. Era una nobile immagine, una narrazione grandiosa nella tradizione del racconto epico, che dipingeva le forze progressive della ragione e dei lumi in lotta contro le oscure fortificazioni del mito e della superstizione. [...] In luogo della piuttosto eterea battaglia tra le forze della ragione e quelle del mito, mi occuperò di una serie di sviluppi documentabili con ragionevole precisione e dotati di chiari fondamenti istituzionali, dalle piccole macchine tipografiche della fine del quindicesimo secolo agli smisurati conglomerati della comunicazione di oggi." (Thompson 1995)*

Se i mezzi di comunicazione e la cultura della comunicazione sono indicatori rilevanti di cambio di paradigma, l'universo della lettura e della scrittura è il paradigma fondante della modernità a cui noi tuttora apparteniamo. La distanza nel tempo e la diversità culturale (ad esempio tra noi, oggi, e loro, nel passato) hanno un punto in comune: la cultura della scrittura della lettura e del libro, cioè la cultura generata dalla mente alfabetica.

Thompson a proposito di Menocchio afferma:

> *"Nonostante la distanza che separa il mondo di oggi dal mondo del sedicesimo secolo del mugnaio della storia, ci lega a lui una caratteristica sociale di fondamentale importanza. Infatti, diversamente da molti dei suoi compaesani, Menocchio sapeva leggere." (Thompson 1995)*

[e forse per questo, essendo un "diverso" e un potenziale sovversivo fu mandato al rogo dall'Inquisizione].

Non è più sufficiente parlare di crisi della ragione, siamo investiti da processi di regressione sia individuali, nella sfera della persona, sia nella sfera sociale. Non capire, non avere strumenti affidabili di controllo e di comando, genera paura, emozioni incontrollate, passività diffusa. Fenomeni che, con un'espressione efficace, Wilhelm Reich definì "peste emozionale": un programma per impedire la crescita degli individui e confermare la loro sottomissione ai poteri dominanti. Max Weber aveva elaborato il concetto di "*comunità emozionali*", sottomesse, orientate e dominate, attraverso forme di consenso plebiscitario, dal carisma del capo.

4. Imparare da Saskia

Saskia Sassen, Il margine sistemico:

> *"Oggi il margine sistemico è lo spazio dell'espulsione, a differenza dell'epoca keynesiana in cui fungeva da spazio di inclusione non perché quella fosse un'epoca ideale ma perché gli elementi costitutivi del sistema riguardavano la produzione e il consumo di massa. Nella nostra epoca gli elementi costitutivi non sono più quelli [...] lo stesso spazio materiale essenziale alla vita è a rischio.*
>
> *[...] Espulsioni [che] avvengono nell'ambito del margine sistemico. Penso tali espulsioni come il momento materiale di una dinamica più elusiva e complessa, il prodotto delle tendenze sotterranee concettualmente invisibili che tagliano trasversalmente i familiari significati e concetti di cui ci serviamo per interpretare economie e società dei nostri giorni." (Sassen 2014, 237)*

Una lezione di linguaggio: chiamare le cose con il loro proprio nome senza sfuggire alle implicazioni, spesso devastanti, dei movimenti dominanti la società attuale.

Privilegio alcune parole chiave:

1. *Economia predatoria e forze distruttive.* Esprimono un potere materiale di dominio e causano la resa dell'autonomia e della capacità di elaborazione culturale, necessarie per combattere quel potere.

2. *Visibile-invisibile.* È una dinamica che offre strumenti per criticare l'attuale dominante luogo comune di una realtà piatta e di una cultura conciliante.

Secondo Saskia Sassen:

> *"Le forze distruttive [...] tagliano trasversalmente i nostri confini concettuali, i termini e le categorie che utilizziamo per pensare l'economia, la politica le differenze tra stati-nazione e fra ideologie nei sistemi capitalistico e comunista. Ma tali forze operano per sfuggire alla nostra visuale concettuale ed è in questo senso che le definisco "concettualmente sotterranee". Qui la complessità concorre a determinare l'invisibilità." (Sassen 2014, 231)*

In questo breve esempio emerge la forza del lessico di Saskia, quello che vogliamo utilizzare. Collega "forze distruttive", cioè il potere della violenza materiale, con l'impotenza attuale e quindi i limiti della nostra elaborazione intellettuale (i nostri confini concettuali). L'economia di rapina, il potere dei predatori che attaccano la principale istituzione del XX secolo: lo Stato e le sue regole, distruggono sia la tradizione critica della ragione moderna sia le speranze generate a partire dalla metà del XX secolo (*tecnologie di libertà*). Il mito della "complessità" come fenomeno irriducibile del progresso e della modernità rivela il suo lato oscuro, la sua riducibilità, alla fine, al servizio di quei poteri i cui meccanismi intendeva svelare.

Il campione esplicito delle politiche di inclusione è, per Saskia, Keynes, assumendo implicitamente, dal teorico dell'inclusione, il fondamentale ruolo dello Stato: l'inclusione keynesiana implica produzione e consumo di massa, beni e servizi comuni alimentati e programmati dallo Stato. La transizione dal keynesismo all'epoca globale delle privatizzazioni, della deregolamentazione e dell'apertura dei confini a beneficio di taluni, [ha] portato con sé il passaggio dalla dinamica dell'inclusione a quella dell'esclusione. Saskia definisce contratta l'attuale economia, cioè intenzionalmente priva di un progetto economico e sociale di inclusione su larga scala, in opposizione alla politica espansiva keynesiana. La nuova logica sistemica è al servizio della crescita economica delle corporations. Non c'è ricchezza per tutti, ma per pochi, liberi dal controllo pubblico. L'esclusione di ogni forma di elaborazione intellettuale, prima conoscitiva e poi critica, fa parte di questo programma di economia predatoria e, ai suoi margini estremi, distruttiva. Nell'ottica della costituzione del digitale, in cui attualmente siamo immersi, i processi di inclusione sono processi storici in crisi, come il welfare state, il valore attribuito alla cooperazione e condivisione di risorse alla pari, la tutela di politiche pubbliche. È in crisi la forma Stato e le sue funzioni di governance. Il digitale, il *digital connect*, ha avuto origine in un clima che favorisce politiche di inclusione, di apertura di nuovi orizzonti disponibili a tutti (gli attrezzati almeno) e abbassa le soglie di accesso (facilitazione). Queste sono le occasioni per le tecnologie di libertà e questi sono i presupposti di una società dell'informazione, immaginata da Wiener. Ma la definizione del perimetro del digitale conduce a una costituzione del digitale sempre meno inclusiva e sempre più esclusiva. Alla fine *l'economia dei predatori* ha imposto un generale indebolimento della capacità di elaborazione intellettuale necessaria per criticare e combattere quegli stessi processi di dominio. In primo luogo la necessità di riconoscerli e identificarli apertamente e coraggiosamente.

> *"Questa è la nuova logica sistemica: le corporations cercano di liberarsi dai vincoli che interferiscono con la caccia al profitto. Questo mutamento della logica economica è una delle principali tendenze sistemiche che in gran parte sfugge alle spiegazioni correnti." (Sassen 2014, 229)*

La cultura o l'utopia della liberazione degli ultimi decenni del Novecento si è arresa alle grandi corporations. Qual è il ruolo di Internet e del digitale in questo processo? All'interno dello spirito di frontiera erano presenti già i germi dell'impossibilità di realizzare quel programma "universale" ed erano ben presenti i germi della corruzione dello spirito della nuova frontiera e dell'utopia della liberazione?

Nel lessico di Saskia la seconda dinamica che sottolineo è quella tra:

Visibile / invisibile

Questa dinamica è efficace strumento culturale contro l'ideologia della realtà piatta e del mito della società trasparente in ogni punto raggiunto dalla rete ridotto a vetrina in cui tutto sarebbe in mostra e visibile. Ma nella vetrina ci siamo finiti noi. Non più spettatori dell'esposizione delle merci: nel caleidoscopio, nella fantasmagoria delle merci ci siamo noi con la nostra vita la nostra privacy.

> *"Gli spazi degli espulsi. Tali spazi sfuggono alle misurazioni convenzionali [...] ma occorre renderli visibili concettualmente [...] Sono realtà concettualmente sotterranee che devono essere portate alla luce. Sono potenzialmente i nuovi spazi in cui agire." (Sassen 2014, 238)*

Saskia Sassen usa ripetutamente l'espressione "visibile concettualmente", cioè soggetto a una elaborazione intellettuale che viene condivisa pubblicamente o almeno nel campo della ricerca. Ma esiste anche uno spazio dell'espulsione propria dei *sentiment* profondi, delle tensioni e emozioni che fanno capo a eros piuttosto che a thanatos (per usare il linguaggio freudiano). Sono latenti perché repressi o confinati fuori dalle potenzialità di vita individuali e dagli spazi in cui vorremmo vivere "insieme". Sono gli spazi che i molti vorrebbero vivere sia nella qualità materiale della vita e sia nella qualità spirituale dell'esperienza possibile all'interno di comunità di destino che non possono essere accettate come immutabili, dominate dalla gabbia di acciaio, incombente, a cui allude Max Weber a proposito del passaggio dai valori dell'etica protestante propria del mercante alla necessità ineluttabile del dominio del capitalismo come destino. Esiste anche un dominio dell'invisibile che è in noi da sempre e che non può apparire senza trauma; quindi, dolore sofferenza disperazione. Utilizzando le categorie freudiane questo è il dominio misterioso del latente (riemerge Turkle,2011 con la formula: il disagio della connettività) che viene nascosto (da noi stessi o imposto dal dominio dell'altro da sé). Si rivela a noi se non attraverso il trauma o il riconoscimento del linguaggio dell'inconscio. Questa dinamica non è concentrata come nell'approccio freudiano soltanto sull'esperienza individuale (patologia individuale) ma è pienamente sociale, ha rapporti diretti con la società. E così era riconosciuta dagli allievi irregolari di Freud come Wilhelm Reich e Otto Gros.

Otto Gros nel 1904 incontra Sigmund Freud. Integra nei suoi saggi le tesi freudiane opponendosi, però, a queste su un punto essenziale: *"La causa principale dei disturbi psichici non è la sessualità, ma il minore o maggiore adattamento dell'individuo alla società."* E ancora "È la contraddizione che costituisce la vera forza della pretesa degli esseri umani alla vita." Così in Wilhelm Reich e non solo per l'idea della peste emozionale o per le analisi sulla psicologia di massa del fascismo (Reich 1933). Alla fine Reich affermava: "fondamentalmente la vita è semplice, la complica solo la struttura umana quando è caratterizzata dalla paura di vivere" (Reich 1936), proponendosi di sciogliere l'insanabile contraddizione freudiana delle due forze in opposizione, Eros e Thanatos.

5. Il perimetro del digitale

Tensioni e contraddizioni prima della pax digitale. Cittadinanza digitale: solo utopia?

Le tecnologie digitali, nelle loro diverse e contraddittorie forme, hanno spezzato un ordine costituito e hanno piegato le vecchie regole a istanze nuove, latenti, esplosive e quindi ingovernabili e incomprensibili per la ratio alfabetica. Il primo risultato è stato uno Tsunami, inedito nella storia della civiltà umana, di libertà: libertà di pensare, libertà di agire, libertà di amare, di viaggiare, di sognare, di essere felici. Una libertà privata, privatissima, ma che lega insieme tante privatezze senza chiedere passaporti o documenti che rivelino tracce o lascino tracce. Le fa parlare e comunicare reciprocamente e spesso consente forme leggere di associazione, di comunità. Questa visione, pacifica, ottimista, conciliante viene bloccata e in taluni casi tragicamente repressa. Poi ri-utilizzata per scopi imprevedibili e non coerenti con gli assunti libertari di partenza.

Nella visione di Wiener, l'informazione non era solo una stringa di bit da trasmettere o una successione di segnali con o senza significato, ma "la misura del grado di organizzazione di un sistema." (Wiener 1948). E quindi: "La società può essere compresa soltanto attraverso lo studio dei messaggi e dei mezzi di comunicazione relativi ad essi." (Wiener 1948). Cittadinanza digitale = valore universale: "Vivere in modo effettivo, significa vivere con una quantità adeguata di informazione." (Wiener 1948). Wiener negli scritti divulgativi parla costantemente del rapporto tra informazione e società. La cibernetica si propone di favorire il governo della società (degli umani associati) contro il disordine immanente, latente e minaccioso. Il cybernauta, cioè il pilota, è la figura protagonista di questo messaggio.

La libertà estrema (liberazione) è alternativa al valore di emancipazione, cioè a un percorso che richiede solidarietà e la costruzione continua del comune (common wealth). Libertà così si traduce in un desiderio: andare oltre perché "la vita è mia" come dicono gli hacker di Himanen (2001).

Timothy Leary è un esempio contraddittorio ma particolarmente significativo. Fa carriera in importanti università della California. Così descrive quel periodo, parlando di se stesso:

"Un anonimo impiegato istituzionale che ogni mattina guidava la propria auto fino al lavoro, in una lunga colonna di auto pendolari per poi tornare, ogni notte, a casa a bere Martini... come molti milioni di borghesi, liberali, robot intellettuali." (Leary 1973)

Durante una vacanza in Messico, partecipando ad un rituale religioso dei nativi americani, sperimenta l'effetto di funghi allucinogeni contenenti psilocibina. Leary dirà più tardi: "Come studioso di psicologia, compresi più cose sulla mente umana durante quell'esperienza di tre ore che nei precedenti vent'anni." (Leary 1966). Nel 1963, assieme a Ralph Metzner, scrisse un libro intitolato *L'Esperienza psichedelica* (*The Psychedelic Experience*, ripubblicato nel 1993). "Pilota della propria esistenza" è dunque il messaggio di Timothy Leary, che, promotore della fantascienza Cyberpunk, sosteneva che l'individuo dovesse essere l'unico pilota della propria vita, come i protagonisti cyber solitamente dei solitari in lotta con le "autorità". Ebbe molta diffusione lo slogan "*Turn on, tune in, drop out*" ("Accenditi, sintonizzati, abbandonati"). "Accenditi": sveglia la mente, apri le porte della percezione. "Sintonizzati": entra in sintonia con l'universo, comprendilo, ascoltalo. Invece "abbandonati", secondo Leary, è un concetto più complesso: "*Drop out* suggeriva un selettivo, prezioso processo di distacco da ciò che involontariamente restringe la nostra libertà d'azione. Significa coscienza di sé, la scoperta della propria singolarità, una promessa di mobilità, di scelta e di cambiamento. Sfortunatamente le mie spiegazioni dello slogan per il miglioramento del sé furono spesso male interpretate come se significasse 'Drogati e abbandona le attività costruttive'." Leary, nel 1965, fu arrestato a un posto di blocco e condannato a trent'anni di reclusione e 630.000 dollari di multa per possesso di droga. Richard Nixon definì Timothy Leary come "l'uomo più pericoloso d'America".

6. Tecnologie di libertà

Ithiel De Sola Pool scrive nel 1983 *Tecnologie di libertà* (il sottotitolo dell'edizione italiana è *Informazione e democrazia nell'era elettronica*) in cui pone in evidenza come il rapporto univoco che esiste tra uno strumento ed il suo uso stia cambiando profondamente, passando da un rapporto uno a uno a un rapporto molti a molti. Un singolo medium può offrire più servizi che prima erano offerti da strumenti e media separati. Cambia una struttura profonda del nostro modo di pensare e di comunicare? Vediamo di seguito esempi di elaborazione intellettuale a confronto.

Per Ong la scrittura è un atto di colonizzazione tecnologica degli spazi aperti della parola, una perdita della naturalità innata del parlare diretto alla comunità di chi ascolta. La tecnologizzazione della parola deve necessariamente approdare a forme di standardizzazione, di serialità che producono allontanamento dalla spontaneità vitale dei parlanti (e dei viventi) e insieme forme astratte e simboliche di produzione, riproduzione e comunicazione del pensiero. La serialità alfabetica trova la sua massima espressione nella tecnologia tipografica, nell'officina di Gutemberg dove nascono contemporaneamente la produzione in serie e l'alienazione. Secondo Ong, Marx si limita al rapporto di produzione, al rapporto materiale di produzione, per definire l'alienazione dell'uomo nella società capitalistica. Ma il processo di spossessamento e di perdita della totalità dell'umano è già avvenuto molto tempo prima. Ed è fondamentalmente una caduta dal tempo in cui la *voce* poteva essere ascoltata direttamente e senza mediatori.

Al contrario, secondo Delany e Landow:

> "*Il testo scritto è la testimonianza stabile del pensiero e per raggiungere questa stabilità il testo dovette essere basato su di un mezzo materiale: argilla, papiro o carta; tavoletta, rotolo o libro. Ma il testo è più della mera ombra o traccia di un pensiero già formato. In una cultura letterata le strutture testuali che si sono evolute nei secoli determinano il pensiero quasi con la stessa forza della struttura primaria che dà forma ad ogni espressione, la lingua. Fin tanto che il testo è stato associato ad un elemento fisico, lettori e scrittori hanno dato per scontati tre attributi cruciali: che il testo fosse lineare, delimitato e fisso. Generazioni di studiosi e autori hanno interiorizzato queste qualità come regole del pensiero ed esse hanno avuto conseguenze sociali pervasive. Possiamo definire Ipertesto l'utilizzo del computer per trascendere le qualità di linearità, limitazione e fissità del testo scritto tradizionale.*" *(Delany e Landow 1991, 3. Traduzione a cura dell'autore).*

All'interno della cultura informatica e tecnologica che genera gli ipertesti, si confrontano e si scontrano due idee diverse, che nei primi anni Novanta del secolo passato si richiamano a una autorevole e comune matrice, rappresentata da

Vannevar Bush (*As We May Think*, in «The Atlantic Monthly», luglio 1945). Identifico queste due tendenze nelle parole chiave: *dream* (Ted Nelson), *intellect* (Douglas Engelbart).

Dream (Ted Nelson)

"Siamo alla ricerca di metodi che ci consentano di manipolare, sempre che riusciamo a scoprire come definirla, la "vera" struttura di un testo. [...] Ciò che noi forniremo è un servizio per immagazzinare e reperire porzioni arbitrarie di questa "vera" struttura [...] la struttura di cui stiamo parlando è la letteratura." (Nelson 1991, 2/4).

"Non può esistere la versione finale di qualcosa, l'ultimo pensiero. C'è sempre un nuovo punto di vista, una nuova idea, una reinterpretazione. E la letteratura, che noi proponiamo di trasporre su supporti elettronici, è un sistema per salvaguardare la continuità alla luce di questo fatto [...] Ricordatevi l'analogia fra il testo e l'acqua. L'acqua scorre liberamente, il ghiaccio no. I documenti vivi che scorrono liberamente attraverso la rete sono continuamente soggetti a nuovi utilizzi e all'aggancio di nuovi collegamenti, e questi nuovi collegamenti sono sempre disponibili per l'interazione. Ogni copia separata dal sistema è invece fredda e morta, manca di qualsiasi accesso ai nuovi collegamenti." (Nelson 1991, 2/57-58, 2/44)5

Intellect (Douglas Engelbart)

La madre di tutte le presentazioni.

Il 9 dicembre del 1968 durante la *Fall Joint Computer Conference* di San Francisco, Douglas C. Engelbart insieme ai suoi 17 collaboratori dell'*Augmentation Research Center* presenta una dimostrazione dal vivo dell'NLS, l'oN Line System, al quale stava lavorando dal 1962. Davanti a mille ingegneri, Engelbart parla del computer come di un "elaboratore di simboli e strumento per aumentare l'intelligenza umana". Presenta per la prima volta il mouse, il word processor e un sistema per la videoconferenza. La dimostrazione entrerà nella storia come "*la madre di tutte le demo*". Il sistema proposto da Engelbart si chiamava H-LAM/T (*Human using Language, Artifacts and Methodology, in which he is Trained*). È possibile ottenere notevoli miglioramenti nel nostro modo di pensare grazie all'integrazione delle possibilità offerte dal computer digitale in termini di manipolazione dei simboli. Grazie al computer i simboli con i quali l'uomo rappresenta i concetti possono essere organizzati, spostati, memorizzati, richiamati e elaborati, in modo anche molto complesso, ad una velocità prima impensabile. Nella famosa dimostrazione del 1968 Eneglbart usa l'oN Line System (NLS), un sistema progettato per mettere in comunicazione le persone per mezzo di tastiere e schermi, di consentire la teleconferenza attraverso finestre video e di elaborare e inviare un testo nelle due direzioni. L'On Line System è indirizzato a sostegno di un'organizzazione del lavoro intellettuale a forte intensità tecnico-scientifica, promuove una figura di lavoratore intellettuale a base informatica; il sistema a rete, per ora limitato ai tecnici e agli utenti attrezzati, facilita il lavoro collaborativo e quindi rende più produttivo il lavoro stesso. Questa idea viene espressa nel suo scritto più importante: "*A conceptual framework for the augmentation of man's intellect*" del 1963. La *vision* di Engelbart:

> *"Fu un'intuizione. Poi iniziò a dispiegarsi rapidamente. Non era ancora passata un'ora che mi vedevo seduto davanti a un grosso schermo CRT con simboli di ogni tipo, simboli nuovi e differenti, non limitati a quelli vecchi già noti. Il computer era in grado di compiere manipolazioni, ed era possibile effettuare qualsiasi tipo di operazione per guidare il computer. [...] Per completare la visione: ebbi anche la chiara immagine che i colleghi potevano stare in altri locali con stazioni di lavoro [workstations] simili alla mia, collegate al medesimo sistema di computer, e potevano condividere, e lavorare, e collaborare molto strettamente. E anche la convinzione che ci sarebbero state molte nuove competenze, nuovi modi di pensare che si sarebbero evoluti." (Engelbart 1963)*

E l'ultimo progetto:

> *"Dobbiamo creare un ambiente evolutivo nel quale i Paesi e le istituzioni possano crescere; in questo modo potremo risolvere i problemi a mano a mano che si presentano, unire attorno all'idea di come l'intelligenza collettiva possa trovare le soluzioni ai problemi del pianeta. Mettere insieme!" (Engelbart 2002)*

Così nasce il «Bootstrap Institute».

E ora? Scacco attuale della mente digitale…

Bibliografia

1. Adorno, Theodor Wiesengrund. *Dissonanzen. Musik in der verwalteten Welt*, Göttingen: Vandenhoeck & Ruprecht, 1958. Trad. it. *Dissonanze*, (a cura di G. Manzoni), Milano: Feltrinelli, 1959.
2. Adorno, Theodor Wiesengrund e Max Horkheimer. *Dialektik der Aufklärung. Philosophische Fragmente.* Amsterdam: Querido Verlag, 1947. Trad.It. *Dialettica dell'Illuminismo*. Torino: Einaudi, 1966
3. Blumenberg, Hans. *Die Lesbarkeit der Welt.* Berlin: Suhrkamp, 1979. Trad.It. *La leggibilità del mondo. Il libro come metafora della natura.* Bologna: Il Mulino, 1981.
4. Bush, Vannevar. "As we may think." *Atlantic Monthly*, July 1945: 101-108.
5. Bush, Vannevar. "As we may think." *Atlantic Monthly*, July 1945: 101-108.
6. Castells, Manuel. *The Rise of the Network Society, The Information Age: Economy, Society and*
7. *Culture.* Cambridge, MA; Oxford, UK: Blackwell, 1996. Trad.It. *La nascita della società in rete*. Milano: Università Bocconi Editore, 2002.
8. Conway, Flo e Jim Siegelman, *Dark Hero of the Information Age: In Search of Norbert Wiener, The Father of Cybernetics*, Basic Books, 2005. Trad.It. *L'eroe oscuro dell'età dell'informazione: alla ricerca di Norbert Wiener, il padre della cibernetica*, Milano: Codice edizioni, 2005.
9. De Sola Pool, Ithiel. *Technology of Freedom*. Harvard: Harvard University Press, 1983. Trad.It. *Tecnologie di libertà. Informazione e democrazia nell'era elettronica*. Torino: UTET, 1995.
10. Delany, Paul e George Landow. *Hypermedia and Literary Studies.* Cambridge: MIT Press, 1991.
11. Derrida, Jacques. *L'écriture et la différence*. Paris: Seuil, 1967. Trad. It. *La scrittura e la differenza* (di Giovanni Pozzi). Torino: Einaudi, 1971.
12. Eisenstein, Elizabeth. *The Printing Press as an Agent of Change: Communications and Cultural Transformations in Early Modern Europe.* Cambridge UK: Cambridge University Press, 1979.
13. Trad.it *La rivoluzione inavvertita. La stampa come fattore di mutamento,* Bologna: Il Mulino, 1986.
14. Engelbart, Douglas C. "A Conceptual Framework for the Augmentation of Man's Intellect". Vistas
15. Engelbart, Douglas C. "A Conceptual Framework for the Augmentation of Man's Intellect". Vistas in Information Handling. Vol. 1. Eds. Paul

Howerton and David Weeks. Washington, D. C.: Spartan Books, 1963, 1-29.

16. Engelbart, Douglas C. “Bootstrapping”, douglas Engelbart Institute, 2002.
17. Ferraris, Maurizio. *Documentalità. Perchè è necessario lasciare tracce*. Roma-Bari: Laterza, 2010.
18. Freud, Sigmund. *Opere complete*. Torino: Bollati Boringhieri, 1976-1980.
19. Gallino, Luciano. *Finanzcapitalismo. La civiltà del denaro in crisi*. Torino: Einaudi, 2011.
20. Ginzburg, Carlo. *Il formaggio e i vermi. Il Cosmo di un mugnaio del ‘500*. Torino: Einaudi, 1976.
21. Havelock, Eric Alfred. *The Literate Revolution in Greece and its Cultural Consequences*, Princeton, N.J.: Princeton University Press, 1981. Trad.It. *Cultura orale e civiltà della scrittura. Da Omero a Platone*. Roma-Bari: Laterza, 2006.
22. Havelock, Eric Alfred. *The Muse Learns to Write: Reflections on Orality and Literacy from Antiquity to the Present*. New Haven: Yale University Press, 1986. Trad.It. *La musa impara a scrivere. Riflessioni sull'oralità e l'alfabetismo dall'antichità al giorno d'oggi*. Roma-Bari: Laterza, 1987.
23. Havelock, Eric Alfred. “The Alphabetic Mind: A Gift of Greece to the Modern World”. *Oral Tradition* 1(1) (1986).
24. Himanen, Pekka. *The Hacker Ethic and the Spirit of the Information Age*. New York: Random House, 2001. Trad.It. *L’etica hacker e lo spirito dell’età dell’informazione*. Milano: Feltrinelli, 2001.
25. Kant, Immanuel. *Beantwortung der Frage: Was ist Aufklärung?* In Berlinische Monatsschrift, H. 12, S. 481-494, 1784. Trad.It. *Risposta alla domanda: Che cos'è l'Illuminismo?* In *Scritti politici e di filosofia della storia e del diritto*. Torino: Utet, 1963.
26. Landow, George. *Hypertext: The Convergence of Contemporary Critical Theory and Technology*. Baltimore: Johns Hopkins University Press, 1992. Trad.It. *L’ipertesto.Tecnologie digitali e critica letteraria*. A cura di Paolo Ferri. Milano: Bruno Mondadori, 2000.
27. Leary, Timothy. *Confessions of a Hope Fiend.* New York: Bantam Books, 1973.
28. Leary, Timothy, Ralph Metzner e Richard Alpert. *The Psychedelic Experience,* 1966. Trad.It. *L’esperienza psichedelica*. Milano: Sugar, 1969.
29. Nelson, Theodor. *Computer Lib; Dream Machines*. Redmond, Wash: Tempus Books of Microsoft Press, 1987.
30. Nelson, Theodor. *Literary Machines 90.1*. Padova, Muzzio, 1992.

31.Nelson, Theodor. *The Future of Information*. Tokyo: ASCII, 1997.
32.Nelson, Theodor. "Xanalogical structure, needed now more than ever: parallel documents, deep links to content, deep versioning, and deep re-use." *ACM Computing Surveys* 31(4), December,1999.
33.Marazzi, Christian. *Il posto dei calzini*. Torino: Bollati Boringhieri, 1999.
34.Marcuse, Herbert. *L'uomo a una dimensione. L'ideologia della società industriale avanzata*. Torino: Einaudi, 1967.
35.Ong, Walter. *Orality and Literacy: The Technologizing of the Word*. Methuen & Co.,1982. Trad.It. *Oralità e scrittura. Le tecnologie della parola*. Bologna: Il Mulino, 1986.
36.Reich, Wilhelm. *Die Sexualität im Kulturkampf*. Kopenhagen: Verlag für Sexualpolitik, 1936. Trad.It. *La rivoluzione sessuale (1930-1934)*. Milano: Feltrinelli, 1963.
37.Reich, Wilhelm. *Die Massenpsychologie des Faschismus*. Kopenhagen: Verlag für Sexualpolitik, 1933. Trad.It. *Psicologia di massa del fascismo*. Varese: Sugar, 1971.
38.Reid, Elizabeth Mary. *Electropolis: Communication and Community On Internet Relay Chat* Melbourne: University of Melbourne, 1991.
39.Ricciardi, Mario. "Il testo non è mobile." *Humanist Studies & the Digital Age*, 2 (1) (2012).
40.Ricciardi, Mario. *Friction Sociology*. Roma: Aracne, 2017.
41.Sassen, Saskia. *Expulsions. Brutality and Complexity in the Global Economy*. Harvard: Harvard
42.University Press, 2014. Trad.It. *Espulsioni. Brutalità e complessità nell'economia globale*. Bologna: Il Mulino, 2015.
43.Thompson, John B. *Media and Modernity. A Social Theory of the Media*. Cambridge: Polity Press, 1995. Trad.It. *Mezzi di comunicazione e modernità. Una teoria sociale dei media*. Bologna: Il Mulino, 1998.
44.Toffler, Alvin. *The Third Wave*. Londra: Pan Books, 1980. Trad.It. *La terza ondata*. Milano: Sperling & Kupfer, 1987.
45.Touraine, Alain. *La globalizzazione e la fine del sociale. Per comprendere il mondo contemporaneo*. Milano: Il Saggiatore, 2008.
46.Turing, Alan. "On Computable Numbers." *Proceedings of the London Mathematical Society, Series* 2, 42 (1936-37): 230–265.
47.Turing, Alan. "Computing Machinery and Intelligence." *Mind*, 59 (1950): 433–460. Trad.It. *Macchine calcolatrici e intelligenza*, in Vittorio Somenzi, Roberto Cordeschi (a cura di), *La filosofia degli automi*, Torino: Bollati Boringhieri, 1994, 185–195.

48. Turkle, Sherry. *Reclaiming Conversation: The Power of Talk in a Digital Age.* Penguin, 2015. Trad.It. *La conversazione necessaria.* Torino: Einaudi, 2016.
49. Turkle, Sherry. *Alone Together: Why We Expect More from Technology and Less from Each Other.* Basic Books, *2011.* Trad.It. *Insieme ma soli. Perché ci aspettiamo sempre più dalla tecnologia e sempre meno dagli altri.* Milano: Codice, 2012.
50. Weber, Max. *Wirtschaft und Gesellschaft. Grundriß der verstehenden Soziologie*, 1922. Trad.It. *Economia e società.* Milano: Edizioni di comunità, 1968.
51. Wiener, Norbert. *Cybernetics, or Control and Communication in the Animal and the Machine.* New York: Wiley, 1948. Trad.It. *La cibernetica.* Milano: Bompiani, 1953.
52. Wiener, Norbert. *The Human Use of Human Beings: Cybernetics and Human Beings.* Boston:
53. Houghton Mifflin, 1950. Trad. It. *Introduzione alla cibernetica.* Torino: Einaudi, 1953.

3. Pensiero del conflitto *vs* cultura conciliante. Per una critica della rivoluzione digitale

Premessa

Un contributo per fare analisi sociale là dove attualmente non viene esercitata, ai confini e oltre le barriere che oggi ci impediscono (o intendono impedirci) di capire che cosa sta succedendo a noi e intorno a noi. La capacità ermeneutica necessaria si fonda su un'idea forza: il pensiero conflittuale, il paradigma del conflitto sono molto più efficaci dell'attuale e dominante cultura conciliante. Un esempio brillante e fortunato di questa cultura è il testo di Maurizio Ferraris, *Documentalità. Perché è necessario lasciar tracce* (2009).

Secondo Maurizio Ferraris occorre lasciare tracce. Vivere è lasciare tracce. La cultura umana è un continuo, ininterrotto lasciare tracce. Abbiamo una risorsa straordinaria per salvarci dal rischio della sparizione, rischio che è connaturato al destino individuale e sociale di ciascuno di noi: la scrittura come registrazione. Così si compie un lasciare tracce che ha senso, che distribuisce significati condivisibili e comprensibili. In ultima analisi la scrittura e la forma in essa inscritta, la registrazione, sono la nostra possibilità di sopravvivenza. Questa visione ha il suo debito fondamentale con il pensiero di Derrida, l'idea appunto della forma della registrazione: per Derrida la scrittura viene prima delle idee. Una posizione che appare definita fin dai primi contributi teorici. Nel 1962 scrive l'introduzione a Husserl, *L'origine della geometria.* Come procede l'argomentazione di Derrida in questa lunghissima introduzione? C'è una genesi dell'idea di geometria (rimane aperta la questione di come viene diffusa e di come viene comunicata questa idea). E' generata da Talete, il geometra (è un uomo in carne e ossa, vissuto e individuabile storicamente ed è lui che scopre e elabora un teorema, un nuovo teorema). Talete deve ricordarsi delle idee che ha elaborato, deve quindi averne memoria (nella sua testa) ma anche all'esterno di sé attraverso la scrittura (numeri e alfabeti). Questa idea va registrata nella testa dell'individuo e quindi memorizzata, ricordata. Poi si pone il problema della sopravvivenza: l'essere umano è mortale, dunque deve preoccuparsi di conservare quel sapere e quella conoscenza. Deve registrarla, rendendola duratura e non intaccabile dal tempo e dagli altri esseri umani, difendendola dal consumarsi e quindi dal rischio della sparizione, connaturato con lo svolgersi del tempo. Il geometra deve comunicarla a altri e condividerla con altri, quindi Il geometra comunica, parla, racconta. Ma tutte le persone sia in forma individuale sia in forma collettiva sono destinate a morire e quindi a scomparire e insieme a esse sono destinati a scomparire le idee e i progetti. L'idea per salvarsi deve essere scritta. Solo la scrittura può garantirne la sopravvivenza. La scrittura è una sorta di arca di Noè che può attraversare qualunque tempesta e qualunque catastrofe. La trasmissione delle idee è il fondamento della tradizione, è la tradizione stessa. Conservare e comunicare le idee attraverso la scrittura è il modo per renderle tradizionali, per fare sì che appartengano e contribuiscano a costituire la tradizione. La registrazione e la tecnica scrittoria e documentale non sono strumenti, non sono media esterni all'uomo e alle sue idee, sono parte costitutiva del modo di pensare e di comunicare degli esseri umani. Maurizio Ferraris con *Documentalità* propone una teoria del mondo sociale: la società della comunicazione è in realtà una società della registrazione e della iscrizione. Così la comunicazione è spolpata, svuotata e resa "spettrale", ma non nel senso drammatico di Warhol e prima ancora di Heidegger. Questi come Derrida sono gli antenati da cui ha origine questo pensiero che per essere accettato dal mondo attuale deve abbandonare quei luoghi storicamente tragici e poi drammatici, per esprimere non solo un pensiero ma una cultura conciliante, che rassicuri tutti e ognuno. La genesi e la storia dei processi viene allontanata nella sua forma tragica, non conclusa e spesso impedita, per essere recuperata e riproposta in una forma di realismo che riconcilia gli esseri umani tra di loro e con il mondo che sta intorno.

Il pensiero che ha altra forma e che spesso è irriducibile oppure ambiguamente collocato in modo da essere tollerato o, nei giochi dei rapporti di forza, qualche volta perfino acclamato, non ha una sua storia riconoscibile, condivisa, se non in forme non tradizionali e quindi non convenzionali. Esiste una cultura come quella sospettosa, ambigua e spesso cinica che in Bertold Brecht diventa: *non lasciare tracce, guardati dal vicino, non fidarti di nessuno. Il conflitto può essere latente, ma...*

1. Le armi della critica

> *[...] c'è un punto, però, che vorrei qui richiamare per concludere. Al centro di tutto il mio ragionamento, allora come oggi, c'è la persuasione che il conflitto costituisca ovunque e sempre la molla di una sana e dinamica dialettica sociale. Di più: dove non c'è conflitto,*

la politica deperisce, e persino le attività intellettuali smarriscono la strada della ricerca, che è anch'essa – in questo caso più indubitabilmente che altrove - conflittuale (la critica, infatti, non è che la forma di un conflitto). Ora, la mia tesi, in questo caso facilmente dimostrabile, è che il mondo è avanzato in questi ultimi cinquant'anni, cercando ovunque e sempre l'attenuazione o la cancellazione del conflitto. (Asor Rosa, 2011)[72]

Le armi della critica è un titolo che richiama una tradizione del Novecento e una tradizione italiana; soprattutto la singolarità di intellettuali italiani, che lo stesso Asor sottolinea parlando di se stesso in una recente intervista, quando si definisce un caso unico di intellettuale che ha letto tutto Dante e tutto Marx. Un intellettuale cioè che mantiene fissa e salda una delle tradizioni caratterizzanti la storia del nostro paese e cioè l'importanza decisiva della letteratura (della storia della letteratura) e al tempo stesso, senza negarla, l'arricchisce di un'altra lettura, di un'altra tradizione come quella di Marx e del marxismo. La tradizione del leggere, dello studiare, il culto e la tradizione del libro sono un mondo in cui gli intellettuali operaisti affondano le radici e con cui mantengono un rapporto decisivo. La formazione negli anni '60 del Novecento si fonda sul valore di emancipazione della cultura del libro, della forma libro e quindi della lettura e della scrittura "tipografica". E il libro, la lettura e la scrittura sono l'alfa e l'omega di questo percorso. Infatti la *Prefazione storica* si conclude nell'invocazione di un compito "inattuale", un compito che può compiersi solo in un altro tempo e in un altro spazio:

"allora, forse, la storia riprenderà il suo corso, molti saranno in grado di tornare a pensare e magari si scriveranno di nuovo libri degni di essere letti." (Asor Rosa, 2011).

Un eterno ritorno in attesa di un soggetto culturale in grado di ri-leggere e di ri-scrivere, dopo un lungo periodo di desolazione e di devastazione culturale in cui anche la memoria del passato recente è stata persa e quasi cancellata.

---

[72] *Il titolo del paragrafo si riferisce al testo di Asor Rosa, Le armi della critica, la raccolta di saggi ripubblicata nel 2011 da Einaudi. In particolare ci si riferisce qui al saggio Prefazione storica in esso contenuto*

2. Rude razza pagana

Che sono, soldi? La "rude razza pagana" era quella. Non era l'adesione al borghese *enrichissez vous*, era la parola salario come replica politica oggettivamente antagonistica alla parola profitto. (Tronti, 2009)

Gli operai sono pagani per Tronti. Perché? Per ritrovare un sostrato materialista indipendente dall'ideologia riformista del PCI e del sindacato, non solo; per sottolinearne la profonda, materiale alterità alla tradizione forte della storia italiana, quella cristiana nella sua versione dominante, e cioè cattolica. Una soggettività come separatezza è anche un modo per rimanere indipendenti dalla corruzione dei consumi (e nei consumi) e dal peso di un'ideologia dominante tipica dell'Italia del boom economico. L'obiettivo sembra essere: separare la classe operaia dall'alienazione morbida dei **consumi** e **dall'intelligenza astratta** che nel fordismo italiano è ancora e sempre il dominio del macchinario (cfr. il "Frammento sulle macchine" contenuto nei *Grundrisse* di Marx e il concetto chiave di *General intellect*). Individuare la contraddizione dentro le dinamiche delle forze produttive e al punto più alto dello sviluppo rispecchia correttamente il punto di vista di Marx, ma al tempo stesso accentua un problema fondamentale, quello dell'identità. L'identità della classe operaia si misura dalla sua dipendenza (o indipendenza) dal capitalismo e dalla presenza o assenza di una coscienza. La rigidità della demarcazione di una "razza pagana" insensibile alle ideologie, alle promesse e alle lusinghe di una vita disegnata totalmente dalla società opulenta, naturalmente materialista anche nello stile di vita, è una difesa da quella ideologia della società del benessere e della sicurezza che culminerà nella promessa dell'affermarsi del paradiso dei consumatori. Questa idea di separazione in sé, nel materialismo integrale della propria esistenza, immagina una classe operaia che resiste alla suggestione di trasformarsi nel popolo dei consumi, che non cede al meticciato incombente tra produttori e consumatori. Non accetta alla fine un ruolo subalterno, di soggetto "addomesticato" nella società del benessere.

2.1. Non da libro a libro

Non da libro a libro vuole indicare un conflitto e una rottura, l'impossibilità di conciliare una rivoluzione intellettuale con la tradizione culturale dominante, anche progressista, anche socialista. Il documento più significativo di questa posizione rimane *Scrittori e popolo* di Asor Rosa (1965): è una critica sui contenuti che potrebbe esplicitare una critica dei mezzi che comunicano questa tradizione. Questa seconda parte rimane in ombra nell'esperienza degli intellettuali operaisti.

La differenza nelle modalità di quello che significa "studiare" è radicale [...] la mancanza di note a pie' di pagina, aveva questo significato. Non da libro a libro, non da concetto a concetto, procede il pensiero....(Asor Rosa, 1965)

Lo sforzo di superamento di un'impasse storica della tradizione italiana, propria anche del movimento operaio, si può sintetizzare così, in un dilemma che rimane a lungo irrisolto: aggiornare e adeguare ai tempi, senza rinnegarne il significato profondo, il motto di Ordine nuovo e di Gramsci: Andare a scuola della classe operaia. Andare a scuola significa pur sempre imparare, studiare, accettare maestri nuovi e fuori dal canone, maestri di cui si riconosce l'autorità non nella tradizione delle classi dominanti ma nell'esperienza viva del lavoro e dello sfruttamento in fabbrica. Si poteva immaginare di andare a scuola della classe operaia rompendo con una tradizione socialista che fa dello studio e dell'emancipazione un cardine non soltanto per i professionisti della cultura ma soprattutto per i dirigenti politici? La risposta è problematica, se si leggono queste affermazioni di Mario Tronti:

> *Ci svegliammo dal sonno dogmatico, quello dello storicismo [...] imperava in Italia, è noto, la linea De Sanctis Labriola Croce Gramsci: un modello ineguagliato dell'esercizio di egemonia culturale per fare politica. Qui intorno e per il carisma di Togliatti si era coagulato quel formidabile gruppo dirigente del PCI, all'opera nel dopo-guerra e oltre. I membri della Direzione e della Segreteria del partito li ritrovavi all'Istituto Gramsci. Non scrivevano libri, tanto meno se li facevano scrivere da improbabili ghost-writer, ma i libri li leggevano. E tra un fare e l'altro discutevano con chi pensava. (Tronti, 2009)*

Non da libro a libro può essere un manifesto che sottolinea la rottura con la tradizione, ma contenuto entro limiti ben precisi. Il libro, lo studio, la scuola e poi a pieno titolo la fabbrica moderna sono i luoghi deputati per questa alternativa profonda e irriducibile, proprio quella che può caratterizzare o sabotare una rivoluzione culturale. Forse nominare la classe operaia non è sufficiente in quel quadro storico in cui l'operaismo compie la sua breve vicenda; approfondire il legame profondo e non risolto tra classe operaia e fabbrica moderna come luogo principale della storia contemporanea non ha retto alle vicende storiche che ne sono venute di conseguenza. Col senno di poi potremmo dire che l'antagonismo della classe operaia dentro la fabbrica moderna ha avuto un ruolo decisivo fintantoché il capitalismo industriale ha marciato sulla strada dello sviluppo delle forze produttive, le sue! Ma ancora determinanti per l'intera società. Oggi potremmo dire che abbiamo assistito contemporaneamente al declino delle due parti in antagonismo, e in reciproco, necessario legame. La regola dei due fondamentali avversari è stata definitivamente violata, e da tempo. Andare a scuola dalla classe operaia presuppone che ci sia il luogo materiale e culturale e sociale in cui possano svilupparsi le due forze contrapposte. Per gli intellettuali è stato storicamente necessario che ci fosse il luogo costruito da lungo tempo perché il pensiero si rinnovasse e si ribellasse e anche uscisse fuori dai canoni della tradizione, ma non da quello che costituendo il libro tipografico ha determinato la forma propria della cultura e della storia della modernità. E' una storia di civiltà: trasformarla o addirittura sovvertirla è stato un atto di orgoglio smisurato, ingaggiare una sfida dall'esito scontato. Per Tronti la nuova classe operaia, delle grandi fabbriche del Nord, della fabbrica fordista può esprimere la sua alterità e la sua autonomia fuori dalla tradizione propria del movimento operaio e del socialismo europeo, liberandosi da un'ideologia stagnante e facendo per sé quella critica dell'ideologia che Marx considera propedeutica all'azione rivoluzionaria. Gli intellettuali operaisti riconoscendo questa alterità e separatezza compiono quel passo di rottura che non è riuscito a altri movimenti culturali. Il primo passo è culturale, è rifiutare l'idea di una classe operaia portatrice di valori universali e perciò accompagnata da intellettuali che credono e trasmettono nel tempo questi valori culturali. E' l'affermazione della parzialità: l'essere di una parte e pensare, esprimere il punto di vista di una parte. La pratica di questo pensiero politico risulta impropria all'ordine delle tradizioni culturali, irriconoscibile e quindi non riconosciuta. La figura di intellettuale che la fa propria risulta eccentrica, eccessiva, anormale, marginale, ma la parola che tutte riassume, è **perturbante**. (Tronti, 2009, p. 14).

3. Liberazione *vs* emancipazione

Fare la Rivoluzione è l'opposto di fare la contestazione, questo sembra essere il dilemma irrisolto della fine degli anni '60. Per la rivoluzione i luoghi dell'esperienza sono delle cattedrali, dei castelli fortificati che dominano una società divisa in classi. La società è divisa per aspettative e possibilità: sono percorsi reali e esperienze di vita che non si intrecciano e che non hanno crocevia di scambio e di relazioni reciproche.

L'emancipazione, il canale principale per cambiare status, passa in primo luogo dalla scuola, dall'istruzione e dalla formazione secondo un percorso che in Italia registra pochissimi mutamenti nel tempo. L'emancipazione è il grande strumento e il canale favorito per scalare la gerarchia sociale. Negli anni Sessanta avviene l'irruzione della società nel conflitto sociale, il primo vero corto circuito tra fabbrica e società, un passaggio che porta i giovani verso un'inedita e breve alleanza con i loro storici antagonisti di classe. Le parole chiave di quegli anni sono: operai e studenti uniti nella lotta. La condivisione di esperienze avviene sulla base di movimenti, di percorsi e individuali e collettivi e ben presto i due livelli si mescolano e si confondono, ma sono condizionati da una profonda divergenza nel destino sociale e individuale. La comunicazione intensa e diretta che si origina in quegli anni tra soggetti che non avevano storicamente progetti di vita o programmi di esperienza comuni, dura poco e rapidamente o si irrigidisce in formule forsennatamente ideologiche o si scompone nuovamente nei percorsi tradizionali o viene convogliata in forme "politiche" che non riusciranno a stabilizzarsi se non per breve tempo. La logica dei movimenti, i destini individuali, i percorsi di liberazione di genere non appartengono alla tradizione italiana. Lì e in quel tempo finalmente vengono conosciuti e sperimentati, ma sono fatti propri quando i tempi più propizi sono scaduti.

3.1. Essere contro

Un percorso di intellettuale politico di tipo nuovo nasce dalla scelta di **essere contro**; di fare quel primo passo **senza mediazioni**, come dice Tronti: L'aver individuato subito più che un riferimento, un contrasto. Non uno "stare con", ma un "essere contro". Non una "scelta per", ma una "lotta". Questa è la matrice che caratterizza un percorso intellettuale nato sulla lettura appassionata e sugli strumenti propri dell'emancipazione, tipico della tradizione socialista. Questa posizione, imprevedibilmente, deve misurarsi alla fine degli anni Sessanta, con le culture dei movimenti e con altre culture che fanno dell'**essere contro** la loro ragione immediata e esclusiva di esistenza; quelle che si raduneranno sotto le bandiere della teoria critica e del "grande rifiuto". Il punto di contrasto tra gli intellettuali operaisti e la scuola di Francoforte e soprattutto Marcuse, è evidente. Il Marcuse, di grande influenza sui giovani studenti con *One-dimensional man*, afferma esplicitamente la fine dell'opposizione sociale, la neutralizzazione del soggetto antagonista. Non a caso intitola il primo capitolo di *One-dimensional man*: "La paralisi della critica: la società senza opposizione". Per Tronti l'operaismo anticipa la critica al sessantotto; il rigore dell'intellettuale operaista non ha nulla a che fare col disordine "effimero" dei vari movimenti.

> *Il veleno dell'antipolitica cominciò a essere iniettato nelle vene della società dai moti sessantottini. La maturazione della società civile, la conquista di nuovi diritti, civili, sindacali, politici provocarono un salto collettivo di coscienze, ma soprattutto fecero bene alla salute del capitalismo italiano. (Tronti, 2009)*

È un passo indietro? Si torna alla critica gramsciana a Marinetti e al futurismo, estesa poi a tutta l'esperienza delle avanguardie storiche del Novecento, dopo l'esaltazione in Ordine nuovo? Si ritorna all'identificazione dei giovani (specie gli studenti) come figli della borghesia in libera uscita ma pronti a rientrare nei ranghi o a piazzarsi il meglio possibile nei ruoli dirigenti della società che li attende? Il clima diffuso di comportamenti sovversivi, illegali non fu patrimonio solo dei clandestini, degli irregolari, dei fiancheggiatori del terrorismo; è presente in tutte le manifestazioni collettive, nei cortei, in comportamenti pubblici e visibili nelle strade, nelle piazze, nei luoghi della socialità. È questo il contesto in cui si realizza una forma di soggettività alternativa diffusa nel corpo sociale del paese Italia.

> *Nella composizione generale della soggettività alternativa, tipica degli anni sessanta, la stragrande maggioranza delle persone fisiche si era formata fuori ed era cresciuta contro le forme, ufficialmente e istituzionalmente, organizzate dal movimento operaio, sindacati e partiti. (Tronti, 2009)*

Essere contro è in quel periodo un modo diffuso e consapevole di rifiutare l'appartenenza sia alle istituzioni del movimento operaio (ma questo vale anche per i comportamenti di gruppi alternativi a destra e nell'estrema destra contro i loro partiti e le loro istituzioni) sia alle istituzioni più rappresentative della società italiana: scuola, lavoro, giustizia. Alla fine di quel percorso viene stroncato qualunque progetto che si basi su un'idea di futuro progressivo, che si conquista nel tempo e con alleanze sociali e culturali o con una lunga marcia dentro le istituzioni (un esempio per tutti: Rudi Dutschke, messo fuori gioco da un attentato con tre colpi di pistola alla testa, sparatigli a bruciapelo da Joseph Bachmann, un imbianchino influenzato dalla massiccia propaganda dei massmedia controllati da Axel Springer con titoli come "Fermate Dutschke Adesso!", l'11 aprile 1968 - una settimana dopo l'assassinio di Martin Luther King e due mesi prima di quello di Robert Kennedy).

Il tempo di vita è schiacciato sul presente: un presente drammatico, violento in cui pare che ogni giorno si giochino le possibilità di una vita che valga la pena di essere vissuta. Il momento della riflessione, del ripensamento è spesso stroncato e ribaltato nell'azione, nel gesto, nell'adesione immediata. Tutta una storia, la continuità di un'esperienza, viene bruciata in un breve lasso di tempo, per non essere mai più all'ordine del giorno. Essere contro è ridotto da Tronti a "lotte genericamente civili". Un po' poco se si guarda all'esperienza di alcune classi di età che bruciano consapevolmente la loro esperienza, le loro occasioni di successo e di integrazione e spesso la loro vita, in pochi anni di esperienza in cui sovversione e autodistruzione, violenza armata e violenza collettiva e assunzione indiscriminata di droga si mescolano e si succedono.

3.2. Il grande rifiuto

Nelle conclusioni di *One-Dimensional Man* le ultime parole sono dedicate a ribadire il carattere negativo, fondante, della teoria critica, rinnovato dallo sguardo trascendente" e perciò critico e perciò negativo di una società senza opposizione in cui gli antagonismi sono cancellati oppure fusi nell'esigenza costrittiva della coesione sociale: il grande rifiuto è il manifesto degli altri, dei soggetti che non hanno parola, non hanno cultura riconosciuta. Infine, essi non hanno diritti perché sono fuori, separati e marginalizzati da questo sistema, ma, per la loro estrema precarietà e marginalità, non possono essere contaminati dal potere e soprattutto non possono essere corrotti e rapidamente inglobati in quella società che li esclude violentemente, ricacciandoli nella dimensione immutabile del bisogno mentre si afferma la società opulenta, la società industriale avanzata.

> *La teoria critica [...] rimane negativa. In questo modo essa vuole mantenersi fedele a coloro che, senza speranza, hanno dato e danno la loro vita per il Grande Rifiuto (Marcuse, 1964)*

Chi sono i soggetti antagonisti senza speranza ma che danno ancora una speranza perché possa avvenire un cambiamento nel rapporto di forza tra sfruttatori e sfruttati?

Nel 1964 per Marcuse sono:

> *Tuttavia, al di sotto della base popolare conservatrice vi è il sostrato dei reietti e degli stranieri, degli sfruttati e dei perseguitati di altre razze e di altri colori, dei disoccupati e degli inabili. (Marcuse, 1964)*

Di fronte al fallimento storico del comunismo in Unione Sovietica e all'integrazione della working class negli Usa e quindi di fronte agli insuccessi o all'inerzia di un programma politico che si richiami alla volontà popolare e alla democrazia che promana dal popolo, l'unica speranza è quella di guardare fuori e quindi di guardare verso gli esclusi e gli emarginati dallo sviluppo capitalistico e dalla società industriale del Novecento. All'integrazione della classe operaia in un sistema che dopo le vicende delle società totalitarie in Europa, sceglie la strada della società opulenta e insieme repressiva, ricca e insieme escludente, inglobando ogni possibile opposizione, Marcuse risponde con una posizione che critica uno dei principali assunti della teoria marxiana, cioè quello che fonda la possibilità di rivoluzione e di rovesciamento dei rapporti di classe al punto più alto dello sviluppo: il rovesciamento può avvenire solo lì, tra le due classi antagoniste. I nuovi soggetti portatori del "grande rifiuto" affermano un'opposizione attualmente senza cultura, che non ha tradizione e non cerca riferimenti in una tradizione riconosciuta e dunque questo soggetto "altro" contraddice gli assunti tipici della tradizione europea: lo studio per capire e per trasformare, la critica dell'ideologia, il lungo e progressivo lavoro per dare una coscienza a chi attualmente non può averla o ne è privato.

> *Perciò la loro opposizione è rivoluzionaria anche se non lo è la loro coscienza. La loro opposizione colpisce il sistema dal di fuori e quindi non è sviata dal sistema; è una forza elementare che viola le regole del gioco, e così facendo mostra che è un gioco truccato [...] il fatto che essi incomincino a rifiutare di prendere parte al gioco può essere il fatto che segna l'inizio della fine di un periodo. Nulla indica che sarà una buona fine. (Marcuse, 1964)*

4. L'intelligenza astratta: Enigma

L'intelligenza astratta è una via percorribile e storicamente percorsa da un progetto scientifico (in parte realizzato e in parte bloccato). Lo scopo: uscire dal dominio sociale e culturale della società fordista impiantato sulla dominanza totale della macchina moderna, cioè della macchina meccanica. Con Taylor si afferma la figura dell'ingegnere sociale e l'immagine della società come un grande meccano (e il meccano diventa il gioco infantile che prepara alla vita che ti aspetta). Chi immagina cambiamenti di paradigma in quegli anni deve passare (non senza contraddizioni) attraverso la nuova macchina universale che da strumento di calcolo si trasformerà in medium per la comunicazione (certamente a partire dalle prime esperienze di Engelbart del 1962, e dall'invenzione della parola ipertesto da parte di Ted Nelson). La macchina meccanica non può essere macchina per tutti a uso di tutti e in grado di compiere tutte le operazioni mentali possibili. Possiamo riassumerne il percorso storico in una sintesi, nell'opposizione di due macchine, una reale e l'altra virtuale: enigma *vs* memex. Alan Turing si propone di uscire dalla macchina mortale (il macchinario, l'ingranaggio, il gran meccano che costituisce e domina la società fordista) attraverso il progetto della macchina universale (cioè ideale, cioè mentale), ma è costretto dalla contingenza storica a concentrare il pensiero sulla macchina per decrittare (Enigma e la sua versione portabile). Attraverso l'atto di decifrare è possibile scoprire i meccanismi segreti del codice e della mente alfabetica e soprattutto i significati latenti che questo codice crea e veicola. Codice culturale e meccanismo (meccanicità) materiale sono inscindibili nella mente alfabetica: separarli e riaffermare il primato della mente è lo scopo del progetto di Turing. Al programma di Turing si mescola conflittualmente l'esperienza di vita vissuta: la violazione della privacy e le tragedie esistenziali insieme a icone e traumi che ritornano, apparizioni e sorprese: la fiaba di Biancaneve nella versione filmica di Walt Disney, la mela e Biancaneve, l'inganno della mela avvelenata dalla strega e la morte ricevuta (indotta) da una mela avvelenata; si mescolano tragicamente simboli di morte e esperienza infantile. Tutti elementi che contribuisco a creare zone d'ombra, tensioni e pulsioni drammatiche in una vita che potrebbe sembrare pacifica e dominata dalla mente astratta (e distratta).

4.1 Il tragico e gli eroi silenziosi

Ritorniamo al progetto ideale, all'invenzione intellettuale che è geneticamente libera e opposta a quel compito "duro" e vincolante che il modello di Taylor intende imporre attraverso l'organizzazione scientifica del lavoro all'intera società. Solo così la mente può uscire dalla macchina mortale, quella che genera la società corporata e monopolista di Ford. Il progetto è la macchina universale che ha origine dalle teorie della computabilità di Turing. Una teoria che non genera macchine né le realizza; genera pensiero astratto e logico e esalta la capacità inventiva dell'umano; prima di tutto la sua capacità di sciogliere e quindi decrittare gli enigmi. E' una teoria che mescola nella vita di un uomo ruoli accademici e impegni "militari" e riservati, drammatiche violazioni della privacy e tragedie esistenziali. L'eros sotto forma dell'omosessualità è una "bomba" terribile almeno quanto quella inventata da scienziati e fisici e matematici. La macchina ideale è la macchina **universale** cioè una macchina che può compiere tutte le operazioni possibili (della mente umana) superando la gabbia del comando fordista applicato. Il progetto di Turing rientra, a pieno titolo, nella categoria della potenza autonoma del pensiero. Affermare il primato dell'intelligenza che risolve enigmi piegando la macchina alla logica, affermare la superiorità del pensiero astratto sulla potenza meccanica delle macchine, degli ingranaggi, dei macchinari, è un modo consapevole di cercare una via d'uscita dall'ideologia dominante, da quell'insieme tra fabbrica e stato che fu la società fordista. La macchina ideale ha l'estrema ambizione di essere una macchina universale. Cosa vuol dire? In prima istanza sembra soltanto una caratteristica funzionale: è più agile e flessibile della macchina meccanica, può essere adattata alla mente e, più avanti nel tempo, padroneggiata dalla mente e dal corpo degli utenti sempre meno "tecnici" e sempre più "uomini comuni". La potente macchina meccanica, centralizzata, costruisce un mondo fatto di macchinari, organizzato per garantire a ciascuna macchina di eseguire il compito prefissato dal suo meccanismo originario, non modificabile, obbligando così gli umani a eseguire compiti pre-determinati e a pensare in modo unificato, previsto e quindi prevedibile, esecutivo e quindi senza immaginazione o invenzione. La macchina ideale, che storicamente non potrà prendere corpo, cioè non avrà un suo corpo fisico e tantomeno meccanico, esalta il ruolo inventivo della mente, secondo le intenzioni e l'ideologia propria di quegli scienziati e di quei tecnici. La macchina ideale genera un'idea di macchina universale oltre la flessibilità delle funzioni; universale perché può essere implementata e estesa a infinite, potenziali funzioni: è universale perché può estendersi ai rapporti sociali dei cittadini del mondo. Quando essi si mettono in relazione (hanno i supporti e le infrastrutture necessarie, leggi internet e i network) generano nuovi rapporti di cittadinanza: mente e corpo, conoscenza e vita quotidiana si contaminano per milioni di soggetti umani sparsi nel globo.

4.2 Computare e decifrare

Turing afferma il modello della **computabilità** del mondo: conosci solo quello che è computabile e, viceversa, la conoscenza possibile è solo quella computabile, dunque riducibile al codice binario e di qui espandibile fino al governo delle macchine (non più meccaniche ma informatiche). All'origine, la computabilità può essere strumento per allentare il dominio meccanico delle macchine, la forza costrittiva dell'ingranaggio e dell'organizzazione produttiva fordista che nega la libertà del pensiero e la sua potenza inventiva. il pensiero può uscire da quella via bloccata e costrittiva. il vincolo delle macchine è anche il vincolo della società corporata, a comando (Taylor e il suo modello di ingegnere sociale), in tutti i suoi aspetti compresa la sfera personale, quella degli affetti e quella del sesso. Il dominio così apparentemente lontano e privato delle pulsioni personali viene represso e distrutto dalla normativa propria della società delle macchine. Il pensiero astratto in quel momento storico è una via per allentare il dominio dell'alienazione e della disumanizzazione della macchina meccanica e dell'organizzazione del lavoro conseguente. Oggi possiamo immaginare così Turing: un tragico eroe solitario che rovescia mentalmente i fondamenti della sua epoca e della sua società. Contro un mondo abitato soltanto da macchine, in cui domina il meccanismo implacabile degli scatti previsti dei macchinari, in cui il ruolo umano è soltanto esecutivo, come può affermarsi il pensiero? Si può affermare nella sua forma astratta e ripercorrendo, ritornando – per necessità- all'origine della civiltà dell'alfabeto, decifrando i misteri. Quindi tornando alle origini del linguaggio. Poi quando la decifrazione giunge alla sua forma conclusiva e astratta (nella forma libera e spirituale dei numeri e delle lettere) comprende misteri e enigmi utilizzando quei macchinari, quel sistema corporativo fatto di macchine, piegate a compiti inediti di sublime astrazione. Ma per fare questo occorre affermare la forma più astratta possibile del pensiero: la logica formale, l'intelligenza e la mente che sfuggono ai condizionamenti materiali. Questa intelligenza scopre e domina il mondo che sta intorno, così orrendamente costruito e storicamente immodificabile (neppure modificabile da guerre spaventose, da minacce di apocalissi finali), battezzando un nuovo ruolo della conoscenza e imponendo dei limiti al mondo conoscibile. É la computabilità della conoscenza e dell'oggetto di conoscenza. Solo ciò che è computabile è conoscibile, solo così si può rivalutare la forza del pensiero liberato da tutti i condizionamenti materiali. Per uscire dalle macchine occorre usare altre macchine, per liberarsi dall'età della meccanica bisogna inventare nuove macchine per sognare (Nelson) o per comunicare e per elaborare simboli

(Engelbart). Macchine che non sono più macchine meccaniche, a comando centralizzato e unidirezionale.

5. Una tradizione imperfetta: l'eredità di As We May Things

Su queste parole si costruisce una tradizione che vede nella tecnologia ipertestuale il grimaldello per rivoluzionare il modo corrente di pensare, di comunicare e dunque anche quello di produrre beni e di garantire diritti e relazioni tra i soggetti umani.

> *La mente umana [...] funziona per associazione. Con una sola informazione in suo possesso, essa scatta immediatamente alla prossima che viene suggerita per associazione di idee, conformemente a un'intricata rete di percorsi sostenuta dalle cellule del cervello. (Bush, 1945)*

Vannevar Bush esaminando il funzionamento della mente umana mette in rilievo la sua particolarità di procedere per associazioni, cioè in una forma non lineare e non sequenziale, profondamente diversa dallo strumento artificiale che caratterizza tutti i prodotti culturali del genere umano nella modernità: l'alfabeto col modello logico sequenziale, la scrittura, infine la stampa e dunque la forma libro all'interno della quale sono contenuti tutti i documenti e tutti i messaggi prodotti. Associare significa collegare, mettere in relazione e affermare un altro primato, quello delle connessioni rispetto ai contenuti. Questi collegamenti ipotizzati da Bush e non realizzabili con la tecnologia a sua disposizione, quella meccanica e quella della microfilmatura, sono possibili attraverso la tecnologia informatica. Le connessioni informatiche non solo trasportano informazioni, diffondono in modo non neutrale, ma diretto (senza filtri materiali) idee, passioni, sentimenti, interessi, e diffondendosi e diventando lo strumento principale di comunicazione tra gli esseri umani modificano radicalmente sia i sistemi di comunicazione sia la società fondata su di essi. La visione informatica dei links è riduttiva, spettrale, non riesce a vedere le trasformazioni che attraverso questa tecnologia gli esseri umani associati producono. L'applicazione di quelle intuizioni produce una tradizione "imperfetta" che ha al suo interno forti contraddizioni.

Nel volume *Da Memex a Hypertext. Vannevar Bush e la Macchina della Mente* (Nyce e Kahn, 1992) viene documentata l'origine delle riflessioni di Vannevar

Bush negli anni Trenta. Il volume è diviso in tre parti: nella prima e nella seconda sono raccolti contributi poco noti di Vannevar Bush legati a memex e un'introduzione dei curatori con una ricca e pertinente ricostruzione storica delle origini di memex. Nella terza parte, quella decisiva per attribuire a Bush il ruolo di fondatore della tecnologia e cultura ipertestuale, compaiono due documenti molto interessanti. Il primo è una lettera di Engelbart del 1962 senza risposta da parte di Bush. Nella lettera Engelbart esponeva il programma che fu al centro delle sue ricerche (noto come *Augmenting Human Intellect: A Conceptual Framework*). Era un'implicita richiesta di avallo che implicitamente Bush rifiutò. Il secondo documento è relativo a un intervento di Ted Nelson ad una conferenza del 1972, dal titolo "Come penseremo", che sviluppa, al di là delle citazioni di rito, il percorso ipertestuale di Nelson in completa autonomia. Dal 1960 Nelson inseguiva la visione di un sistema ipertestuale interattivo che consentisse l'accesso all'intera "letteratura" mondiale. A fondamento di questo disegno c'è la sua idea di *literacy*: un "*sistema di* ***idee interconnesse****" che fa riferimento a qualsiasi tipo di dato archiviabile in qualsiasi forma (scrittura, audio, immagini e video). Per ipertesto intendo semplicemente la* ***scrittura non sequenziale*** *[...]*

I computer non sono intrinsecamente coinvolti nel concetto di ipertesto. Ma i computer saranno coinvolti, in ogni modo e in sistemi di ogni tipo, con l'ipertesto. (Nelson, 1965). Il 24 agosto 1965 Nelson presenta alla conferenza nazionale *dell'Association for Computing Machinery* (ACM) un intervento nel quale per la prima volta viene introdotto il termine ipertesto. Nelson si riferisce a "un corpo di materiali scritti o iconici **interconnessi** in un modo così complesso da non poter essere presentati o rappresentati su **carta**". Due anni dopo presenta il suo progetto *Xanadu* per creare una banca dati in cui includere tutti i testi letterari (documenti scritti o iconici) in una rete globale. Nel 1962 Engelbart avvia il suo programma *ONLS* e nel 1968 presenta pubblicamente il sistema e il mouse. Engelbart guarda la tecnologia dentro i rapporti interpersonali, anche nel lavoro, specie nelle professioni tecniche. Il *technomedium*, è costruito attraverso il mouse. Le connessioni non sono solo strumenti, funzioni, ma attivano rapporti interpersonali facilitati, diretti che annullano le distanze, gli spazi, gli ostacoli; indeboliscono la percezione della distanza e quindi creano una collaborazione diretta senza frontiere e senza ostacoli, liberandoci dai vincoli, specie quelli più fastidiosi, che sono proprio quelli generati da chi ti sta vicino e dalla presenza degli oggetti dell'esperienza quotidiana. Non è solo percezione, non è solo ideologia alla base di quei progetti. Dopo ne verrà prodotta tanta: l'ottimismo eccessivo sulla forza egualitaria di internet, l'idea della caduta del centro come luogo del comando e la fine delle gerarchie attraverso i network basati su nodi tutti uguali e tutti alla pari.

Questo ambiente rivoluzionario può generare la parità dei soggetti viventi che li usano? Viene posta una questione centrale: quanto conta il mediatore? Che ruolo svolge? Domina, influisce, controlla. Quanto penetra nel nostro io e in noi come soggetti associati e quanto ci fa immergere in una realtà costruita, in una nuova realtà e quanto concorre a costruirla, quanto è dominante per plasmarla e con essa plasmare noi. Io e noi: un punto critico di fondamentale importanza. È uno spazio di uguaglianza delle chances e delle opportunità? Aumenta le possibilità di successo e di ricchezza e quelle di felicità?

Sicuramente nel modello americano tra benessere (sicurezza) e felicità prevarrà largamente il primo, ma l'eccesso di ottimismo, che è bene criticare, non ci deve fare dimenticare quanto sia stata coraggiosa questa via di uscita dal fordismo e dalla società corporata: non è senza sangue e senza sofferenza e senza infelicità individuale e collettiva che si afferma. Un esempio è rappresentato da Norbert Wiener. La pubblicazione nel 1948 di *Cybernetics, or Control and Communication in the Animal and the Machine* dimostrò che era possibile rivolgersi ad un pubblico più vasto del circolo dei tecnici, esisteva un'opinione pubblica pronta a mobilitarsi su questi temi decisivi, cogliendo, sia pur per breve tempo, lo spirito profondamente interdisciplinare e la volontà divulgativa che animò il gruppo che si raccolse progressivamente intorno al progetto della cibernetica.

> *In questo, la nostra concezione della società differisce dalla società ideale prospettata dai fascisti e da molti magnati del mondo degli affari e della politica.*
>
> *Essi preferiscono una organizzazione in cui tutti i comandi provengano dall'alto senza che sia possibile nessuna reversibilità. Sotto di essi gli uomini sono stati ridotti al livello di esecutori degli ordini di un centro nervoso che pretende di essere superiore. Desidero che questo libro sia inteso come una protesta contro questa utilizzazione inumana degli esseri umani. (Wiener, 1997, pp. 30-31)*
>
> *"Vivere in modo effettivo, significa vivere con una quantità adeguata di informazione" (Wiener, 1997, pp. 141-142.)*

Tutto ciò poteva significare: non percorrere la strada, storicamente determinata, che, alla fine di una serie di terribili guerre dichiarate e di veri e propri annientamenti delle popolazioni civili su scala mondiale (guerre contro i cittadini), incanala la storia della società delle masse in società dei consumatori.

Ma Vannevar Bush è l'opposto di Turing (nulla di simile alla dimensione tragica e conflittuale della vita di Turing). In *As We May Think* (lett. "Come potremmo pensare") più del contenuto vale la connessione tra diversi contenuti: questa è informazione e sapere latente che la tecnologia del libro non riproduce o visualizza, ma la mente sì. La mente utilizza le macchine e intanto si libera dalla costrizione dei meccanismi. Una parte almeno del lavoro mentale sia individuale sia soprattutto in collaborazione e condivisione con altri può essere visualizzato e quindi rimesso in circolo creando un nuovo immenso stock di informazioni, di relazioni e di conoscenza. Si può creare un tipo nuovo di relazione tra gli utenti, un network senza vincoli di proprietà tra gli utenti stessi. Anche la macchina di Bush aspira a essere universale e necessariamente, in quella situazione storica specifica e con quelle tecnologie disponibili e non adeguate a sorreggere il sogno e l'invenzione, non può che essere una macchina ideale. Essere universale era anche l'ambizione e il progetto del paradigma alfabetico col modello logico-lineare; ancora di più la sua trasformazione attraverso la tecnologia meccanica della stampa. Si realizzò in questo modo la rivoluzione inavvertita come sostiene nella sua importante ricerca Elizabeth Eisenstein, cioè appunto una rivoluzione culturale, una rivoluzione di civiltà. Ma se alfabeto e mente sembrano direttamente omogenei, Bush propone una torsione critica rispetto alla natura del testo alfabetico, del testo scritto e stampato. La rivoluzione digitale nasce con l'affermazione del valore assoluto della mente rispetto ai meccanismi materiali per poterli dominare e indirizzare a sciogliere enigmi e a rispondere alle domande più inquietanti. La mente quindi si distacca dal condizionamento del suo supporto storico materiale che nella stampa è la carta. Ma proprio di qui, da questa frattura prende inizio la rivoluzione ipertestuale così come si afferma a partire dagli ultimi decenni del secolo scorso. Le connessioni, le associazioni servono per indebolire il supporto e dunque - in ultima analisi - a indebolire il testo. La rivoluzione ipertestuale si concentra sulla rivoluzione del supporto per realizzare il cambio di paradigma e affermare poi il ruolo determinante delle tecnologie digitali. Dopo Bush viene meno sia l'impegno etico (Wiener), e perciò conflittuale con lo stato presente delle cose, sia la visione drammatica della propria vita e il conflitto personale contro l'oppressione della società che ti circonda (il suicidio di Turing). L'informatica è dominata da una forma del pensiero astratto come evoluzione positiva della conoscenza umana e dall'ottimismo tecnologico soprattutto sul versante delle applicazioni all'industria (il modello capitalistico non viene esplicitamente criticato ma si pensa a un'integrazione, a un aggiustamento). La globalizzazione, infine, è la negazione e la corruzione del pensiero universale e dell'aspettativa universale che stava nel progetto computazionale di Turing.

6. I links sono rapporti sociali

L'enfasi che viene posta su memex è parente stretta della idealizzazione della macchina universale. Memex non può essere letta tecnologicamente (perché quelle tecnologie impiegate sono nel dominio della meccanica, comprese le riproduzioni in pellicola) ma come virtuale soluzione dei problemi generati dall'uscita dalla società meccanica e dalla guerra nucleare (la logica dello sterminio spinta a livello universale, totale) in una società dell'abbondanza di beni immateriali e di relazioni (società opulenta perché ricca di merci e facilitante i consumi di massa, società del benessere e della sicurezza) a partire dall'esaltazione della funzione dominante della mente, del pensiero e delle relazioni latenti tra gli individui associati liberamente (i links e i networks). La mente può esprimere comando (morbido), indicare uno scopo e un compito condivisibile e non soltanto eseguibile. I links non sono solo collegamenti informatici che offrono la possibilità tecnica di connettere facilmente prima documenti, poi parti di essi e infine documenti e immagini. Non si tratta soltanto di una questione interna all'evoluzione dei software, quindi di una informatica che prosegue per la sua strada tecnico-scientifica. I link prima decostruiscono i documenti, assimilano documento a testo generando una rete di relazioni che non rispetta più la gerarchia del testo scritto (il *textus*), l'ordine di un documento strutturato e fissato in un sistema di regole e norme riconosciute anche nelle componenti minimali, di dettaglio (il titolo, le frasi, la punteggiatura, gli accenti.) È il modello che viene messo in crisi: il modello logico-sequenziale. Finché si tratta di esperienza scientifica, di laboratorio, ci troviamo ancora in una evoluzione di pensiero, in un percorso culturale prevedibile, ma se questa diventa pratica universale, sostitutiva e alternativa al codice alfabetico, allora cambiano i comportamenti, le regole generali della cultura e della società. I link attraversano non solo i documenti e soprattutto i testi, attraversano le regole costitutive della società, il sistema di relazioni che da tempo immemorabile fu introiettato nella civiltà moderna. I link diventano un modo di pensare e un modo di agire; per molti, per moltissimi sono prima un modo di agire e poi un modo di pensare. É il ritorno del *bricoleur* sia nelle relazioni sociali sia nel riaffermarsi del corpo e delle mani e dell'esperienza pratica rispetto alla gerarchia della ragione. Per molti, moltissimi, questa rivoluzione è del tutto inavvertita, sta nelle cose e nelle nuove abitudini e nelle offerte dei drugstore a cui può attingere liberamente e facilmente. La libertà, l'ideologia della liberazione viene declinata, attraverso la tecnologia digitale, facilitazione, in facilità di rapporti e di azioni, in rapporti diretti tra tutti e in ogni luogo. In una misura sorprendente si applica a livello globale l'auspicio e la promessa e la previsione di Bill Gates: capitalismo senza attrito, *free friction capitalism*. Capitalismo senza attrito e rivoluzione digitale rinnovano le fondamenta di una cultura conciliante globale. Cosa rimane degli **eroi silenziosi**, alle origini di questa rivoluzione, che si sono avventurati oltre le frontiere della mente alfabetica? Hanno creato una costellazione che si fonda su alcune opposizioni proprie di un pensiero forte, di una cultura del conflitto: mente computazionale *vs* mente alfabetica, tecnologia ipertestuale *vs* scrittura alfabetica. Le frontiere degli eroi e dei coraggiosi sono nel campo dello spirito e nel campo delle nuove libertà, compresa quella del potere della comunicazione. Alle spalle ma sempre incombente, il potere delle recinzioni. Forse inconsapevolmente, ma le parole conclusive di Manuel Castells in *Communication Power* (2009) richiamano proprio questa sfida per ora pericolosamente in bilico:

> *I detentori del potere nella società in rete non possono fare a meno di cercare di* ***recintare (enclose)*** *la comunicazione libera in reti commercializzate e controllate per* ***inscatolare*** *la mente pubblica e* ***sigillare*** *la connessione tra comunicazione e potere. (Castells, 2009)*

L'eroico Turing, la drammaticità della vita di Turing è storicamente rappresentativa del conflitto irrisolvibile tra la mente individuale e la guerra e i destini dei popoli in guerra. Si può dare un contributo nel decifrare e decrittare al servizio del proprio paese, ma insorge la vita privata, rimane lo shock di Biancaneve e i sette nani, il film di Disney con la drammatica scena della strega che fa mangiare a Biancaneve la mela avvelenata. La mela è la causa del trauma irrimediabile, causa della morte dell'innocente come aveva causato la morte dell'innocenza in Adamo e quindi di tutta l'umanità... L'icona è la mela al cianuro morsicata, è anche il simbolo dell'innovazione: la mela morsicata per Apple. È sempre un atto di sfida e di violazione delle regole dell'umano per sapere di più, oppure l'immagine dell'orrenda ingiustizia dell'avvelenamento dell'innocenza (anche sessuale).

Nessun informatico dopo di lui si sarebbe suicidato.

Bibliografia

1. Asor Rosa, A. (2011). *Le armi della critica. Scritti e saggi degli anni ruggenti (1960-1970).* Torino: Einaudi.
2. Asor Rosa, A. (1965). *Scrittori e popolo.* Roma: Samonà e Savelli.
3. Bush, V. (1945). As We May Things. *The Atlantic Monthly,* Jul 1.
4. Castells, M. (2009). *Communication Power.* New York: Oxford University Press (tr. it. *Comunicazione e potere*, Egea, Milano 2009).
5. Engelbart, D.C. (1962). *Augmenting Human Intellect: A Conceptual Framework.* http://www.invisiblerevolution.net/engelbart/full_62_paper_augm_hum_int.html
6. Eisenstein, E.L. (1986). *La rivoluzione inavvertita. La stampa come fattore di mutamento.* Bologna: Il Mulino.
7. Ferraris, M. (2009). *Documentalità. Perché è necessario lasciar tracce* (2009). Roma-Bari: Laterza.
8. Marcuse, H. (1964). *One-Dimensional Man: Studies in the Ideology of Advanced Industrial Society.* Boston: Beacon.
9. Nyce, J. & Kahn, P. (a cura di) (1992). *Da Memex a Hypertext. Vannevar Bush e la Macchina della Mente.* Padova: Franco Muzzio.
10. Tronti, M. (2009). *Noi operaisti.* Roma: Derive Approdi.
11. Wiener, N. (1948). *Cybernetics, or Control and Communication in the Animal and the Machine.* Cambridge (MA): MIT Press.
12. Wiener, N. (1970). *Introduzione alla cibernetica.* Torino: Bollati Boringhieri.

4. Smart citizen

1. Smart mobs, smart citizen

La distanza dalla società delle comunicazioni di massa può essere rappresentata da ricerche sociali che privilegiano la prossimità, la dimensione granulare e in profondità dei rapporti di relazione tra i soggetti umani organizzati, cioè i cittadini. Ci sono stati e ci sono segnali di inversione di tendenza nell'approccio tradizionale che ancora fa ombra alla novità che si esprime attraverso il concetto e la pratica di esperienze come *smart city* e più recentemente *smart community*. Facciamo riferimento a *Smart Mobs* (Rheingold 2002) e al recente *Net Smart* di Rheingold (Rheingold 2012), ma soprattutto a due fondamentali contributi che segnano l'inversione di tendenza nell'approccio ai media e alle tecnologie digitali come *Communication Power* di Castells (Castells 2009) e *Alone Togheter* della Turkle (Turkle 2011): dal potere della comunicazione nelle sue nuove forme al disagio nell'utilizzo di tecnologie entrate dentro la vita quotidiana. L'obbiettivo è guardare i cittadini più da vicino, più direttamente e soprattutto attraverso quei media che con-vivono e fanno esperienza comune tra i cittadini e con i cittadini. Si torna a guardare a flussi di lungo periodo e a movimenti profondi e spesso sotterranei che la sociologia e l'economia recente sembrano avere dimenticato. Sono rimasti oscuri e poco studiati cambiamenti che caratterizzano la mescolanza inedita tra sfera pubblica e sfera privata e i "turbamenti" propri delle dimensioni emozionali e psicologiche di ciascun cittadino. *Smart citizen* è l'occasione per guardare più a fondo e in modo diretto le forme di prossimità dei cittadini, quei legami che sfuggono alle regole visibili e codificate della cittadinanza del XXI secolo e che contribuiscono, oggi, alla crisi e al distacco delle persone dalle istituzioni. *Smart mobs* deriva da "smart mobile", che letteralmente significa "telefono cellulare intelligente". Per estensione si può intendere un qualunque apparecchio o tecnologia mobile senza fili. Rheingold va oltre l'ambito strettamente tecnologico, definendo *smart mobs* come «folla/moltitudine intelligente» sottolineando la novità dell'uso sociale di queste tecnologie. Poiché il cellulare è un medium personale che consente diretti rapporti personali, la rete sociale che si costruisce ha caratteristiche nuove: non ci sono filtri o barriere, il rapporto è diretto e immediato. Il gioco di parole è tra il termine *smart*, che rinvia all'idea di intelligente o brillante (attivo), e il termine *mobs*, che storicamente rinvia al concetto negativo di folla, di massa non organizzata e non consapevole. Lo sviluppo della banda larga e l'accesso alla rete a basso costo hanno modificato il modo di comunicare di tante persone. È stata soprattutto la possibilità di inviare velocemente messaggi di testo (SMS, e-mail) a dare notevole impulso a questo tipo di tecnologia. Uno dei cambiamenti sociali più rilevanti è la possibilità per ciascuno di raggiungere e di essere raggiungibile in ogni momento e in ogni luogo.

Il luogo da cui prende le mosse l'osservazione di Rheingold è un incrocio metropolitano, quello di Shibuya, a Tokyo, dove si registra la maggiore densità di telefoni cellulari del mondo. I giovani osservati da Rheingold vengono definiti *La tribù del pollice*:

> *«Un numero crescente di persone a Shybuya oggi distribuisce la sua attenzione contemporaneamente su tre luoghi diversi. C'è il mondo fisico, in cui i pedoni devono evitare di scontrarsi attraversando la strada in prossimità del semaforo. Intorno alla folla c'è poi il mondo artificiale, ma concreto, della città, un ambiente totalizzante, un contenitore di propaganda commerciale (...) Meno appariscenti, ma non meno importanti dei neon e dei video delle metropoli del XXI secolo, sono i canali di comunicazione privata delle tribù degli «SMS-dipendenti», una terza sfera in cui raffiche di frasi concise mettono in contatto le persone nello spazio fisico e in tempo reale. (...) Lo scambio di messaggi ha consentito ai giovani di intrattenere conversazioni che altri non potevano sentire (...) Per costruire spazi privati localizzati e trasferibili, un canale di contatti aperto generalmente a tre-cinque coetanei» (Rheingold 2002, 24, 28).*

Rheingold cita l'antropologa Mizuko Ito, la quale ritiene che i telefoni mobili abbiano scatenato in Giappone un mutamento del potere intergenerazionale sottraendo i giovani alla «*tirannia dello spazio condiviso con membri ficcanaso della famiglia, cercando uno spazio riservato alle comunicazioni private (...) Il telefono di casa, una volta, era uno strumento che consentiva ai genitori di controllare e regolare le relazioni dei figli con i loro coetanei*». (Rheingold 2002, 24, 28). Lo scambio dei messaggi ha consentito ai giovani di intrattenere conversazioni che altri non potevano sentire. Ito giunge a queste conclusioni: «*Il possesso di un cellulare offre agli adolescenti una certa privacy e il diritto d'incontrarsi con modalità inedite, di cui essi si avvalgono per costruire uno spazio alternativo in rete raggiungibile da qualsiasi luogo nel quale si trovino*» (Rheingold 2002, 27, 28).

Smart mobile accompagnano gli esseri umani e con essi praticano una nuova forma di ominazione e di popolamento del territorio e si caratterizzano per nuove forme di esperienza. Quindi l'informazione e la comunicazione, attraverso piccoli media personalizzabili o utilizzabili personalmente, trasformano la folla in un insieme intelligente. Non viene organizzata secondo il modello occidentale dei partiti o delle associazioni e secondo il modello della razionalità weberiana ma secondo forme instabili e mutanti. L'intelligenza è originata dallo scambio di informazioni e dalle relazioni di comunicazione che si instaurano attraverso gli *smarts*. Questo vale anche per movimenti politici "nuovi" (Castells 2012) in cui il momento aggregante è attivato attraverso gli SMS. La rapidità della comunicazione e la sua facilità e pervasività modificano la sfera politica e le sue forme classiche di organizzazione; rendono *global* il sistema di relazioni senza obblighi di preliminari e di riconoscimenti formali.

A proposito di movimenti di massa generati da forme di comunicazione diretta, mobile e di rete, Castells afferma:

> *«Nel mio libro "Comunicazione e potere", dedico un ampio spazio a spiegare, in modo empirico, come i cambiamenti apportati alle tecnologie della comunicazione creino nuove possibilità per l'auto-organizzazione e l'auto-mobilitazione della società, by-passando le barriere della censura e la repressione imposta dallo Stato. (...) Nessuno che oggi sia ogni giorno sui social network (e questo è vero per circa 700 milioni dei 1200 milioni di utenti del social network) è ancora la stessa persona». (Rovira 2011)*

Pur avendo scelto la formula dubitativa, Castells in *Communication power*, fornisce un'interpretazione nuova di un processo in atto sia sul versante delle tecnologie di convergenza, che impongono un ripensamento degli statuti delle comunicazioni di massa e della comunicazione digitale, sia sul versante della complessità e profondità dei processi, richiamando i meccanismi mentali e i fondamenti di una vera e propria teoria della mente, da legare strettamente alle forme attuali del potere nella società digitale. Comunicazione, pubblico e individuo vengono ricollocati nei loro reciproci rapporti e le scienze sociali recuperano una capacità di visione complessiva dei processi in atto.

Le dinamiche che ridefiniscono il rapporto tra cittadini e potere nell'era digitale mettono in questione la permanenza o la distruzione della sfera pubblica. Storicamente essa ha svolto una funzione che oggi sembra minoritaria: sono in discussione il concetto di pubblico, le sue dimensioni, il suo valore universale. Sfera pubblica e bene comune coincidono? O coincidevano nella società del Novecento e invece nell'attuale tendono a separarsi? L'una, la sfera pubblica, confinata nella dimensione istituzionale, l'altro, il bene comune, sempre più indebolito e spossessato del suo valore fondamentale. Nelle conclusioni di *Communication Power* Castells fa riferimento a questa tensione: i valori e le espressioni culturali e politiche dell'individuo, senza forme sociali di partecipazione, perdono ogni capacità di rappresentanza e quindi vengono escluse da qualunque forma di potere democratico. La tensione indicata da Castells si concentra nelle due parole chiave: autonomia e bene comune.

Oggi la partita si gioca ancora sul potere, ancora sulla permanenza del bene comune e pubblico; questa volta il bene comune è rappresentato dall'informazione e dalla libera comunicazione.

> *«Ma la conclusione pratica più importante dell'analisi presentata in questo libro è che la costruzione autonoma di significato può avvenire solo difendendo i beni comuni nelle reti di comunicazione rese possibili da Internet, che è una libera creazione di amanti della libertà. Non sarà un compito facile – perché i detentori del potere nella società in rete non possono fare a meno di cercare di recintare la comunicazione libera in reti commercializzate e controllate, per inscatolare la mente pubblica e sigillare la connessione tra comunicazione e potere. Ma la mente pubblica è costruita dal networking di menti individuali come la tua. Così, se la pensi diversamente, le reti di comunicazione opereranno diversamente, a condizione che non solo tu, ma anche io e una moltitudine di altri decidiamo di voler costruire le reti delle nostre vite» (Castells 2009, 550)*

La parola chiave è *recinzione*: una parola che richiama il processo fondamentale alle origini del capitalismo in Europa. Storicamente le *enclosures* (le recinzioni) sono l'atto che espropria le comunità contadine, nell'Inghilterra del tardo XV secolo, della terra e dei rapporti sociali comunitari e popolari che costituivano quella società. In quel tempo storico si forma violentemente un potere di lungo periodo, quello del capitale e del capitalismo industriale a partire dalla proprietà e dalla terra. Fra il 1700 e il 1810, il Parlamento inglese emanò una serie di *Enclosures acts* (leggi sulle recinzioni) che obbligavano a recintare i terreni, in particolare i campi aperti (*open lands*) e i campi comuni (*commons lands*), sanzionando in modo formale il processo di esproprio iniziato alcuni secoli prima.

2. Tecnologie di prossimità

Oggi l'immagine dominante dei massmedia è quella della crisi, del distacco, anche in forme di ribellione e di antagonismo, dei cittadini dalle istituzioni, soprattutto dalle forme di rappresentanza politica. I principali indiziati sono l'istituto della rappresentanza politica e la figura della mediazione come proprie della dimensione della politica che si svolge nel parlamento e che si concentra nel ruolo del governo. Il sismografo che ci consente di legare questi processi è rappresentato dalle trasformazioni dei media, dalla diffusione delle tecnologie digitali e, soprattutto, dalla connettività sufficientemente diffusa e quindi dall'affermarsi di cittadini connessi e talora iper-connessi (Ricciardi 2012b). La rete delle connessioni e la rete di relazioni sono parallele e interagenti. Si va dall'input tecnologico alla reazione dell'utente, ma, allo stesso modo e con la stessa potenza, si compie il percorso dal cittadino user verso le tecnologie di dominio quotidiano, tecnologie essenzialmente votate alla connettività. Sono tecnologie orientate alla comunità e tecnologie personali. Un tempo distinte ora in una fusione inedita. Sfruttando le osservazioni di Rheingold scopriamo uno spazio e un tempo paralleli e interferenti, generati dagli utenti stessi: è il terzo canale. Va oltre la comunicazione privata che, per definizione, è riservata e *one to one*. Il terzo canale è un canale sociale, di una socialità non pubblica ma di tipo comunitario, caratterizzato da scambi personali e rapporti informali. Questo non significa che dalla rete dei rapporti personali non possano nascere azioni pubbliche o attività sociali. Possono nascere e spesso hanno origine movimenti di opinione e azioni collettive. Sono di tipo nuovo e, spesso inconsapevolmente, mettono in crisi la fondamentale distinzione tra sfera pubblica e sfera privata, cardine della società moderna. In questo contesto, pubblico e privato sono vissuti e sperimentati in forme aperte, non rigide né rigorosamente fondate. I confini sono spesso superati e mescolati. In questo canale possono affiorare i mondi dell'intimo, del personale, dell'effusivo, in forme dirette e non censurate o represse; mondi che per lungo tempo sono rimasti sotto la superficie della vita pubblica e dell'esperienza comune, l'unica rappresentata dai media di massa.

Il modello basato sulla comunicazione elettrica e telefonica che vede due utenti in relazione mediata da strumenti e supporti materiali, si complica perché gli utenti comunicano direttamente tra di loro e si organizzano per creare comunità di interesse o di partecipazione, caratterizzate dal dialogo tra i soggetti stessi e dallo scambio di esperienze che valgono in quanto tali. Esse non sono dipendenti dai contenuti scambiati; quindi, non è necessaria la mediazione dei contenuti per realizzare una forma comunitaria (o di società) basata sul dialogo e sullo scambio di esperienze. È un canale "non pubblico" e neppure "privato". In questo canale si scambiano informazioni sensibili che riguardano la privatezza. Queste stesse informazioni, però, sono immesse nella sfera dello scambio di comunicazioni e di relazioni con altri, senza che questo significhi immissione nello spazio pubblico, cioè nella sfera propria del rapporto tra cittadini e istituzioni. Se sono riservati, non solo non sono pubblici, non sono neppure social. Ma Internet, i network, il web sono fondati su una dottrina dello scambio alla pari e su un paradigma fondato sulla condivisione delle risorse e sulla collaborazione-cooperazione degli "utenti".

3. Sistemi tecno-sociali

Concentriamo l'attenzione sull'incrocio tra il *digital* e il *mediale* sia quando questo si riferisca ai grandi sistemi (industria mediale e industria creativa) sia quando si riferisca alla vita quotidiana delle persone e alle loro pratiche, utilizzando sia i network sia i media a portata di mano.

I sistemi tecno-sociali o socio-tecnici sono caratterizzati da un enorme flusso di dati digitalizzati, cioè prodotti raccolti e conservati in ambienti digitali. Questi flussi di dati sono caratterizzati dal ruolo fondamentale della comunicazione. È la comunicazione che li rende significativi sia rispetto alle persone e alle loro relazioni, da cui hanno origine, sia rispetto a istituzioni o enti pubblici o privati che intendono impiegarli a scopi comuni (servizi) o privati (business). Sono vere e proprie infrastrutture digitali a cui accedono e con cui si mettono in relazione gruppi sociali e gruppi di interesse. Potremmo definire più generalmente questo territorio come *cultura* (cultura digitale), cultura attraversata e talora costituita fortemente da flussi digitali e da ambienti digitali. In questo contesto è essenziale analizzare il dato digitale come prodotto, guardare alla produzione di dati digitali, specie se si riferiscono a pratiche quotidiane, a relazioni tra persone, come le conversazioni, i gesti e i comportamenti sia visibili pubblicamente sia limitati a gruppi e comunità. La costruzione di ambienti adatti a queste pratiche condiziona la generazione delle informazioni e lo scambio delle stesse tra le persone. Le persone, spesso e in molti casi stabilmente, attraversano lo spazio distinto o separato tra sfera pubblica e sfera privata.

È importante considerare la scala attraverso la quale vengono definiti i campi di ricerca non solo in termini quantitativi: big data da una parte, personal data dall'altra. Anche la scala territoriale è particolarmente importante specie quando è evidente la poca congruità tra la definizione istituzionale del territorio e del luogo e la pratica dei flussi e le interazioni tra i cittadini. Gli aggregati di dati e di informazioni non corrispondono più alla mappa istituzionale, specie se sono prodotti in ambienti mediali veicolati attraverso i social network.

Possiamo fare riferimento a due strategie:

La prima ha come parola chiave *comportamento* e quindi lo studio dei comportamenti su larga scala. Un modello che si sta affermando è la *Computational Social Science* che si concentra soprattutto sui comportamenti in rete o mediati dai networks o comportamenti che lasciano tracce digitali. In questo contesto particolare attenzione è dedicata alla diffusione e ai meccanismi mediali e ai flussi digitali che amplificano la propagazione di fenomeni "culturali" con estrema velocità e su larga scala privilegiando la viralità. È relativamente facile individuare e analizzare le tracce della mobilità fisica, molto difficile individuare le tracce della mobilità mentale, culturale, dell'intimità, cioè i movimenti delle emozioni, la persistenza o sparizione di ricordi, individuali e collettivi.

La seconda ha come parola chiave *esperienza***.** Critica l'immagine piatta propria dell'attuale stato delle grandi collezioni di dati digitali, quelle che comunemente si chiamano *big data*. Questa strategia segnala che i fenomeni culturali sono originati da uno scambio tra soggetti le cui tracce digitali possono essere decisive. Esse però devono essere analizzate in un contesto mosso, articolato, movimentato in cui la comunicazione come interscambio assume un ruolo fondamentale. La costruzione degli strumenti e degli ambienti adatti allo scopo è decisiva, la dinamica e lo scambio fanno parte di una dimensione complessa che va compresa dalla matrice (quindi dalla produzione di informazione) alle dinamiche (spesso bi-univoche) tra i soggetti che usano la mediazione di oggetti, ambienti, circostanze per moltiplicare le relazioni e le conversazioni tra i soggetti stessi.

Smart citizen ha questo obbiettivo: analizzare la forbice tra una ricca offerta tecnologica e la difficoltà dei decisori di orientarla al meglio e in modo più approfondito rispetto alla domanda dei cittadini. Si pone quindi il problema di un'analisi più ravvicinata e più convincente delle trasformazioni sociali, non solo di sistema, piuttosto delle forme di cittadinanza (dei cittadini in carne e ossa) nella società digitale. In questi processi assumono un ruolo decisivo le trasformazioni dei diversi media in gioco, dei loro linguaggi e delle condivisioni continue e dirette con gli users. Un esempio emblematico: *smart citizen* rispetto a *Citizen Kane* misura la distanza tra social media e smart media rispetto ai media di massa.

Nel film di Orson Welles, *Citizen Kane* (1941) la parola cittadino abbinata al cognome del magnate Kane ha uno scopo ironico: Kane è un grande monopolista dell'informazione. Nel film, in una famosa sequenza che imita un cinegiornale, Kane appare visibile con tutti i grandi della terra, siano essi di destra o di sinistra, e viene presentato dall'informazione, alternativamente, come un fascista o un comunista. In questo modo Orson Welles ha identificato la genesi e la natura delle comunicazioni di massa del Novecento: ambiguità e potere. Su questa scia i grandi studiosi e ricercatori delle scienze sociali hanno impostato modelli sistemici, schemi di interpretazione, adeguati a questi processi che investono soprattutto i comportamenti e le forme visibili delle relazioni umane.

Oggi al contrario assistiamo a processi sempre più marcati di indirizzo delle tecnologie verso forme di servizio personalizzato al cittadino. Sono diffusi richiami prima alle *smart technologies* poi alle *smart cities* per individuare i luoghi preminenti in cui le tecnologie stesse, intese principalmente come servizio, possono essere messe a disposizione del cittadino. Recentemente si è aggiunto il richiamo alle *smart communities* per entrare più direttamente nel vivo del costituirsi di forme nuove di socialità favorite, appunto, dalla diffusione dei social media e social network.

La nostra ricerca di riferimento[73] si colloca proprio su questo punto critico per guardare più a fondo e in modo più diretto le forme di prossimità dei cittadini. Queste condizioni "critiche" ci consentono di ricostruire, in forme più profonde e partecipate, la vera cittadinanza digitale. La ricerca concentra l'attenzione su due campi altamente rappresentativi della peculiarità del Paese Italia: la rete dei piccoli centri disseminati sul territorio e i beni culturali. L'Italia sembra essere uno dei luoghi in cui si manifesta con più intensità la crisi che investe tutte le

---

[73] *"In Media Loci. Comunità, media e interazioni" è un progetto finanziato nell'ambito del Programma Operativo Regionale della Regione Piemonte "Competitività regionale e occupazione" - F.E.S.R. 2007/2013. Il progetto, coordinato dal Politecnico di Torino, ha coinvolto un partenariato composto da Rai, Ovolab, Profutura, Puntorec e Ars media, con l'obiettivo di sperimentare soluzioni per la valorizzazione del territorio e delle comunità locali attraverso lo sviluppo di una piattaforma multicanale (online e mobile) per la condivisione e il riutilizzo di contenuti mediali esistenti (broadcast ma anche fondi, archivi e singoli contenuti prodotti dagli abitanti e dagli attori del territorio). Il progetto ha coinvolto direttamente, nelle fasi di studio e di progettazione, due comunità situate nei territori del Monferrato e della Lomellina. La piattaforma è raggiungibile all'indirizzo http://www.inmedialoci.it/dev0/index.php. Per accedere ai contenuti è necessario fare richiesta di password a: stefano.puoti@polito.it (responsabile tecnico del laboratorio di Ingegneria del Cinema e dei Mezzi di Comunicazione – Politecnico di Torino)*

istituzioni portanti: la giustizia, la scuola, la politica e le forme di rappresentanza, la salute. La formazione di *smart communities* rappresenta una novità e una riserva di creatività in ambiti che le tecnologie rendono sempre più agibili per esperienze nuove. Si possono cambiare i paradigmi tradizionali in aree della cultura gestite prevalentemente da istituzioni "forti", come quella dell'educazione e quella della tutela e gestione dei beni culturali. Applicazioni e piattaforme permettono di creare archivi digitali, combinate con altre, emergenti, permettono operazioni di musealizzazione virtuale. Per un soggetto allenato alla socialità dei blog e dei wiki e abituato alla produzione con device di ogni tipo e allo scambio sui social network di testi, immagini e video, sono un potenziale tecnologico e mediale da utilizzare come base per nuovi modelli di apprendimento, da un lato, e dall'altro per nuovi modelli di partecipazione creativa alle forme di ri-mediazione della memoria, fin dentro i confini "tutelati" dei musei, dei monumenti e delle aree archeologiche.

Così possiamo ragionare sul terreno delle esperienze di prossimità, agire in micro mondi di cui si era persa traccia. Non è una rivalutazione del local, ci porterebbe solo al rimpianto o alla nostalgia, ma è la riscoperta della complessità e della ricchezza latente o parzialmente esplicita che il vicinato, i rapporti sociali di prossimità possono dare per contrastare una visione piatta e tutta scontata dell'azione dei media. In una società che arretra e non offre suggestioni per andare avanti, il popolo degli *outsiders* senza cultura (Ricciardi 2009) i *fan* (Jenkins 2006) i fai da te (i *bricoleurs*) possono esercitare pienamente i fondamentali diritti di cittadinanza? Oppure stanno aggirando le istituzioni e le norme proprie della cittadinanza moderna alla ricerca di nuove soluzioni non politiche? Segnalano distacco e disinteresse e sfiducia per soluzioni e norme pubbliche, generate da corpi sociali riconosciuti o realizzate attraverso istituzioni della mediazione fondate sulla tradizione. Qui, pubblico viene inteso come corpo sociale comune, come luogo regolato in forme riconosciute stabili e di impegno comune. Ma il collettivo, il comune, il corpo sociale coeso e condiviso può essere accettato solo nella sua forma debole, spesso labile.

Un elemento deflagrante del corpo sociale è la comunità dei network, sono processi che dalle origini negli anni '60 del secolo scorso hanno assunto un carattere ben diverso dallo spirito della frontiera o dalla cultura del *change is good*. I media e i media digitali sono stati protagonisti e strumento di un mondo globalizzato ma senza società.

Giddens individua *disembedding* (Giddens 1990) come processo costitutivo della modernità perché ha reso possibile l'autonomia dell'azione sociale dal luogo di origine e creato relazioni sociali basate non solo sulla presenza e sull'interazione faccia a faccia. Intorno a questa categoria l'elaborazione culturale più recente ha definito posizioni contrastanti in particolare rispetto ai caratteri e ai significati della globalizzazione. In primo luogo, la posizione di alcuni antropologi che hanno mantenuto un valore positivo a quella che viene chiamata *conoscenza locale* (Geertz 1983). Invece un classico studio sui media come quello di Meyrowitz aveva sostenuto che i *media elettronici* abbiano portato alla separazione tra luogo fisico e luogo sociale, liberando l'esperienza sociale dalla necessità della presenza e dai vincoli delle relazioni fisiche con le persone: «(...) i media elettronici sminuiscono il significato del luogo fisico come determinante delle situazioni sociali» (Meyrowitz 1985, 201), «quando comunichiamo attraverso il telefono, la radio, la televisione o il computer, la nostra collocazione fisica non determina più dove e chi siamo a livello sociale» (Meyrowitz 1985, 190). Meyrowitz vede nel cambiamento che provocano i media elettronici una ridefinizione dei rapporti di potere che la tradizione della materialità dei luoghi, alfabetica e fordista, ha incapsulato in rigidi e immutabili rapporti gerarchici tra gli attori sociali. I media elettronici hanno contribuito al "superamento" della società basata sulle disuguaglianze, sulle classi sociali e sul peso determinante del luogo di origine. L'esperienza globale dei media influenza quella locale in senso positivo, allargando gli orizzonti e estendendo il nostro campo percettivo: «persone e cose di cui facciamo esperienza non sono esclusivamente locali». La televisione, di cui Meyrowitz ha una visione decisamente positiva, fornisce informazioni che tutti i fruitori recepiscono come un insieme comune superando i particolarismi e i limiti dell'esperienza locale: «siamo meno portati a vedere i nostri contesti fisici come il centro dell'universo» (Meyrowitz 1985, 190). Una posizione molto simile a quella in *Beeing digital* di Negroponte, libro manifesto della rivoluzione digitale: «Aumentando le interconnessioni tra gli individui, molti dei valori tradizionali propri dello stato-nazione lasceranno il passo a quelli di comunità elettroniche, grandi o piccole che siano. Socializzeremo in un vicinato digitale dove lo spazio fisico sarà irrilevante e il tempo giocherà un ruolo differente» (Negroponte 1995, XIII). Ma nel 2005 Meyrowitz scrive un breve articolo in cui parla di *glocality* (Meyrowitz 2005): c'è del local nel global! Potrebbe essere lo slogan. «nel mondo mediato tutte le esperienze sono globali e locali insieme». È un esempio della tendenza recente a ripiegare dal radicalismo degli anni Ottanta e Novanta del secolo scorso verso una cultura conciliante (Ricciardi 2013) che si accompagna a un atteggiamento orientato verso la pacificazione del conflitto. È anche un'occasione per guardare dentro i rapporti di prossimità difficili, competitivi, conflittuali, eppure luogo dedicato a forme comunitarie indispensabili, per condividere il bene comune e soprattutto per rifondare –se possibile- società in cui la piena cittadinanza ritorni ad essere l'obbiettivo politico, il compito di tutti i soggetti liberi e insieme associati.

1. In Media Loci

In media loci individua un punto d'incontro tra analisi del sistema dei media e azioni sociali sul territorio. Possiamo considerare in questa prospettiva le strategie di rimediazione utilizzate dai *locative media*: in alcuni casi rivelano la dinamica originaria tra spazio e luogo (Ricciardi 2010) in altri recuperano il conflitto "genetico" tra logica narrativa e logica del database (Manovich 2001). Questa interpretazione attribuibile allo spirito dei locative media, quindi a una tendenza che ha assunto forme generali e diffuse, comprendendo posizioni a loro volta eterogenee, si pone in posizione polemica rispetto allo spirito della nuova frontiera (Internet) e della cultura di appartenenza del cyberspazio là dove sostiene e promuove l'idea fondamentale dell'esistenza di due mondi paralleli. La posizione di Michel de Certeau (de Certeau 1990) intende recuperare una dinamica che può ancora essere radicata (luogo) e quindi esplorata sia attraverso il corpo individuale nella vita quotidiana sia attraverso il corpo sociale nella pratica quotidiana; sempre lontano e distante dal potere costituito o dal potere istituzionale. Nel caso invece di Manovich lo scopo è risolvere il conflitto tra la logica quantitativa e rigidamente normativa del dato, secondo la scienza del computing, e la creatività, la forza espressiva del linguaggio e delle sue forme tipiche di comunicazione come la narrazione (Manovich 2001).

La ricerca In Media Loci ha indagato il rapporto tra le comunità locali e i nuovi spazi digitali che le tecnologie locative e mobile stanno delineando, analizzando le pratiche messe in atto da soggetti -individuali e collettivi- che operano nel contesto di questi nuovi spazi aumentati e in connessione. Alcuni autori in letteratura (Gordon e De Souza e Silva 2011, Farman 2012) mettono in evidenza che le tecnologie locative e mobile stanno ridefinendo l'idea e la rappresentazione di luogo e con esso le dinamiche di esperienza e produzione dello spazio: *digiground*, *augmented spaces*, *net localities*, etc.. sono termini che vengono usati per rappresentare l'emergere di una nuova forma di spazio, complesso, molteplice, multidimensionale, fatto di bit e di atomi, di reale e di virtuale, prodotto e sperimentato quotidianamente dalle persone attraverso l'utilizzo di una pluralità di media e interfacce, sempre più spesso *location aware* e *post desktop*. Il *luogo* sta diventando il punto di riferimento sempre più importante nella ricerca e nell'organizzazione dell'informazione digitale. E quindi il *locale* sta diventando l'elemento cruciale da valorizzare. In Media Loci mette a fuoco le dinamiche che intercorrono tra queste tre dimensioni – luoghi – comunità - interfacce *location aware* - rispondendo a una serie di interrogativi:

- Che tipo di spazio locale e di spazio sociale si sta producendo attraverso l'utilizzo delle nuove interfacce mobile e location aware?
- Come si riconfigura l'identità dei luoghi e delle comunità locali nell'ambito di questo nuovo paradigma tecnologico?
- Quali strategie d'uso della rete, dei Social Network e dei media tradizionali stanno mettendo in atto le comunità locali per rappresentare il territorio che abitano e in cui operano e per autorappresentarsi?
- Il web e i Social Network stanno davvero aiutando i territori ad aprirsi al movimento, alla creatività, all'ibridazione con altri o, al contrario, sono utilizzati dalle comunità per progetti chiusi e tradizionali? La rete aiuta davvero il luogo a diventare quello spazio di relazione, di cambiamento, di innovazione e apertura a cui alcuni autori fanno riferimento (Massey, Jess 1995)?

La ricerca ha indagato infine le pratiche mediali, possibili in questo contesto, per valorizzare territori e comunità. La creazione di opere derivate (remix, mashup...) all'interno degli ambienti sociali online produce media conversazionali (Manovich 2013) che il progetto In Media Loci ha analizzato attraverso l'analisi delle rielaborazioni dei contenuti messe in atto dalle diverse tipologie di utenti locali. L'ipotesi di partenza è stata che il modello della comunicazione transmediale (Jenkins 2006, Davidson 2010, Giovagnoli 2013), un paradigma in cui avviene l'integrazione di contenuti grassroots e broadcast, dia vita, anche in questi contesti locali e non metropolitani, a forme di comunicazione basate sull'utilizzo complementare (non sostitutivo) e coordinato di contenuti eterogenei e funzionali all'attivazione di network partecipativi.

La ricerca si è svolta su tre livelli: teorico, ricerca empirica, progettazione / sperimentazione di soluzioni e strumenti locative.

La ricerca teorica ha sviluppato questi temi:

- sperimentazione e costruzione dello spazio attraverso interfacce *location aware* e *post desktop*
- le identità *locali* in rete.
- pratiche locative nello spazio ibrido, location based storytelling, locative e pervasive game. Ricerca e analisi di casi locative reali che mettano al centro la produzione e l'esperienza degli spazi ibridi.

La ricerca empirica si è concentrata sui luoghi e comunità situate in due territori reali - il Monferrato e la Lomellina- e ha verificato quale identità emerge dalle pratiche che queste realtà stanno mettendo in essere online e offline, analizzando le attività dei soggetti scelti, prendendo in considerazione sia le pratiche in rete che quelle sul territorio, i contenuti mediali prodotti, pubblicati e condivisi; i network attivati. L'indagine ha usato metodologie desk e field, quantitative e qualitative prevedendo:

Indagine preliminare desk con l'intento di delimitare i territori oggetto dell'analisi e mappare gli attori e le comunità locali oggetto dello studio, analizzare le comunità territoriali online, i loro siti e le loro pagine social.

Interviste in profondità e focus group con soggetti territoriali significativi per la loro attività di valorizzazione del territorio, al fine di indagare la percezione del territorio e dei luoghi in cui operano, identificare i contenuti mediali prodotti, i modelli e le strategie di produzione e condivisione dei contenuti.

Questionari somministrati ai soggetti territoriali per identificare strategie d'uso del web. Il questionario ha consentito di approfondire la conoscenza dei soggetti mappati, la dimensione locale / globale della loro attività e dei network attivati, la percezione del territorio e della sua identità, i contenuti digitali prodotti e l'utilizzo dei media per la propria attività.

Sessioni di participatory design per indagare con gli utenti le potenzialità di un modello di comunicazione basato sulla rielaborazione e sulla gestione coordinata di oggetti mediali provenienti da diversi patrimoni documentali e per identificare soluzioni di comunicazione adatte alle esigenze delle comunità locali coinvolte nel progetto.

Durante le sessioni di design partecipativo sono stati analizzati quei prodotti di comunicazione, istituzionali e broadcast, che, in base alla memoria dei partecipanti, fossero risultati particolarmente efficaci nel raccontare il territorio. In secondo luogo, sono state raccolte idee su possibili format e prodotti di comunicazione transmediali capaci di valorizzare le peculiarità dei territori e soddisfare le esigenze di comunicazione e promozione dei luoghi. Sono state identificate, attraverso l'analisi dell'interazione tra i partecipanti, le problematiche percepite rispetto alla rappresentazione e alla divulgazione delle realtà locali, evidenziando aree critiche nel dialogo con i target. I risultati hanno mostrato una significativa predominanza, nelle proposte dei partecipanti, del *modello broadcast*, che è prevalso su forme più partecipative di comunicazione mediata. I format più orientati alla convergenza, che integrano comunicazione televisiva e web, sembrano essere presi in considerazione più per la loro capacità di attrarre specifici target che per le loro potenzialità espressive e comunicative. A fronte delle scelte dei partecipanti sono state dunque identificate due classi di problematiche che hanno portato alla definizione di soluzioni progettuali.

a) *Costruzione identitaria.* Dalle sessioni di participatory design sono emerse alcune proposte di format a carattere educational basate su narrazioni *factual* per un target giovane, con l'obiettivo di fornire un'immagine positiva dei luoghi associandola all'idea di benessere e di divertimento o al dinamismo dei giovani imprenditori di successo presenti sul territorio. Questi format sono stati proposti nell'ottica di creare identificazione e favorire lo svilupparsi nei giovani dello spirito di appartenenza.
b) *Comunicazione della memoria.* Un secondo nodo problematico è emerso in relazione alla necessità di comunicare la memoria dei luoghi e delle comunità alle nuove generazioni. Le proposte si sono orientate, in questo caso, nella direzione della narrazione seriale e della fiction, con l'obiettivo di raccontare il passato del territorio, le fratture sociali e i momenti di crisi, per colmare il divario percepito tra le storie che hanno plasmato l'identità del territorio e l'immagine dello stesso da parte delle generazioni più giovani. Il canale web è stato proposto come ambiente per saldare la frattura tra storie e memorie delle diverse generazioni che abitano il territorio, ma tale scelta è sembrata nascere più dall'esigenza di creare un contatto con le generazioni più giovani piuttosto che da una reale consapevolezza delle potenzialità partecipative del medium. La scelta del web è quasi sempre stata motivata in relazione al target da raggiungere.

In sintesi: dai risultati dell'analisi è emerso che le possibilità di connessione tra luoghi, contenuti, attori, secondo un approccio di condivisione e partecipazione transmediale, sono state prevalentemente affrontate attraverso proposte che si declinano in forme di storytelling meno inclini alla partecipazione e alla creazione di media conversazionali. Nei contesti indagati la comunicazione digitale è emersa come strumento accessorio, come simulacro di una comunicazione potenziale tra le generazioni percepita come un obiettivo fondamentale.

Sulla base dei risultati delle sessioni di design partecipativo è stata sviluppata la piattaforma In Media Loci, che propone un set di strumenti e di funzionalità utili per la condivisione e il riuso di contenuti digitali, utilizzabili per la valorizzazione dei patrimoni culturali locali e delle comunità. La piattaforma è stata pensata per permettere l'integrazione di contenuti *professional* e contenuti *grassroot* ed è stata resa accessibile sia da browser web che da un'App mobile sviluppata ad hoc per permettere l'accesso e l'interazione in mobilità e *in place* con i contenuti. La piattaforma ha incluso uno strumento di ideazione e design di format per il riuso mediale (*brochure, percorso, playlist, blog*), che consente di rimixare e riutilizzare in modo creativo e innovativo i contenuti digitali caricati dagli utenti; un tool, disponibile e di facile accesso per tutti gli attori locali, capace di favorire la creazione guidata e semplificata di contenuti transmediali.

La piattaforma In Media Loci è stata successivamente popolata con più di 320 contenuti audiovisivi e sonori, predisposti per essere rielaborati e redistribuiti online dagli utenti coinvolti nella sperimentazione. È stata creata un'area dedicata alle *placed based audio walk*. Le guide sonore, prodotte nel corso del progetto, selezionano strade e percorsi diversi dagli standard offerti dalle guide turistiche istituzionali e commerciali, raccontano la memoria e le tradizioni locali con la collaborazione delle comunità, come voci narranti delle specificità e dei valori del loro territorio.

L'ultima fase del progetto ha previsto la sperimentazione della piattaforma con un campione di utenti, rappresentato da attori locali, operanti sul territorio dell'Alto Astigiano e facenti capo ad associazioni, comunità di interessi attive sul territorio, Gruppi di Azione Locale, musei, enti locali, operatori della ricettività, realtà produttive e imprenditoriali.

Bibliografia

1. Bernardo N. (2014), *Transmedia 2.0. How to Create an Entertainment Brand Using a Transmedial Approach to Storytelling*, BeActive Books, Lisboa.
2. Bertone G., Morreale D., Taddeo G. (2013), *Cronaca di un modello culturale: la 'participatory culture' al vaglio degli stakeholder* in «Comunicazioni sociali», 2013, n.3.
3. Bertone G. (2014), *Il "luogo" in questione* in Ricciardi M. (a cura di), *La rete e i luoghi*, Aracne, Roma, 2014.
4. Bertone G., Location-aware. *Il senso del luogo al tempo delle connessioni mobili* in Ricciardi M. (ed), *La rete e i luoghi*, Aracne, Roma, 2014
5. Bolter J. D. & Grusin R. (2009), *Remediation. Understanding New Media*, MIT Press, Cambridge-London.
6. Castells M. (2012), *Reti di Indignazione e speranza. Movimenti sociali nell'era di Internet*, Egea, Università Bocconi Edizioni, Milano.
7. Castells M. (2009), *Communication Power*, Oxford University Press, Oxford, New York (trad.it. *Comunicazione e potere*, Università Bocconi Editore, Milano, 2009).
8. Corino G., Shingleton D., Speed C. (2010) *Memoria pervasiva, narrazioni localizzate* in *REM Ricerche su Educazione e Media*, vol. 2, n. 2.
9. Davidson D. (2010), *Cross-media Communications: An Introduction to the Art of Creating Integrated Media Experiences*, ETC Press.
10. de Certeau M. (1990), *L'invention du quotidien. 1. Arts de faire*, Paris, Éditions Gallimard (trad.it *L'invenzione del quotidiano*, Edizioni Lavoro, Roma, 2001).
11. de Lange M. (2009), *From always on to always there: Locative media as Playful Technologies* in A. de Souza e Silva & D. M. Sutko (Eds.), *Digital cityscapes: merging digital and urban play spaces*. Peter Lang, New York, 2009.
12. de Souza e Silva A., & Sutko D. M. (2009), (Eds.). *Digital Cityscapes: Merging digital and urban play spaces*. Peter Lang Publishing, New York, 2009.
13. de Souza e Silva A., Delacruz G.C., (2006), *Hybrid Reality Games Reframed. Potential Uses in Educational Contexts*. Games and Culture 1.
14. Farman J. (2012), *Mobile Interface Theory. Embodied Space and Locative Media*, Routledge, New York.

15. Geertz C. (1983), *Local Knowledge: Further Essays in Interpretative Antrhropolgy*, Basic Books, New York (trad. it. *Antropologia interpretativa*, Il Mulino, Bologna, 2001).
16. Giddens A. (1990), *The Consequences of Modernity*, Stanford University Press, Stanford (trad. it. *Le conseguenze della modernità*, Il Mulino, Bologna, 1994).
17. Giovagnoli M. (2013), *Transmedia. Storytelling e comunicazione*, Apogeo, Milano.
18. Gordon E., de Souza e Silva A. (2011), *Net Locality. Why Location Matters in a Networked World*, Wilwy-Blackwell, Chichester.
19. Jenkins H., Ford, S. e Green, J. (2013), *Spreadable Media: Creating Value and Meaning in a Networked Culture*, New York University Press, New York (trad.it *Spreadable media. I media tra condivisione, circolazione, partecipazione*, Apogeo, Milano, 2013).
20. Jenkins H. (2006), *Convergence Culture: Where Old and New Media Collide*, New York University Press, New York (trad. it. *Cultura Convergente*, Apogeo, Milano, 2007).
21. Kinder M. (1991), *Playing with Power in Movies, Television, and Video Games*, University of California Press, Los Angeles / Oxford.
22. Manovich L. (2013), *Software Takes Command*, Bloomsbury, New York.
23. Manovich M. (2001) *The Language of New Media*, MIT Press (trad.it. *Il linguaggio dei nuovi media*, Olivares, Milano, 2002)
24. Massey J., Jess P. (1995), *A Place in the World? Places, Cultures and Globalization*, Oxford University Press, Oxford, New York.
25. McCullough M. (2004), *Digital ground: architecture, pervasive computing, and environmental knowing*, MIT Press, Cambridge, Mass.
26. Meyrowitz J. (1985), *No Sense of Place. The Impact of Electronic Media on Social Behavior*, Oxford University Press, New York-Oxford (trad. it. *Oltre il senso del luogo. Come i media elettronici influenzano il comportamento sociale*, Baskerville, Bologna, 1995).
27. Meyrowitz J. (2005), *The Rise of Glocality, New Senses of Place and Identity in the Global Village* in Nyíri K. (ed) *A Sense of Place: The Global and the Local in Mobile Communication*, Vienna, Passagen Verlag, 2005.
28. Morreale D. (2015), *La produzione transmediale: tra convergenza e co-creazione* in Monaci S. (ed), *Co-creation e peer-production*, Egea, Milano, 2015.
29. Negroponte N. (1995) *Being digital*, Alfred A. Knopf, New York (trad. it *Essere digitali*, Sperling & Kupfer, 1995).

30.Phillips A. (2012), *A Creator's Guide to Transmedia Storytelling*, McGraw-Hill, Columbus.
31.Rheingold H. (2002), *Smart Mobs: The Next Social Revolution*, Basic Books, New York (trad.it. *Smart Mobs. Tecnologie senza fili*, Cortina, Milano, 2003).
32.Rheingold H. (2012), *Net Smart. How to Thrive Online*, MIT Press, Cambridge (trad.it. *Perchè la rete ci rende intelligenti*, Raffaello Cortina, Milano, 2013)
33.Ricciardi M. (2014a) (ed.), La rete e i luoghi, Roma, Aracne.
34.Ricciardi M. (2014b) Friction Sociology, in «Sociologia italiana», 4, 2014, Egea, Milano.
35.Ricciardi M. (2013), Pensiero conflittuale vs cultura conciliante. Per una critica della rivoluzione digitale in Mediascapes Journal, 1/2013, Casa Editrice Sapienza.
36.Ricciardi M (2012a), Cittadini nell'era digitale in Limone P., «Media Tecnologie Scuola», vol. 1, Progedit, Bari.
37.Ricciardi M (2012b), IRES ricerca, giovani e tecnologie, Torino, 2012.
38.Ricciardi M. (2010) (ed) REM Research on Education and Media, vol.2, n.2, Erickson, 2010
39.Ricciardi M., Bossi V. (2009), Convergenza tecnologica e creatività digitale in Economia dei servizi, 1, numero monografico, "Organizzazione e professioni dell'economia digitale", Il Mulino, Bologna.
40.Rovira J. (2011), Interview with Manuel Castells. The popular uprisings in the Arab world perhaps constitute the most important internet-led and facilitated change, Open University of Catalunya [online] testo disponibile in:http://www.uoc.edu/portal/en/uocnews/entrevistes/2011/manuel_castells.html (Ultima visita: 26.01.2016).
41.Turkle S. (2011), Alone Together. Why We Expect More from Technology and Less from Each Other, Basic Books, New York (trad.it. Insieme ma soli. Perché ci aspettiamo sempre più dalla tecnologia e sempre meno dagli altri, Codice, Torino,2012

5. Società è comunicazione

Premessa

Il testo tedesco della Dialettica dell'illuminismo è un frammento ...

Dal punto di vista tematico, il nostro libro indica le tendenze che trasformano il progresso culturale nel suo contrario.
T.W. Adorno e M.Horkheimer, prefazione a Dialettica dell'Illuminismo (1966)

Pensai a come Sigmund Freud considerasse il potere in mano alle comunità, che possono sia plasmarci sia corromperci, e mi venne in mente un gioco di parole psicanalitico: "il disagio della connettività".
S. Turkle, Alone Togheter (2011)

Ciò che mi turba profondamente è lo stato attuale della comunicazione. Mi domando come sia stato possibile che una grande spinta di civiltà basata sulle tecnologie di libertà si rovesci nel suo opposto. Al superamento dell'economia del silenzio propria della società fordista e delle società totalitarie del Novecento concorrono forze e ideali diversi; il risultato comune è opportunità di libertà basate sui principi della condivisione e collaborazione, alimentati dallo sviluppo delle scienze dell'informazione e poi delle tecnologie digitali e poi da internet e poi dalla società dei network. A questo processo concorrono grandi intellettuali, spesso veri e propri eroi, capaci di vivere in situazioni tragiche, apparentemente senza speranza. A essi si affiancano giovani imprenditori, gruppi sempre più numerosi e liberi che accettano la sfida del cambiamento.

Oggi, invece, assistiamo alla dissoluzione della società dei produttori e dell'economia industriale e al dominio dell'economia finanziaria. La comunicazione rivela una doppia faccia: ambigua e ambivalente. E' stata decisiva in tutti e due i processi: nel primo caso è protagonista, nel secondo è serva.

1. Comunicazione e crisi economica

Lo stato attuale della comunicazione facilita le relazioni e aiuta a condividere le risorse, ma appare subalterno al potere economico-finanziario che usa la crisi economica per ribaltare i precedenti rapporti di forza imponendo nuove allocazioni e distribuzioni di potere. Processo che avviene contemporaneamente su scala globale e nei comportamenti della vita quotidiana e nell'intimità (Sherry Turkle, 2011) delle persone. Rovesciare l'ordine sociale, radicato in un recente passato, negare significato al valore dei migliori, irridere al valore della competenza, rottamare valori morali consolidati. Sono oggi alcune delle conseguenze della cultura comunicativa diffusa, basata su condivisione e facilitazione dei contatti.

Per me si tratta della degenerazione e della distorsione dello spirito di frontiera che ha animato la nascita e lo sviluppo della "rivoluzione" digitale e della cultura di Internet. Se c'è stata una rivoluzione fondata sul digit e sulla nuova era della società digitale, l'esito attuale è in contraddizione con quel mondo pur usando i vantaggi di quel processo. E' una reazione, cioè una **controrivoluzione.** Alla dimensione globale della società di internet si risponde con una crisi globale e con una forma inedita di governo globale, basato sulla recessione economica e sull'impoverimento di grandi masse di cittadini. La forza di questa controrivoluzione non si ferma al global, penetra profondamente nelle mentalità, nella vita quotidiana, nell'esperienza di tutti, contrastando l'utopia concreta che affidava alla comunicazione la salvezza del mondo dalle ingiustizie, dalla povertà e infine dai disastri generati dalla Seconda guerra mondiale e dal terrore atomico.

Un paradosso: la possibilità a tutti (e quindi a ciascuno) di contattare tutti senza barriere, può essere oggetto di degenerazione criminale. E' il mondo di mezzo. Non ci sono barriere sociali né ordini costituiti e riconosciuti che frenino questo processo criminale. E' la scoperta estrema, oggi, in Italia.

> *"Ci sono i vivi sopra e i morti sotto e noi in mezzo. C'è un mondo in cui tutti si incontrano, il mondo di mezzo è quello dove è anche possibile che io mi trovi a cena con un politico...", così Massimo Carminati nell'intercettazione di una conversazione tra lui e il suo braccio destro Brugia. "Carminati ha creato sinergie illecite con mondi diversissimi tra di loro - spiega il procuratore capo di Roma Giuseppe Pignatone nel corso della conferenza stampa - La teoria del mondo di mezzo è un mondo in cui tutti si incontrano indipendentemente dal proprio ceto.*

Un mondo in cui tutto si mischia. Carminati parla con il mondo di sopra (ossia la politica e gli imprenditori) e con quello di sotto, ossia quello criminale. E' al servizio del primo avvalendosi del secondo soprattutto per il suo vantaggio" [74]

A conferma di questa rappresentazione "criminale" di un mondo sottosopra, un vero mondo alla rovescia, possiamo riprendere un passo della *Microfisica del potere (1972)* di Michel Foucault: il potere "*non è qualcosa che si divide tra coloro che lo possiedono o coloro che lo detengono esclusivamente e coloro che non lo hanno o lo subiscono.* ***Il potere deve essere analizzato come qualcosa che circola*** *o meglio come qualcosa che funziona solo a catena. Non è mai localizzato qui o lì, non è mai nelle mani di alcuni, non è mai appropriato come una ricchezza o un bene. Il potere funziona, si esercita attraverso un'organizzazione reticolare*". Carminati non rappresenta soltanto l'esemplificazione di come funziona la microfisica del potere, è un vero stratega delle nuove forme di microfisica del potere in Italia. Il potere che circola deve trovare l'habitat adatto, deve essere facilitato attraverso un'immane esasperazione del valore della circolazione, impiantata su una frenetica innovazione tecnologica, orientata soltanto a questo valore. Una situazione che Foucault non poteva ancora sperimentare.

Facilitare e condividere sono stati utilizzati per buttare all'aria l'ordine della società. Lo stato attuale della comunicazione significa: tecnologie digitali, network e reti abilitate per la circolazione, apparati mediatici in trasformazione dalla funzione di megafono, fondato sulle comunicazioni di massa del Novecento, alla penetrazione nell'intimità. Scardinata la distinzione tra sfera pubblica e privata, prevale la comunicazione diretta a ricezione attiva e quindi in qualche modo partecipata, ma senza difese, senza filtri o protezioni. Si dissolve il mito della privacy come luogo personale, separato e protetto: per comunicare bisogna condividere la propria intimità le emozioni gli affetti le conversazioni.

Non si tratta di una distribuzione pacifica di poteri, ma di stravolgimenti nei rapporti di forza. Ci sono i vincitori (pochi) e i perdenti (moltissimi). È una guerra che comporta una redistribuzione forzata del reddito e del benessere. Siamo il 99% (secondo Wall Street Occupy) ma non contiamo nulla. Facciamo sentire la nostra voce, parliamo ovunque e continuamente (iperconnessi), ma il potere sta altrove e in larga maggioranza accettiamo un percorso etero-diretto, quello tracciato dai leader populisti attraverso la comunicazione diretta e la distruzione

[74] In Repubblica.it 2 dicembre 2014

delle élites intellettuali. Tutto fluisce in un tempo presente così dilatato da sembrare eterno; in realtà è cambiato –attraverso la crisi e le politiche a essa connesse- un ordine costituito, basato sul riconoscimento di alcuni attori principali che fondavano la loro legittimazione sulla storia della modernità a partire dal XVIII secolo. Si tratta dello stravolgimento di valori e di gerarchie sociali. Un ordine che viene ribaltato alla radice. L'esperienza del tempo presente è diluita nei flussi che ci circondano (apparentemente solo in superficie) e nei mutamenti significativi dei comportamenti e della vita quotidiana. La mutazione e la conseguente pressione sui comportamenti, avviene contemporaneamente dentro e fuori, in superficie e in profondità; quello che viviamo e sperimentiamo sembra dare nuovo fondamento alle teorie di Foucault (1972 e 1978-1979). E' singolare che in questo trasferimento dell'attenzione verso il molecolare, il micro- mondo dei rapporti di prossimità, non venga posta la dovuta attenzione alla funzione che esercita la comunicazione sia come apparato sia come pratica, nel semplificare e nel rendere attivi e diretti, canali che distruggono tradizioni e forme consolidate di trasmissione di consenso e di potere mentre creano legami diffusi e efficaci.

La società è nella sua essenza comunicazione. Le comunità come forma attuale della società costituita sono anch'esse permanentemente e costantemente società. E lo stato attuale della comunicazione ci rivela quanto le teorie e le pratiche della comunicazione digitalizzata abbiano sconvolto la società e abbiano indirizzato la nostra visione, forgiato il nostro consenso, scardinato alcuni paradigmi (come il valore della produzione e del lavoro), dissolto il principio di separazione tra pubblico e privato e infine rovesciato culture. La forma che, genericamente e spesso impropriamente, viene definita populismo è la versione politica di un processo che critica e spesso distrugge i presupposti sociali di questo ordine.

La comunicazione è passata al servizio della rivoluzione finanziaria contro il capitalismo industriale e contro gli assetti di potere contrattati nella seconda metà del secolo passato. Politiche di austerità contro politiche dei redditi, liberismo senza regole contro welfare e patti intergenerazionali.

Per semplificare: il campo della comunicazione è un campo di battaglia, dove si praticano guerre globali e guerre locali. L'attuale stato della comunicazione è il risultato di una fondamentale ambiguità che gli esperti di scienza della comunicazione non hanno saputo né leggere né interpretare. I più docili non hanno fatto altro che mettersi al servizio del vincitore. Ambiguità o ambivalenza, la comunicazione è un campo decisivo per le sorti della nostra società e dei cittadini.

Nella guerra tra comunicazione buona e comunicazione cattiva, oggi i cattivi stanno vincendo a mani basse. Ma ci sono e soprattutto ci sono stati anche i buoni.

Lévi Strauss (1968) indica la comunicazione quale struttura portante della società: *Una società è fatta di individui e di gruppi umani che comunicano fra loro.* Senza comunicazione non esiste società. Lo strutturalismo facilita enormemente la circolazione delle idee dei comportamenti e le relazioni biunivoche tra umano e realtà esterna (tout se tient). La circolazione dei messaggi trova un habitat comune permanente poiché ogni cosa è in rapporto materiale a un'altra, e per ogni cosa esiste una ragione che ne spiega il significato in rapporto all'intero sistema che definiamo come realtà. Le relazioni, le connessioni sono più significative dei contenuti. La struttura è l'essenza permanente della realtà, ma le dinamiche che fanno sì che la realtà sia una partita tra viventi, si giocano tutte nelle reti di relazioni e di significati che incessantemente vengono generate.

"Io ho ... cercato di definire delle cose, non delle parole[75] In Mythologies (1957) Roland Barthes si presenta come uno studioso all'interno delle scienze sociali e presenta la semiologia nell'orizzonte delle scienze sociali. La semiotica di Barthes cerca i segni diffusi e distribuiti che ci sono dappertutto ma spesso sono discriminati dalla cultura ufficiale che non ne vede i legami. Barthes in Mythologies individua l'esplosione dei segni come relazioni mediatiche delle comunicazioni di massa. La società si riempie di segni e di simboli che dilagano dappertutto e rivelano significanti e significati dappertutto, in ogni luogo, rendendo insignificante ogni luogo. La matrice sociale, che non viene negata anzi esaltata, è sradicata dalla socialità materiale, fisica di corpi e territori, si ricolloca nell'universo dei segni: per Barthes sono i segni che vincono sulle cose. Barthes scopre la produttività infinita della cultura di massa, la sua riproducibilità senza limiti, bulimica invasiva invadente: in una parola sola, dominante. Essa esprime, alla fine, un dominio globale attraverso lo sfruttamento delle reti digitali, ma è una produttività di segni, di simboli non di oggetti o di prodotti

> *Questa parola è un messaggio. Quindi può essere tutt'altro che orale; può essere costituita da scritture o da rappresentazioni: il discorso scritto, ma anche la fotografia, il cinema, il reportage, lo sport, gli*

[75] 1957 Mythologies http://www.leparoleelecose.it/?p=6133 intervista a roland barthes per mythologies 1957

spettacoli, la pubblicità, possono servire da supporto alla parola mitica. (Mythologies 1957)

La società può essere descritta, abitata e interpretata in modo significativo solo attraverso lo studio dei messaggi. I messaggi per Wiener non sono soltanto segni che danno senso al mondo abitato; sono messaggi a matrice tecnologica, generati da tecnologie e da modelli computazionali che, a loro volta, generano nuove forme di relazioni e quindi di società (Wiener 1950)

> *È mia convinzione che il comportamento degli individui viventi è esattamente parallelo al comportamento delle più recenti macchine per le comunicazioni (**Introduzione alla cibernetica**).*

La strategia è questa: disseminazione delle informazioni in opposizione al segreto militare, condivisione delle risorse contro lo sfruttamento industriale della conoscenza. la disseminazione delle informazioni e la trasparenza sono le armi contro il monopolio, che è tendenza strutturale del capitalismo industriale. La comunicazione può salvare il mondo sia dallo sfruttamento del mercato sia dal terrore atomico. Wiener ha la visione di un **homo communicans** a forte base etica, pronto a usare le macchine per comunicare: "**per l'uomo vivere equivale a partecipare a un grande sistema mondiale di comunicazione**"(Wiener 1948). La realtà deve essere interpretata e spiegata in termini di informazione e di comunicazione. Wiener intuisce che occorre legare la categoria scientifica dedicata all'analisi del «comportamento» a quella dell'informazione: il «comportamento» degli esseri umani consiste nello «scambio di informazioni» ed è integralmente spiegabile attraverso le categorie di informazione e di comunicazione. È un nuovo paradigma che mette al centro l'informazione e le dinamiche che la caratterizzano: **La società può essere compresa soltanto attraverso lo studio dei messaggi e dei mezzi di comunicazione relativi ad essi.**

E' possibile realizzare l'utopia concreta di una società tra pari perché attraverso le macchine e poi internet, gli accessi alla rete sono fondati su di una struttura costituita di nodi tutti allo stesso livello? È possibile una società non governata da monopoli o da gerarchie precostituite?

Di fronte allo stato attuale della comunicazione ci dobbiamo porre la domanda decisiva. Le macchine connesse hanno in sé il germe di una società senza mediazioni e quindi non democratica in cui il leader vince con la linea plebiscitaria? Le macchine digitali cooperano nel trasformare la società delle mediazioni (che ha fallito in tutta evidenza), ma il sistema delle connessioni e oggi il sistema dei network può indebolire, può inquinare e infine declassare il valore delle relazioni umane nella società?

2. La disfatta dei numeri

Nell'attuale situazione, la diffusione e l'accettazione dei messaggi sono indipendenti dai numeri, che dovrebbero rappresentare oggettivamente la crisi stessa. I messaggi soverchiano i numeri rendendoli privi di valore. Le parole e le immagini dominanti indicano la causa della crisi in uno smodato uso di beni di interesse pubblico, uso incontrollato e eccessivo, da parte dei cittadini stessi. Questa idea diffusa della crisi non è possibile senza lo stato attuale della comunicazione. La comunicazione è il veicolo più potente per affermare i meccanismi della crisi come governo delle persone (Gallino 2013). Se facciamo un elenco dei messaggi diffusi per spiegare le cause della crisi e le sue necessarie conseguenze, possiamo concludere che siamo di fronte a un conflitto palese tra la rappresentazione della crisi stessa attraverso l'informazione fondata sui numeri, cioè su dati oggettivi, e la comunicazione delle cause e dei responsabili della crisi, indirizzata a ottenere il consenso più o meno spontaneo, più o meno estorto di grandi masse di popolazione. Alla fine, la stragrande maggioranza della popolazione distribuita nel mondo appare vittima e colpevole della crisi in atto (quella contemporanea, che definisce la contemporaneità, a partire dal 2007/2008).

Le correlazioni tra numeri e comportamenti sono rivelatrici di processi sociali: Il debito come modalità per creare sottomissione al potere dominante attraverso il legame inter-generazionale, il dominio delle banche (quindi il potere finanziario) con inarrestabili e incontrollabili tassi di disoccupazione e di disuguaglianza. Più il denaro si smaterializza, più la povertà si materializza e si espande. È significativo che tra gli economisti che più criticano le scelte di politica economica messe in atto, quelle che, con una sola parola, sono etichettate come politiche di austerità, venga messo l'accento sull'azione aggressiva per ottenere consenso attraverso forme di persuasione truffaldina e alla fine di distorsione totale e di deformazione profonda della realtà. Le parole utilizzate impongono un paradigma che fa capo alla deformazione e allo stravolgimento dei valori base della società e della cittadinanza per arrivare infine all'immagine di un mondo capovolto in cui la ragione i valori e le responsabilità sono mascherate in un continuo e pesantissimo gioco di messaggi e di segnali che fluiscono direttamente dai luoghi più inaccessibili della finanza ai luoghi più indifesi del cittadino, raggiunto dalle comunicazioni di massa o dalla comunicazione personale attraverso i social network.

Nel recente dibattito, Piketty e Graeber (Piketty-Graeber2013) si concentrano sul debito e sull'enorme rilevanza della **disuguaglianza.** La crescita a dismisura della disuguaglianza mette in crisi le forme di governo. È possibile un crollo del sistema? Secondo Piketty (Piketty 2013): " *Un simile esito è in realtà strettamente dipendente dalla reazioni della politica e dalla capacità delle élites di CONVINCERE il resto della popolazione che la situazione sia accettabile. Se si dà un* ***apparato di persuasione molto efficace*** *non c'è alcun motivo per ritenere che il sistema non possa continuare a esistere nelle attuali condizioni. Non credo pertanto che delle forze puramente economiche saranno in grado di determinarne la caduta."* Ma la disuguaglianza è insostenibile e aggiunge ancora Piketty: *"sì ma anche qui* ***l'apparato di persuasione o quello repressivo*** *a seconda del paese di cui parliamo oppure la combinazione di entrambi possono fare sì che una tale situazione duri molto a lungo". Per* Graeber il liberismo ha privilegiato il politico e l'ideologico sull'economico, infine "*Ha dispiegato tutto il suo arsenale per far sì che la gente* **creda** *che il capitalismo sia sostenibile a lungo termine ...* ***Un'offensiva dell'immaginario tanto efficace che molti che fanno un lavoro di merda pensano che non esistano alternative*** *(*Graeber, D. (2011)

Accanto alla parola "disuguaglianza" appare spesso la parola "persuasione"! i numeri da soli non sono persuasivi e non rappresentano efficacemente la crisi, occorre trovare una spiegazione nei comportamenti e più a fondo nelle emozioni e nelle convinzioni che appartengono alla sfera delle persone. Come spiegare da parte di milioni di persone l'accettazione del peggioramento delle proprie condizioni di vita insieme a quelle politiche di austerità che sono le principali cause di quel peggioramento? bisogna capire cosa sta succedendo nella mente e nel cuore delle persone.

La crisi come modalità di governo delle persone è il titolo di un capitolo di una recente pubblicazione di Luciano Gallino (2013). Come si possono governare le persone, in questa situazione, senza usare esplicitamente il bastone del comando, cioè la figura propria dello stato totalitario? Gallino legge la crisi in corso come la forma necessaria di governo globale attraverso un gigantesco controllo sociale. Rimane però insoddisfatta la domanda: che cosa è cambiato nelle forme di potere dalla società totalitaria del Novecento a oggi? La creazione di un consenso di massa fu ottenuta tramite la violenza e tramite una forma di mobilitazione di tutti in piazza, nei grandi raduni in pubblico, nelle adunate. Non è questo lo strumento attuale per governare attraverso la crisi. La strada è facilitata sia su scala globale sia su scala personale dall'uso delle tecnologie digitali e dei network digitali che consentono di distruggere alcuni ostacoli e di diffondersi direttamente a livello di quotidiano, quindi di uso personale. La comunicazione persuasiva e personale bypassa gli istituti della mediazione politica sociale e economica, ne mette in discussione l'autorità e mette in discussione l'autorità delle élites, soprattutto delle élites intellettuali (i migliori, i competenti, i capaci). Calcolo economico e interesse personale corrispondono a un'azione di disintermediazione cioè di distruzione dei corpi intermedi, quindi della politica della mediazione. In questo modo, però, si recidono legami e relazioni tra individui, cioè, attività condivise in cui c'è sempre una forma sociale di collaborazione e di cooperazione, indispensabile per un corretto rapporto tra sfera pubblica e sfera privata. L'istituto della mediazione è sostituito dalla comunicazione diretta, facile e diffusa. Il mezzo sono le tecnologie abilitanti e facilitanti fondate sul combinato disposto tra rivoluzione digitale e creazione dei network globali e delle comunità virtuali. Queste sono le nuove forme di relazioni sociali e culturali, penetrate nella vita quotidiana e quindi facilmente appropriabili da tutti. Il potere finanziario piega la comunicazione digitale al suo servizio. L'abbandono dell'Idea forte di produzione (non solo tecnica) per un'idea debole di produzione è il segno del passaggio da un'economia industriale a un'economia finanziaria (Stiglitz 2002). Oggi la comunicazione divora la produzione, elimina soprattutto il luogo deputato alla produzione, fa scomparire i **cancelli** (le recinzioni, le enclosures, simbolo della proprietà alle origini del capitalismo) e fa prevalere le **finestre** (simbolo del mondo aperto di internet) nei network a facilitare un lavoro senza orari, quindi senza tempo, fondato sul flusso di conversazioni e scambi di messaggi. La comunicazione si impone come nuova forma di produzione (nuovo modo di produzione).

3. Homo homini lupus e mondo alla rovescia

La crisi colpisce le persone direttamente nelle condizioni materiali di vita e dentro le stesse persone; è anche una crisi di persone. I numeri rappresentano in modo troppo debole e mistificabile dalla comunicazione la gravità della crisi economica. Quali sono gli strumenti e i modi per descriverla e interpretarla in modo più efficace se "l'uomo è essenzialmente l'insieme dei rapporti sociali in cui si trova a vivere" (Gallino 2013)? Anche gli economisti evocano un Balzac redivivo che, attraverso una nuova Commédie Humaine, sappia fare la sintesi tra numeri e persone, cioè, sappia rappresentare una società e individuarne i caratteri profondi. Questa sintesi ha necessariamente come forma di comunicazione pertinente il linguaggio; attualmente le soluzioni più efficaci sono state realizzate attraverso il linguaggio cinematografico.

Io penso che i due caratteri fondamentali, che possono essere così rappresentati, siano la riapparizione della legge della giungla e l'immagine di una società messa sottosopra.

La legge della giungla è un meccanismo primordiale che fu combattuto e represso dalle diverse forme politiche che diedero origine alla società moderna; perché il prevalere della pratica generalizzata di homo homini lupus impedisce la formazione della società civile. Dopo l'affermazione della civiltà moderna, il modo più efficace per rappresentare questi istinti e queste motivazioni, che hanno origine dal profondo sia dell'umano sia del sociale, è quello di narrarlo come degenerazione, come l'esito drammatico di un mondo messo sottosopra in cui i valori e le motivazioni dell'uomo comune sono rovesciati e ribaltati: un vero mondo alla rovescia. È il ritorno a uno stadio pre-civile. La legge della giungla riapparsa richiama con efficacia la recessione economica come fenomeno non solo di impoverimento. È una regressione sia sociale sia morale, un violento ritorno all'indietro che blocca ogni aspettativa di futuro. istinti e passioni senza regole contro la razionalità e il dovere proprio della società del capitalismo industriale.

Nel cinema esiste la possibilità di usare le forme e i linguaggi del racconto emozionale, parlato e rappresentato per immagini suggestive e flussi di impressioni. Un esempio eccellente è il film *The wolf di Wall Street (2013)*: qui le persone e i rapporti tra le persone sono i rivelatori della degenerazione in atto. una degenerazione che consente loro di guadagnare ricchezza, tanta ricchezza e in breve tempo. The Wolf of Wall Street rappresenta in modo magistrale sia la ferocia del paradigma homo homini lupus sia l'affermarsi di una società sottosopra. Lo straordinario linguaggio cinematografico utilizzato da Scorsese mostra la violenza e la trasgressione anche esibizionistica dei protagonisti. Rende con efficacia e con grande potenza espressiva un mondo alla rovescia in cui vincono i più furbi, gli imbroglioni. Costoro provengono dalle classi medie declassate, espulsi a causa della crisi proprio da quella classe media di cui aspiravano di fare parte. Ottengono un successo insperato agendo fuori dalle regole e conquistando in tempi brevissimi un'incredibile ricchezza. Il loro nuovo status si basa sull'esibizione di una pratica costante di violazione delle regole, di comportamenti fuori misura e trasgressivi rispetto alla morale dominante. In apertura del film il valore dell'apparenza è celebrato nella presentazione pubblicitaria della società fondata dal protagonista. La pubblicità esalta i valori correnti e riconosciuti (lealtà onore ..), ma la società reale, promossa da quella pubblicità, mette in pratica comportamenti opposti. Perché? È dichiarato nella presentazione stessa: "Wall Street può essere una giungla" dove valgono ovviamente le leggi della giungla. Il protagonista Jordan Belfort si presenta come ex membro della classe media, quella rappresentata dai genitori(ragionieri..) ma llui a26 anni guadagna 49 mill di dollari (quasi un milione di dollari a settimana) e esalta il dio denaro. Le sue parole: il denaro ti rende invincibile (dopo avere esaltato l'uso massiccio di droghe)[76] . E' un campione dell'ascesa sociale a ogni costo ma il modello non sono i più bravi, gli esperti, quelli capaci; i suoi compagni sono i meno dotati e i meno intelligenti, i meno competenti, quelli che non vengono accettati e riconosciuti dalle regole stabilite. Jordan rappresenta un vero tipo antropologico, il risultato di uno snaturamento che produce energie e motivazioni che pongono al primo posto: vivere l'attimo, le emozioni e il risultato immediato. Contrariamente a quanto sostenuto dall'ideologia del liberalismo e cioè l'esaltazione del valore assoluto del calcolo personale (come dice la Thatcher: "non esiste la società"), del "pensa solo a te stesso", questi non-valori si accompagnano a forme nuove di socialità, alla costruzione di rapporti di fratellanza originati fuori e contro le regole della società costituita. Si formano gruppi bande organizzazioni che hanno la loro moralità la loro solidarietà e i loro affetti. Sono vere comunità emozionali fuori dalle leggi dell'apparenza "etica" della società borghese. Gli esempi di società sono esempi di fratellanza[77] . La storia del film racconta come si costituisce la fratellanza nel nuovo mondo della dissoluzione violenta della classe media e della sua sostituzione con bande di avventurieri pirati e delinquenti. Questi infrangono ogni giorno le vecchie leggi della legalità e dell'onore con la pratica "smodata" di sesso droghe ... ma rispettano tra di loro le stesse leggi, rovesciate, in cui c'è fratellanza solidarietà amicizia. Così la società costituita viene capovolta e stracciata nei suoi valori principali di coesione e di rispetto delle regole. in questa rappresentazione filmica sono soltanto REGOLE ASTRATTE. I comportamenti trasgressivi sono diretta conseguenza della sfiducia nei processi di emancipazione attraverso l'istruzione

---

[76] Il denaro ti rende un uomo migliore Ho sempre voluto essere ricco

[77] Con il team giusto la vita ti cambia in una notte, la scena del presunto addio all'azienda in cui viene esaltato la nuova forma di coesione aziendale, lo spirito di gruppo: Ti amo... lo spettacolo continua"

o attraverso il lavoro e l'impegno: la classe media come cuscinetto tra ricchi e poveri viene distrutta da un declassamento violento e irrisa nei valori che tenta ancora di far accettare: Siamo dei degenerati. Questo tipo di comunità emozionale si costruisce sul successo economico, cioè sul valore assoluto del denaro. La giungla dentro la società è dentro le società che operano per generare ricchezza. Gli esempi sono numerosi nel film. La presentazione della società di Jordan attraverso la pubblicità. L'entrata di Jordan a Wall Street: Il mito della classe media viene sbeffeggiato dai comportamenti e dalla rivelazione dei veri fini che dominano Wall Street. Bisogna apparire e fare denaro per sé attraverso l'imbroglio e sfruttando la cieca avidità di chi compra azioni per speculare. Jordan entra a Wall Street per capire le regole del mercato finanziario e subito scopre quanto sia volatile il denaro (sono numeri, sono click al computer per tutto il giorno: il denaro è valore astratto.) Non ci sono esperti e autorità se non quelle repressive. Jordan ne viene espulso dalla crisi; più nessuno vuole i brokers nella middle class; devi cercare più in basso per risalire senza ostacoli e senza regole. La sintesi del lavoro del broker è: guadagnare sulle percentuali delle operazioni finanziarie, il resto è inganno, è immateriale e volatile (finanza).

Il film di Scorsese rappresenta uno strappo rispetto alle diverse rappresentazioni filmiche che propongono una visione e un'interpretazione di ciò che cambia nella società mondiale. Non possiamo qui analizzare la serie di film di fiction, di docufilm o di serial che sono apparsi per il grande pubblico, possiamo sinteticamente ricordare film che identificano con efficacia valori o disvalori in gioco.

Ad esempio, il valore della competizione esasperato fino agli estremi limiti proprio di una società in espansione e votata al cambiamento. i protagonisti non perseguono una forma di oltraggio alle regole costituite, applicano il modello Wired, Change is good. Sono i protagonisti di The social network (2010) o de I pirati della Silicon Valley (1999). Il limite è la giustizia, che combatte l'espansione monopolista nel caso di Microsoft e che impone l'applicazione del giusto diritto di proprietà per Zuckemberg. Si creano i miti di Bill Gates l'infame imbroglione e di Steve Jobs creativo e aperto a ogni innovazione. L'inizio dei Pirati si apre sul set cinematografico dello spot televisivo della Apple, la cui regia fu affidata a Ridley Scott. E' il monologo di Steve Jobs per illustrare lo spot pubblicitario di Apple:

> *«Non voglio che pensiate sia... solo un film, un processo di conversione di elettroni e impulsi magnetici in forme, figure e suoni; no! È ben altro!*

Siamo qui per cambiare l'universo, altrimenti perché saremmo qui? Stiamo creando una coscienza completamente nuova, come fanno gli artisti o i poeti. Così dovete vedere la cosa: noi stiamo riscrivendo la storia del pensiero umano.»

I films sintetizzato in personaggi, episodi, frasi a effetto la realtà del vincente potere finanziario a partire dai i miti di Wall Street nei film di Oliver stone con alcune frasi celebri dei protagonisti: Avidità?! Cosa c'è di male... dopotutto, è solo una questione di soldi. » Sono le parole di Gordon Gekko in ***Wall Street***, 1987 diretto da Oliver Stone opposto o forse soltanto parallelo a "La vita si condensa in pochi attimi", il motto di Buddy il giovane protagonista "buono". Too Big To Fail – Il Crollo dei Giganti (USA 2011) diffonde il mito "troppo grandi per fallire" che favorisce la diffusione dei derivati, l'inquinamento del valore reale di banche e di associazioni finanziarie. E ci sono anche eccellenti docufilm che documentano con un'abile mescolanza di fiction e di riprese ad es. di telegiornali o di episodi reali il meccanismo della "truffa globale" come nel caso di ENRON o l'origine di questi processi (l'Islanda!!) in Inside job (usa 2010) .

Ma **In the Wolf** appare la tendenza "interna" alla nostra società di oggi. i protagonisti sono quelli che agiscono selvaggiamente contro le regole del capitalismo, per ribaltarne i valori infrangendo ogni forma di etica. I loro comportamenti esaltano ciò che la società costituita presenta come non-valore: sono le motivazioni per nuovi comportamenti che violano proprio quelle regole e ottengono quello che vogliono, creando al tempo stesso nuove forme di fratellanza. Gli esempi più convincenti sono le riprese filmiche e documentarie delle assemblee, delle riunioni di queste comunità di affari, coinvolgenti e esaltanti tutti coloro che vi aderiscono e vi appartengono, quasi sempre come soci o consulenti o collaboratori, non come dipendenti. qui appare ben visibile la forza trainante di una comunità emozionale. Questa è la nostra società?

4. Comunità emozionali

Il ruolo delle comunità emozionali era già stato analizzato da Max Weber in stretto rapporto all'affermarsi del leader carismatico e alla diffusione di derive plebiscitarie: carisma comunità emozionale e deriva plebiscitaria costruiscono la società totalitaria del Novecento.

Max Weber mette in opposizione l'ascesa del leader carismatico con la razionalità del capitalista (e la sua etica). Il demagogo moderno sfrutta le emozioni mentre il capitalista si avvale della razionalità. Il potere della parola e poi dell'immagine e dei mezzi di comunicazione per le masse non sostituisce la violenza del dominio, ma la affianca e la rende totale, imponendo la società totalitaria.

> *Il gruppo di potere di questa specie costituisce una* ***comunità di carattere emozionale****. L'apparato amministrativo del signore carismatico non è un «corpo di funzionari», e tanto meno un corpo di funzionari dotati di preparazione specializzata. Esso non è scelto sulla base del ceto né con criteri di dipendenza domestica o personale. Esso viene invece* ***costituito in base a qualità carismatiche****: al «profeta» corrispondono i «discepoli», al «condottiero» corrisponde il suo «seguito» e al «duce» in genere corrispondono gli «uomini di fiducia»". (M.Weber 1922)*

Il leader carismatico "moderno" è soprattutto un demagogo cioè un capo con eccezionali qualità di comunicatore:" Dal tempo dello stato costituzionale e soprattutto della democrazia, il "demagogo" è il tipo del capo politico in Occidente." Politica moderna è comunicazione: "*La demagogia moderna si serve senza dubbio anche della parola detta: in misura quantitativamente enorme, se si pensa ai discorsi elettorali che deve tenere un candidato moderno. Ma ancor più efficacemente si serve della parola stampata. ... Il pubblicista politico, e soprattutto il giornalista, è oggi il principale rappresentante della specie."*

Oggi le comunità emozionali sono decisive, legate ai processi di crisi economica e alla vittoria del capitalismo finanziario. sono orientate non politicamente ma dalla ricchezza ottenuta facilmente. Agiscono in una società in cui coesistono le comunicazioni di massa in trasformazione, con la diffusione dei network digitali e delle tecnologie mediatiche a portata di mano e facilmente usabili (Castells 2009). Il carattere attuale del populismo trionfante va legato a questi processi: disintermediazione e attacco ai corpi intermedi della società, utilizzo sempre più efficace di messaggi diretti e diffusi. Così viene distrutto il ruolo storico delle élites intellettuali e il loro patrimonio di elaborazione culturale, di competenze e la funzione storica, che spesso hanno esercitato, di filtro e difesa della società (e dell'individuo) dal dominio del potere assoluto. Uno dei caratteri costitutivi del populismo contemporaneo è la negazione del valore delle élites intellettuali e del sapere specifico: la distruzione delle élites si accompagna all'eliminazione dei corpi intermedi. Quello che si chiama disintermediazione. Eliminare la funzione di corpi sociali, storicamente costituiti, è possibile soltanto se si ha la disponibilità piena del territorio della comunicazione, dei media per le masse e soprattutto dei media a portata di mano, facilmente usabili e scambiabili, che penetrino nell'intimità e risolvano tacitamente (dissolvendola) l'antica gerarchia che collegava ma distingueva la sfera pubblica dalla sfera privata (Habermas e Thompson ad es) La sfera privata era campo protetto di valori e di intimità all'opposto della sfera pubblica, deputata al confronto aperto al dialogo e alla competizione. Mescolando intimità con pubblicità, la personalizzazione del medium crea una nuova forma di solitudine. Il soggetto si isola dai tradizionali luoghi in cui si genera consenso, dagli spazi di pratica sociale; crolla il valore dello stare insieme, del conversare e del reciproco e quotidiano dialogo, esplicito e implicito (il valore storico della conversazione). Lo stato attuale della comunicazione a predominio digitale consente di rendere molto più diretto molecolare e intimo, quindi più persuasivo, il messaggio, specie nella sua interferenza con la vita quotidiana. Questo è il terreno adatto per predisporre grandi masse di popolazione ad accettare, senza difesa, messaggi non controllabili né verificabili autonomamente. L'eliminazione degli esperti o competenti nel decifrare il messaggio stesso, è essenziale. Il convincimento e il consenso non derivano dall'adesione a ideali o dalla partecipazione a grandi progetti, ma si generano nella pratica e nell'esperienza quotidiana anche quando, proprio la vita di tutti i giorni, rivela oggettivamente perdita di vantaggi o privilegi, abbassamento evidente del tenore di vita. Siamo il 99% dicono i Wall Street occupy (We are the 99%) . Una dichiarazione che, involontariamente, segnala la disperante assenza di rappresentanza politica e culturale di quella altissima maggioranza così richiamata. Toni diffusi di rassegnazione e segnali senza speranza per il futuro erano testimoniati anche dai sondaggi più tradizionali; un futuro migliore sembra uscito dai radar della parte più numerosa della popolazione che realmente si impoverisce: si impoveriscono quelli che vivevano nel mondo della società opulenta e ricca; l'altra parte del globo, assai più numerosa, nasceva "storicamente" povera. Contro il populismo si sono sempre schierate le avanguardie culturali, le élites intellettuali. Una forma tipica di avanguardia nella rivoluzione tecnologica è rappresentata dagli hackers. il limite degli hacker (buoni) immaginati da Pekka Himanen (2001), è tuttavia quello di essere avanguardie nell'abbondanza di risorse, élites legate a una società sempre in crescita, a una società opulenta. La critica dell'etica del lavoro di Max Weber quale fulcro del capitalismo industriale, è la base per costruire l'ideologia degli hacker "buoni". Gli hacker sono visti da Himanen in opposizione all'etica del lavoro propria del capitalismo, quali protagonisti delle tecnologie di libertà, dell'arte della programmazione, dunque della creatività digitale. Una forma di nuova avanguardia, di nuove élites in cui il salto di qualità è rappresentato dal valore totale, attribuito alle tecnologie digitali. Un orizzonte totalmente estraneo all'etica weberiana. ma gli hacker "buoni" sono un'avanguardia impotente di fronte ai meccanismi globali di distruzione delle risorse e di opportunità, come avviene nell'attuale dominio del capitale finanziario.

5. Grandezza e miseria di scienze(a) della comunicazione

Sono stato tra i fondatori di scienze della comunicazione. Ero convinto che fosse necessario prima di tutto contrastare la diffusa convinzione che **la comunicazione sia un sapere senza fondamenti**, un campo ibrido in cui si mescolano casualmente interessi e discipline diversi. Ne deriva che non è possibile tracciarne un percorso storico e un disegno complessivo, anche se esistono molti contributi storici su ciascun mezzo di comunicazione (fotografia, cinema, radio, televisione, Internet, media interattivi, ecc.).... non ci sono dunque esempi da ammirare o almeno da imitare, i fondatori di una disciplina come succede sia nell'area umanistica sia in quella scientifica. Eppure ci sono anche maestri nelle scienze della comunicazione. La loro caratteristica prevalente non è soltanto quella di essere protagonisti di una disciplina, ma piuttosto di avere lo sguardo rivolto agli orizzonti della società e della propria civiltà e di essere spesso dei pionieri e degli esploratori di campi nuovi, di mondi assai più liberi e fertili di una disciplina accademica. La comunicazione è apparsa, in generale, come un campo che non necessitava di una scienza, era sufficiente un sapere senza fondamenti, campo spesso confuso e in cui si mescolano interessi e discipline diverse. Dominano oggi le tecnologie e quindi la comunicazione è fondamentalmente un campo di applicazioni e di soluzioni pratiche. È il contrasto, apparentemente inspiegabile, tra la fortuna della comunicazione, in quasi tutti i campi, e la povertà e la superficialità dello studio e del dibattito sulla sua natura di scienza o di crocevia di scienze. Manca, cioè, la discussione sui fondamenti che la costituiscono come luogo in cui si incontrano e si mescolano e configgono saperi diversi. La comunicazione è in realtà un crocevia di culture e di ricerca scientifica e umanistica; affonda le radici nel dibattito e nella riflessione culturale e scientifica. La prevalenza della sua funzione pratica, buona a tutti gli usi, è un luogo comune (e un risultato ampiamente diffuso) di tempi relativamente recenti.

Un punto decisivo è stato sicuramente l'approdo di studenti storicamente impreparati, tecnicamente e culturalmente poveri, ad affrontare le tecnologie, soprattutto le tecnologie. **La tecnologia da ostacolo è diventata strumento di lavoro e di intrattenimento, utilizzato al massimo delle proprie potenzialità.** L'Algoritmo è la tecnologia invadente e dominante, La personalizzazione operata dalla comunicazione digitale produce forme anche aggressive di mitologie individuali. Chi ha promosso scienze della comunicazione nell'università italiana aveva in mente l'affermazione di giovani studenti e di potenziali imprenditori innovativi e si proponeva di offrire loro la cultura adeguata per vincere la sfida che si apriva davanti. In sintesi: per i giovanissimi era Il sogno della California

Questo progetto nel tempo ha trovato davanti a sé la massima espansione dei processi di globalizzazione che assumono forme radicali e estreme. L'aggressione di nuove forme di epidemia su scala mondiale ha nuovamente messo in luce disuguaglianze profonde. Il clima e l'ambiente, la salute e il bene comune sono oggetto di crisi profonde. Queste crisi rivelano la fragilità degli strumenti che abbiamo disponibili in comune per combatterle

E i giovani che sognavano la California? Oggi li chiamo outsiders e li definisco così: gli outsiders sono circondati da un'alluvione di parole, di immagini, di discorsi che non vogliono dire nulla, che riducono tutto in superficie agitando il mito della trasparenza, quello di internet. Sono dentro un'immagine generale: la realtà è piatta, levigata come uno specchio. Ma è un inganno che nasconde la violenza quotidiana , la più disperante; quella che impedisce, come dice gallino (**vite rinviate, laterza2014**) a proposito del lavoro precario, "un qualsivoglia progetto di vita".

L' università italiana come luogo, già in crisi, di formazione di élites, attraverso scienze della comunicazione aprì le porte a un popolo di outsiders. Scienze della comunicazione sta dentro l'onda lunga generata da una società, al tempo stesso, opulenta e repressiva, una società della liberazione (potenziale) e del boom economico (reale), e della re-distribuzione, attraverso il welfare, di potere politico e sindacale e di salario e benessere a una più larga parte della popolazione. Tra la fine degli anni '80 e per tutto il decennio successivo, l'attivazione di scienze della comunicazione e la partecipazione dei giovani e la diffusione in sedi e contesti diversi, poteva essere il segnale di una svolta in cui il ruolo nuovo della comunicazione nella società "in crescita" la collocava ai primi posti in un processo di modernizzazione. La comunicazione poteva essere il mantra per le giovani generazioni che dovevano pur uscire dalla terribile tenaglia tra terrorismo e repressione e potevano farlo collocandosi ai primi posti nella società come in Francia e soprattutto come negli USA. Era una grande occasione ed è stato un fallimento.

Forse era l'occasione per avere i nostri Bill Gates e i nostri Steve Jobs. I giovani del sogno che esaltava intelligenza ricchezza protagonismo già a partire dalla giovinezza. Un'utopia concreta e un mettere a sistema, anche in Italia, lo slogan di un numero speciale di Wired: Change is good. Un progetto "grande" e una caduta veloce ai margini dell'Università e della società. Non si aprirono le strade per nuovi business o nuove professioni (sarebbe già stato molto) e l'innovazione restò al palo. Non ci fu innovazione nel mercato né l'idea di mercato fu rivoluzionata, neppure si creò nuova classe dirigente (al governo e all'opposizione), valorizzando la ricerca e la conoscenza fino ai livelli più alti raggiunti in Europa (obbiettivo raggiungibile) e in USA (obbiettivo difficilmente raggiungibile). Poteva essere il compimento dell'unica vera riforma dell'istruzione, quella realizzata nel 1962. Un percorso verso il futuro che proponeva alcune versioni possibili in Italia: la lunga marcia dentro le istituzioni (dentro e contro le istituzioni) teorizzata dallo SDS in Germania e in particolare da "Rudi il rosso", **Dutschke,** stroncata da un colpo di pistola (1968) o come la versione italiana, tutta politica, originale e tipicamente italiana, quella del compromesso storico, bloccata definitivamente con l'esecuzione di Aldo Moro (1978).

Questa forbice nasce dalla grandezza del progetto e dalla sua miseria nella realizzazione, da parte nostra, nelle stesse istituzioni pubbliche e nel mondo delle professioni e del lavoro industriale. Dobbiamo concludere che il progetto era troppo grande e noi, i realizzatori, inadeguati per una sfida così impegnativa tale da cambiare realmente opportunità e potere. Grande progetto che intendeva usare la comunicazione come veicolo di un rinnovato patto per l'innovazione tra università ricerca e società. Il campo era troppo grande e noi troppo piccoli?

Una sconfitta mediatica evidente: la scienza insegnata nei corsi di comunicazione e il sapere diffuso, lì prodotto, valevano come una sciaboletta agitata vanamente, mentre i leader, che si sono succeduti al comando, hanno utilizzato la comunicazione come un randello e spesso come un manganello: Berlusconi Grillo Renzi, i veri populisti.

Una sconfitta reale nella società. La genesi di quell'utopia concreta aveva a che fare con il rivoluzionamento della società. L'istituzione pubblica, ma dovremmo dire più esplicitamente, “lo Stato”, non ha mai accolto o favorito questo processo di liberazione di energie e di nuove opportunità. La società dell’economia e dell’industria non lo ha accompagnato in modo adeguato. Tutto è rientrato: in modo confuso e inadeguato, generando solo cattiva opinione. Siamo incappati, in Italia, in una versione post-moderna dei processi di rifeudalizzazione. E questa è la spiegazione per scienze della comunicazione ma per l’intera università della fuga sempre più drammatica e imponente di giovani laureati: via dall’Italia è la prima scelta. Questo esito per esperti (presunti) di media è una vera beffa. Ma è una questione di potere e qui siamo stati stritolati nel potere accademico nel potere politico nel potere economico e delle professioni. Invece un numero non piccolo di giovani, capaci e svelti, che hanno imparato da scienze della comunicazione, si è infiltrato nella società, ma ha dovuto sottostare alle regole di questa società: di una società che non ha progetti di sviluppo, che è inadeguata rispetto alle attese dei cittadini e che professa, in modo sempre più evidente, una dottrina fondata sulla disuguaglianza tra i cittadini, sulla riduzione dei diritti di cittadinanza e degli spazi di bene comune. La crisi economica sociale e culturale conduce inevitabilmente al rigetto di proposte che maturano in contesti potenzialmente innovativi. Adesso la competizione all’interno del comparto della ricerca e dell’Università è spenta. La logica prevalente sembra essere questa: Quanto più la comunicazione è strumento di comando e di controllo della società tanto più viene messa in ombra la “scienza” della comunicazione.

5.1. Il tempo di uno spot

> *Marta, ragazza siciliana a Roma per l'Università, appena laureata con lode in filosofia, cerca di ottenere un posto come ricercatrice, con l'appoggio convinto della madre, malata di cancro, e della sorella, entrambe in Sicilia. Nell'attesa dei risultati del concorso, Marta cerca un lavoro part-time. Mentre il fidanzato, anche lui neolaureato, parte per gli Stati Uniti con un assegno di ricerca*[78].

Le immagini di apertura del film ci presentano come si svolge la tesi di laurea: apparato imponente e *pompier*, un’istituzione che accompagna al suo vuoto evidente di significato e di ruolo una dimensione monumentale che trasforma i fruitori in fantasmi; il rito è totalmente impartecipato: non assiste nessuno. La

[78] Questo è l’inizio della trama del film *Tutta la vita davanti* (2008) diretto da Paolo Virzì (fonte: http://it.wikipedia.org/wiki/Tutta_la_vita_davanti ; ultimo accesso: agosto 2008).

"festa" della laurea non esiste più. I professori universitari e la commissione appaiono dei vecchi decrepiti, rincoglioniti, esponenti di un mondo del tutto finito: non rappresentano nulla. L'alternativa: la borsa all'estero come fuga dalla palude italiana, causa – alla fine – la rottura dei rapporti di coppia e personali (salvati solo in parte da Skype). Il lavoro per Marta non ha alcun rapporto con la sua formazione universitaria (ricerca, cultura) e tanto meno con la sua vocazione[79]. Questa è la percezione della protagonista, ciò che vede o crede di vedere. Com'è la realtà nel 2008 anno dell'uscita del film?

La prima immagine: la degradazione dell'Università come istituzione. È un'immagine oggi largamente diffusa presso l'opinione pubblica: l'Università è un'istituzione non più partecipata e non più partecipabile. Ma perché usarla come emblema dell'entrata nel lavoro precario e in una società disfatta, confusa ...? Prima del lavoro ci sono alcune aspettative cruciali: la corrispondenza tra vocazione intima e destino personale e sociale.

5.2. Letteratura e modernità

Nel tempo della modernità è la letteratura che ha rappresentato con maggiore efficacia questo tema.

È il grande tema della letteratura moderna sia come rappresentazione dell'entrata dei giovani nella società (*Le illusioni perdute*[80]) sia come smarrimento per un destino forse inafferrabile (*Stephen Hero* di Joyce[81]) o una missione che si scontra con la violenza e la repressione incalzante (*I turbamenti del giovane Törless* di Musil[82]). Qui la vocazione è delusa nel suo primo istante pubblico, di possibile riconoscimento. Le domande dei giovani restano inespresse o deluse (il colloquio tra Törless e l'insegnante di matematica: le domande del giovane sono domande di vocazione, riguardano il destino; l'insegnante non capisce e non sa rispondere).

[79] Non a caso il risarcimento finale è rappresentato da un premio di alto valore accademico per la sua ricerca del tutto "gratuita" dedicata – in un estremo sforzo di ricomposizione di vissuto formazione e destino personale – al confronto tra la filosofia di Heidegger, le dinamiche di relazione tra le telefoniste di un call center e quelle dei protagonisti di un *reality show*.

[80] Balzac de H., 1837-43, *Illusions perdues*, Paris: Fourne.

[81] Joyce J., 1917, *A portrait of the artist as a young man*, London: The Egoist Ltd.

[82] Musil R., 1959, *Die Verwirrungen des Zöglings Törless*, Hamburg: Rowohlt (prima edizione: 1906).

Le scienze sociali invece ci offrono – oggi – un'altra immagine, quella del destino individuale bloccato, l'impossibilità di percorrere una strada che porta al miglioramento della propria condizione sociale. Prima ancora del lavoro c'è l'attesa di un destino sociale gratificante come ascesa sociale, come miglioramento del proprio status, come allargamento dei propri orizzonti?

Andrà peggio e, nel tempo, il peggio viene costantemente confermato, ma perché andrà peggio?

Il primo ambiente che sembra confermare questa percezione è costituito dalle istituzioni (non solo la scuola, ma anche la giustizia, la pubblica amministrazione, i servizi pubblici etc.). L'istruzione non è più canale di emancipazione e non viene percepita come canale di promozione sociale né di accesso al lavoro. Né lavoro né istruzione sono motori capaci di soddisfare le aspettative delle giovani generazioni e neppure di integrarle alle grandi istituzioni nazionali. I giovani universitari non appartengono ad alcuna élite che si vuole riprodurre e salvare i diritti della propria corporazione. Ma le statistiche confermano che il figlio di medico, come il figlio di notaio o delle altre nobili professioni di un tempo, hanno altissime probabilità di riprodurre il mestiere dei padri. Gli altri quasi nessuna. Qui invece, senza passione ma per convenienza, conviene mantenere il mestiere del padre. La comunità nazionale si spacca; è già spaccata tra chi vuole approdare agli stipendi europei e chi rincula per difendere una nicchia, una piccola rendita continuamente minacciata. L'aspirazione di quelli che pensavano di approdare finalmente alla *middle class* è frustrata e non solo in Italia. L'universo di mezzo è frantumato: quei giovani non possono salire. Non sanno e non vogliono emanciparsi, non sanno e non vogliono liberarsi; sono respinti in panchina[83], ma non sembrano fare nulla per evitare questo luogo reale e di alto valore simbolico. Un tempo la panchina rappresentava piuttosto il luogo degli emarginati e dei pensionati poveri.

Tutta la vita davanti indica un'aspettativa e forse una prospettiva: era il mito dell'entrata in società, proprio della grande borghesia lanciata alla trasformazione della società. Anche questo mito è stato rappresentato sia nella versione positiva, ma più spesso in quella conflittuale, dalla grande letteratura del XIX secolo. *Le illusioni perdute* sono un titolo emblematico e il manifesto. L'entrata in società che ha caratterizzato la piena modernità si è dissolto: Lucien de Rubempré non

---

[83] Si veda in questo senso la metafora della panchina all'interno del film *Caos Calmo* (2007) in: Ricciardi M., 2008, *Il museo dei miracoli. Il museo come opera d'arte e invenzione tecnologica*, Milano: Apogeo.

può rinascere e non può più essere esempio e specchio delle contraddizioni vitali di una società. Per gli uomini è l'aspra competizione per affermarsi, per essere protagonisti nel bene e nel male: la scalata sociale è il campo di battaglia. La crisi appare più manifesta quando crollano gli ideali di un popolo e delle sue élites che hanno conquistato il mondo dietro alle armate napoleoniche. Stendhal lo fissa con straordinario acume nelle vicende e nella fine violenta del protagonista de *Il Rosso e il Nero*[84]. Dico degli uomini, perché le donne protagoniste (sempre rappresentate da uomini, ma grandi artisti) hanno una via obbligata. Si manifesta nella storia e nella fine violenta in cui il suicidio ha il più alto valore simbolico in Anna (aristocratica protagonista dell'omonimo romanzo di Tolstoj, *Anna Karenina*[85]), appare con segno polemico ancora più marcato, volutamente melodrammatico, nella fine piccolo borghese con un suicidio "casalingo" di Emma, la piccolo borghese di Flaubert (ancora un romanzo che ha per titolo la protagonista, *Madame* [ironicamente] *Bovary*[86], che porterà il suo autore in tribunale alla condanna per oscenità). Infine, Nora l'unica che riesca a forzare la situazione, abbandonando la sua casa la sua famiglia: tutto, senza avere nulla. È appunto Nora in *Casa di bambola* di Ibsen[87]. Le donne non partecipano alla competizione, ma gli uomini sì: essere protagonisti, vincere, essere i primi. In questo modo il romanzo di formazione e il romanzo sentimentale rappresentano e interpretano un mondo e contribuiscono a creare coscienze, opinioni, sentimenti fino alla crisi di questa dimensione. Allora i giovani si pongono interrogativi senza risposta, sono dominati come il giovane Törless da turbamenti e disorientamento. Cercano prima di tutto dai maestri delle risposte, ma senza successo. È la serie delle domande dei giovani ai maestri: la vocazione per l'arte che distrugge il mito dell'ascesa sociale, della ricchezza, dell'etica calvinista (come in *Stephen Hero* di Joyce), sono le domande al professore di matematica del giovane Törless.

L'epigono di questo processo potrebbe essere il giovane Holden che non a caso è cacciato ripetutamente dal college ed è americano[88].

Oggi le porte dell'Università si aprono facilmente: ma fuori c'è un mondo completamente alieno. Il lavoro del precariato, il toyotismo e la degradazione del sistema industriale: non è lavoro, ma prestazione. In realtà si tratta di persuadere e di vendere: il marketing la fa da padrone. Il consumo è entrato al primo posto,

---

[84] Stendhal, 1830, *Le Rouge et le noir. Chronique du XIXe siècle*, Paris: Levavasseur.
[85] Tolstoj L. N., 1878, *Anna Karenina*, Moscow: T. Ris.
[86] Flaubert G., 1857, *Madame Bovary*, Paris: Charpentier.
[87] Ibsen H., 1879, *Et Dukkehjem*, Köbenhavn: Kongelige Teater.
[88] Salinger J.D., 1951, *The Catcher in the Rye*, Boston MA: Little, Brown and Company.

non la produzione, e dunque disorganizza. Sotto l'apparenza di un'organizzazione flessibile e morbida conta solamente la collaborazione ostentata e la capacità di vendere, strettamente legata ad essa. È una fabbrica che produce e vende "aria fritta" che diventa valore solo quando il consumatore firma il contratto. Il lavoro industriale è smantellato, degradato e dissolto anche nel suo valore; non è neppure più il luogo della contraddizione sociale, non sta al centro della società.

5.3. Misurare il tempo di vita sulla lunghezza di uno spot

Il tempo di uno spot: sono i media che scandiscono un tempo che conosce solo il presente: quello dell'attimo sfuggente e tutto immanente. Oltre il presente non c'è nulla, prima dell'attualità non c'è nulla. Il tempo sincopato, il tempo compresso si allinea soltanto; è dominato dalla successione caotica, incontrollata e tutta compressa nei secondi di uno spot: la durata è anche il suo significato. La successione di tanti spot non crea un ordine, una narrazione, un filo conduttore: ogni spot è presente ed è solo presente a se stesso. Ogni spot chiude in se stesso una goccia di esperienza. Su di essa non c'è tempo di riflessione, non c'è tempo di ricordo, non c'è radice o fondamento su cui fare forza per lanciarsi a costruire il proprio destino. Il destino fluisce senza tempo e senza spazio. Il destino incombente e immediato: passare la vita in panchina come Nanni Moretti nel film *Caos calmo* (2007).

Ma cosa fanno i giovani contro questa prospettiva?

Non sono giovani *contro*. Sono quindi lontanissimi dai modelli culturali degli adulti attuali. È svanito il tradizionale abbinamento tra gioventù e età della ribellione. Oggi non sarebbe possibile documentare una ricerca "partecipata" e scrivere un libro sui "giovani all'opposizione". Titolo italiano, forzato, da un editore che oggi non esiste più (Einaudi), per un libro scomparso dai cataloghi editoriali.

Kenneth Keniston è l'autrice e il titolo originale è *The Uncommitted: Alienated Youth In American Society* (1960).

Uncommitted: definizione da vocabolario:

1. non legato, non vincolato (*to*, a), non impegnato (*to*, con), libero, indipendente (*to*, da).

2. (*Pol*) non allineato, non impegnato.

3. (*Econ*) non vincolato.

Ma alle spalle c'è sempre la definizione di una gioventù alienata! Cioè a rischio o dominata dai processi di alienazione della società americana. Non c'è più l'età della ribellione. Si è chiuso definitivamente un ciclo.

Quello iniziato con:

- non fare il lavoro o il mestiere dei padri;
- non accettare la funzione subalterna delle madri e restare dentro la famiglia.

La liberazione dell'io si era proiettata quasi immediatamente sul sociale e cioè verso forme collettive di organizzazione (movimenti, partiti). In Italia si era caratterizzata per l'incontro tra classe operaia e studenti nel '68-'69. Sembrava che tutti i giovani "contro" fossero studenti.

Contro chi?

Negli U.S.A. si mette in moto, in parallelo un movimento che dalle università della California prende l'avvio per ritrovarsi, almeno in parte nella rivoluzione informatica e tecnologica. In USA la risposta col manifesto di *Wired* "*Change is good*", sta ancora nella corrente della modernizzazione e dell'innovazione. Internet è l'innovazione per tutti, specie per i giovani[89]. E sono i giovani i mitici protagonisti della rivoluzione informatica. Sono loro a creare il mito di Berkeley e delle Università della California, dei garages come incubatori di straordinarie avventure imprenditoriali; è il mito della Silicon Valley. Possiamo prendere ad esempio un mediocre ma significativo film (*Pirates of Silicon Valley,*1999): il giovane Bill Gates è già il "cattivo", pronto a tutto per il successo e Apple con Steve Jobs sta creando il mito della creatività e di nuove forme di lavoro appagante e partecipato (ai limiti del godimento estetico: la programmazione come arte[90]). Per ritrovare chi resiste in anticipo a questo nuovo Far West, a questa corsa per

---

[89] Si vedano a questo proposito le ricerche di Sherry Turkle. Cfr.: Turkle S., 1984, *The Second Self: Computers and the Human Spirit*, New York: Simon and Schuster; Turkle S.,1995, *Life on the Screen: Identity in the Age of the Internet*, New York: Simon and Schuster.

[90] Si veda a questo proposito: Himanen P., 2001, *The Hacker Ethic and the Spirit of the Information Age*, New York: Random House.

l'oro dobbiamo ancora guardare alla letteratura e al romanzo cult, *Il giovane Holden* di John Salinger.

Ma siamo già entrati nel tempo delle generazioni "digitali". Siamo già entrati nel rapporto tra giovani e tecnologie, tra giovani e processi veloci di innovazione, ma i tempi storici sono paralleli: sono i mitici anni '60.

Io credo che si potrà davvero parlare di nativi per le tecnologie digitali solo quando gli esseri umani non impareranno più a leggere e a scrivere secondo il modello alfabetico. Non mi risulta che esista scuola al mondo, per quanto situata in paesi o contesti innovativi o iper-innovativi, che abbia superato questa fase della *domestication*.

Bibliografia

1. Adorno T. W., Horkheimer M., *Dialettica dell'Illuminismo*,Einaudi, Torino 1966 (ed. or.: *Dialektik der Aufklärung:philosophische Fragmente*, Querido, Amsterdam 1947).
2. Balzac de H., 1837-43, *Illusions perdues*, Paris: Fourne.
3. Barthes R. mythologies 1957 Seuil
4. Boccia Artieri G., *Stati di connessione, pubblici, cittadini e consumatori nella (Social) Network Society*, Franco Angeli, Milano 2012
5. Castells M. (2009), *Communication Power*, New York, Oxford University Press (trad. it. *Comunicazione e potere*, Milano, Egea-Bocconi, 2009).
6. Flaubert G., 1857, *Madame Bovary*, Paris: Charpentier.
7. Foucault M. Naissance de la biopolitique. Cours au Collège de France 1978-79. Trad. it Feltrinelli editore 2005, microfisica del potere 1972 trad it 1977 einaudi torino
8. Gallino L. Il colpo di stato di banche e governi Einaudi 2013
9. Gates B. (2013), «An Exclusive interview with Bill Gates», *Financial Times,* 1 november, http://www.ft.com/cms/s/2/dacd1f8441bf11e3b06400144feabdc0.html#axzz3BIFikm7j
10. Gates, B. (1996), *The Road Ahead*, New York, Penguin (trad. it. *La strada che porta a domani*, Milano, Mondadori, 1997).
11. Graeber, D. (2011), *Debt*, New York, Melville House (trad. it. *Debito. I primi 5000 anni*. Milano, Il Saggiatore, 2012).

12.Habermas J. *Teoria dell'agire comunicativo*, a cura di Gian Enrico Rusconi, Il Mulino, Bologna 1986 (ed. or.: *Theorie des kommunikativen Handelns*, Suhrkamp, Frankfurt am Main 1981).
13.HAVELOCK E., *Cultura orale e civiltà della scrittura. Da Omero a Platone*, Laterza, Bari 1973 (ed. or.: *Preface to Plato*, Harvard University Press, Cambridge 1963).
14.—— *Dike. La nascita della coscienza*, Laterza, Bari 1983 (ed. or.: *The Greek Concept of Justice: From its Shadow in Homer to its Substancein Plato*, Harvard University Press, Cambridge 1978).
15.*The Alphabetic Mind: A Gift of Greece to the Modern World* in Oral Tradition, 1/1 (1986): 134-150
16.Himanen P., *L'etica hacker e lo spirito dell'età dell'informazione*, Feltrinelli, Milano 2001 (Ed. or.: *The Hacker Ethic and the Spirit of the Information Age, Random House*, New York 2001).
17.Ibsen H., 1879, *Et Dukkehjem*, Köbenhavn: Kongelige Teater.
18.Joyce J., 1917, *A portrait of the artist as a young man*, London: The Egoist Ltd.
19.Levi Strauss C., *Il pensiero selvaggio*, Il Saggiatore, Milano 1964 (ed. or.: *La Pensée sauvage*, Plon, Paris 1962
20.*Anthropologie structurale* (1958) trad. it *Antropologia strutturale*, trad. di Paolo Caruso (Il Saggiatore, 1966)
21.Lèvy P., *L'intelligenza collettiva: per una antropologia del cyberspazio*, Feltrinelli, Milano 1996 (ed. or.: *L'intelligence collective:pour une anthropologie du cyberspace*, La Decouverte, Paris 1995).
22.Marazzi, C. (1999), *Il posto dei calzini. La svolta linguistica dell'economia e i suoi effetti sulla politica*, Torino, Bollati Boringhieri.
23.Marazzi, C. (2002), *Capitale & linguaggio. Dalla new economy all'economia di guerra*, Roma, Derive Approdi.
24.Musil R., 1959, *Die Verwirrungen des Zöglings Törless*, Hamburg: Rowohlt (prima edizione: 1906).
25.Piketty, T. (2013), *Le capital au XXI siècle*, Paris, Seuil.
26.Piketty, T. et Graeber, D. (2013), «Un dialogue Piketty-Graeber: comment sortir de la dette», in www.mediapart.fr, 6 ottobre 2013 (trad.it parz. «Come uscire dal debito. La guerra ai ricchi che nessuno ha il coraggio di fare», *Micromega*, 4/2014, pp.102-112).
27.Rullani, E. (1998), «Dal fordismo realizzato al postfordismo possibile: la difficile transizione», in Rullani, E. e Romano, L. (a cura di), *Il*

postfordismo. Idee per il capitalismo prossimo venturo, Milano, EtasLibri, 1998, pp. 8-68
28. Rullani, E. (2004), *Economia della conoscenza. Creatività e valore nel capitalismo delle reti,* Roma, Carocci.
29. Salinger J.D., 1951, *The Catcher in the Rye*, Boston MA: Little, Brown and Company.
30. Stendhal, 1830, *Le Rouge et le noir. Chronique du XIXe siècle*, Paris: Levavasseur.
31. Stiglitz, J.E. (2002), *Globalization and Its Discontents*, New York-London, W.W. Norton & Company (trad. it. *La globalizzazione e i suoi oppositori*, Torino, Einaudi, 2003).
32. Stiglitz, J.E. (2012), *The Price of Inequality: How Today's Divided Society Endangers Our Future,* New York-London, W.W. Norton & Company (trad. it. *Il prezzo della disuguaglianza. Come la società divisa di oggi minaccia il nostro futuro*, Torino, Einaudi, 2013).
33. Tolstoj L. N., 1878, *Anna Karenina*, Moscow: T. Ris.
34. Turing, A. (1936-37), «On Computable Numbers», *Proceedings of the London Mathematical Society*, Series 2, 42, pp. 230-265.
35. Turing, A. (1950), «Computing Machinery and Intelligence», *Mind*, n.s., 59, pp. 433-460 (trad. it.: *Macchine calcolatrici e intelligenza*, in Somenzi, V. e Cordeschi, R., a cura di, *La filosofia degli automi*, Torino, Bollati Boringhieri, 1994, pp.185-195).
36. Turkle S., 1984, *The Second Self: Computers and the Human Spirit*, New York: Simon and Schuster;
37. Turkle S.,1995, *Life on the Screen: Identity in the Age of the Internet*, New York: Simon and Schuster.
38. Turkle S., *Alone togheter* (2011), trad. It, Codice edizioni, Torino 2013
39. Weber M., *Economia e società*, Volume I, Edizioni di Comunità, Milano, 1968 (ed. or.: *Wirtschaft und Gesellschaft*, Mohr, Tubingen 1922).
40. Wiener, N. (1948), *Cybernetics, or Control and Communication in the Animal and the Machine*, New York, Wiley (trad. it. *La cibernetica*, Milano, Bompiani, 1953).
41. Wiener, N. (1950), *The Human Use of Human Beings: Cybernetics and Human Beings*, Boston, Houghton Mifflin, (trad. it. *Introduzione alla cibernetica*, Torino, Einaudi, 1953).

6. Tempo e spazio nella società digitale

Aumentando le interconnessioni tra gli individui, molti dei valori tradizionali propri dello stato-nazione lasceranno il passo a quelli di comunità elettroniche, grandi o piccole che siano. Socializzeremo in un vicinato digitale dove lo spazio fisico sarà irrilevante e il tempo giocherà un ruolo differente. [Negroponte, Essere digitali, p. XIII].

Per Negroponte il tempo nella società digitale è il vero luogo del conflitto, non più il territorio. Per questo motivo appare più evidente la frattura tra "vivere il presente" e "coscienza storica".

Nietzsche in *Unzeitgemasse Betrachtungen Zweites Stuck: vom Nutzen und Nachteil der Historie fur das Leben* , descrive "noi moderni" come "enciclopedie ambulanti", incapaci di vivere e di agire nel presente, ossessionati da un "senso storico", che danneggia e infine distrugge il vivente, sia esso un uomo o un popolo o un sistema di cultura. Nietzsche critica radicalmente il punto di vista dello storicismo che ci costringe a guardare indietro per trovare rassicurazioni, imponendoci così, catene culturali. Al contrario, noi, oggi, attraverso gli ambienti digitali e le comunità virtuali vediamo le società del passato che arrivano fino a noi e siamo tentati di attribuire alla comunicazione un ruolo, **da sempre**, fondamentale nella costituzione della società.

1. Emancipazione e liberazione

Il programma universale di emancipazione proprio della società del lavoro industriale è sempre più indebolito e tendenzialmente abbandonato; quello appunto che si lega direttamente al lavoro, ai fondamenti dell'economia materiale e alle forme politiche e sindacali che le classi sociali o i gruppi di interesse si sono reciprocamente dati.

Occasioni di liberazione, e non di emancipazione, possono essere ottenute attraverso l'uso dei nuovi media?? L'istanza di liberazione scavalca immediatamente lo spazio della politica, le regole della società civile, e insiste sui mondi che, nella società moderna, erano nominati come sfera privata: sesso, arte, identità personale... oppure erano considerati appartenenti a una sfera estranea alla serietà della politica e della sfera pubblica, come il gioco. La tecnologia sostituisce anche le forme organizzate di rappresentanza e annulla la necessità di strumenti di mediazione e sociale e culturale: i personal media e le nuove tecnologie della comunicazione sono usati come strumento di liberazione e di auto-affermazione contro la dissoluzione della società di massa. Queste due tendenze (emancipazione e liberazione) estranee l'una all'altra e non riducibili a un unico programma universale sono state storicamente con-presenti, ma hanno presto seguito vie del tutto diverse e spesso conflittuali. Nella cultura diffusa delle comunità virtuali ambedue i programmi hanno perso il segno del ricordo e della memoria collettiva, sono accolti senza consapevolezza delle radici storiche; l'una, il programma del progresso universale e dell'emancipazione, è indissolubilmente legata alla crisi del welfare state, e l'altra, quella appunto che crede alla liberazione del soggetto, professando un programma "leggero" di auto-affermazione, è vissuta come l'unica via di uscita di fronte alla dissoluzione della società delle masse. La crisi del welfare state è recepita non soltanto sul piano delle politiche economiche o dei programmi sociali; i segni di dissoluzione riguardano anche vincoli che stanno dentro gli individui, le famiglie. I legami tra le generazioni o tra i soggetti duravano nel tempo perché erano protetti dallo stato sociale, ma il ruolo strategico e invasivo dell'innovazione tecnologica, l'impatto culturale e sociale che essa provoca, **divide** e non unisce. Siamo di fronte a una rottura: è la rivoluzione "globale" che colpisce tutte le società presenti come se fossero **una** società (una società uniformata e fluida). Questo è un effetto della comunicazione diffusa; essere informati in tempo reale implica anche l'annullamento delle differenze nel tempo storico che il punto di vista storicistico al contrario sottolinea. Tutte le informazioni e gli eventi sono davanti ai nostri occhi al presente e formano un unico corpus in nostro potere: si esalta il rapporto io-mondo all'istante, nell'attualità. L'accesso diretto e immediato e il dominio conseguente sono una via formidabile per riprendere quel potere sul presente, quel protagonismo degli esseri umani sugli eventi che nel corso del xx secolo la politica aveva promesso, ma poi clamorosamente deluso. Ora però non sono i membri oscuri della società di massa, le folle o i consumatori ad apparire sul palcoscenico; è in corso un mutamento radicale. **Il presente è delle persone attive e non dei movimenti collettivi**. L'ambiente comunicativo esprime la sua forza dirompente, snatura la società costruita sulla coscienza storica e impone una rottura che passa anche per le classi di età, per nuove forme di istruzione e di addestramento, per la nuova costituzione di abitanti del pianeta assai diversi dal passato (molto più mobili, dedicati a molte e diverse e brevi esperienze). Guardare avanti è strettamente legato alla frequentazione dell'ambiente e dei mezzi che si stanno imponendo nel nostro stesso presente: guardiamo addirittura "fusi" con essi. Mai un mondo artificiale fu così umanizzato e mai gli umani furono così tecnologizzati nelle civiltà che conosciamo.

D. Engelbart scopre che una macchina per calcolare può produrre simboli e significati e poi, messa in rete insieme a una serie potenzialmente infinita di macchine compatibili, esalta le tecnologie della comunicazione mettendo in rapporto **diretto** tutti i soggetti che usano di quelle macchine e che sono in grado di comunicare attraverso quella tecnologia. Più gli umani sono messi in rete attraverso il personal computer più sostituiscono il sistema universale fondato sui macchinari e sulla scienza e lavoro lì incorporati. Se quella scienza era dunque quella di Taylor cioè quella degli ingegneri, quella scienza va trasformata in una specializzazione di settore senza alcun valore universale. se quel lavoro era il lavoro dipendente, il lavoro dell'operaio ma anche dell'impiegato nella fabbrica e nell'azienda radicata sul territorio, ora diventa lavoro al plurale, segmenti diffusi di lavoro sparsi nel tempo di vita e nelle diverse esperienze degli umani fino alla costituzione di nuove forme di lavoro cooperativo e di lavoro collaborativo o di lavoro autonomo che devono difendere la loro originalità e affermare le loro qualità nuove e competitive rispetto al vecchio capitalismo industriale.

1.1. America e Europa

Il modello "americano" gioca ad anticipare i tempi sulla vecchia Europa, cioè su culture della tradizione e della conservazione: proclama *change is good* (Wired), ma soprattutto impone un dinamismo esasperato e assoluto (il valore della velocità). In questo senso è un erede nel cambiamento di una delle qualità prime del capitalismo industriale, la rapidità appunto, l'incorporo immediato del tempo di vita nella macchina, nella fabbrica, nell'organizzazione complessiva e sociale del capitalismo moderno, rispetto alla tradizione della società agricola. L'ideologia del valore assoluto del cambiamento e l'apologia dei suoi benefici naturali non possono nascondere il processo reale di cambiamento a cui si appoggia. La novità è rappresentata dal ruolo strategico della comunicazione, ma di una comunicazione che necessariamente incorpora tecnologia e che si impone attraverso tecnologie leggere e immateriali. Dunque, la comunicazione come attore fondamentale di cambiamento, veicolo strategico che si avvale della tecnologia; il rapporto è bi-univoco: se la comunicazione avvolge la pesantezza della macchina, il suo essere hard e quindi ancora oggetto, artefatto immobile e non facilmente modificabile o adattabile, agisce per modificarne il funzionamento fino a snaturarlo. Se dovessimo descrivere il processo in termini di successione dovremmo indicare un punto di partenza nella trasformazione progressiva di una macchina per il calcolo in un medium per la comunicazione. Il capitale di più alto valore è rappresentato dall'esperienza degli umani, cioè dalla qualità nuova dell'interazione uomo-macchina. Oltre, dunque, i modelli di interazione che vedono l'immobilità e la pesantezza della macchina e ne registrano poi gli effetti e le conseguenze successive nel tempo sugli umani. Siamo in una fase più radicale e più sconvolgente; gli umani accettano il patto di scambio e quindi forniscono informazioni su di sé e soprattutto tempo di vita vissuta, anche non socialmente organizzato, anzi soprattutto non organizzato. Solo a questa condizione gli umani possono personalizzare la macchina alterandone il suo funzionamento di base, forzandone l'utilità secondo il proprio interesse anche emotivo, anche passionale, anche gratuito (il gioco). La novità sta tutta in questo possibile e in parte già compiuto cambiamento. Senza la macchina gli umani comunicano di meno; senza le macchine per comunicare e la rete globale di supporto, gli umani perdono l'occasione vitale per trasformare le società territoriali e gli stati nazionali in rapporti universali liberati da barriere e vincoli. Paradossalmente, ma in realtà necessariamente, gli artefatti più innaturali e più a-sociali sono lo strumento per trasformare le mentalità e per cooperare a costituire forme nuove, instabili, di associazione tra gli umani e, tra queste, le comunità virtuali ne sono il primo segno visibile e concreto.

Le tecnologie della comunicazione ambiscono a sostituire la politica quale strumento di governo e di previsione sul destino sociale. E' un sogno soprattutto americano, è un'ideologia tipicamente tecnocratica ma, questa volta, con orizzonti mondiali; esso porta necessariamente a una brutale semplificazione che, alla cultura tradizionale dell'Europa moderna, può apparire ritorno a forme primitive e prevalenza di un agire immediato e rozzo su qualunque forma di pensiero e di riflessione. Questa ideologia spinge i soggetti a mutare atteggiamenti, comportamenti, vita. Questa è la rivoluzione tecnologica contro la politica ereditata dal XIX sec. e dominante nel XX sec. Essa attribuisce alle nuove tecnologie una forza di ammodernamento, di innovazione e in taluni casi di **rivoluzione** rispetto allo stato attuale delle cose. Ma l'attesa di un'innovazione rivoluzionaria sta nell'opinione pubblica insieme a visibili resistenze oppure a forme latenti di paura e di vera angoscia rispetto alla diffusione delle tecnologie e delle nuove macchine.

La Stone [91]richiede che la conclusione, la chiusura dell'età della meccanizzazione sia letta in senso forte; cioè acendo riferimento alla cultura, alla società e quindi alla civiltà delle macchine che va verso la sua fine e la sua trasformazione rivoluzionaria. La distanza è misurata dal fatto che la società non è più costruita sulle differenze e sul rapporto gerarchico tra economia materiale e sovrastruttura. Dunque la rivoluzione non avviene prima nell'economia materiale e poi trasferisce i suoi effetti nella società e quindi l'ideologia non è che la rappresentazione (falsa, parziale, umana (della mente) che soggetti storicamente determinati possono produrre nel tempo attraverso gli strumenti culturali in loro possesso. La rivoluzione avviene nel ribaltamento della gerarchia e nell'annullamento della distinzione e separazione fisica tra i livelli e le forze reali: l'economia immateriale trascina e sconvolge l'economia materiale immettendo una quantità inaudita di intelligenza umana, favorendo una partecipazione diretta degli umani; sono sradicati i rapporti costituiti e sono snaturate le gerarchie e tutto ciò avviene su un piano "globale", in cui le differenze dei territori e delle popolazioni sembrano annullarsi perché la velocità del fenomeno non ci consente né adeguata riflessione e soprattutto non permette alle società di sfruttare i dislivelli di sviluppo territoriale come occasioni di difesa o di resistenza. Il fenomeno è totalmente dominato dalla spinta "americana", ma insieme assorbe quella spinta da quel territorio "attrezzato" e la tramuta in patrimonio globale (e a questo funziona principalmente Internet, a liberare e a rendere fluidi i passaggi nel territorio fisico del mondo; li aggira e li avvolge e così rende facile la connessione di pensieri, azioni, comportamenti su scala planetaria). Di fronte a questa radicale dissomiglianza e quindi a questa necessaria riduzione storica dell'analisi prioritariamente economica di Marx; dell'economia classica si intende, rimane una fondamentale somiglianza sul piano del metodo e cioè che, nel senso pieno del significato marxiano, questi sconvolgimenti producono ideologia e gli umani ancora producono in continuazione ideologia nelle forme proprie di essa: sia personale rappresentazione di processi di cui non riescono ad afferrare le cause e le ragioni sia apologia e strumentale utilizzo per raggiungere i propri scopi di dominio e di affermazione sia infine falsa e consolatoria coscienza per sopportare un trauma immane e affrontare un destino che può apparire orrendo perché sconosciuto e incombente

[91] Allucquère Rosanne Stone in The War of Desir and Technology at the Close of Mechanical Age

Walter Benjamin aveva concentrato l'attenzione sull'inizio di questo processo storico e guardava appunto al XIX secolo e a Parigi capitale nel mondo delle macchine (macchinari e lavoro, ma anche macchine e riproduzione e macchine e rappresentazione) e sottolineava soprattutto l'ambiguità del fenomeno: progressivo perché si coniuga con processi di emancipazione e di liberazione, massificante perché produce appunto l'età delle masse tutte uguali e, infine, rivoluzionario perché genera cambiamenti radicali nella natura dell'umano.

Oggi siamo oltre: il macchinario sta esaurendo non solo il suo dominio fisico ma anche la sua presenza fisica. La meccanizzazione come movimento necessario della macchina e quindi come riduzione dell'umano a esecutore di programmi sta esaurendo le sue funzioni. L'automazione invece ha avuto un suo potente sviluppo fino all'I.A.: ma l'informatica rimane ancora sull'orizzonte dell'automazione; e l'automazione sia con i macchinari fisici sia con le macchine soft è sempre legata a un modello sostitutivo del ruolo attivo dell'umano e della sua intelligenza. I meccanismi, la garanzia che si riproducano senza errore sono quanto di più lontano possa esserci dalla mente umana che, al contrario, vive di errori e di esperienze. Alla fine, dunque della meccanizzazione dei grandi impianti e dell'automazione pesante, c'è la meccanizzazione immateriale e l'automazione leggera, ma il modello è rimasto lo stesso, anzi si è diffuso più facilmente. Invece i personal media devono procedere non solo alla chiusura definitiva di quel tempo storico e della sua storia ma anche alla fine dei comportamenti conseguenti e quindi derivati da quel sistema di macchine. Avere una macchina sola e per sé, avere e usare un personal computer, può essere un atto davvero rivoluzionario se esso viene giocato nella consapevolezza culturale che al sistema fisico delle macchine, al mondo meccanico creato dall'insieme organizzato e razionale dei macchinari, viene sostituito il mondo delle relazioni virtuali tra soggetti indipendenti che usano per sé macchine leggere che elaborano simboli, producono linguaggi, liberano forme di comunicazione dirette che non sono necessariamente solo alfanumeriche. Ci ritroviamo a una svolta di civiltà: la cultura che viene dagli U.S.A. ambisce a vincere, è il vampiro della cultura europea; ma la cultura europea vinta sul terreno militare e tecnologico può guidare e governare il processo di cambiamento di civiltà permeandosi e penetrando dentro la cultura degli States e portandola là dove non sa andare e non può andare. L'Europa attuale può svolgere nel terzo millennio il ruolo fondamentale della Grecia classica, dominata dall'impero di Roma.

2. Le presse e la comunicazione

Permeabilità e plasticità sono le caratteristiche delle nuove tecnologie che si offrono all'interazione umana; esse richiedono molta più intelligenza e molta più predisposizione al cambiamento e più volte nel corso della vita. Le tecnologie della comunicazione favoriscono l'abbattimento delle differenze, dei recinti e dei sistemi che identificano e quindi separano. Li vedono come ostacoli e come mondi della tradizione immobili e capaci solo di auto-riprodursi. Aumentano le occasioni di scambio e gli umani agiscono in ambienti profondamente permeati e determinati dalle tecnologie stesse, di cui sperimentano soprattutto l'immaterialità e la facilitazione dell'uso (friendly, tecnologie amichevoli all'opposto della meccanica e delle presse); vince il carattere soft, cioè non meccanico, non pesante e statico, quindi dinamico e infine la qualità intelligente che sembra contraddistinguerle. Soft diventa sinonimo di intelligenza oltre l'ingegneria (meccanica, di strumenti, di oggetti, di impianti) e oltre l'informatica (la programmazione, il calcolo ecc. ecc.). In realtà questo modo di vedere le cose è strettamente legato al primato che noi intendiamo dare alla comunicazione, sopra quindi la facoltà di costruire e di impiantare e sopra la facoltà di calcolare e di informare. Sopra significa che sotto ci sono tecnologie pesanti, indispensabili perché funzionino quelle leggere, ma stanno **sotto** perché noi vogliamo usare e scambiare e utilizzare le tecnologie soft e così pensiamo di imporre un nuovo primato alla comunicazione e nello stesso tempo realizzare (o riprendere) un primato degli umani sui meccanismi, sugli automatismi, sulle macchine. Questo è nello stesso tempo uno straordinario e inedito processo di personalizzazione dell'ambiente e della tecnologia e un'occasione di liberazione degli umani.

Quale centralità alla comunicazione hanno fornito le presse e la fabbrica meccanica? La catena di montaggio, il fordismo quanto hanno sviluppato di comunicazione?

All'opposto delle tecnologie della comunicazione e dell'informazione non sono pervasive, ma differenziate e distinte, sono macchine che hanno una loro individualità e generano una cultura dell'individualità e producono percorsi differenziati e antagonisti. Il tornio e la pressa non prevedono alcuna interazione umana che non sia meccanica, ripetitiva e etero-diretta; non è possibile pensare a una pressa a misura d'uomo e modificabile costantemente secondo gli input dell'utente. Potremmo guardare come a un paesaggio (lo sguardo sul paesaggio di Wittgenstein) e non a una sequenza: il territorio appare nella società industriale discontinuo, determinato da aree di conquista e di colonizzazione con i centri forti rappresentati dalla concentrazione tra città e fabbrica. Nel nuovo paesaggio invece non c'è discontinuità ma **flussi** e non esistono concentrazioni o luoghi privilegiati, sono disseminati nella rete.

3. Gli user generated contents

La prospettiva cambia se li guardiamo non come consumatori – anche evoluti, in mutamento continuo nelle abitudini e nelle loro funzioni tradizionali – ma come veri e propri **generatori di contenuti**, cioè produttori culturali. Il concetto di produttore culturale è stato storicamente abbinato all'idea di élites, di intellettuali, se non di artisti e individui eccezionali oppure di specialisti dedicati a questo tipo di lavoro o di servizio intellettuale (ad es. la scuola). Si tratta del fenomeno noto come *user generated contents*, cioè contenuti prodotti dall'utente. I consumatori non sono stati storicamente dei produttori culturali, anzi sono stati soprattutto fruitori passivi e eterodiretti di merci. Contava soltanto la quantità e l'adesione incondizionata allo stereotipo; quindi gli *user,* il cui status non cambia in questa prospettiva, vengono individuati, ora, attraverso un'attività, un fare o almeno un reagire, concentrato sui "contenuti", cioè su atti definibili genericamente come culturali per distinguerli almeno dal consumo delle merci.

Il primo segnale è un aumento enorme della produttività. Sarebbe più corretto parlare di attività di soggetti non istituzionali e non professionali: i singoli producono di più delle imprese e dei professionisti, ma la loro produzione non genera valore se non in misura infima rispetto ai *professionals* e alle imprese.

La ricerca *How Much Information*, realizzata all'Università di Berkeley nel 2003, si basa su una metodologia apparentemente semplicissima. Come si risponde alla domanda essenziale: per misurare l'attività di questi utenti in evoluzione, quale unità di base occorre individuare in modo tale che sia semplice e utile per tutti i confronti necessari? La risposta è: il bit. È una unità di informazione base e coerente con le tecnologie e i media utilizzati. La produzione individuale, quando considerata globalmente, eccede di molto quella dei professionisti. Un confronto tra la produzione alfanumerica e quella di immagini. L'immagine pesa molto di più della parola scritta, l'immagine in movimento conta molto di più di quella fissa e così via. Siamo al centro del problema che appare in tutta evidenza quando si esamina la natura dell'informazione e quindi la produzione di documenti dotati di significato accettato dalla comunità, anche ai livelli d'uso più convenzionale (tipo filmati amatoriali etc.).

In corrispondenza dei pacchetti integrati tecnologicamente, ma mescolati dal punto di vista dei contenuti, cosa succede? Viaggiano insieme, si mescolano fisicamente e... l'uso diventa indifferente: testo, immagine, suono, grafica etc. Diminuisce la complessità del significato e quindi si destabilizza il patto comunicativo basato sulla convenzione dei significati. Non ci sono garanzie o ordini pre-stabiliti entro i quali mettere in gerarchia i messaggi siano essi di testo (nella tradizione moderna sono i principali e i fondamentali quelli che danno la logica e il grado di importanza) siano essi immagini (che non hanno nella tradizione moderna un loro, autonomo linguaggio, parallelo o addirittura alternativo al modello logico-sequenziale). Aumenta l'indifferenza verso le caratteristiche dei contenuti e invece aumenta l'attenzione per la confezione e le modalità di trasmissione: il successo del *packaging*. L'immagine soverchia il testo, l'immagine con il suono incorporato è il messaggio dominante. La definizione di contenuto è insufficiente, se non proprio rozza. Possiamo conoscere i caratteri profondi, tipici e qualificanti del messaggio solo in quanto testo e non genericamente come contenuto il testo si oppone – nella sua natura – al contenuto. Il contenuto è conosciuto e utilizzato solo nella sua apparenza, nei suoi caratteri esterni (Lyman P., Varian H.R, 2003) o nella sua dimensione fisica: quanto più viene generato e diffuso tanto più sembra scomparire la sua natura originale e significativa di produzione e scambio di significati. Il testo richiama ancora la modernità e la complessità, il contenuto invece è povero.

Nell'esperienza comune di utilizzatori non professionali di computer sembra che la capacità di memoria sia destinata a diventare così poco costosa da non essere neppure più percepita. È luogo comune e esperienza diffusa la facilità con cui un venditore "arricchisce" la memoria del nostro computer attribuendole una bassissima qualità tecnologica e un modestissimo valore economico (cioè, un costo che si ribalta sull'acquirente). Una possibile conseguenza è la diffusione di un luogo comune: **la memoria non costa nulla e non vale nulla**. Nel computer esercita una funzione irrilevante, ma garantita, in continua espansione. Gli utenti cesseranno di considerare la capacità di memoria come un valore economico di sbarramento, come una soglia che può impedire l'acquisto del computer. Si possono generare sul medio periodo due conseguenze di segno opposto: la prima sposta l'attenzione su un valore importante, di qualità, che caratterizza non solo la macchina ma l'uso che gli umani ne possono fare. La macchina è solida, funzionante e garantisce prestazioni sempre più efficienti. L'attenzione si concentra sul modo in cui si può accedere ai contenuti (facility, modalità che richiedono sempre meno addestramento per operazioni sempre più complesse, cognitivamente ricche), utilizzarli (l'utente assume un ruolo precoce già nella progettazione di software e hardware e quindi impone un suo ruolo inedito alla programmazione degli oggetti e dei prodotti) e personalizzarli (la smaterializzazione sembra facilitare l'approccio alla macchina stessa in cui la domanda diretta dell'utente, le sue richieste e l'adattabilità della macchina sono valori a cui viene data primaria importanza). La percezione dell'irrilevanza del valore dei contenuti culturali (contenuti immateriali) causa anche altre numerose conseguenze, più ambigue e contraddittorie.

Il luogo comune per cui la realtà è organizzata come un **database infinito**, già costituito, in continua crescita e in cui si può trovare tutto. È l'idea di un patrimonio eterno e smisurato che può essere manipolato senza difficoltà, al di là delle sue caratteristiche formali e della sua identità. La stessa realtà appare profilata e quindi organizzata come un database ad accesso illimitato e facilitato, automaticamente arricchito da soggetti, nella maggior parte dei casi del tutto sconosciuti gli uni agli altri. Non ci sono barriere né controlli né vincoli. La realtà è ben diversa: il mercato è terreno di competizione feroce tra i principali soggetti economici e industriali; sono evidenti gli scontri e la vera e propria guerra per i diritti e la concorrenza (o al contrario l'imposizione di mercati chiusi) per la distribuzione.

Si può citare un passo, sempre da McLuhan, ma dedicato specificatamente al cinema. Perché? Perché vogliamo sottolineare un carattere fondamentale del cinema nella società del Novecento, almeno della prima metà del Novecento, prima dell'avvento della televisione; quello di essere il medium dominante di quella società. Non solo quale mezzo di riproduzione e di rappresentazione di quella società. Esso apre una possibilità insperata di superamento e di fuoriuscita dalla società della meccanizzazione, cioè dal dominio della fabbrica fordista e della sua gerarchia sociale e culturale.

> *La meccanizzazione non è mai stata così intensamente frammentata o sequenziale come ai tempi in cui nasceva il cinema, che a sua volta ci trasportò ben presto al di là del meccanismo, nel mondo dello sviluppo e dell'interrelazione organica. Il film, con la semplice accelerazione della componente meccanica, ci ha indotti a passare dal mondo della sequenza e delle connessioni a quello della configurazione e della struttura creativa. Il messaggio del medium consiste nella transizione dalle connessioni lineari alle configurazioni. Questa transizione è all'origine di un'osservazione che oggigiorno è abbastanza calzante: "Se funziona, è antiquato". Quando poi la velocità elettrica riscatta dai*

limiti della componente meccanica le sequenze cinematografiche, le linee di forza delle strutture e dei media diventano allora vistosamente chiare. E torniamo così alla forma onnicomprensiva dell'icona.[92]

McLuhan attribuisce al cinema la funzione innovatrice che consente di superare non solo una tecnologia dominante, ma una cultura dominante. Per le tecnologie il punto chiave è la velocità, l'accelerazione, è l'esasperazione dell'obiettivo finalmente raggiunto dal cinema nelle sale e dai film prodotti a partire dai fratelli Lumières: passare dall'immagine fissa al movimento. È un passaggio decisivo che porta questo medium al centro della cultura europea e poi americana: l'asse portante, fondato sul codice alfanumerico, viene scrollato violentemente e si scopre un mezzo o uno stratagemma per forzare quel paradigma che appare ora (agli inizi del Novecento) una gabbia rigida e vincolante: il modello logico sequenziale della scrittura. Il grimaldello, la chiave di volta è la tecnica del montaggio: scardinare appunto il meccanismo ripetitivo e cercare nuovi linguaggi in cui il visivo, l'immagine non è più soltanto supporto dell'immaginazione, ma inizia ad essere il linguaggio dell'immaginazione. Il cinema indica con orgoglio nei suoi primi grandi maestri che sta inventando un genere nuovo e un linguaggio nuovo; ma l'ambiente ideale era stato creato dalle avanguardie artistiche del Novecento, anche dagli scrittori, a cominciare da Joyce per passare dai futuristi ai dadaisti, ai surrealisti. McLuhan pone l'accento su questo nesso decisivo tra cinema e arti di avanguardia, scegliendo una esperienza decisiva, quella del cubismo; ma il cinema è davvero la clava per spazzare via quel mondo sclerotizzato e per aprire le porte al nuovo pubblico, quello di massa, quello popolare. Tutti possono vedere il cinema, solo gli eletti possono leggere Joyce o l'arte di avanguardia.

A una cultura estremamente alfabetizzata e meccanizzata il cinema parve un mondo di illusioni trionfanti e di sogni che il denaro era in grado di comprare. A questo punto arrivò il cubismo, che E. H. Gombrich ha definito in Arte e illusione *"il tentativo più radicale per toglier di mezzo l'ambiguità e imporre una lettura del quadro come costruzione fatta dall'uomo e come tela colorata". Il cubismo infatti presenta simultaneamente tutte le facce di un oggetto, anziché il "punto di vista", ovvero la faccia dell'illusione prospettica. Al posto dell'illusione funzionale della terza dimensione, esso propone un gioco*

---

[92] McLuhan M., *Gli strumenti del comunicare*, Il Saggiatore, Milano 1990, p. 15 e seg. [ed. or.: McLuhan M., *Understanding media*, McGraw-Hill Book Company, New York 1964].

di piani e una contraddizione, o conflitto drammatico, di schemi, di luci e di tessuti che "manda a destinazione il messaggio" attraverso un coinvolgimento. E questo è considerato da molti un esercizio di pittura, non di illusione.

In altre parole, il cubismo, mostrando in due dimensioni l'interno e l'esterno, la cima e il fondo, il davanti e il dietro, eccetera, rinuncia all'illusione della prospettiva a favore dell'immediata consapevolezza sensoria del tutto. Cogliendo in un unico istante la consapevolezza totale, ha improvvisamente annunciato che il medium è il messaggio. *Non è forse evidente che non appena la sequenza lascia il posto alla simultaneità, si entra nel mondo della struttura e della configurazione? Non è forse accaduto proprio questo nella fisica come nella pittura, nella poesia e nelle comunicazioni? Segmenti di attenzione specializzata si sono trasferiti in un campo totale, talché oggi possiamo dire con sufficiente tranquillità che "il* medium *è il messaggio". Ciò non era per nulla ovvio prima della velocità elettrica e del campo totale.*[93]

A questo punto siamo già arrivati alla possibilità che il medium sia il messaggio; si sono determinate, cioè, le condizioni per un passaggio duplice: radicale mutamento nel ruolo egemone dei media; competizione sempre più feroce tra i media per conquistare l'egemonia sulla cultura del tempo.

4. Interfacce culturali

Qui è Lev Manovich che ci propone il concetto di interfaccia culturale:

Poiché la distribuzione di tutte le forme culturali si basa ormai sul computer, ci stiamo sempre di più "interfacciando" con dei dati prevalentemente culturali: testi, fotografie, film, musica, ambienti virtuali. In sostanza non ci stiamo più rapportando con un computer, ma con una cultura codificata in forma digitale. Userò il termine interfaccia culturale per descrivere un'interfaccia uomo-computer-

[93] McLuhan M., *op.cit.*, 1990, p. 21.

cultura, cioè le modalità con cui i computer ci presentano i dati culturali e consentono di interagire con essi.[94]

Ed è sempre Manovich che indica nel cinema la "madre" di ogni interfaccia culturale:

Invece di essere solo uno dei tanti linguaggi culturali, il cinema sta diventando l'interfaccia culturale: una scatola degli attrezzi per tutta la comunicazione culturale, che viene a prendere il posto della parola stampata.[95]

Il cinema fornisce gli "strumenti" all'utente del computer [...] la finestra che dà su un mondo fittizio in cui si svolge una narrazione cinematografica è diventata una finestra che si affaccia su un panorama di dati. In sostanza, quello che una volta era il cinema, costituisce oggi l'interfaccia uomo-computer.[96]

In questo modo Manovich riduce il cinema a grande serbatoio, al dispositivo più diffuso, più permeabile e più presente nell'immaginario degli esseri umani; è l'incunabolo da cui l'utente ricava la materia prima, ma è il computer e la logica dell'ordinatore (non a caso in francese computer è tradotto con *ordinateur*) che definiscono sempre più l'approccio dell'utente alla macchina e, attraverso questa, al mondo circostante. Paradossalmente Manovich descrive (e non sappiamo con quanta consapevolezza) il percorso di uscita e di superamento che McLuhan attribuì al cinema. Il cinema dei film e delle sale pubbliche fu mezzo per fuoriuscire dalla gerarchia della società fordista, dalla civiltà della meccanizzazione e avviarsi verso il mondo dei flussi e delle "configurazioni", cioè di forme culturali e di paradigmi fondati su tecnologie non meccaniche. Allo stesso modo le interfacce culturali segnano la fine di quel lungo passaggio e l'approdo, non solo a una cultura fondata sul digitale, ma a un'immagine del mondo tutta costruita sulla logica del database. Il mondo appare dunque un deposito infinito di dati, di relazioni e di connessioni che si possono assemblare, riordinare e ricombinare all'infinito. Questa è la logica del database, una logica su cui si crea, nel tempo presente, l'idea vincente della creatività; un'idea molto lontana dai paradigmi della cultura classica e moderna, poiché si fonda sul primato

[94] Manovich L, *Il linguaggio dei nuovi media*, Olivares, Milano 2002, pp. 97-99 [ed. or.: *The Language of New Media*, MIT Press, Cambridge 2001].
[95] Manovich L., *op.cit.*, 2002, p. 191.
[96] Manovich L., *op.cit.*, 2002, p. 118.

tecnologico, non solo come strumento, ma come attore di conoscenza e ordinatore delle nostre possibili forme di conoscenza al presente. La finestra, lo schermo sono tra-passati (o almeno è forte la suggestione e forse l'illusione della massima interattività, della massima permeabilità, della massima immersività).

Così avviene *il passaggio verso la logica del database: si apre una finestra!* Quella finestra, che dava su un mondo fittizio in cui si svolgeva la narrazione cinematografica, è diventata una finestra che si affaccia su un panorama di dati. In sostanza, quello che una volta era il cinema, costituisce oggi l'interfaccia uomo-computer. Inizia un percorso in cui l'immaginario viene sconvolto dalle tecnologie della comunicazione; le pratiche di rappresentazione nel sistema dei media interagiscono tra loro e si sviluppano nell'immaginario collettivo attraverso metafore, stili, prodotti di consumo e forme artistiche. L'immaginario come luogo di un universale meticciato, un mercato arabo (*suk*) in cui si vendono tutti i prodotti possibili e si consumano tutte, indistintamente, le pratiche possibili di esperienza di vita vissuta.

5. Re-mediation

Il presupposto è che la comunicazione, le sue evoluzioni attraverso le interfacce digitali, plasmino in modo decisivo la cultura, in quanto, come dice Postman, "*non vediamo come sono la natura, l'intelligenza, la motivazione umana, l'ideologia, ma come sono i nostri linguaggi. I linguaggi sono i mezzi di comunicazione. I mezzi sono le nostre metafore. Le metafore creano il contenuto della nostra cultura*"[97]; è la conferma di una argomentazione propria della teoria della *remediation*. "*La rappresentazione di un medium all'interno di un altro è una caratteristica fondamentale dei nuovi media digitali*"[98].

Approdiamo così alla ragnatela linguistico-semiotica che ci rappresenta un mondo in cui nessuno segnala mai le rotture, le fratture, i conflitti. L'immaginario, pensato così, corre il rischio di apparire e di essere realmente una sorta di mongolfiera, una bolla sganciata dai processi reali, in cui il conflitto e la

[97] Postman N., *Divertirsi da morire: discorso pubblico nell'era dello spettacolo*, Longanesi, Milano 1985, p. 15 [ed. or.: *Amusing Ourselves to Death: Public Discourse in the Age of Show Business*, Viking Press, New York 1985].

[98] Bolter J. D, Grusin R., *Remediation. Competizione e integrazione tra media vecchi e nuovi*, Guerini. Milano 2002, p. 73 [ed. or.: *Remediation. Understanding New Media*, MIT Press, Cambridge, 1999].

differenza sono segni distintivi. L'immaginario del cinema del Novecento unificava il popolo sotto la spinta di ragioni travolgenti, sociali e culturali che, nella politica dei regimi autoritari di massa trovò, sotto diverse e opposte bandiere, la piena espressione. E consumò tutte le attese e tragicamente le concluse nella guerra e nei bombardamenti delle città indifese, nei campi di concentramento, nei gulag, nel terrore e nella minaccia dell'olocausto totale e definitivo. Questo nuovo immaginario a quali spinte risponde? A quali attese risponde e quali speranze accende, nell'attesa che non sia ancora un'occasione di minaccia e di terrore? Non solo, infatti, le interfacce digitali influenzano il nostro sistema percettivo, creando dei nuovi *brainframes* con i quali inquadriamo la nostra esperienza quotidiana, ma esse influenzano anche la produzione e la configurazione di messaggi all'interno del complessivo sistema dei media. Il sistema dei media, quindi, si caratterizza per un certo livello di autoreferenzialità, che Bolter definisce "rimediazione" (*remediation*): "*elemento costitutivo del concetto di remediation è la presa d'atto che nella nostra cultura un singolo medium non può mai operare in forma isolata perché si appropria di tecniche, forme, significati di altri media e cerca di competere con loro o di rimodellarli in nome del reale*"[99]

Siamo tornati all'eredità culturale. Uno dei momenti storici in cui assume un ruolo centrale e la riflessione e la discussione su di essa è strettamente legato nel Novecento all'idea di rivoluzione sociale, politica e culturale: le rivoluzioni del Novecento e le avanguardie artistiche sono i poli determinanti di questo conflitto e di queste riflessioni. Qual è la rivoluzione a cui facciamo riferimento e quali sono i soggetti protagonisti? Molti osservatori competenti e molti ricercatori indicano nella rivoluzione della percezione delle grandi categorie spazio temporali il segno del cambiamento epocale; del tempo in particolare, con l'annullamento dell'idea di processo e la sua sostituzione con l'eterno presente dei flussi. Si cancella la funzione della tradizione che trasmette nel tempo e quindi la tradizione storicistica nel tempo lineare, che dal passato viene fino a noi. La tensione è per una forte, totale attualizzazione: realizzazione paradossale dell'anatema di Friedrich Nietzsche sulla storia. Tutto il potere e una potenza forse inedita alle tecnologie della comunicazione. Il mondo come enorme e inesauribile banca dati, messi in relazione dinamica, ma non organizzati gerarchicamente. Non si tratta dunque di produrre oggetti o significati, ma di trovarli e di combinarli in modo "creativo". I media in questo senso hanno costituito il bacino più rappresentativo, e di facile accesso, a una eredità culturale disponibile a tutti, al quale gli stessi progettisti di interfacce hanno, implicitamente o deliberatamente,

---

[99] Bolter J. D, Grusin R., *op.cit.*, 2002, p. 16.

fatto riferimento. *La facilità di accesso è la società dell'accesso*, come afferma Rifkin[100]. E non solo il mercato è rivoluzionato nella sua parte costitutiva di luogo di compravendita delle merci, e quindi di luogo che fonda la proprietà privata delle merci stesse e dei beni. Il valore commerciale dell'accesso rivoluziona il mercato, ma anche rivoluziona il rapporto tra economia e cultura e ripropone in forma diversa, ma sempre negli elementi fondamentali, la grande diatriba sull'industria culturale avviata negli anni Venti e Trenta del secolo passato. L'addestramento rapido e facile all'accesso sostituisce la *domestication* che ha portato, nel tempo lungo, i nostri antenati dall'oralità alla scrittura e poi da questa alla stampa, fino ai media di massa.

La facilità e l'immediatezza della padronanza del materiale culturale sono l'approdo decisivo: i progettisti dell'interazione uomo-computer hanno attinto e attingono alle metafore comunicative, al sistema di valori e percezioni presenti negli altri media, come cinema, giornali o televisione, per creare interfacce in grado di comunicare efficacemente con gli utenti. L'utilizzo delle stesse metafore già presenti nel sistema dei media, infatti, permette di scavalcare numerosi problemi di accesso cognitivo, di riconoscimento e di accettazione propria dell'immissione di nuovi schemi di interazione. Emerge quindi che quasi tutti i modelli di comunicazione delle interfacce digitali attingono a un comune bacino semantico proveniente dal più ampio sistema dei media. In poco tempo le interfacce digitali hanno fagocitato quasi tutti i modelli di interazione utilizzati dagli altri media, e li hanno trasformati in relazione alle precipue caratteristiche del mezzo, secondo le logiche della rimediazione e dell'ipermediazione descritte da Bolter. L'interattività, la personalizzazione, la natura discreta dell'informazione digitale, la possibilità di creare connessioni orizzontali e sincrone di comunicazione, hanno trasformato questi stessi modelli dal di dentro, e probabilmente siamo vicini al momento in cui gli altri media — giornali, cinema, tv — riconfigureranno le loro metafore comunicative secondo i modelli contaminati che propone il *brainframe* digitale. Certamente è importante questa impostazione della ricerca sui media da parte di Bolter. È importante introdurre la mediazione culturale in un campo che rischia di essere troppo e solo tecnologico, dominato dal determinismo tecnologico e dalla mescolanza mediatica. Viene proposto un concetto dinamico, evolutivo e con possibili espansioni verso l'universo dei comportamenti culturali. Questa impostazione rimane però una mediazione culturale senza soggetti sociali, una cultura sganciata del suo essere

[100] Rifkin J., *L'era dell'accesso. La rivoluzione della new economy*, Mondadori, Milano, 2000 [ed. or.: *The Age of Access*, Penguin, London 2000].

sociale. Non ci dà risposte e soprattutto non apre prospettive per capire se siamo finalmente al passaggio di civiltà con *domestications* decisive per il cambiamento definitivo di paradigma. Va discusso il palcoscenico di un nuovo immaginario cinematografico e sottoporre a verifica quelle categorie: spettatore, visitatore, attore. L'ipotesi è che l'evoluzione verso l'interattività sia un passaggio verso una più ampia e intensa partecipazione del soggetto. Ma questo soggetto o questi soggetti sono latenti, quasi sconosciuti e non sono più riconoscibili, né attraverso le categorie delle scienze storiche, e quindi rispetto all'evoluzione e al cambiamento nel tempo lineare, né leggibili attraverso una rinnovata scienza sociale che deve necessariamente rivedere il suo presupposto genetico: la differenza della società in classi sociali e i loro rapporti di potere e di conflitto.

Io credo che queste due strade vadano assolutamente riprese per ri-animare il pensiero critico e riflessivo, la nostra coscienza culturale che non intenda cedere e abbandonarsi alla resa dell'alluvione di oggetti virtuali e di segni inafferrabili, come in un caleidoscopio senza inizio e senza fine. Dentro il conflitto attuale tra immaginario e essere sociale si rivela pienamente uno dei processi di lungo periodo, potremmo dire eterni, rispetto alla civiltà degli esseri umani: la *crisi dell'autorità dell'autore*[101].

Oggi si comunica principalmente attraverso messaggi alfanumerici e secondo il modello testuale basato sul codice logico sequenziale. Non è ancora dimostrabile un avvicendamento tra la civiltà della scrittura e quella dell'immagine ed è ancora in discussione il valore conoscitivo e comunicativo dell'immagine fissa e in movimento. Comunichiamo ancora attraverso il paradigma tradizionale. Anche Internet ha seguito questo modello, nella prima fase, riducendone sempre di più il valore cogente attraverso la smaterializzazione del supporto, la ricerca di altri linguaggi che superassero il codice fondato sulla coppia autore-lettore. Si è realizzata una mescolanza progressiva dei due ruoli con una partecipazione attiva e creativa del secondo (il lettore spesso trasformato più genericamente in fruitore o utente) e una abolizione della retorica dei generi e dei ruoli fissati dal canone letterario e culturale; infine, con l'aiuto di tecnologie della comunicazione, è stata facilitata la partecipazione di utenti non attrezzati professionalmente spingendoli all'uso intenso di immagini per comunicare le proprie esperienze di vita e i propri modelli di comunicazione.

---

[101] Cfr.: Ricciardi M., "Comunicare per immagini" in *Scienze Gastronomiche*, n. 2, 2007, disponibile online all'indirizzo http://www.unisgjournal.it/ita/022007/ricerca/ricciardi.asp (ultimo accesso: aprile 2008).

La Turkle si distacca (e noi in qualche modo dobbiamo distaccarla) dai limiti materiali di quelle tecnologie, es. i MUD, dalle comunità virtuali basate sulla scrittura testuale. Qui il punto di partenza è il saggio di Elizabeth Reid[102] considerato il primo contributo socio-antropologico sul cyberspazio. Vale anche l'esempio di Vannevar Bush[103] (forse troppo esaltato). Il legame con le tecnologie del suo tempo e il padroneggiamento delle stesse rispetto al progetto originale di Bush (è documentato che ebbe l'avvio negli anni '30) è addirittura stravolgente. Quello che viene celebrato come il profeta della fuoriuscita dalla civiltà meccanica, progetta e si propone di costruire un artefatto meccanico, tutto dentro la civiltà meccanica. Oggi, As we may think viene letto in modo stravolto rispetto al suo hic et nunc; eppure ha funzionato fortemente e si è creata una catena positiva, riconosciuta dai protagonisti attivi, dai realizzatori di quella tecnologia e cultura dell'ipertesto che è il punto cruciale nel passaggio alla società dei network: nella tecnologia e cultura dell'ipertesto si realizza il cambio di mentalità; con la più alta fusione tra le tecnologie della comunicazione e i nuovi modelli della scrittura e della lettura di origine umanistica (cioè europea)[104]

6. La costellazione finale

Fine della società industriale e nascita di una società "nuova" che si distacca da quella industriale che ha dominato il secolo XX. Al principio c'è Daniel Bell[105] e la previsione di una società che va oltre la modernizzazione basata sull'economia industriale con tutte le conseguenze strategiche che ne derivano. Partendo da presupposti teorici e da ricerche sul campo assai diverse giocano un ruolo altrettanto innovativo alcuni antropologi come Ong e Goody: irrompe la

---

[102] *Electropolis: Communication and Community on Internet Relay Chat* (1991). Consultabile in w.aluluei.com/work.htm

[103] *As we may thinks* e' il saggio più famoso, pubblicato nel 1945 sulla rivista "Atlantic Monthly". Un'accurata ricostruzione del percorso di Vannevar Bush, corredata di interventi tra i maggiori "prosecutori" della sua linea come Nelson o Engelbart si trova in *From Memex to Hypertext* (ed. J. Nyce e P. Kahn), Academic Press Inc., 1991; trad. it, Franco Muzzio, Padova 1992

[104] a questo proposito rinvio a M. RICCIARDI, *Letteratura e nuovo mondo, in Scrivere comunicare apprendere con le nuove tecnologie* (ed. M.RICCIARDI), Bollati Boringhieri, Torino 1995; e M.LANA, *Il testo nel computer*, Bollati Boringhieri, Torino 2004 (in partic. il cap. *La storia dell'ipertesto*)

[105] *The Coming of post Industrial Society: a Venture in Social Forecasting*, Basic Books, New York 1976

comunicazione come campo strategico per lo studio delle società e delle civiltà[106]. Sono questi antropologi a sostenere la riscoperta "forte" della coppia oralità-scrittura quale fondamento e dinamica della società (in parallelo alla fine delle leggi bronzee dell'economia industriale e alla gabbia delle classi sociali fisse e materialmente definite).

Un altro modo per arricchire la costellazione è il recupero della figura, anch'essa fondante, di Norbert Wiener, il padre della cibernetica. Una visione "forte" di quel ruolo è nel saggio di Breton[107] su Wiener,: la comunicazione è l'unica speranza in un mondo travolto dalle guerre e dal terrore atomico e sull'orlo dell'autodistruzione: "**"noi siamo dei naufraghi su un pianeta ormai condannato".**

Poi le donne a cominciare dai genders studies e da Donna Haraway[108], ma soprattutto, Brenda Laurel[109] e Allucquère Rosanne Stone[110]. L'incontro culturale descritto da Landow[111]: Derrida ipertestuale e Nelson poststrutturalista? Quando i progettisti di sofware esaminano le pagine di *Glas* o *della grammatologia*, si imbattono in un Derrida digitalizzato e ipertestualizzato; quando i teorici della letteratura studiano literary machines scoprono un Nelson decostruzionista e poststrutturalista" introduce una tradizione europea che ha le sue origini in Freud, *disagio della civiltà*, e nella teoria del rimosso e in Nietzsche e poi passa per Foucault per arrivare a Derrida e la sua fortuna nelle università americane. Per la Turkle ha grande importanza il soggiorno francese e l'incontro col seminario di Lacan. Negli anni della pubblicazione di *life on the screen*, poco prima e poi ancora per un po' di tempo si realizza una fortunata e straordinaria

---

[106] W: ONG, *Orality and Literacy. The Technologizing of the Word*, Methuen, London and New York, 1982; trad. It., Il mulino, Bologna 1986; J: GOODY, *The Domestication of the Savage Mind,* Cambridge University Press, Cambridge 1977; trad. It., Franco Angeli, Milano 1981; M. HEIM, *Electric Language: A Philosophical Study of Word Processing*, Yale University Press, 1987

[107] P. BRETON, *L'utopie de la communication*, E'ditions de la Decouverte, Paris 1992; trad. It. UTET, Torino 1995

[108] D. HARAWAY, *manifesto cyborg. Donne, tecnologie e biopolitiche del corpo*, Feltrinelli, Milano 1999

[109] B. LAUREL, Computers as Teather, Addison & Wesley, reading Mass., 1991

[110] A.R. STONEThe War of Desire andTechnologies at The Close of Mechanical Age, 1995; trad. It., Feltrinelli, Milano 1997.

[111] G.P. LANDOW, HYPERTEXT, The *convergence of Contemporary Critical Theory and Technology*, The Jhon Hopkins University Press, Baltimore; 1992; trad. It, Baskerville, Bologna 1993

miscela di mobilità intellettuale, di nomadismo che ha come perno lo scambio tra USA e Europa. Di fronte alla rigidità delle istituzioni pubbliche, ai vincoli della società del lavoro industriale questi movimenti anche radicali e conflittuali, sono stati capaci di aggirare l'ostacolo e di costruire legami, relazioni nel mondo straordinario che si era improvvisamente aperto: la comunicazione, Internet le reti telematiche

Oggi si trova questo spirito in due contributi recenti di Pekka Himanen[112] e in Rifkin[113]

Si definisce una cornice nella quale agiscono potentemente due vettori:

1. la circolazione delle idee e del sapere sostenuta da un'ideologia intrinseca alla tecnologia della comunicazione (di condivisione e di collaborazione) potenzia i percorsi di nomadismo e di migrazione fisica degli umani. Può anche sostituirla efficacemente superando barriere, dogane e cavalli di frisia e filo spinato.
2. le tecnologie della comunicazione producono un salto mentale che va oltre la gerarchia consolidata e la società corporata del modello taylorista e fordista.

7. Lo schermo sostituisce il libro

> *Lo schermo del computer è il luogo dove andiamo interpretando i nostri stessi drammi, quei drammi di cui siamo produttori, registi, attori (Turkle)*

Turkle usa il linguaggio del cinema, Brenda Laurel quello del teatro, ma tutte e due indicano un percorso dall'esterno verso l'interno (intus) nello spazio tecnologico: il compuscreen offre un luogo immateriale per le dinamiche soggettive, personali; La tecnologia perde il sua carattere materiale e meccanico. La Turkle è nella scia di quelli che leggono il processo d trasformazione del computer da computing a macchina produttrice di simboli e poi a strumento di comunicazione. Il grande sviluppo tecnologico, le trasformazioni della macchina

---

[112] P. HIMANEN, *the Hacker Ethic and the Spirit of the Information Age*, 2001; trad. It., Feltrinelli, Milano 2001

[113] J. RIFKIN, *The European Dream*, 2004; trad. It., Mondadori, Milano 2004

fino al personal computer e poi alla sua connessione in rete rimangono sullo sfondo: al centro invece è il teatro degli umani, lo scambio tra i soggetti in cui la mediazione non è più istituzionale o normativa, non dipende cioè né dalle regole riconosciute dalla società, tanto meno dalle leggi o dalla politica ufficiale. E' dunque lo schermo, la superficie piatta che si anima e si arricchisce: vince la dinamica dell'interfaccia.

Occorre pensare e riconoscere che queste tecnologie agiscono come media. Sono già dei tecnomedia e saranno più avanti dei compumedia. Lo schermo è il punto di mediazione. Ma non più il grande schermo, quello della socializzazione di massa a partire dal cinema sonoro, cioè dalla fine degli anni Venti; siamo passati dal grande schermo al piccolo schermo. La storia inizia dallo schermo del cinema, dallo spazio teatrale dove si finge di agire e dove la finzione è potente, dove si agitano i fantasmi e dove noi partecipiamo "intimamente" e direttamente. Lo schermo è emblema di una rivoluzione intus ma non sfugge al "dominio esterno". in questa forma, è uno degli emblemi sia della società industriale sia della società di massa. L'informatizzazione, la diffusione del personal computer cambiano le regole del gioco. Sono queste tecnologie a proporsi come attori protagonisti del cambiamento e come vere e proprie strutture attive della società mondiale: la uniformano e la formano direttamente secondo le modalità inscritte nel loro codice genetico che è al tempo stesso di straripante potenza tecnologica, ma anche di insinuante e pervasiva rivoluzione mentale e culturale. La Eisenstein[114] per sottolineare il carattere assolutamente originale delle trasformazioni indotte dallo sviluppo della tipografia, della stampa e dalla diffusione del libro usa la formula: una rivoluzione silenziosa, inavvertita perché entra dentro l'anima e la forgia a nuova vita, trasforma lo spirito e ridefinisce le coordinate antropologiche del genere umano. E' la prima produzione in serie, ma usciamo dall'economia industriale e infine dalla società industriale quando le tecnologie della comunicazione incominciano a sostituire l'economia e la politica. Tecnologie che marciano verso il personal e non verso il collettivo; verso la società declinata dal multi e non dal mass. Rivoluzione nelle cose, negli oggetti, nella realtà; ma anche rivoluzione nel nostro io consolidato, civilizzato, dominato dai rapporti convenzionali e istituzionali: la rivoluzione sia nella sfera pubblica sia nella sfera privata. Ma se cambiano e si trasformano parallelamente, insieme e strettamente

[114] E. L. EISENSTEIN, THE Printing Press as an Agent of Change., Cambridge University Press 1979; trad. It Il Mulino, Bologna 1986.

legati tutti e due i mondi: quello esterno e quello interno; il principio di realtà e quello di identità; che succede?

Possiamo fare una storia del passaggio dal grande schermo (il cinema) per il pubblico di massa, ma concentrato socialmente nelle sale cinematografiche, al piccolo schermo (prima televisione, senza interattività e senza personalizzazione) verso la privatezza, la personalizzazione e le nuove forme di comunità in rete determinate dal computer e dalle reti telematiche. L'interfaccia sarà la scena di questo nuovo mondo attivo e intenso. Una storia che avrà tra i suoi temi più intriganti il rapporto tra il "grande" schermo, quello che ingigantisce ogni figura, ogni azione, ogni effetto e la ricezione pubblica, così come la descrisse Benjamin: la ricezione nella distrazione[115].

La posizione di Adorno[116] sul jazz (la regressione nell'ascolto) e quella più ambigua e aperta di Benjamin (la ricezione nella distrazione, una ricezione "pubblica" collettiva di massa come ad es. nel cinema) possono essere emblematicamente usate per segnare una posizione più aperta, quella di Benjamin e una decisamente più negativa, pronta al "gran rifiuto" di Marcuse[117] ,di Adorno. Adorno appunto, che scrive dopo essere fuggito dalla Germania ed essere approdato negli Stati Uniti[118]. Torna dunque il fascino dello schermo, che possiamo seguire storicamente nelle sale cinematografiche, dunque in un luogo deputato e sociale[119]. Ora è possibile scrivere una storia sociale dello schermo (screen) e aggiungere qualche capitolo alla storia dello specchio (mirror). Una storia concreta, di attori concreti, che ci consentirà di evitare lo scivolamento nelle metafore avvolgenti, allusive di superficie.

---

[115] W. BENJAMIN, *Das Kunstwerk in Zeitalter seiner technischen Reproduzierbarkeit,* trad. It, Einaudi, Torino 1966

[116] T. W. ADORNO, *Dissonanzen*, Vandenhoeck & Ruprecht, Gottingen 1958; trad. it., Feltrinelli, Milano 1959. Il saggio si intitola: *Il carattere di feticcio in musica e il regresso dell'ascolto.*

[117] H.MARCUSE, One dimensional Man

[118] Adorno con Horkheimer inizia nel 1942 a scrivere *Dialettica dell'Illuminismo.* Nel volume, tra i saggi, compare anche *L'industria culturale.*

[119] Un contributo importante è nel saggio di G. P. BRUNETTA, *Identità e radici culturali*, in *Storia del cinema mondiale* (a cura di G.P. Brunetta), Einaudi, Torino 1999.

8. Finestre sullo schermo

La vita reale non è altro che una finestra in più, e in genere nemmeno la mia migliore.

Le finestre consentono (il programma windows) di passare sullo schermo del computer da ruoli diversi e da funzioni diverse (percependole come atti simultanei e come facili, disinvolti, immediati, naturali scambi di esperienza, nuovi ruoli possibili da interpretare, una porta spalancata e facilmente disponibile per qualunque esperienza possibile. E' la versione "paradisiaca" del virtuale: è l'eden, sono i *paradis artificiels* dei poétes maudits, ma anche il sogno e i suoi linguaggi da interpretare di Freud. Le attività sono recintate dalle finestre (in qualche modo salvano il principio di identità e quello di differenza) ma sono indicatori di un possibile a portata di mano, immediato, facile e senza mediazioni. Possiamo impersonare, recitare, e scoprire di essere noi stessi (l'io che desideriamo essere) molto più che non nella vita sociale e soprattutto nella vita regolamentata dalle istituzioni contemporanee. Questa sembra essere la vita "reale" di cui parlano i soggetti della Turkle: lontano dalla vita quotidiana impoverita, bloccata, uniforme. Ogni altra possibile vita, anche simulata (purché il livello di attenzione e di controllo sia attenuato); anche virtuale fino ai limiti del sogno, del delirio, è più "reale", cioè più partecipata, cioè più direttamente e pienamente e intimamente vissuta. E' come il gioco, è proprio il gioco prima di tutto e poi l'immediata partecipazione del bambino che vede il mondo e lo vive per la prima volta; una volta per tutte. Qui invece, attenuando le soglie del controllo lo si può vivere continuamente, nuovamente, e originalmente.

La vita sullo schermo segnala la profonda frattura con la cultura e l'estetica del moderno. Nella grande esperienza moderna, a partire da quella romantica è l'esperienza di vita vissuta che incatena alla realtà, ma offre anche immensi spazi alla passione, all'invenzione, all'originalità anche trasgressiva. il nuovo medium di quell'età storica è il libro, vissuto, intimamente vissuto, quella che un originale interprete della cultura americana ha chiamato la "religione dell'amor sentimentale"

Quando ci confrontiamo con la nostra immagine nello specchio della macchina [We are able to step throught the looking glass] arriviamo a vederci in modo ***diverso***: è il segnale forte del cambiamento, con un'attenzione ai mutamenti dello spirito, del profondo, delle culture e non dell'economico, del lavoro, della politica "istituzionale". Sono i temi con cui la Turkle anticipa un famoso numero di Wired: **change is good**.

Nella tensione del titolo tra **life** e **screen,** del libro della Turkle si giocano sia i valori dell'esperienza di vita vissuta sia il nuovo ambito in cui questi valori assumono un significato inedito; ma il punto chiave e più ambiguo è **on**: in superficie o dentro lo schermo? Ritraduce la vita attraverso questo mediatore immateriale che è il piccolo, personale schermo del nostro computer, associato a un mondo di computer e di utenti sconosciuti fisicamente e quindi ritrovando un senso, un'identità, la gioia e il piacere di nuove esperienze. Ma, **dentro** lo schermo, al contrario, può fare apparire la potenza del mondo immateriale che cattura la nostra vita e la ritraduce attraverso nuove convenzioni, artificiali e tecnologiche. Esse non appaiono fisicamente, non occorrono riti pubblici di passaggio; la domestication si compie universalmente abituando gli umani a vivere dentro quelle convenzioni, quei mondi ricreati e del tutto impartecipati.

Sullo schermo. **Su**, come i surfisti che scivolano sull'onda, quindi passando leggermente sullo schermo dove si mettono in contatto i nostri fantasmi interiori, il nostro dramma individuale che diventa inter-soggettivo, relazionale perché dobbiamo passare attraverso lo specchio (mirror). Ma c'è un punto di **contatto**. La celebre definizione della Laurel di interfaccia: Brenda Laurel definisce l'interfaccia *"il sottile velo che divide l'utente dal materiale informativo" e aggiunge "The primitive notion of interface as screen or membrane holds important seeds of truth ... We naturally visualize the interface as the place where contatc between two entities occur. ... An interface is a contact surface". I*l contatto non avviene più direttamente, in un luogo sociale come nella sala cinematografica, ma con più intensità e con un marchio più personale, oltre la televisione, nel personal computer trasformato in un **compu-medium.** sono i tempi di distacco dalla tradizione della riflessione e dal potere di controllo dell'individuo: l'homo faber, l'homo cogitans, il principio di causalità, la razionalità occidentale, il paradigma logico-sequenziale: l'insieme costitutivo dell'uomo moderno. Stiamo puntando verso l'intensità, lo sdoppiamento e la moltiplicazione dell'io, la fine della società delle differenze. Tutto attraverso una macchina speciale, il computer e dunque dentro lo schermo. Dentro il monitor che si anima perché noi (e non più soltanto io) dialoghiamo, scambiamo esperienze, ci connettiamo quando socialmente non abbiamo più alcuna relazione significativa. E quindi internet e quindi i computer associati, dialoganti, quotidianamente e eternamente connessi: la società dei network[120].

I computer dialogano, si parlano. Metaforicamente, s'intende. Ma non succede altro? Non è per nulla vero! si scambiano solo segnali che noi interpretiamo come parole, che noi scriviamo come parole. i esercitano potentemente la funzione di medium così come il libro e la scrittura hanno esercitato e continuano a esercitare nel tempo. Ma la struttura materiale della rete di computer consente di abolire le barriere di spazio-tempo; almeno quelle culturali determinate dalla nostra origine nel tempo: la nascita, il sesso, la religione, il luogo fisico etc etc sembrano vanificate o almeno il peso di queste catene sembra drasticamente indebolito. Possiamo parlare con tutti, possiamo cercare su tutto senza limiti e senza problemi di costi. Noi, tecnologicamente attrezzati! E possiamo, se siamo anche culturalmente attrezzati, guardare al di là delle costruzioni storiche, delle tradizioni nel tempo e nello spazio, da cui pure dipendiamo, per guardare a fondo nelle nostre radici "fondamentali" e nelle ragioni fondamentali che ci costituiscono così e che ci costringeranno a riconoscere gli altri costituiti in modo radicalmente differente

9. Bricolage e pensiero astratto

la rivalutazione del bricolage nella cultura della simulazione comprende un'enfasi nuova sulla visualizzazione e lo sviluppo dell'intuizione attraverso la manipolazione di oggetti virtuali. ... e' qui che si impara il funzionamento delle cose mentre vi si interagisce"[121] estendendo le affermazioni di Levi-Strauss, la Turkle afferma: *il dilettarsi teorico – bricolage- come quello in cui gli individui e le culture usano gli oggetti sparsi intorno per lo sviluppo e l'assimilazione dei concetti.* " gli oggetti con cui relazionarsi sono immersi in una cultura della simulazione che è stata criticamente descritta dalla teoria di Baudrillard sui simulacri: rinasce la scienza associativa del concreto dopo il predominio del pensiero astratto.

---

[120] M. CASTELLS, *the Rise of the Network Society*, primo volume della trilogia *The Information Age: Economy, Society and Culture*, Blackwell Publishers Ltd., Oxford 1996; trad. It, Egea, Milano 2002.

[121] Il riferimento è a Claude Lévi-Strauss, La pensée sauvage, Plon, Paris 1962

La scienza associativa del concreto (affiorante dal mondo primitivo, selvaggio) è contrapposta al pensiero astratto. Ma nel Novecento, nel pieno sviluppo dell'economia e della società industriale il pensiero astratto è il pensiero analitico della scienza applicata all'organizzazione del lavoro e alla produzione di beni materiali in fabbrica. Siamo nel cuore della società del XX secolo. Sono questi i fondamenti dello scientific management di Taylor e poi di Ford e del fordismo. La barriera elevata dalla forma estrema della modernizzazione si concretizza nell'applicazione del taylorismo e della società corporata e corporativa. Il fondamento dello scientific management di Taylor e poi di Ford e del fordismo è astrazione del sapere (formalizzazione scientifica, pensiero logico-sequenziale) e insieme espropriazione del mestiere operaio e dell'esperienza concreta[122]: la scienza (ma qui è proprio l'ingénieur contro il bricoleur così come lo formula Lévi-Strauss) fondata sul pensiero analitico applicato nella divisione scientifica del lavoro industriale; nel bricoleur, invece, c'è l'assemblaggio concreto del fare e del mescolare. la figura dell'ingegnere in produzione è emblematica di questo passaggio fondamentale: il lavoro è ordinato e controllato in modo gerarchico, la società è ordinata e organizzata anche attraverso l'oggettivazione della scienza e la scientifizzazione di una funzione tipica del management: l'organizzazione "totale" del lavoro industriale. Alla fine, in questa fase storica: l'ingénieur è un professionista, il bricoleur è un dilettante.

Tra la società storica e organizzata delle imprese produttive e della cultura di massa del XX secolo e i mondi primitivi si stabilisce una differenza "genetica", ma si apre anche una fessura e un terreno di frontiera, dove gli antropologi (e non solo loro) ricavano qualche insegnamento. Scoprire che il primitivo è un'altra civiltà e quindi un mondo possibile, non storicamente realizzato, produce un forte senso di colpa per alcuni antropologi che studiano le civiltà africane e vedono il salto quasi sempre catastrofico e tragico di quelle società dentro la civiltà di massa. Tracce evidenti sono in Ong, nella sua teoria dell'oralità secondaria e in Goody, specie nel modello critico di domestication. Ma anche l'antico, il primitivo che ritorna (e non è per niente primitivo nel senso di semplice, senza qualità) offrono possibilità creative ai linguaggi espressivi e campi inesplorati di suggestioni "estetiche" e morali e culturali che attraverseranno con forza le arti del primo Novecento e le avanguardie storiche. il nodo si ripropone in termini freudiani come la riapparizione del rimosso e allora si discute dell'origine violenta della civiltà (nella cultura anglosassone si afferma il nesso Freud Darwin), ma di

[122] Si veda E. RULLANI *Economia della conoscenza*, Carocci, Roma 2004

qui si può partire per guardare con un occhio ben diverso, molto più disincantato e critico, le forme "moderne" e di massa che assume la civilizzazione del Novecento quando gli intellettuali europei fuggono in USA (nel momento storico dell'affermazione del fascismo e del nazismo).

La figura del bricoleur, sganciato questa volta dalla sua origine "primitiva" allude a un'altra condizione, non più quella del "falso" primitivo che riemerge di fronte ai civilizzati nelle indagini di Lévi-Strauss. Il rimescolamento e la fluidità, il rapporto diretto (non mediato dalle istituzioni culturali), pratico, opposto all'organizzazione gerarchica e definita sono una via di uscita dalla società di massa. Sono un passaggio verso il post-moderno come afferma la Turkle. Qualche anticipatore, proprio nel cuore della cultura di massa, emerge e si caratterizza per la riflessione sul ruolo dei media.

Pensare insieme, nella totalità delle estensioni tecnologiche dei sensi dell'uomo, è per McLuhan un pensare trasversale, fluido, orizzontale e diffuso che accompagna quindi e arricchisce le tecnologie della personalizzazione e non quelle della standardizzazione, che penetra e si diffonde dentro l'essere umano e non solo nella fascia esterna del mercato e del consumo degli oggetti prodotti. Negli spazi lasciati liberi dalla produzione standardizzata, nei contesti emarginati dalla centralità del luogo di produzione (fabbrica, impresa), nelle relazioni non più differenziate o mediate per differenza, ma mescolate e addirittura favorite dai nuovi media, si sconta il tempo nuovo che caratterizza la rivoluzione di paradigmi, di società e di culture del nostro tempo: "dopo essere esploso per tremila anni con mezzi tecnologici frammentari e puramente meccanici, il mondo occidentale è ormai entrato in una fase di implosione.

Quindi McLuhan ipotizza un pensiero all'altezza della globalizzazione, che la comprenda: "oggi, invece, azione e reazione sono quasi contemporanee l'uomo occidentale aveva derivato dalla tecnologia dell'alfabetismo la capacità di agire senza reagire. ... ma questo distacco era segno di non partecipazione"

Cambiare il mondo e cambiare la vita: ***inventando noi stessi mentre procediamo.***

stiamo vivendo una vita sullo schermo o nello schermo? scompaiono le differenze? O soltanto la percezione della loro artificialità, La Turkle esalta la percezione soggettiva e il problema dell'identità in rapporto diretto con la nuova macchina, quasi essa fosse seconda natura, nuovo mondo: *stiamo utilizzando la vita sullo schermo del computer per metterci a nostro agio con i nuovi modi di considerare l'evoluzione, le relazioni, la sessualità, la politica, l'identità.* Appare evidente la tensione tra **snaturamento** e **domestication:** una opposizione che ha sempre caratterizzato i processi di rivoluzionamento totale di civiltà, le grandi fratture, le spinte alla modernizzazione. Secondo Sherry Turkle la rivoluzione passa assai meno dalle istituzioni, dallo stato e dalla politica o dall'economia, si concentra invece nell'intimo: *Il computer se ne sta ai margini. E' una mente non ancora compiuta. E' inanimato e tuttavia interattivo. Non pensa, però nemmeno è estraneo al pensare*; ma *il computer è un oggetto evocativo che provoca la* ***rinegoziazione dei vecchi confini***. Centrali sono le pagine dedicate al confronto IBM Mac (il Mac mi dice di restare in superficie, di non cercare di vedere e di capire che cosa c'è dentro, come funziona il meccanismo). La vittoria della tecnologia Mac e poi la sua diffusione generale attraverso Windows ha spostato il computer da macchina per fare i conti, il vero computing, verso le spiagge dei media, verso strumenti e ambienti che hanno bisogno di uno schermo per mettere in scena azioni, drammi, invenzioni (dal grande schermo che inscena sempre uno spettacolo sociale e pubblico, al piccolo schermo che irrompe nella privatezza e ridefinisce i confini tra pubblico e privato, tra uno e gli altri). "abbiamo scoperto il computer soggettivo. Il computer non fa più qualcosa per noi, bensì lo fa a noi"; il computer come macchina per l'intimità" [123]. L'ambiente artificiale, costituito da macchine, hard (anche se macchina non vuole più dire macchinario, pesantezza e materialità, ma piuttosto reti, comunicazioni, bit, tecnologie leggere e invasive) sostituisce scenari e atti propri della società storica, dell'ambiente fisico. la macchina però si trasforma in medium e quindi non ha più una finalità produttiva, operativa; non serve a uno scopo esterno. la macchina fa da tramite, scambia continuamente messaggi tra esseri umani e il messaggio stesso, la comunicazione è il tessuto connettivo e insieme struttura e sovrastruttura che regge e anima il discorso e la società in fieri, la comunità che si va costituendo. Non è domestication di un pensiero "libero" e "selvaggio" (savage mind); col computer, a fronte del computer ci sono gli alfabetizzati. Una prima risposta è la teoria di Ong dell'oralità secondaria (indotta soprattutto dai media, soprattutto dalla televisione); quindi gli scenari dentro il computer sono proiezioni dei fantasmi dell'io, ma secondo la Turkle producono cambiamenti profondi nella struttura intima del soggetto. Anche la scrittura come tecnologia venne interiorizzata diventando seconda natura e configurando la "mente alfabetica" . La scrittura utilizza una tecnologia materiale esterna al corpo umano e soprattutto alla mente. al contrario della fondamentale domestication che usava uno strumento esterno alla coscienza: la scrittura alfabetica, appunto; davanti-dentro il piccolo schermo

[123] Turkle, op. cit, XXXII

non si compiono processi di interiorizzazione ma piuttosto processi di scambio in cui i meccanismi mentali, i sentimenti, le psicologie vengono visualizzate dal mezzo e rese partecipi attraverso le forme di comunicazione scritta (ma leggera, smaterializzata, quasi svaporata) e poi multimediale consentite dal mezzo. il mezzo detta i tempi dell'efficacia di queste esperienze, ma il mezzo appare plastico e addomesticabile dai soggetti umani che lo usano intensivamente e diffusivamente, cioè, lo usano per la comunicazione personale e per lo scambio sociale tra gruppi, tra persone associate, dove avviene la domestication? È un lungo bye bye per allontanarsi definitivamente dalla forma tarda, finale della società industriale, cioè la società di massa ipermassificata, iper mediatizzata, iper-consumistica ma depressa sul piano della produzione. E' senza lavoro non solo materialmente ma anche ideologicamente; privata del valore-lavoro e delle motivazioni e dei valori, vive nello stesso tempo questo "lungo" periodo (soprattutto per intensità e per estensione territoriale e di popoli e non certo secondo la freccia del tempo storico) come il tempo necessario per la new domestication. il tempo è lungo se prevale la percezione soggettiva, se questa percezione "sociale" domina su tutto il tempo di vita. Forse si è aperta un'era in cui si sta consumando lo scambio tra intensità –per noi, per il nostro tempo, per la nostra esperienza- e durata lineare, storia comune, orizzonti condivisi in pubblico da una società strutturata e organica. Le mescolanze, le ibridazioni di popoli e di culture sono accelerate da personal-media che facilitano lo scambio diretto, che annullano le mediazioni, ma che al tempo stesso aggirano le istituzioni, sfuggono ai conflitti materiali delle società costituite. il computer "**augmented**"[124] + **connected**[125] attraverso internet svolge questo ruolo sia di apprendimento sia terapeutico sia di intensificazione e accelerazione delle esperienze e della percezione del cambiamento. È schermo riflettente e avvolgente, ma è anche palcoscenico in cui si mima la vita o la si vive davvero, intensamente o ancora la si verifica, la si sperimenta per accettarla e per diluire la brutalità e la violenza continua e materiale. Infine dove si collocano oggi le frontiere, le dogane e le barriere. La Turkle insiste sulla grande mutazione che è dentro di noi perché passa attraverso una macchina visionaria e intersoggettiva che elimina le barriere fisiche e delegittima le differenze. Le macchine e i media del secolo xx, della rivoluzione industriale e dell'economia industriale si frapponevano nelle relazioni interpersonali e creavano o concorrevano a creare le differenze sociali. Le classi sociali erano determinate direttamente dalle

[124] E' la formula di engelbart

[125] D. DE KERCKHOVE, *Connected intelligence*, Sommerville House Publishing, Toronto 1997

diseguaglianze materiali (reddito, istruzione, povertà-ricchezza, salute): queste catene sono il tema dominane per tutto il xx sec. E sono ancora, in forme mutate, protagoniste per larga parte del globo. Qui invece il grande cambiamento aggira le istituzioni, salta le radicate differenze sociali e si pone su un'onda lunga che traduce l'immensa concentrazione di potenza derivata dalla fine della Seconda guerra mondiale e dalla fine annunciata e poi compiuta della guerra fredda in immense energie umane e risorse economiche, liberate per altri scopi. l'immagine perennemente evolutiva e dinamica di un capitalismo senza frizioni, senza ostacoli così come auspicato da Bill Gates trova una sua giustificazione[126]. Non trovare ostacoli, rimuoverli o superarli può essere semplice demagogia, propaganda per vendere i propri prodotti, per realizzare un mercato ancora una volta monopolistico, ma può anche rappresentare il possibile legame tra la spinta innovativa della nuova macchina e dell'intelligenza, delle risorse e dei miliardi di ore lavoro dedicate e concreti cambiamenti nel modo di vivere di milioni di persone. Certamente quella spinta e quella momentanea alleanza o semplice contatto, oggi non sembrano esistere più; forse hanno fatto il loro tempo. *Change is good* può ritornare, ma fra qualche tempo nei campus e in altre fiammate di intelligenza e di passione.

Infine che cosa significhi essere vivi

Cambiare il mondo e cambiare la vita: *inventando noi stessi mentre procediamo.* In queste parole-manifesto manca la società. C'è il segno di un ottimismo da protagonisti o almeno da partecipanti diretti a un'avventura aperta, che si svolge qui e ora e che sta cambiando i confini della nostra esistenza, pienamente, completamente. Non solo l'economia, non solo la società, non solo le istituzioni ma la mia diretta e personale esistenza. Una rivoluzione totale e generale. Partecipiamo di questo cambiamento; siamo attori e non solo spettatori (torna lo schermo e lo specchio). Che succede di questo ottimismo? quali risposte ha avuto e quali contrattacchi ha subito e perché oggi l'immaginario collettivo non accetta questo ottimismo e guarda con paura ai fenomeni globali che lo colpiscono direttamente, primo fra tutti il terrorismo cioè la guerra non dichiarata secondo le regole, aperta in qualunque luogo e in qualunque tempo, che esplode nel cuore del capitalismo e che viene usato per chiudere i cancelli che si erano aperti e serve a stabilire di nuovo quelle frontiere di civiltà: Bene contro Male. I muri crollati e le

[126] *Friction free capitalism* è il titolo di un capitolo del libro di Bill Gates, *La strada che porta al domani*

barriere distrutte in Europa non hanno avuto, un grande seguito: sono stati piuttosto conseguenza e non apertura di nuove possibilità.

È questa la risposta della società?

E' sparito il tempo della politica?

Cosa fanno i giovani studenti della Turkle, oggi? I suoi studenti di allora cosa fanno oggi? Sono ancora tra i motivati e gli sperimentatori o sono già tra i depressi rinunciatari – rassegnati. Change is good contrariamente alle aspettative e alle illusioni non è stato il preludio della grande mutazione dentro di noi e fra di noi: è stato un tempo di vita ben definito e un'esperienza infine bloccata.

Bibliografia

1. T. W. ADORNO, *Il carattere di feticcio in musica e il regresso dell'ascolto*, in *Dissonanzen*, Vandenhoeck & Ruprecht, Gottingen 1958 [trad. it. *Dissonanze*, Feltrinelli Milano 1959].
2. Berra M., Meo A.R., 2001, *Informatica solidale: storia e prospettive del software libero*, Torino : Bollati Boringhieri; Berra M., Meo A.R., 2006, *Liberta di software, hardware e conoscenza : Informatica solidale 2*, Torino : Bollati Boringhieri
3. Bolter J. D, Grusin R., *Remediation. Competizione e integrazione tra media vecchi e nuovi*, Guerini. Milano 2002, p. 73 [ed. or.: *Remediation. Understanding New Media*, MIT Press, Cambridge, 1999].
4. P. BRETON, *L'utopie de la communication*, E'ditions de la Decouverte, Paris 1992; trad. It. UTET, Torino 1995
5. A. BRUCKMAN, *Gender Swapping on the Internet*, Proc. Inet '93, http://www.mediamatic.nl/WhoisWho/Bruckmann/AmyBruckmann.htm.;
6. M. CASTELLS, *the Rise of the Network Society*, primo volume della trilogia *The Information Age: Economy, Society and Culture*, Blackwell Publishers Ltd., Oxford 1996; trad. It, Egea, Milano 2002.
7. DE KERCKHOVE, *Connected intelligence*, Sommerville House Publishing, Toronto 1997

8. J: GOODY, *The Domestication of the Savage Mind,* Cambridge University Press, Cambridge 1977; trad. It., Franco Angeli, Milano 1981
9. Habermas J., 1962, *Strukturwandel der Öffentlichkeit, Untersuchungen zu einer Kategorie der bürgerlichen Gesellschaft*, Darmstadt: Luchterhand.
10. D. HARAWAY, *manifesto cyborg. Donne, tecnologie e biopolitiche del corpo*, Feltrinelli, Milano 1999
11. M. HEIM, *Electric Language: A Philosophical Study of Word Processing*, Yale University Press, 1987
12. P. HIMANEN, *the Hacker Ethic and the Spirit of the Information Age*, 2001; trad. It., Feltrinelli, Milano 2001
13. Innis H., 1951, *The Bias of Communication*, Toronto: University of Toronto Press
14. M.LANA, *Il testo nel computer*, Bollati Boringhieri, Torino 2004
15. G.P. LANDOW, HYPERTEXT, The *convergence of Contemporary Critical Theory and Technology*, The Jhon Hopkins University Press, Baltimore; 1992; trad. It, Baskerville, Bologna 1993
16. B. LAUREL, Computers as Teather, Addison & Wesley, reading Mass., 1991
17. Claude Lévi-Strauss, La pensée sauvage, Plon, Paris 1962Malcolm X, Haley A., 1964, *The Autobiography of Malcolm X*, New York: Grove Press.Manovich L, *Il linguaggio dei nuovi media*, Olivares, Milano 2002, pp. 97-99 [ed. or.: *The Language of New Media*, MIT Press, Cambridge 2001].McLuhan M., *Gli strumenti del comunicare*, Il Saggiatore, Milano 1990. [ed. or.: McLuhan M., *Understanding media*, McGraw-Hill Book Company, New York 1964]. *From Memex to Hypertext* (ed. J. Nyce e P. Kahn), Academic Press Inc., 1991; trad. it, Franco Muzzio, Padova 1992
18. W. ONG, *Orality and Literacy. The Technologizing of the Word*, Methuen, London and New York, 1982; trad. It., Il Mulino, Bologna 1986Pedemonte E., 1998, *Personal media: storia e futuro di un'utopia*, Torino: Bollati Boringhieri.
19. Postman N., *Divertirsi da morire: discorso pubblico nell'era dello spettacolo*, Longanesi, Milano 1985, p. 15 [ed. or.: *Amusing Ourselves to Death: Public Discourse in the Age of Show Business*, Viking Press, New York 1985].

20.E.M. REID, *Cultural Formations in Text-Based Virtual Realities*, Master Thesis, University of Melbourne 1994

21.*Electropolis: Communication and Community on Internet Relay Chat* (1991).

22.H.RHEINGOLD, *The Virtual Community*, 1993 [trad. it. *Comunità virtuali. Parlare, incontrarsi, vivere nel ciberspazio*. Sperling & Kupfer, Milano 1994].

23.Ricciardi M., "Comunicare per immagini" in *Scienze Gastronomiche*, n. 2, 2007, disponibile online all'indirizzo
http://www.unisgjournal.it/ita/022007/ricerca/ricciardi.asp
(ultimo accesso: aprile 2008).

24.M. RICCIARDI, *Letteratura e nuovo mondo, in Scrivere comunicare apprendere con le nuove tecnologie* (ed. M.RICCIARDI), Bollati Boringhieri, Torino 1995

25.Rifkin J., *L'era dell'accesso. La rivoluzione della new economy*, Mondadori, Milano, 2000 [ed. or.: *The Age of Access*, Penguin, London 2000].

26.J. RIFKIN, *The European Dream*, 2004; trad. It., Mondadori, Milano 2004

27.E. RULLANI *Economia della conoscenza*, Carocci, Roma 2004

28.L. SPROULL e S. KIESLER, *Connections. New Wais of Working in the Networked Organization*, MIT Press Cambridge Mass. 1991.

29.A.R.STONE, *Will the Real Body Please Stand Up? Boundary Stories about Virtual Cultures,* in *Cyberspace. First Steps*, M. Benedikt (ed.), MIT Press Cambridge Mass. 1991

30.A.R.STONE The War of Desire and Technologies at The Close of Mechanical Age, 1995; trad. It., Feltrinelli, Milano 1997.

31.TOURAINE A., "Dall'economia di mercato agli attori della produzione", in Ceri P., Borgna P. (a cura di), *La tecnologia per il XXI secolo. Prospettive di sviluppo e rischi di esclusione*, Einaudi, Torino 1998

SECONDA PARTE

1. Le comunità virtuali e la fine della società testuale

Nelle comunità virtuali avviene uno scambio decisivo tra soggetti e tecnologie poiché il medium caratterizza in modo determinante l'ambiente e perciò l'interazione tra i soggetti avviene attraverso la mediazione dei personal media, cioè di una tecnologia della comunicazione. La formazione delle comunità è condizionata dal medium e sull'efficienza e duttilità del mezzo stesso si disegna la forma "sociale", quale ambiente comune di esperienza tra esseri umani; le comunità virtuali sono, perciò, ambienti di perenne apprendimento. Il rapporto tra comunità virtuali e apprendimento ci aiuta a affrontare due problemi decisivi nel prossimo futuro:

1. verificare l'utilità dell'esperienza in rete, confrontandola continuamente con la realtà circostante.

2. dimostrare che la pervasione delle tecnologie della comunicazione conduce a profondi cambiamenti nei paradigmi mentali degli esseri umani. La fusione tra mezzo e soggetto e il nuovo sistema di relazioni tra i soggetti, mediato dai personal media è, forse, il modo più efficace per superare i processi di dissoluzione della società di massa e della società industriale a fronte del nuovo scenario dominato dalla globalizzazione economica e dei mercati.

Si formano mondi tecnologici e società altamente permeabili alle tecnologie, che si innestano su una evoluzione storica dai tempi assai rapidi che ha la sua origine nell'economia industriale e nella società del lavoro. L'informatica e l'elettronica imprimono una svolta non solo ai processi industriali, ma anche -insieme ad altri agenti sempre più rilevanti- alla società industriale. Mentre viene meno il ruolo centrale e strategico dell'economia industriale, si trasforma il ruolo del lavoro specie nel suo rapporto con la società. La tecnologia prima, poi le tecnologie diffuse e infine le nuove tecnologie della comunicazione e dell'informazione e in ultimo i **personal media**[127] giocano il ruolo strategico decisivo; sono gli agenti

---

[127] DOMENICO PARISI, *Mass media vs personal media*, in A. Ardigò e G. Mazzoli (a cura di), *Le nuove tecnologie per la promozione umana. Usi dell'informatica fra macro e micro comunicazioni*, Angeli Milano 1993, pp. 86-98

di un cambiamento a cui vengono attribuiti caratteri innovativi e rivoluzionari. I personal media, inoltre, segnano il distacco dai media per la società di massa e aprono la strada a una sperimentazione di frontiera e alla costruzione di nuovi contesti e forse di nuove società. Se vogliamo usare una formula e una semplificazione, adottata da **Negroponte**[128]**,** avremo la possibilità di verificare se abbiamo lasciato alle nostre spalle la società degli atomi e ci siamo trasformati in abitanti della società dei bit.

Quali sono gli agenti di cambiamento o le situazioni più fortemente innovative?

1. la tecnologia della comunicazione sostituisce lo spazio sociale e le forme visibili di riconoscimento interpersonale.

2. il medium crea l'ambiente (la società).

3. l'ambiente è aperto. Internet è una sorta di comunità virtuale universale e i WEB sono, oggi, l'ambiente più aperto possibile.

4. l'accessibilità dell'ambiente consente un uso personalizzato e indeterminato, cioè non vincolato meccanicamente alle leggi fisiche del tempo e dello spazio. La de-localizzazione riduce drasticamente i vincoli materiali che ne conseguono.

5. l'utente non è definito stabilmente né nel suo ruolo né nella sua costituzione; è indebolito il principio di autorità basato sulla gerarchia tradizionale autore-lettore dal momento in cui si diffonde la tecnologia ipertestuale e approda stabilmente nelle reti telematiche, in Internet soprattutto.

6. la condivisione delle risorse rivela una ricchezza inedita utilizzabile da tutti e in qualunque momento, ma richiede un consenso nuovo basato non soltanto su apporti aggiuntivi di tipo quantitativo. La collaborazione è un valore sociale a carattere fortemente cooperativo e universale (il mio aiuto va a qualcuno di cui posso non avere la minima conoscenza e sociale e culturale)

7. è in atto un potenziamento rilevante delle risorse disponibili (anche se sono forti gli effetti di ridondanza)

---

[128] NICHOLAS NEGROPONTE, *Being Digital*, copyright Nicholas Negroponte [trad. it. *Essere digitali*, Sperling & Kupfer, Milano 1995].

8. aumentano le possibilità di interazione personale: l'interattività si fonda sulla diffusione della CMC (Communication Mediated Computer)

L'assunzione della tecnologia quale vettore positivo di cambiamento genera, però, conflitti e contraddizioni. Le comunità virtuali oppongono alla crisi delle società nazionali e del senso comune di identità e di appartenenza l'indifferenza per i caratteri di origine di ciascuno. Mentre i sistemi educativi sono fondati e agiscono in stretta dipendenza dagli stati nazionali, sono cioè vincolati all'identità nazionale sia sul piano legislativo sia su quello linguistico, la CMC è universale e la distance education si rivela strumento più efficace per superare gli steps e le disuguaglianze all'origine (povertà, lingua, cultura)[129]. L'orizzonte che si apre è quello della new-domestication[130], lo scopo è quello di imparare a usare le nuove tecnologie, l'obbiettivo primo è il padroneggiamento stesso della tecnologia e del suo ambiente. E' un processo paragonabile ai mutamenti di civilizzazione attraverso la scrittura alfabetica e alle forme di interiorizzazione della scrittura e della lettura[131].

Il legame tra scrittura e lingua, tra lingua e identità nazionale viene messo in discussione; il ruolo della lingua nazionale come strumento di affermazione di identità collettive, legate quindi allo stato-nazione, non è più essenziale. I linguaggi sono, invece, più duttili e possono funzionare meglio come strumenti leggeri e mutevoli di identità comunitarie; possono essere lo strato intermedio più efficacemente partecipabile, più flessibile e più inventivo e più adatto a un ambiente a rete. Gli utenti di Internet hanno bisogno di una lingua-funzione, di una koinè come è appunto oggi l'anglo-americano telematico. A fianco delle diplomazie inter-nazionali compaiono mondi multi-culturali; ma la politica

---

[129] *Un esempio significativo delle potenzialità della distance education è l'esperienza dei Learning Circle. L'analisi più ampia e ricca, dotata di una bibliografia esauriente, si può trovare in P.MOLINATTI, L'apprendimento collaborativo nella classe telematica. L'esperienza dei 'Learning Circles', tesi di laurea in Scienze della Comunicazione, a.a. 1996-97. Negli U.S.A. l'autrice più significativa sull'argomento è M. RIEL, di cui è leggibile un'ampia bibliografia e il sito Internt di riferimento nella tesi sopra-citata. In Italia tra i contributi più significativi vanno considerati quelli di G. TRENTIN, Didattica in rete. Internet, telematica e cooperazione educativa, Roma, Garamond 1996.*

[130] *Una discussione sulle prospettive della new-domestication e sulle diverse posizioni è in M. RICCIARDI, Plurimedia in Lingua, letteratura, computer (a cura di M. Ricciardi), Bollati Boringhieri 1996, in partic. alle pp.186 e sgg (New domestication e comunità virtuali).*

[131] *Il riferimento fondamentale è a J. GOODY, The Domestication of the Savage Mind, Cambridge University Press, Cambridge 1977 [trad. it. L'addomesticamento del pensiero selvaggio, Angeli, Milano 1981].*

internazionale degli stati-nazione si fonda su una cultura che ratifica il dominio territoriale, rafforza il potere degli stati sui popoli e sull'ambiente allo scopo di imporre una definizione di spazi occupati e spazi liberi oppure una politica di trattati per concordare le sfere di influenza: per i cittadini significa la possibilità di muoversi tra le nazioni-stato con un documento riconoscibile (il passaporto).

Il mondo multi-culturale è il modello opposto: il passaporto non è più necessario quando si affermano esperienze di comunicazione multiculturale, svincolate dalle regole e dalle forze statuali; la comunicazione e la tecnologia sono i mezzi per evitare quei potenti agglomerati di potere e forza, per aggirare il dominio fisico con strumenti leggeri, invisibili, simbolici.

1. Dalla società testuale ai mondi post-testuali

L'uso della categoria post-testuale permette di sottolineare alcuni dei caratteri peculiari della situazione presente siano essi rivoluzionari siano tradizionali:

1. importanza della scrittura come medium nella società contemporanea: essa è al tempo stesso un agente strutturale e un paradigma culturale

2. la testualizzazione è storicamente determinata (ha quindi un inizio e una fine) ed è parte costitutiva della modernità

3. nel tempo storico della modernità si è fissato uno stretto rapporto tra testualità, quale paradigma culturale egemone e universale, e il lavoro industriale

Separare scrittura da testualità aiuta a distinguere il carattere strutturale e permanente della tecnologia "scrittoria" dalla funzione sovra-strutturale e storicamente definita della testualità. La testualità appartiene più specificamente e più propriamente al tempo storico della modernità e concorre a costruirlo e a tramandarlo; l'intreccio tra il paradigma testuale, tipicamente culturale, e la società moderna e industriale, scandisce l'evoluzione degli ultimi secoli del secondo millennio. La testualità moderna si è sempre più costituita in forme specializzate (ad es. per la letteratura si è trasformata in letterarietà), contribuendo a separare progressivamente la testualità stessa dalle forme popolari di scrittura e quindi di comunicazione[132]. La scrittura non deve essere identificata con la testualità e soprattutto con la testualità che nasce dopo la comunicazione scritta a mano (manoscritta) e che deriva direttamente dalla tecnologia gutemberghiana e dalle successive evoluzioni del mondo della stampa e del libro: nel rapporto tra scrittura e testualità, il testo è sovra-struttura. Prima della testualità si sono formati due mondi autonomi -oralità e scrittura[133]-; poi la scrittura ha fissato il proprio codice nel tempo e secondo un'evoluzione storica che si allontana sempre più dal mondo della piena e pura oralità. L'importanza dell'analisi del passaggio e dell'evoluzione dalla società orale a quella alfabetica è stata lungamente e ampiamente sottolineata nel dibattito delle scienze antropologiche del Novecento ed è stata considerata una tappa decisiva nella nascita della "coscienza e civiltà moderna". Gli studi, di Havelock[134] per ciò che concerne la cultura della Grecia classica e quelli di Goody, concentrati sul ruolo sociale e fondativo della scrittura alfabetica, hanno aperto una prospettiva inedita, anche sui mondi attuali e sul ruolo delle tecnologie della comunicazione nella società contemporanea. Analizzando i loro contributi e poi quelli di Walter Ong, Michael Heim[135] in un saggio ricco di riferimenti polemici e anche provocatori -ad es. alla filosofia del linguaggio di Heidegger- ha proposto una formula che in qualche modo li comprende: "The Theory of Transformative Technology"[136]. Heim ha sottolineato il ruolo decisivo, attivo, fondante che nelle posizioni di Havelock e Ong assume la scrittura di fronte all'oralità: essa forma le coscienze, trasforma la società stessa e configura il pensiero filosofico "occidentale" fin dalle sue origini. In questa prospettiva, che ha certamente ampi debiti con le posizioni di McLuhan, è la tecnologia della scrittura che determina un nuovo modo di pensare ed è la scrittura alfabetica che consente l'origine di quella cultura delle leggi e della riflessione analitica che contraddistingue la cultura europea moderna. Heim stesso invita, però, energicamente a non estendere questo modello, oltre un livello metaforico e di esempio; poiché, ovviamente, proprio le caratteristiche della società contemporanea e l'evoluzione della tecnologia, oggi, sono incomparabili rispetto

---

[132] *Una delle forme più alte di testualità letteraria del '900, dalle avanguardie storiche alla poesia simbolista e ermetica, ha come codice suo proprio l'impenetrabilità, l'oscurità, la ricerca di lettori complici-simili, infine di un pubblico ristretto e di élite.*

[133] *W. J. ONG, Orality and Literacy, The Technologizing of the Word, Methuen, London - New York 1982 [trad. it. Oralità e scrittura. Le tecnologie della parola, Il Mulino, Bologna 1986].*

[134] *Il suo libro fondamentale è E. HAVELOCK, Preface to Plato, Harvard University Press, Cambridge 1963 [trad. it. Cultura orale e civiltà della scrittura. Da Omero a Platone, Latera, Bari 1995].*

[135] *M HEIM, Electric Language: a Philosophical Study of Word Processing, Yale University Press, New Haven & London 1987.*

[136] *ibid., pp. 46-69.*

alla civiltà greca classica o alla società orale. L'utilità di questa discussione è però essenziale; essa ci consente di mettere in campo una metodologia di confronti assai ricca: appare forte una linea di continuità, quella della scrittura, ma assunta come tecnologia, come dominio pratico, che supera nel tempo cambiamenti economici e politici e culturali della civiltà europea. Su di essa, come una vera e propria sovrastruttura, si inseriscono i caratteri storici di una cultura testuale che ha dominato la società moderna. Le affermazioni di Ong sul carattere tecnologico della scrittura e la critica di Goody a un modello deterministico di progresso della civiltà europea, assunto come modello universale, hanno avuto, inoltre, diretta influenza su studiosi e ricercatori, soprattutto statunitensi, che saranno decisivi nella pratica e nella diffusione della tecnologia ipertestuale[137]. Ci fu scrittura prima del testo[138]. Il testo ha perciò un'origine e uno sviluppo storico; un inizio e, prevedibilmente, una fine. La scrittura, nel tempo della storia, e nello spazio della civiltà europea, si costituì in testo; fu il textus a creare una cultura opposta e nemica dell'oralità e dunque a fondare e celebrare la materialità, la durata e la stabilità del proprio messaggio contro/per diversità dal flusso instabile e comunitario dell'oralità. Il textus fu supporto, trama scritta; infine, insieme ordinato di lettere e di senso, logica e sequenzialità; fondò inoltre il documento, la fonte[139]. La scrittura non aveva in sé, necessariamente, la testualità, esaltata successivamente dalla stampa e dalla forma materiale del libro. Il carattere duraturo del testo scritto, la sua fisica immodificabilità e permanenza influiscono profondamente sulle funzioni sociali proprie delle società sia antiche sia moderne, definendo la costituzione e la tradizione della memoria collettiva.

La scrittura è una struttura connettiva socialmente indispensabile. Secondo Assmann[140] uno degli elementi determinanti per la memoria sociale è la struttura connettiva. Essa mette in relazione:

"il <ricordo> (o riferimento al passato), l'<identità> (o immaginativa politica) e la <perpetuazione culturale> (o costituirsi della tradizione). Ogni cultura sviluppa quella che si potrebbe definire la sua *struttura connettiva*. Questa agisce istituendo

---

[137] *Un esempio di questa importante influenza si può trovare in Hypermedia and Literary Studies, P. DELANY and G. P. LANDOW ed., The MIT Press, Cambridge 1990.*

[138] *Un'ampia e accessibile rassegna degli studi sull'origine del testo si può leggere in C. SEGRE, Avviamento all'analisi del testo letterario, Einaudi Torino 1985, pp. 360 e sgg..*

[139] *A questo proposito si veda J. LE GOFF, Storia e memoria, Einaudi Torino 1982.*

[140] J. ASSMANN, *Das kulturelle Gedachtnis, Schrift, Erinnerung und politische Identitat in fruben Hochkulturen*, Oscar Beck, Munchen 1992 [trad. it. *La memoria culturale. Scrittura, ricordo e identità politica nelle grandi civiltà antiche*, Einaudi Torino 1997].

collegamenti e vincoli, entro due diverse dimensioni: quella sociale e quella temporale. Essa lega l'uomo al suo prossimo creando, in quanto "universo simbolico" (Berger e Luckmann) uno spazio comune di esperienze, di attese e di azioni, il quale conferisce fiducia e orientamento grazie alla sua forza legante e vincolante[141].

Nel mondo antico, sempre secondo Assmann:

"con l'invenzione della scrittura viene data, e per lo più anche messa in atto, la possibilità di una trasformazione radicale e totale di questo ambito esterno alla comunicazione [...] Solo con la scrittura *stricto sensu* si dà la possibilità che l'ambito esterno della comunicazione acquisti autonomia e complessità; solo a questo punto si forma una memoria che, in misura maggiore o minore, va al di là dell'orizzonte del senso tràdito e comunicato in una data epoca, oltrepassando i confini dell'ambito di comunicazione nello stesso modo in cui la memoria individuale fa con la coscienza. La memoria culturale alimenta la tradizione e la comunicazione, ma non si risolve in esse. Solo così si possono spiegare le rotture, i conflitti, le innovazioni, le restaurazioni, le rivoluzioni: sono irruzioni dall'"al di là" del senso di volta in volta attualizzato, riprese di ciò che è stato dimenticato, ripristini della tradizione, ritorno del rimosso -vale a dire la dinamica tipica delle culture dello scritto, la quale ha indotto Claude Lévi-Strauss a classificare queste ultime come "società calde"[142].

La cultura scritta prima del testo si mescola con l'oralità, col suono, col gesto ed è direttamente dipendente dalla materialità del supporto. Il modello testuale per imporsi ha bisogno dell'espandersi del discorso, nasce a lato della narrazione (in cui subentra all'oralità in funzione strutturale, di trama e di vincolo logico-sequenziale solo nel momento in cui compare la pagina e poi il libro, quando l'homo tipographicus si impone insieme alla tecnologia di Gutemberg)[143]. Solo nel tempo a noi prossimo, si affermano gli scrittori perfettamente testuali, che

---

[141] ASSMANN, *op. cit.*, pp. XII-XIII.

[142] *Ibid., pp. xviii-xix e in partic. p.xviii, nota 4: ". Leroi-Gourham descrive con l'espressione "extériorisation" l'evoluzione tecnologica degli archivi esterni di dati per la ritenzione della comunicazione, dagli utensili primitivi alla scrittura, allo schedario, alla scheda perforata, fino al computer; egli li definisce come una "mémoire extériorisée" il cui detentore non è l'individuo né (come per gli animali) la specie, bensì la "collectivité ethnique".*

[143] *Fondamentale è il saggio di E. L. EISENSTEIN, The Printing Press as an Agent of Change. Communications and Cultural Transformations in Early-Modern Europe, Cambridge University Press, Cambridge 1979 [trad. it., La rivoluzione inavvertita. La stampa come fattore di mutamento, Il Mulino, Bologna 1986].*

scrivono con la mano come se comunicassero direttamente attraverso la pagina stampata e attraverso il libro come finestra sul mondo[144]. Ad essi si oppongono gli scrittori che si muovono contro e attraverso e oltre il modello testuale e tipografico[145]: operano sui dettagli, sui supporti, sui margini che la rigida gabbia tipografica tollera o consente e incrinano il rapporto gerarchico tra autore e lettore. Essi lottano contro la normativa linguistica e stilistica e culturale che discende da quel quadro definito fino a mettere in questione il significato, il senso, della comunicazione; manipolano la grammatica e la sintassi per negarle o distruggerle, mentre favoriscono la riemergente oralità o forme sottili di segni e allusioni gestuali di riappropriazione dello spazio fisico della pagina del libro e del mondo della mente del lettore. Alcuni restituiscono dinamismo alla pagina, altri l'attraversano, la rendono così trasparente da farne scomparire la materialità, ma non più per fenomeni di identificazione sentimentale (la letteratura del xvii sec. dell'effusione e *della* commozione, la ri-creazione di mondi mentali attraverso la grammatica della parola stampata) ma con potenti operazioni linguistiche e comunicative. Nel '900, in sintesi, le grandi opere di scrittura si caratterizzano o secondo il modello della *Recherche* (mistica della tradizione scrittoria) o secondo quello dell'*Ulysses* (parodia e manipolazione comica della funzione affabulatoria).

Oggi è possibile costruire, attraverso nuove forme di comunicazione scritta, una cultura che non sia dipendente né dalla tradizione del codice grammaticale né dalle regole testuali. Vengono costruiti, spesso in modo anarchico e intermittente, ma con una intensità soggettiva e con legami inediti e condivisi, dei veri e propri mondi post-testuali, sempre più numerosi e sempre più attivi.

La funzione dialogica, narrativa della parola digitata[146], si riappropria di un dinamismo, perduto nei cimiteri o nei mausolei della testualità, riattiva lo scambio tra i diversi soggetti nell'ambiente delle reti telematiche e, al tempo stesso, si sottrae ai vincoli logico-sequenziali e argomentativi e analitici propri del paradigma testuale. I messaggi sono de-testualizzati: i soggetti rispettano assai poco le norme, cadono i vincoli dell'ortografia, della grammatica, della sintassi e

---

[144] *Il più significativo assertore e studioso del "libro come metafora del mondo" è H. BLUMEMBERG, Die Lesbarkeit der Welt, Suhrkamp, Frankfurt 1981 [trad. it., La leggibilità del mondo, Il Mulino Bologna 1984].*

[145] *Si veda J.D. BOLTER, The Writing Space. The Computer, Hypertext and the History of Writing, LEA Hilsdale 1991 [trad. it. Lo spazio dello scrivere, Vita e Pensiero, Milano 1993].*

[146] Il principale testo di riferimento è *The Digital Word. Text-Based Computing in the Humanities*, P. DELANY and G. P. LANDOW ed., MIT Press, Cambridge 1993.

il rigore della lingua; prevale la funzione comunicativa del linguaggio e la mescolanza delle scritture.

2. La società testuale

Leggere il dominio della scrittura solo come qualità propria degli scrittori e soprattutto dei grandi scrittori è riduttivo, confinarla entro il codice letterario significa nascondere una delle sue funzioni permanenti e decisive: il grande ruolo sociale che ha svolto nel tempo e nella civiltà. Infatti, noi dovremmo, più propriamente, definire la società moderna come la società testuale. La testualità è fondata nella società e ha fondato relazioni sociali; la socialità e la norma derivano dal potere assoluto della scrittura. Infine, la società moderna è una società compiutamente testuale che distingue e insieme vincola socialmente la scrittura col lavoro. La testualità, storicamente, al di là della scrittura, produce rapporti sociali non materiali e non visibili; nella società industriale nomina le classi sociali e le possibilità di emancipazione e di miglioramento di status. La testualizzazione e la divisione "scientifica" del lavoro hanno un rapporto culturale diretto, sono parte dello stesso paradigma[147]. La testualità si impone come forma sociale propria della scrittura nella società industriale (e quindi nel percorso storico dal lavoro al lavoro industriale) anche attraverso i grandi processi di alfabetizzazione e parallelamente alla nascita e sviluppo della scuola pubblica. Il rapporto tra testualità e lavoro è il cardine della società del lavoro; la testualità non solo stabilisce i codici formali, i modi di comunicazione, ma fonda anche gli ordinamenti attraverso le sue leggi "scritte" e interiorizzate dai cittadini, creando i modelli culturali egemoni e le categorie teoriche dominanti.

Un esempio, tra i più significativi, è visibile nel processo di testualizzazione del lavoro industriale, nel rapporto tra lavoro e istruzione (processi di scolarizzazione)

---

[147] *Su questo punto si può vedere L. GALLINO, L'informatica per/delle discipline umanistiche: specificità e futuro, in Informatica e scienze umane, a cura di L. GALLINO, Franco Angeli editore, Milano 1991 e soprattutto dello stesso GALLINO, L'incerta alleanza, Einaudi Torino 1992, in partic. alle pp.231-245. Si veda anche M. RICCIARDI, Letteratura e nuovo mondo, in Scrivere comunicare apprendere con le nuove tecnologie a cura di M. RICCIARDI, Bollati Boringhieri Torino 1995, pp. 15-68.*

e infine nell'applicazione del modello testuale (logico-lineare) attraverso l'organizzazione scientifica del lavoro di fabbrica proposta da Taylor[148].

L'affermazione universale dei mezzi di comunicazione di massa sembra contrastare il principio della testualizzazione con i suoi caratteri analitici, di definizione dell'unità del testo e della pagina scritta. Sono i media gli attori che favoriscono la socializzazione eterodiretta, il potenziamento della forza del messaggio e enfatizzano l'autore, il capo e trasformano sempre più il consenso in accettazione passiva, in subalternità di massa, cioè collettiva, cioè, praticata nella sfera pubblica, quella visibile dei comportamenti e degli atti sociali. I media di massa sono modellati nel potere statuale e dal potere statuale, e entrano direttamente nella sfera privata riducendo drasticamente l'autonomia della sfera pubblica, minano e poi distruggono il principio della differenziazione dei ruoli e delle funzioni nella società moderna e creano, o concorrono a creare, la società diretta dallo stato. Al ruolo dirigista dello stato si accompagna in modo sempre più organico una politica dei media e una funzione dominante dei media per le masse che sostituisce e cancella lo spazio della società civile e la sua costituzione autonoma rispetto allo stato[149]. Paradossalmente i media per le masse favoriscono sia il trionfo sia la dispersione della testualità: tutta la produzione, materiale e immateriale, è soggetta al modello testuale. La diffusione e la penetrazione del modello raggiungono sfere impensabili: la quantità, l'universalità e anche la diffusione nella sfera del quotidiano sono paralleli all'enorme potenziamento del messaggio, a un effetto impressivo straordinario; e tutto ciò si sviluppa accompagnando la massima diffusione delle forme di lavoro industriale fino all'attuale crisi. L'incipiente dissoluzione delle forme più proprie del lavoro industriale separa violentemente il paradigma testuale dai processi reali e lo fissa

[148] Esemplari sono le dichiarazioni di Taylor nella sua deposizione davanti alla Commissione speciale della Camera dei Deputati costituita per esaminare il sistema d'organizzazione industriale del Taylor ed altri sistemi. Si possono leggere in Scientific Management, Harper New York 1947 [trad. it. L'organizzazione scientifica del lavoro, Etas Kompass Milano 1967; in partic. alle pp. 241-419].

[149] Tipico è il dibattito, che si svolge soprattutto in Germania a partire dagli anni '30, all'interno della scuola di Francoforte con interventi di Benjamin, Adorno, Horkheimer sulla "meccanizzazione" dell'opera d'arte e sugli effetti di spossessamento indotti dalla nascente cultura di massa. Uno degli aspetti più significativi riguarda il contrasto tra i diritti dell'autore e quelli degli imprenditori dei "nuovi" media come il cinema e la radio. La polemica di Brecht a proposito dello sfruttamento cinematografico dell'Opera da tre soldi ne è un esempio significativo. Si veda in B. BRECHT, Schriften zur Literatur und Kunt, Suhrkamp Verlag, Frankfurt am Main 1967 [trad. it. Scritti sulla letteratura e sull'arte, Einaudi Torino 1973, pp. 53-114].

in una forma astratta. La testualità si trasforma in **gabbia mortale** nella società post-industriale; la funzione connettiva (e quindi sociale) della parola scritta fu rafforzata dalla tecnologia del libro (non solo influenzando, ma forgiando direttamente modelli mentali e pratiche sociali) e infine dal modello testuale; ora essa si disperde e quindi si vanifica: è regola astratta, vincolo e norma, ma separata dall'esperienza viva dei soggetti viventi.

Usando la categoria di società testuale noi mettiamo in evidenza, per contrasto, il fondamentale carattere strutturale della scrittura e la sua funzione determinante nel costituire l'essenziale tessuto connettivo della società. Nella società la scrittura si scambia con atti e con relazioni, la sua socialità e il suo carattere culturale sono definiti dal rapporto con la sfera pubblica visibile, che è lo spazio fisico e l'insieme dinamico di relazioni che legano i cittadini tra di loro. La scrittura non soltanto descrive o racconta o rappresenta questo spazio e questo insieme sociale, ne è parte costitutiva; concorre a fondarlo sia dall'interno del mondo individuale, attraverso i processi di apprendimento e soprattutto di interiorizzazione (scrittura e lettura, domestication) sia dall'esterno, stabilendo le regole e i codici di rappresentazione e di accesso consentiti di quello stesso spazio (leggi, comunicazione, memoria ecc ecc).

Usare le categorie di struttura e sovrastruttura, rispettivamente per la scrittura e la testualità, è utile per sottolineare:

1. la durata e la funzione della scrittura

2. la storicità del paradigma testuale legato al moderno

3. il rapporto di dipendenza della testualità rispetto alla tecnologia della scrittura.

Emerge con più evidenza il carattere pratico della scrittura e, invece, il segno culturale del testo. È per questo motivo che la radice profonda della modernità, più violentemente scalzata, risiede nel rapporto organico tra scrittura e lavoro; lì si fonda il legame tra homo scribens e homo sapiens. Nel tempo storico i ruoli del lavoro moderno e della scrittura si sono collocati a livelli diversi della società: il lavoro è struttura esplicita, visibile, dominante nell'economia materiale e nel mondo fisico; la scrittura è funzione implicita, immateriale, interiorizzata e caratterizzante economie smaterializzate: finalmente essa appare non solo dominata dal paradigma testuale, ma essersi trasformata totalmente in testo. Nella società del Novecento testualità e scrittura combaciano, ma la scrittura si svapora, latita o diventa sterile, come sussunta nella seconda natura, nell'abito civile dell'uomo moderno e contemporaneo. Il rapporto tra scrittura e media per le masse si fonda ancora su un percorso di continuità, in cui prevale la potenza e l'estensione di media come la radio, la televisione e il telefono rispetto alla tradizionale tecnologia della scrittura. Un effetto potenza e un effetto diffusione che modificano profondamente la cultura della scrittura e la cultura della testualità fondata sullo spazio dedicato del libro. Non è però snaturato e tantomeno spezzato il filo robusto e i legami materiali che le società e le civiltà precedenti hanno tramandato. Le figure sociali che nascono dai processi di alfabetizzazione di massa e su scala universale, fondati sul diritto del cittadino all'istruzione: saper leggere e scrivere e far di conto e quindi esercitare il pieno diritto di cittadinanza, vivono pienamente questa stagione e legano ogni speranza di emancipazione e quindi di miglioramento di status ai manifesti propri del socialismo del XIX secolo: sapere è potere. Sapere, apprendere, conoscere devono essere parte integrante di un programma "progressista" in cui il diritto al lavoro e al miglioramento economico e di vita conseguente, non può essere disgiunto dalla conquista di una più alta qualità della vita sociale e culturale. Il mondo dei nuovi media spezza quel legame progressivo e unitario non fondandosi più su aggregazioni sociali, su movimenti organizzati di soggetti attivi nella società. Il programma universale di emancipazione è sempre più offuscato e tendenzialmente abbandonato. Occasioni di liberazione, e non di emancipazione, possono essere ottenute direttamente attraverso l'uso dei nuovi media, cioè attraverso tecnologie della comunicazione che sono padroneggiate e utilizzate direttamente dalle persone. La liberazione, perciò, scavalca immediatamente lo spazio della politica, le regole e le definizioni della società civile, e insiste sui mondi che, nella società moderna, erano nominati come sfera privata: sesso, arte, identità... La tecnologia sostituisce anche le forme organizzate di rappresentanza e annulla la necessità di strumenti di mediazione e sociale e culturale: i personal media e le nuove tecnologie della comunicazione sono percepiti e usati come strumento di liberazione e di auto-affermazione contro la dissoluzione della società di massa (ma anche in conseguenza di essa). Queste due tendenze (emancipazione e liberazione) estranee l'una all'altra e non riducibili a un unico programma universale sono state storicamente con-presenti, ma hanno presto seguito vie del tutto diverse e spesso conflittuali. Nella cultura diffusa delle comunità virtuali ambedue i programmi hanno perso il segno del ricordo e della memoria collettiva, sono accolti senza consapevolezza delle radici storiche; l'una, il programma del progresso universale e dell'emancipazione, è indissolubilmente legata alla crisi del welfare state, e l'altra, quella appunto che crede alla liberazione del soggetto, professa un programma "leggero" di auto-affermazione, è vissuta come l'unica via di uscita e di opposizione alla dissoluzione della società delle masse. La crisi del welfare state è recepita non soltanto sul piano delle politiche economiche o dei programmi sociali; i segni di dissoluzione riguardano anche vincoli che stanno dentro gli individui, le famiglie. I legami tra le generazioni o tra i soggetti duravano nel tempo perché erano protetti dallo stato sociale, ma il ruolo strategico e invasivo dell'innovazione tecnologica, l'impatto culturale e sociale che essa provoca, divide e non unisce. E la divisione sembra colpire con più forza le organizzazioni, le strutture sociali; di qui la reazione che riparte necessariamente dalla sfera privata, dai luoghi dove la persona può agire più direttamente.

Al valore sociale della testualità viene sostituito automaticamente la socialità delle connessioni e delle reti telematiche. La rete telematica, il mondo Internet è l'occasione di rivincita e di protagonismo di giovani e di outsiders contro l'invecchiamento inarrestabile della società costituita: Internet offre le migliori possibilità di autoaffermazione; la rete è occasione di business e di successo (forme di imprenditorialità liberate dalla costruzione sociale propria del lavoro industriale).

Si diffonde una vera e propria rivolta contro i modelli tradizionali di comunicazione scritta a cui letteralmente vengono sottratti il supporto, il pubblico e infine le motivazioni fondamentali.

Gli aspetti della testualità che appaiono più alienanti sono:

1. l'impianto normativo (anche sul piano grammaticale e sintattico), regolato dalla gabbia fisica del modello tipografico gutemberghiano. Le regole necessarie per la stampa vengono percepite come codici formali e materiali, come segni propri di un ordine astratto: possono essere, al tempo stesso, manipolate senza alcun rispetto e considerate appartenenti a un mondo del tutto estraneo, e quindi impartecipabile.

2. Il "peso" del supporto fisico. Appare evidente che la materialità del supporto e la fusione tra significato e mezzo sono del tutto vincolanti; anzi viene perfino sopravvalutato l'ambiente fisico come produttore e condizionamento insuperabile di ogni possibile forma espressiva, di cui la scrittura è veicolo essenziale; perciò acquista grande importanza la possibilità d'uso di un mezzo "immateriale" e l'artificio tecnologico è più accettabile della tecnologia alfabetica o della scrittura stampata. Si aprono, attraverso la scrittura, dei veri e propri mondi post-testuali, che difficilmente potremmo definire società e che difficilmente

raggiungeranno quella solidità e durata nel tempo tipiche delle società fin qui conosciute.

3. CMC

La CMC è la base delle comunità virtuali: il medium è determinante; la scrittura e la comunicazione sono riscoperti come tessuto connettivo della società[150]; nelle reti la nuova scrittura e la comunicazione sono direttamente l'ambiente, fondano il mondo reale in cui si può agire pienamente, ma alla condizione di comunicare e di agire in un regime di sospensione e forse di cancellazione delle leggi che regolano lo stato fisico e naturale. La comunicazione scritta in rete subisce, rispetto a quella tradizionale, un processo di impoverimento specifico; si riduce all'essenziale e perde alcuni fondamentali attributi della tradizione testuale e grammaticale, ma guadagna per sé un arricchimento significativo: le parole sono atti nel momento in cui creano socialità, mondi abitabili e sperimentabili. In sintesi, ciò che sostiene Franco Carlini[151]:

In entrambi questi casi -la pagina WEB personale e la posta elettronica- appare davvero curiosa la critica secondo cui la frequentazione del nuovo medium comporterebbe rischi di solipsismo e di isolamento sociale. Sembra vero il contrario: le possibilità di espressione di sé, di messa in relazione, di apertura a altri problemi e ambienti risultano semmai grandemente esaltate dalla CMC. Con un pregio ulteriore, frutto paradossale dell'arretratezza tecnica della rete: il fatto che gli scambi avvengano per parole scritte (anche se in quello strano genere letterario che la posta elettronica ha spontaneamente generato, una miscela di oralità e di scrittura) obbliga ad assumere nelle relazioni postali un atteggiamento argomentativo; si è costretti a pensare di più e a meglio formulare le proprie idee e ragioni".

Le parole scritte descrivono e creano esse stesse il contesto, devono recuperare una possibile perdita di socialità, fronteggiando una situazione in cui "spariscono gli elementi del contesto"[152]. La scrittura in rete è un medium senza il supporto

---

[150] J. GOODY, *The Logic of Writing and the Organization of Society*, Cambridge University Press Cambridge 1986 [trad. it. *La logica della scrittura e l'organizzazione della società,* Einaudi Torino 1988].
[151] F. CARLINI, *Internet Pinocchio e il gendarme*, Manifestolibri Roma 1996, p. 179.
[152] *Ibidem*, p. 96.

fisico tradizionale: la ragnatela, il tessuto dei rapporti non è finalizzato alla durata, con un risultato esattamente opposto a quello raggiunto dalla cultura del textus: il medium è tutto e assorbe l'intero ambiente, favorendo un processo sostitutivo nel quale la nuova finestra sul mondo non è più il libro, ma il video. Sono assenti caratteri e segnali convenzionali di riconoscimento reciproco e fondati sulla reciproca esperienza; è la sparizione di ciò che esiste nella società fisica e nel mondo contemporaneo: elementi materiali, visibili, a cui siamo socialmente vincolati, la società che abbiamo appreso a conoscere e a praticare. Nella CMC come nelle comunità virtuali essa è latente, ma non è svanita. Nell'ambiente telematico, nelle reti, in forme diverse, a seconda dell'uso di tecnologie specifiche (dalla posta elettronica, ai WEB ai MUD MOO e IRC) non possiamo visualizzare i segni consueti dello spazio di relazioni inter-personali e non possiamo verificare i segni esteriori dell'identità. È necessario però ricordare che il soggetto agente è sempre lo stesso sia nella società materiale sia nelle comunità virtuali. Questo passaggio non è soltanto un trasferimento; viene creata, per ora, una condizione non definitiva; lo stesso soggetto agente entra e esce dai mondi virtuali, e prima e dopo questa esperienza si ritrova e ritorna nella società materiale. Il nuovo mondo è l'occasione di forti trasformazioni di quell'io che ha iniziato l'esperienza; l'uso prolungato dei personal media e l'ambiente plastico e avvolgente che essi creano, causa una duplice crisi del soggetto: una crisi di identità e una crisi nel sistema di relazioni. L'esperienza delle comunità virtuali è già un segnale di distacco, di rifiuto o di ricerca "altra" rispetto a ciò che offre la società contemporanea; il presupposto evidente è l'impossibilità di realizzare il desiderio; la pratica delle comunità virtuali può condurre a esperienze diverse da quelle sociali proprie del mondo fisico circostante, ma, ancora, il soggetto è costretto a ricondurle al principio di realtà e ri-verificarle con quella stessa società contemporanea. Tutto può rimanere sospeso e in attesa, ma solo psicologicamente, nel tempo in cui avviene questa esperienza virtuale: quando la trasformazione colpisce la sua natura, la sua identità; allora è una mutazione antropologica[153]. Per ora sembra più convincente affermare che l'esperienza delle reti e delle comunità virtuali storicizza, anche in modo radicale, alcune forme del nostro esserci nel mondo contemporaneo. Spogliarsi di questi attributi oppure conoscerli in qualche modo obbiettivati, quindi alienati dall'esperienza in atto, può essere traumatico. Si affaccia la percezione che essi siano, solo occasionalmente, parti di un io (del nostro io); caratteri pro-tempore, qualità fuggevoli e fissate a un tempo storico e a una società che questo secolo terminale del secondo millennio ha ereditato e

---

153 P. LE'VY, *L'intelligence collective. Pour une anthropologie du cyberspace*, E'ditions de la Découverte Paris 1994

sviluppato. L'unità dell'io, corpo e anima, cela una pluralità e una molteplicità che può essere dirompente; la centralità dell'individuo e la sua consistenza materiale corrispondono alle necessità di una società fondata sul lavoro industriale: *l'homo sapiens* si è adattato e sviluppato in *homo faber*, ma non si è risolto definitivamente in esso. In questi nuovi ambienti le tecnologie plasmanti della comunicazione agiscono contemporaneamente sul mondo esterno e sul mondo interiore, sulla società e sul soggetto. I passaggi di frontiera possono essere molto coinvolgenti; che cosa c'è al mondo di più assorbente del gioco? e che cosa è più divertente e sottilmente provocatorio del travestimento, dell'atto di seduzione e della ricerca di relazioni al di fuori degli schemi convenzionali? possiamo spingerci al limite del consentito e, forse, passare oltre, ma sempre in un mondo artificiale, virtuale appunto, cioè non definito e non definitivo, e da cui, in ultima analisi, si può tornare indietro.

Il ruolo dominante e quasi assorbente che assume il gioco, la diversità dichiarata delle situazioni proprie alle comunità virtuali rispetto ai codici ufficiali della società contemporanea e le occasioni di cambio di identità e di ruolo che si possono cogliere nei MUD, concorrono a formare un secondo mondo, a fondare un dualismo. Le linee di confine, gli accreditamenti e le rappresentanze consolidate non vengono distrutte o visibilmente negate, ma eluse, alla ricerca di un'altra dimensione partecipabile. I modi dell'aggiramento, della fuga, della nuova ricerca si appoggiano su pratiche alternative: l'ironia, il non-senso, il gioco e poi ancora il travestimento, la fluidità e il continuo passaggio in ruoli e personificazioni che sono in sé sfuggenti e instabili ma costituiscono, alla fine, il piano di esperienze e di ricerche che coinvolgono direttamente e più autenticamente i soggetti. Rispetto alla cultura europea questa condizione non riconosciuta e che non sembra aspirare a un riconoscimento e tanto meno a sostituirsi alla cultura ufficiale; questa situazione sospesa, intrigante e appassionante anche perché esperienza di confine e di passaggio, può richiamare le forme "eterne" di dualismo culturale e di pratiche non istituzionali che Bachtin[154] in un celebre saggio dedicato a Rabelais, attribuisce al carnevale. Alcuni modi di descrizione dedicati a momenti di passaggio dalla cultura medievale a quella rinascimentale e alle forme popolari che l'accompagnano, ma senza partecipazione e compromesso nei grandi movimenti istituzionali e

---

[154] M. BACHTIN, *L'opera di Rabelais e la cultura popolare*, Einaudi Torino 1979; pp.8 e 9-10.

ufficiali, sembrano straordinariamente calzanti per le pratiche in rete, per le situazioni proprie delle comunità virtuali.

Ad esempio, per il principio del "riso" e dell'ironia:

> *"Tutte queste forme organizzate sul principio del riso, presentavano una differenza estremamente netta, di principio si potrebbe dire... esse rivelavano un aspetto completamente diverso del mondo, dell'uomo, dei rapporti umani, marcatamente non ufficiale... sembravano aver edificato accanto al mondo ufficiale un secondo mondo e una seconda vita... tutto ciò aveva creato un particolare dualismo del mondo...*

oppure per la funzione che esercita il gioco, con le sue passioni e con la forza che riemerge delle pulsioni e degli istinti vitali, infine per il carattere "popolare" che queste esperienze riassumono:

> *"si colloca piuttosto ai confini tra l'arte e la vita. In realtà è la vita stessa, presentata sotto la veste speciale del gioco. Il carnevale infatti non conosce distinzioni fra attori e spettatori... al carnevale non si assiste, ma lo si vive, e lo si vive tutti poiché esso, per definizione è fatto dall'insieme del popolo".*

E' possibile allora utilizzare, in veste del tutto inedita, la categoria di popolare, ma svincolata dalla sua determinazione sociale e di classe e piuttosto orientata verso il suo differenziarsi dalle istituzioni della società contemporanea. Conviene riprendere quella di rappresentazione perché più si incontra con pratiche di appropriazione e di immersione alla ricerca di motivazioni dirette, di forme autentiche di esperienza. Ma la formazione di inedite e libere comunità, ricostituite e aperte, come pure le attività partecipative che utilizzano il potente meccanismo del gioco e dell'ironia, sono possibili, nel nostro caso, solo attraverso la mediazione del computer e delle reti telematiche.

3.1. Il computer e la rappresentazione

La trasformazione, nell'uso, del computer da strumento di calcolo a medium e il suo ruolo diffuso e potenziato tramite connessioni telematiche e l'applicazione del modello ipertestuale nelle reti sono i punti chiave nella costituzione delle comunità virtuali. I mondi virtuali sono mondi artificiali, quindi costituiti da macchine, sono hard, anche se macchina non vuole più dire macchinario, pesantezza e materialità, ma reti, comunicazioni, bit, tecnologie leggere e pervasive: esse sostituiscono scenari e atti propri della società storica e dell'ambiente fisico. La macchina si trasforma in medium e fa da tramite, scambiando continuamente messaggi tra esseri umani; la comunicazione stessa è il tessuto connettivo, struttura e sovrastruttura che regge e anima il discorso e quindi la comunità che si va costituendo. Assumono un ruolo fondamentale:

- il gioco
- l'interpretazione e lo scambio dei ruoli
- la rappresentazione e la simulazione

Uno degli ambienti che offre riferimenti promettenti è quello del teatro, dello spettacolo, della scena. Personaggi e ruoli, finzione e azione drammaturgica sono un buon punto di riferimento e un osservatorio che ritorna, in forme profondamente mutate, nel video di un computer. La simulazione come modello decisivo nel rapporto tra interfaccia e utente è molto simile al rapporto tra spettatore e scena. La fruizione estetica, l'immedesimazione forte, compresa quella legata al piacere del gioco o a quello della simulazione sono stati analizzati con grande efficacia da Brenda Laurel[155]. *Computers as theatre* è un contributo fondamentale per affrontare il nuovo mondo dei MUD e degli IRC.

Questa nuova condizione, in cui la negoziazione è "soft" e non troppo vincolante, è il passaggio obbligato per raggiungere una new domestication paragonabile, per la sua importanza nella civiltà umana, a quella descritta da Jack Goody per l'avvento della scrittura alfabetica. Simile nella straordinaria importanza: un vero e proprio salto di civiltà, ma del tutto opposta per il medium utilizzato. Nella domestication la scrittura alfabetica si assume il compito di fissare la memoria, di costituire le leggi, di fondare sul supporto materiale ciò che nel mondo dell'oralità era sfuggente, caduco, tutto interno allo scambio immediato nella comunità umana. Nella new domestication il medium si attenua fino a fare scomparire le leggi, i vincoli sociali fondati sulla materialità dell'economia e le abitudini radicate sul territorio. Per questo motivo il nuovo patto sociale o, più probabilmente, gli accordi e le convenzioni che potranno essere accettati, devono essere facilmente negoziabili e altrettanto facilmente ripudiabili. Possono avere un alto tasso di partecipazione immediata, emotiva, psicologica, ma lasciano una via di fuga: il principio di realtà, in questi mondi, sta fuori e precede l'esperienza

---

[155] B. LAUREL, *Computers as Theatre*, Addison & Wesley Reading Massachussets 1991.

virtuale. L'intensità, il consumo quasi spasmodico del tempo di vita (del proprio, personale tempo di vita) nell'esperienza virtuale può nascere da un forte rifiuto e da una radicale polemica con la società contemporanea costituita, ma può anche essere orientato a superarla o a integrarla, almeno parzialmente, con forme più efficaci di lavoro collaborativo, con legami più fondati in una solidarietà interculturale. In ogni caso l'esperienza delle comunità virtuali non può essere messa tra parentesi; si è aperta una stagione nuova in cui non esiste soltanto la freccia lineare del tempo: la persona non mette più in fila, lungo l'asse cronologico, le proprie differenti esperienze. Esistono un tempo multiplo, una personalità multipla; possono aprirsi forme di associazionismo mentale, psicologico, espressivo che insistono su vere e proprie intersezioni, strati mescolati e praticabili nello stesso tempo. E' evidente che aumenta la tensione, l'intensità e la complessità dell'esperienza, ed è anche evidente che la funzione del medium, di un medium di questo tipo è del tutto nuova e dominante. Il gioco, l'immedesimazione, il piacere, anche la trasgressione simulata possono servire a un secondo scopo. Abituano a tollerare l'invadenza tecnologica, smussano le punte più pesanti delle convenzioni tecniche e del necessario consumo di attenzione e di energie mentali per accettare un percorso di apprendimento continuo, in cui la dialettica imparare /dis-imparare è determinante. Nulla appare acquisito definitivamente, l'accumulo progressivo del sapere può anche non essere conveniente; al contrario della domestication alla scrittura, che portava all'interno della coscienza un mezzo e una tecnologia esterna; qui non si compiono processi di interiorizzazione ma piuttosto processi di scambio in cui le associazioni mentali, i sentimenti, le psicologie vengono visualizzati dal medium e resi partecipi attraverso le forme di comunicazione scritta e poi multimediale consentite dal mezzo stesso. Il medium detta i tempi dell'efficacia di queste esperienze, ma è plastico e addomesticabile dai soggetti umani che lo usano intensivamente e diffusivamente, cioè lo utilizzano per la comunicazione interpersonale.

3.2. IRC

Le analisi più significative di questi nuovi mondi insistono fortemente su alcune delle caratteristiche che abbiamo indicato. Margaret Reid, autrice di uno dei primi e più significativi contributi sulle comunità virtuali, costituitesi attraverso l'uso delle IRC, afferma:

"IRC è fondamentalmente un *terreno di gioco*. Nel suo ambito la gente è libera di sperimentare forme diverse di comunicazione e autorappresentazione"[156]. Mentre nella realtà fisica gli individui riconoscono i ruoli attraverso indizi fisici e di conseguenza possono reciprocamente comunicare e avere relazioni, riferendosi e appoggiandosi e infine avendo ampia rassicurazione dalle abitudini dipendenti dall'ambiente sociale esterno; negli IRC scompare -almeno in apparenza- il contesto sociale visibile e lo spazio fisico proprio alle relazioni umane. L'utente deve comunicare e quindi de-scrivere sia come intende agire sia come si presenta l'ambiente in cui vuole agire. In questo modo contribuisce attivamente a costruire l'ambiente; le descrizioni di modalità di rapporti, apparizioni, interazioni sono istruzioni perché esse si compiano tra i diversi interlocutori che partecipano al gioco. Sono perciò convenzioni necessarie, ma legate ai modi di scrivere, per costruire il contesto sociale; contesto che è formato nell'immaginario e non nel mondo fisico. La scrittura deve perciò orientarsi verso sintetiche forme descrittive, usare stilemi immediatamente riconoscibili per sopperire a questa "latenza" di spazio sociale visibile. Questa mancanza determina la necessità di un codice elementare per creare almeno le condizioni essenziali per comunicare o un principio di realtà comunemente accettabile; tuttavia, è l'occasione per inventare ambienti di sperimentazione non vincolati al mondo fisico, alla società storica e alle regole che ne sono elemento costitutivo. L'utente ricrea insieme ad altri un mondo, sviluppa uno "spirito costituente".

3.3. MUD

"La vita reale non è altro che una finestra in più, e in genere nemmeno la migliore"[157]. Questa espressione di un giovane attivo nel mondo dei MUD rappresenta bene la sostanziale equivalenza nel suo vissuto tra l'esperienza della vita quotidiana e la pratica dei MUD stessi, in cui la "finestra" è la forma e il mezzo, al tempo stesso, per avere davanti agli occhi e quindi per partecipare a più esperienze in tempo reale. E' l'accettazione e la pratica di diversi riti di passaggio nella vita quotidiana: i mondi esplorabili sembrano infiniti; sono invece finiti e determinati, e il loro controllo non è l'oggetto o l'obbiettivo dichiarato dell'ambiente in cui si gioca. Il risultato principale è l'allenamento a fronteggiare situazioni continuamente mutanti, laddove il salto è tra la vita fisica, la percezione

[156] M. E. REID, *Electropolis. Communication and Community on Internet Relaiy Chat*, tesi di laurea Università di Melbourne 1991.
[157] In S. TURKLE, *op. cit.*, p.XIV.

immediata dei propri diretti rapporti col mondo circostante e un'intensa immersione in ambienti del tutto artificiali in cui si può trovare uno scopo, motivazioni, esperienze inedite. La negoziazione è risolta nel momento in cui ci si connette e si attiva la password per entrare; lo scambio tra artificiale e reale può essere trasformato, nell'esperienza dei MUD, in una verifica quotidiana del valore della propria esperienza di vita: le finestre che l'utente di questi programmi può aprire sono teoricamente infinite, ma soprattutto consentono una con-presenza di ambienti e di interlocutori tale da simulare una multi-conversazione in tempo reale. Poiché è l'immediatezza che prevale (il segnale che la connessione funziona e l'altro sta rispondendo e con l'altro è possibile comunicare), la condizione di partenza, cioè quella del soggetto operante, viene assimilata alla serie delle "finestre" che il programma può aprire. La trasparenza involge anche il vissuto, la quotidianità da cui l'utente ha preso l'avvio.

3.4. Scrittura on-line e off-line

> *"I MUD testuali costituiscono una nuova forma di letteratura scritta e costruita grazie alla collaborazione di tutti i partecipanti. Coloro che giocano in un MUD ne sono anche gli autori, contemporaneamente creatori e consumatori di contenuto mediologico. E' qui che la partecipazione a un MUD ha molto in comune con lo scrivere sceneggiature, le performances artistiche, il teatro di strada o quello d'improvvisazione -o perfino, con la commedia dell'arte. Ma al contempo i MUD sono anche un'altra cosa. Oltre a partecipare, i giocatori diventano autori non soltanto del testo, ma anche di se stessi, costruendo dei nuovi sé attraverso l'interazione sociale"*[158].

Le pratiche di scrittura e il mondo della letteratura, quello che si è costituito nel tempo attraverso la supremazia dell'autore sul lettore, tornano in primo piano, ma snaturate: il lettore progetta insieme all'autore, accomunato nel tempo stesso -dilatato- di un medium trasformato in cui non esiste soluzione di continuità tra scrittura e lettura[159]. Storicamente la scrittura alfabetica è una forma di

---

[158] *S. TURKLE, op. cit., p.xii-xiii.*

[159] *Un'ampia letteratura che si interroga sul passaggio dal mondo di Gutemberg a quello degli ipertesti sostiene la sostanziale fine dell'autore e il nuovo ruolo, attivo e protagonista, del lettore. Su questi temi si può vedere DELANY E LANDOW, cit.; J.D.BOLTER, cit; e G.P. LANDOW, Hypertext. The Convergence the Contemporary Critical Theory and Technology,*

comunicazione in differita; la sua natura fisica presuppone un interlocutore situato un po' più in là nel tempo e nello spazio. Quando le forme di diffusione del messaggio sono determinate o dal corpo stesso degli esseri umani o da mezzi relativamente lenti, la distanza nel tempo e nello spazio è facilmente misurabile e crea l'attesa e pone l'obbiettivo del superamento dell'ostacolo che si frappone. Il messaggio si muove nello spazio fisico, è trasportato materialmente; quindi, la scrittura e di conseguenza la lettura sono lente, si muovono nel mondo degli atomi e della materia; creano tempo, producono il tempo prolungato e vanno oltre il tempo di vita. La scrittura costituisce la comunicazione esterna e indipendente dal corpo, materializza linguaggi che provengono dalla mente, dalla cultura, dall'universo del mito e del simbolo e quindi li riduce a ragione, a segno. Al tempo stesso crea universi nuovi nel tempo: la storicità, la durata culturale oltre il tempo di vita, la permanenza del messaggio e la tradizione e i codici determinati dalla volontà e dal consenso di esseri umani sconosciuti. La dimensione on-line sconvolge questo mondo e fa riaffiorare un elemento de-strutturante, proprio della comunicazione orale: la novità si risolve nell'azione dei soggetti e nella qualità del mezzo.

- nei soggetti: essi sono alfabetizzati e padroneggiano la scrittura; è possibile una rivoluzione **nella** scrittura. Una rivoluzione totale che riduce la forma grammaticale e l'impronta testuale a pura pellicola, a superficie e a convenzione smaterializzata.
- nel mezzo: si affievolisce il supporto, si stravolge la gerarchia tra autore e lettore, si polverizzano le regole e si apre la strada a un disordine di linguaggi, di espressioni e di comportamenti. In questo modo la scrittura è comportamento senza spazio e senza tempo per la riflessione: simultaneità, forme associative e parallele, approssimazione, mescolanza e ibridazione sono i modi che, anche polemicamente, riemergono o emergono per la prima volta. Le parentele possono essere del tutto disinvolte e non rispettare né i fondamenti delle discipline del sapere né le regole del potere costituito. Sono i caratteri di una cultura popolare post-moderna o piuttosto, come stiamo affermando in questo contributo, di una cultura popolare post-testuale. Essa infatti ignora i fondamenti culturali e disciplinari degli oggetti che utilizza e di cui si circonda: agisce, pratica, fa esperienza dentro forme culturali di cui spesso non conosce né le origini né la storia e di cui non si preoccupa neppure di accertarne l'originalità, l'autenticità. I due

---

The John Hopkins University Press Baltimore 1992 [trad. it. Ipertesto. Il futuro della scrittura, Baskerville Bologna 1993].

fondamenti della cultura umanistica moderna: le discipline storiche e quelle filologiche, sono ignorate.

3.5. Tribù in tempo reale[160]

Rheingold propone in sintesi una definizione che può valere per le comunità virtuali:

> *"l'IRC ha consentito la creazione di una microcultura mondiale sulla base di tre elementi fondamentali: identità artificiali, ma stabili, intelligenza pronta e uso delle parole per costruire un contesto immaginario comune per la conversazione"*[161].

Il richiamo alle tribù può essere parzialmente fuorviante se viene giocato solo in forma regressiva e richiamare, -credo- del tutto inconsapevolmente, un famoso saggio di Adorno sul jazz[162] dedicato ai meccanismi regressivi che alcune forme della cultura di massa potevano indurre. Il termine indica anche che la società contemporanea lascia spazi o perde forza di aggregazione e ad essa si sostituiscono altre forme non organiche ma piuttosto cooperative e comunitarie. Queste comunità possono collocarsi dentro la società contemporanea ma anche -virtualmente- fuori di essa e contro di essa; resistono a una classificazione con le categorie riduttive della subcultura o della micro-cultura, perché proprio il rapporto gerarchico di ascendenza è fortemente incrinato, se non spezzato, dentro i processi di globalizzazione economica e di universalizzazione della società dell'informazione. È una forma inedita di cultura popolare che non ha radici in nessun luogo definito, né dipende da culture e tradizioni organizzate, ma non è una sub-cultura. Nascendo direttamente da pratiche, in cui il segno dominante è l'uso di tecnologie della comunicazione, i protagonisti delle comunità virtuali possono considerarsi dei fondatori o dei costituenti, liberi da vincoli tradizionali: la tecnologia è vissuta come mezzo di affrancamento. Non viene perciò riproposta la cultura alta su base nazionale o quella inter-nazionale delle fondazioni e delle accademie; solo in questa accezione, è una sub-cultura. È una cultura indipendente

---

[160] *Real-time Tribes* è il titolo di un capitolo del libro di H.RHEINGOLD, *The Virtual Community*, 1993 [trad. it. *Comunità virtuali. Parlare, incontrarsi, vivere nel ciberspazio.* Sperling & Kupfer, Milano 1994].

[161] RHEINGOLD, *cit.*, p.20

[162] T. W. ADORNO, *Il carattere di feticcio in musica e il regresso dell'ascolto*, in *Dissonanzen*, Vandenhoeck & Ruprecht, Gottingen 1958 [trad. it. *Dissonanze*, Feltrinelli Milano 1959].

e dal basso formatasi su input diversi da quelli propri alle culture tradizionali. Dal basso rispetto soltanto ai meccanismi e alle gerarchie di potere poiché i protagonisti appartengono sia dal punto di vista quantitativo sia da quello qualitativo alle élites dei reciproci ambienti di provenienza. La mondializzazione e quindi l'universalizzazione è propria di quel mezzo, che crea l'ambiente e ha un rilevante effetto sui soggetti. Si torna a Internet, alla sua realtà tecnologica e alla sua capacità di produrre ideologia, mito e grande partecipazione. Il mezzo-ambiente determina i caratteri della società che si costruisce sopra di esso: questa aggregazione sociale e culturale non si definisce società, ma comunità per sottolineare il suo carattere altro, parallelo e, in taluni casi, alternativo, alla società strutturata. È una cultura di élites popolari, nel senso che non ha per nulla le caratteristiche della cultura di massa; ma piuttosto quella di gruppi sparsi sull'intero pianeta non strettamente vincolati alle loro origini etniche, sociali, culturali. Dal punto di vista della diffusione, cioè rispetto al fatto che è mondiale, universale a tutti gli effetti, si potrebbe definire giustamente "popolare" perché il linguaggio usato non ha caratteristiche selettive, non identifica gruppi sociali. L'identità artificiale consente una prima forma di stabilità, dunque di durata nel tempo, anche se il vettore principale sono la simultaneità e l'intensità. La sensazione di essere liberi, di avere una potenziale forza creativa che si esercita prima di tutto nella comunicazione con gli altri, viene vissuta come un modo per sottrarsi alle leggi e ai vincoli dominanti della società contemporanea. E' il piacere del gioco, che comprende anche la sorpresa e la trasgressione che possono crearsi attraverso il travestimento, l'inganno, la seduzione: è la funzione del teatro col palcoscenico e il suo rapporto caratteristico tra scena, personaggi e spettatori, e del carnevale con i travestimenti e le beffe. Sono quindi forme di comunicazione e di partecipazione popolare, comica, di contropotere limitato, ma astuto e irriverente in cui contano molto il corpo, il sesso, i desideri e gli istinti [163]. Una funzione diffusa delle comunità virtuali va ricondotta a questa zona di frontiera, di esplorazione e di riconoscimento dell'altro, del diverso che ha caratterizzato la civiltà moderna sin dal suo nascere.

Nelle posizioni di Rheingold è possibile individuare un'altra caratteristica delle comunità virtuali, che potremmo dire funzionale; un ruolo di sfida e di critica, ma anche di integrazione rispetto alla società contemporanea. L'integrazione indica immediatamente che non bisogna oltrepassare certi limiti e che ogni azione virtuale va ricondotta alla sua verifica nell'ambiente sociale circostante. Secondo Rheingold le comunità virtuali sono una forma possibile di società più efficiente,

---

[163] Sono i temi fondamentali del libro di BACHTIN, *cit.*

una risposta alle carenze di quella storica e fisica; esse ne sono un prolungamento e intendono incardinarsi in quella secondo la logica degli interessi professionali e funzionali. Comunità che non costruiscono un'alternativa alla società riconosciuta e non concedono spazio alle tendenze anarchiche, trasgressive o di critica politica solo negativa. Per Rheingold l'utopia, il far west, il carnevale sono aspetti propri della nuova esperienza del mezzo, momenti di libertà che non devono essere visti né come via di fuga né come sostitutivi del sogno o della droga né come radicale alternativa; alla fine, possono essere ricondotti in un più generale processo di trasformazione della società contemporanea, guidata da élites tecnocratiche. L'instabilità del riconoscimento reciproco di identità o il carattere mutevole dei ruoli e dei personaggi usati a scopo comunicativo e partecipativo sono un rischio: generano la precarietà e la limitata durata del gioco ("un bel gioco dura poco") e possono anche celare l'inganno, la violenza, cioè meccanismi negativi e distruttivi. Esiste poi una vera e propria cornice: il riconoscimento delle regole "sociali" è fondato non solo su accordi espliciti, ma anche su un patto generale implicito e universale: ogni comunità è basata sull'accettazione da parte del singolo di scambi comunicativi e informativi. Nel momento in cui accedo o coopero alla costituzione di una comunità virtuale, posso condividere risorse e informazioni, ma devo anche fornire risorse e informazioni, comprese quelle privilegiate su me stesso. Forse non siamo troppo lontani dalla definizione che Geertz dà di cultura: "una serie di meccanismi di controllo (progetti, ricette, norme, istruzioni: ciò che gli informatici chiamano "programmi") per il governo del comportamento"

4. La comunicazione è la comunità

Le comunità virtuali sembrano obbedire a un meccanismo necessario e antico: per comunicare attraverso la scrittura occorre costruire l'ambiente di chi ascolta o riceve: storicamente i primi ricettori o ascoltatori o lettori erano anch'essi scrittori e le comunità erano ristrette: l'abilità tecnica e il virtuosismo furono segnali della padronanza del mezzo e dell'appartenenza a un'élite culturale. Nelle comunità virtuali l'uso diretto del medium fonda l'ambiente di risonanza e di corrispondenza senza bisogno di autorizzazioni sociali, religiose, politiche. Il mezzo si dissolve nella rete e quindi le tecnologie della comunicazione non funzionano soltanto da supporto, (anzi, molti partecipanti alle comunità virtuali tendono a sottovalutare la "pesantezza" della tecnologia, il suo essere hard) ma direttamente da connettivo: la **comunicazione è la comunità.** La definizione di microcultura, per le comunità virtuali, è accettabile a condizione di intendere che micro indica il soggetto che può agire da solo, da casa; siamo in una sorta di home -cultura: gli edifici e i luoghi dedicati della società non hanno importanza e non fondano, tramandandole nel tempo, gerarchie. Micro indica che si riparte da un soggetto, da una persona che comunica direttamente e contestualmente (cioè on-line, senza percepire ostacoli dall'esperienza del tempo naturale e dai condizionamenti dello spazio abitato). Le nuove forme di scrittura - consapevolmente o no- si liberano dal modello testuale e quindi dai paradigmi della razionalità, dell'ordine e del sistema chiuso: **i personal media agiscono contro i mass media**, attrezzano soggetti non organizzati nella società, ma accomunati dalla rete, in cui il consenso primario è espresso dalla connessione stessa. Le tecnologie della comunicazione sostituiscono forme esplicite di consenso: sociali, culturali, politiche e religiose; esse vengono dopo, si ricostituiscono attraverso quel mezzo e nell'ambiente reticolare, secondo le regole nuove, in-definite, che i cybernauti intendono applicare. L'azione di personalizzazione contro la società dei mass-media esplicita la frattura tra il mondo "micro" (ma appropriabile e, dunque, personalizzabile) e la società fisica circostante. Questa azione nasce dalla consapevolezza di assistere alla **degenerazione**, oltre che alla dissoluzione della società testuale.

La testualità si presenta storicamente, dalla modernità fino a oggi, come fondamento della forma generale della comunicazione (alfabeto scritto), paradigma culturale universale; e perciò risulta totalmente inserita e infine asservita alla società di massa e al dominio dei mezzi di comunicazione di massa. In questa società è scaduta a alfabeto minimale e facilmente manipolabile, semplice raccordo di fronte all'effetto potenza e amplificazione dell'immagine, del suono, del movimento, tipico dei media per le masse. Questi media potenziano e semplificano, esaltano e banalizzano il messaggio scritto sotteso: agli occhi degli spettatori, non più lettori, l'autorità del codice scritto viene meno. Se già il lettore era un autore dimezzato, ora lo spettatore è un'appendice passiva e soltanto ricettiva e orientata al consumo diffuso. Nel momento in cui la società delle masse perde la sua potenza, il suo fulcro gerarchico impiantato nello stato interventista e onnipotente e quindi vive la crisi del "cosiddetto" stato-sociale (la versione democratica dello stato totalitario dagli anni '20 in avanti), subisce anche la degenerazione del suo strumento principe di consenso e di pervasione: appunto i media di massa. Il passaggio è bloccato; perciò, appaiono più evidenti gli elementi di degenerazione, di dissoluzione e di crisi e non le spinte positive, nuove. Esse non possono che affidarsi a altri ambienti e usare modi sia polemici sia di fuoriuscita non tradizionali. Incrinata pesantemente la crosta "attiva" dello stato, compare sotto di essa il disordine; la società appare un formicaio e non un sistema regolato e funzionale. Le comunità virtuali esprimono, a questo punto, una protesta e una critica diretta della società contemporanea, poiché ne mettono a nudo gli elementi convenzionali, senza richiedere necessariamente un impegno organizzativo o di consenso "tradizionale" (politico, religioso, culturale) ai soggetti protagonisti. Su queste esperienze si proiettano istanze di libertà e di autoaffermazione, impedite dalla società contemporanea; esse sono veicolate direttamente dal mezzo e possono essere fatte proprie da chiunque abbia accesso alla comunità stessa, senza filtri "pesanti". Il medium nuovo modifica radicalmente lo spazio e il tempo dell'esperienza soggettiva e sociale e quindi aiuta a ridefinire i caratteri emergenti di una società possibile; la virtualità è lo spazio sociale per impedire che venga soffocata ogni istanza di libertà e di sperimentazione fin dall'inizio. La comunità virtuale sfrutta l'instabilità e la precarietà "fisica" del mezzo e dell'ambiente per guadagnare esperienza: l'uso del tempo reale, l'intensità della comunicazione e la partecipazione diretta e multipla non sono scorciatoie per arrivare a risultati stabili e duraturi nel tempo, sono una necessità ma anche un intelligente uso del mezzo. Abbandonato il percorso classico della critica, della negazione (tipico della cultura europea), viene intrapreso il sentiero del deplacement, il tentativo di evitare lo scontro frontale con opportune azioni di aggiramento e, anche, di fuga.

E' possibile, allora, una forma sociale smaterializzata? una società non fondata sull'economia, sugli interessi, sul dominio materiale? quanto influisce la freccia del tempo sulla costituzione di un insieme di soggetti umani perché quel rapporto possa essere definito sociale e quindi fondante una società? la durata e l'aspettativa nel tempo sono elementi costitutivi della civiltà che non possono in alcun modo essere eliminati? E' facile e conveniente de-costruire (non più distruggere, ma piuttosto lasciare, abbandonare...) e costruire e poi ancora de-costruire comunità virtuali, senza pagare pedaggi onerosi, economici e politici; l'investimento più forte è soggettivo e impegna la mente, e si consuma direttamente e rapidamente. Ma, forse, è il solo modo, oggi, di costruire insieme ad altri, condividere risorse e cooperare nel loro utilizzo; il medium agisce da specchio: il computer assorbe il soggetto e gli rivela il suo io, la sua identità, ma separata dalle convenzioni e dal sistema sociale e comportamentale a cui l'individuo sociale è abituato. È uno specchio doppio: attraversando il medium si passa in un ambiente altro, e il medium, trasparente e non opaco, riflette il soggetto e lo coglie mentre agisce, in atti di relazione e di comunicazione. Alcuni definiscono questa situazione come caratterizzata dalla riduzione degli indici sociali: *Reduced Social Cues*"[164]; e quindi la considerano dominata da effetti da "deprivazione". L'assenza del contesto sociale può essere più correttamente definita come assenza del contesto sociale *abituale,* perdita e conseguente angoscia per la mancanza di riferimenti sicuri. La stessa situazione può essere l'occasione di una libertà inattesa e quindi esaltante; le forme di apprendimento istituzionale non sembrano più così necessarie: l'ambiente dei nuovi media è votato allo scambio continuo di esperienza e cultura e a forme continue di auto-aggiornamento. L'apprendimento non dura nel tempo e non viene programmato secondo la successione temporale; viene sperimentato, al contrario, nell'immediatezza e nella simultaneità dell'uso del mezzo e dell'interazione con l'ambiente e con i soggetti attivi che vi collaborano. L'esperienza acquisita, l'abitudine trasmessa secondo la tradizione, sono messe in gioco. E' l'assenza delle regole e delle relazioni visibili e fisiche; il sociale è forma esterna delle relazioni umane, quella da cui ci si può distaccare con più facilità: il contesto è tutto "fuori" fin dall'inizio, e quindi "altro" da noi, estraneo nella sua impartecipazione, macchinosità, lontananza.

Vengono ripercorsi due ambiti tradizionali:

il riconoscimento dell'altro: è necessario un patto preliminare di scambio. Il nuovo patto non è determinato dal mondo fisico, quindi non può essere né di tipo economico né di status; l'accordo si stabilisce attraverso l'uso del mezzo; l'accesso alla rete è il primo rito d'ingresso e quindi l'accettazione del primo patto. Entrando in una comunità virtuale viene condiviso il principio del dialogo e dello scambio di informazioni reciproche, poiché tutti gli interlocutori sono, allo stesso modo, privi di informazioni sociali. La parità si fonda sull'accesso al mezzo e implica l'accettazione, spesso inconsapevole, dei condizionamenti tecnici e delle conseguenze che ne derivano.

la propria identità sociale: paradossalmente l'anonimato è una conquista. Nella società moderna essere anonimi ha segno negativo e indica la degenerazione stessa della società moderna in società delle masse; anonimato va di pari passo con passivo, con "privo di qualità e di identità". Essere anonimi o cadere nell'anonimato significa essere privi di quei valori qualificanti e essenziali che sono l'identità visibile, la personalità, l'individualità, cioè i valori forti della società moderna.

---

[164] Si veda ad es. L. SPROULL e S. KIESLER, *Connections. New Wais of Working in the Networked Organization,* MIT Press Cambridge Mass. 1991.

Nelle comunità virtuali l'anonimato è occasione di liberazione dalle convenzioni e anche possibilità di praticare (almeno virtualmente) trasgressioni: è l'occasione del sesso. Il cambio di genere o di persona è una forma di travestimento, che crea opportunità di cambiamento e di avventura. Il gioco e l'arte, specie le forme di rappresentazione come il teatro o lo spettacolo, sono le più attraenti, fino ai confini estremi , fino al gender swapping[165]:

I MUD sono un laboratorio di identità ... il salto di genere (*gender swapping*) è un esempio estremo di un fatto fondamentale: la rete sta cambiando non solo come lavoriamo, ma anche come pensiamo a noi stessi e in ultima analisi chi siamo".

Muoversi ai bordi, ai confini, utilizzando la dimensione micro permette di incrinare alla radice il consenso per le istituzioni della società contemporanea. Sono le stesse regole e lo stesso consenso che i processi economici di globalizzazione e le spinte pervasive e universalizzanti delle tecnologie dell'informazione e della comunicazione stanno sradicando e riducendo a guscio vuoto. Una simmetria singolare caratterizza questi due movimenti: da un lato la potenza dispiegata e travolgente di forze economiche che rifiutano i vincoli sociali del welfare state, e che si annunciano libere perché appunto produttrici di nuove ricchezze, di nuovo business, di nuove attività imprenditoriali e, dall'altro, forme di comunità sfuggenti e aleatorie, che ricompongono i soggetti in mondi altri, fisicamente inconsistenti e liberi perché senza alcun obbiettivo di costituzione di società forti e stabili.

Il titolo di due capitoli di una delle prime e più note ricerche sugli abitanti delle reti, riassume efficacemente questa situazione: "decostructing the bounderies / costructing the communities"[166], è il programma di partecipazione e ricostruzione di ambienti comuni al posto della sfera pubblica moderna, poiché essa appare

[165] *E' l'espressione usata, ad esempio, da A. BRUCKMAN, Gender Swapping on the Internet, Proc. Inet '93, http:// www.mediamatic.nl/Whois Who/Bruckmann/AmyBruckmann.htm.; ma con più determinazione da E.M. REID, Cultural Formations in Text-Based Virtual Realities, Master Thesis, University of Melbourne 1994: "il genere è una delle più sacre istituzioni della nostra società ... il soggetto dotato di genere si separa dal corpo sessuato, se non alla fine divorzia da esso" e ancora A. R. STONE, "collassano le categorie e i bordi del corpo" in Will the Real Body Please Stand Up? Boundary Stories about Virtual Cultures, in Cyberspace. First Steps, M. Benedikt (ed.), MIT Press Cambridge Mass. 1991 [trad. it. Cyberspace. Primi passi nella realtà virtuale, Muzzio Padova 1993] e, sempre della stessa STONE, più recentemente, The War of Desire and Technology, at the Close of the Mecanical Age, copyright 1995 [trad. it. Desiderio e tecnologia, Feltrinelli Milano 1997].*

[166] *Sono i titoli di capitoli della tesi di E. M. REID, Electropolis, cit.*

dominata da meccanismi e burocrazie impenetrabili e interne allo stato e quindi caratterizzata da un ceto politico che si appella, contro lo scollamento visibile e la forte riduzione dei meccanismi di consenso e di identificazione, all'unità dello stato nazionale, proponendo ai cittadini manifestazioni pubbliche che ripristino l'identità nazionale, l'unità territoriale e la condivisione popolare di valori. Le comunità virtuali sono la dichiarazione più netta e il manifesto più esplicito del rifiuto della dimensione unitaria della sfera pubblica. Tra questi due mondi e tra queste due istanze non può esserci relazione e la distanza è profonda, senza rimedio. Le forme di de-costruzione diffusa si accompagnano alla caduta di culture fondate sulla storicità (tradizionali, europee) e quindi sono funzionali ai processi economici di globalizzazione favorendo l'affermarsi di culture de-storificate, indebolite e incapaci di guardare ai grandi processi. Contro questa visione totalmente negativa dei mondi virtuali e delle comunità in rete si oppone la raccolta di segni, frammentari e dispersi, ma indici di una svolta di civiltà, segnali della rottura di catene opprimenti dei vincoli del passato; il limite delle culture europee storicistiche è finalmente neutralizzato per sviluppare meglio e quindi con altri strumenti più adatti e più efficaci la lotta per la conquista del presente. Il disordine, l'anarchia delle forme di protesta, i modi soft di comunicazione e di scambio tra i soggetti, veri abitanti del mondo, ma non più cittadini delle società nazionali, è il segno di superficie, ma decisivo, di un processo dirompente di cambiamento e di salto di civiltà. La rivolta in atto è contro la degenerazione della società di massa (il welfare state che protegge solo i già protetti e soprattutto contro il dominio del suo fondamentale strumento di controllo e educazione e cioè i media per le masse. Può svolgersi solo in forme sotterranee o micro o saltando l'ambiente e il mezzo dominante (appunto attribuendo alle reti telematiche una funzione *altra,* come se fossero un altro mondo). Questa rivolta avviene tuttora senza rappresentanti "autorizzati" e organizzati e senza visibili e adeguate forme di rappresentanza degli interessi; questo impulso e questa situazione spiegano il valore tutto "immaginario" e tutto "smaterializzato" che viene attribuito a Internet. La leggerezza di Internet è figlia del desiderio, ma anche del disgusto dalla pesante e opprimente società contemporanea: occorre perciò analizzare con molta attenzione le forme e le modalità con cui i soggetti umani agiscono e reagiscono in questa situazione. In primo luogo, sono una risposta, una reazione storicamente determinata che nasce negli spazi e ai margini del discorso e della comunicazione sociale che il potere costituito consente. Questo potere si presenta come potere materiale, sui corpi singoli e sociali; così potente e così invadente da non lasciare spazi liberi di espressione personale. Lo scarto irrimediabile è tra i tempi degli apparati istituzionali degli stati, dei governi, della politica, mostruosamente lenti e tutti involti in se stessi, e quelli delle tecnologie della comunicazione che vivono e fanno vivere tutti nel tempo del presente e nello spazio universale. Aumenta la visibilità del desiderio, il fine della statualità protagonista e dirigista è del tutto trasparente e ogni utente si sente protagonista in quel mondo, *solo* in quel mondo virtuale.

Si ripropone il dilemma, nella formula secca scelta da Touraine:

> *"siamo entrati in un nuovo tipo di società viviamo un nuovo processo di cambiamento?*
>
> *siamo entrati in un nuovo modo di produzione o in nuovo sistema di azione storica oppure viviamo il passaggio da una economia fortemente controllata dagli Stati nazionali alla formazione di reti economiche mondiali che distruggono o indeboliscono durevolmente quelle antiche forme di controllo, ciò che definisce un nuovo modo di sviluppo ma non un nuovo tipo di società."*

La risposta di Touraine è esplicita, ma, forse, è utile considerare ancora un altro vettore:

i caratteri della crisi dello stato nazionale e delle regole inter-nazionali come regolatori dell'economia e della società. Lo Stato del welfare non controlla solo l'economia ma anche la società, gli stili di vita, le aspettative e i rapporti tra le generazioni; uno strumento fondamentale per questo sistema di controllo sono i media di massa: essi nascono integrati allo Stato nazionale "dirigista".

Se si intende società come insieme strutturato, stabile e regolamentato; è vero, non siamo ancora entrati in una società nuova (e forse non ci entreremo mai); ma ci sono altre strutture partecipabili per costruire una società organica e orientata, oltre all'economia e allo stato? una di queste si rivela ancora la scrittura; medium universale per unificare attraverso la lingua scritta un popolo in nazione nel tempo della modernità, capace di rendere memorabili e durevoli nel tempo le leggi e infine strumento per integrare coscienze, comportamenti e stili di vita attraverso l'interiorizzazione dell'alfabeto. La società della modernizzazione si è avvalsa pienamente del rapporto diretto e gerarchico tra lavoro e scrittura; gli stati nazionali hanno comandato e diretto un'economia inter-nazionale; vanno in crisi quando si sviluppano reti di imprese che si de-localizzano e che sfuggono al controllo dello stato territoriale: il legame col sangue (la razza) e con la terra (il suolo, la patria, la nazione) viene messo in discussione. Le comunità virtuali, che nascono in rete, non hanno legami né di sangue né di territorio, sono un episodio e forse un elemento costitutivo, astutamente collocato in una zona out dal mondo che si autodefinisce "reale", dei processi di globalizzazione. Ne assumono l'elemento cardine: la sottrazione di controllo allo stato attraverso l'uso di tecnologie pervasive e universali che, per ora, non possono essere facilmente regolamentate. Le relazioni avvengono tra singoli cittadini, da casa, dall'impresa, dal centro di ricerca e si sviluppano reciprocamente, direttamente, senza mediazioni statuali.

La costituzione delle comunità virtuali, siano esse programmaticamente senza regole, libere; siano esse orientate, offrono per sé la possibilità di ri-costruire o di costruire ex-novo modi di civiltà in cui prevalga il linguaggio e la comunicazione sull'economia e sulla legge scritta. Queste comunità sono necessariamente, almeno in questa fase, fluttuanti, disordinate, e quindi non-società.

Bibliografia

1. T. W. ADORNO, *Il carattere di feticcio in musica e il regresso dell'ascolto*, in *Dissonanzen*, Vandenhoeck & Ruprecht, Gottingen 1958 [trad. it. *Dissonanze*, Feltrinelli Milano 1959].
2. J. ASSMANN, *Das kulturelle Gedachtnis, Schrift, Erinnerung und politische Identitat in fruben Hochkulturen*, Oscar Beck, Munchen 1992 [trad. it. *La memoria culturale. Scrittura, ricordo e identità politica nelle grandi civiltà antiche*, Einaudi Torino 1997].
3. M. BACHTIN, *L'opera di Rabelais e la cultura popolare*, Einaudi Torino 1979
4. H. BLUMEMBERG, *Die Lesbarkeit der Welt, Suhrkamp*, Frankfurt 1981 [trad. it., *La leggibilità del mondo*, Il Mulino Bologna 1984].
5. J.D. BOLTER, *The Writing Space. The Computer, Hypertext and the History of Writing*, LEA Hilsdale 1991 [trad. it. *Lo spazio dello scrivere*, Vita e Pensiero, Milano 1993].
6. B. BRECHT, *Schriften zur Literatur und Kunt*, Suhrkamp Verlag, Frankfurt am Main 1967 [trad. it. *Scritti sulla letteratura e sull'arte*, Einaudi Torino 1973].
7. BRUCKMAN, *Gender Swapping on the Internet*, Proc. Inet '93, http:// www.mediamatic.nl/Whois Who/Bruckmann/AmyBruckmann.htm

8. F. CARLINI, *Internet Pinocchio e il gendarme*, Manifestolibri Roma 1996.
9. P. DELANY and G. P. LANDOW ed *The Digital Word. Text-Based Computing in the Humanities*, MIT Press, Cambridge 1993.
10. P. DELANY and G. P. LANDOW ed., *Hypermedia and Literary Studies* The MIT Press, Cambridge 1990.
11. E. L. EISENSTEIN, *The Printing Press as an Agent of Change. Communications and Cultural Transformations in Early-Modern Europe*, Cambridge University Press, Cambridge 1979 [trad. it., *La rivoluzione inavvertita. La stampa come fattore di mutamento*, Il Mulino, Bologna 1986].
12. L. GALLINO, *L'informatica per/delle discipline umanistiche: specificità e futuro*, in *Informatica e scienze umane*, a cura di L. GALLINO, Franco Angeli editore, Milano 1991
13. L.GALLINO, *L'incerta alleanza*, Einaudi Torino 1992
14. J. GOODY, *The Domestication of the Savage Mind*, Cambridge University Press, Cambridge 1977 [trad. it. *L'addomesticamento del pensiero selvaggio*, Angeli, Milano 1981
15. J. GOODY, *The Logic of Writing and the Organization of Society*, Cambridge University Press Cambridge 1986 [trad. it. *La logica della scrittura e l'organizzazione della società,* Einaudi Torino 1988].
16. E. HAVELOCK, *Preface to Plato*, Harvard University Press, Cambridge 1963 [trad. it. *Cultura orale e civiltà della scrittura. Da Omero a Platone*, Latera, Bari 1995].
17. M. HEIM, *Electric Language: a Philosophical Study of Word Processing*, Yale University Press, New Haven & London 1987.
18. G.P. LANDOW, *Hypertext. The Convergence the Contemporary Critical Theory and Technology*, The John Hopkins University Press Baltimore 1992 [trad. it. *Ipertesto. Il futuro della scrittura*, Baskerville Bologna 1993]
19. B. LAUREL, *Computers as Theatre*, Addison & Wesley Reading Massachussets 1991.
20. J. LE GOFF, *Storia e memoria*, Einaudi Torino 1982.
21. P. LE'VY, *L'intelligence collective. Pour une anthropologie du cyberspace*, E'ditions de la Découverte Paris 1994
22. P. MOLINATTI, *L'apprendimento collaborativo nella classe telematica. L'esperienza dei 'Learning Circles'*, tesi di laurea in Scienze della Comunicazione, a.a. 1996-97
23. NICHOLAS NEGROPONTE, *Being Digital*, copyright Nicholas Negroponte [trad. it. *Essere digitali*, Sperling & Kupfer, Milano 1995].

24.W. J. ONG, *Orality and Literacy, The Technologizing of the Word*, Methuen, London - New York 1982 [trad. it. *Oralità e scrittura. Le tecnologie della parola*, Il Mulino, Bologna 1986].
25.DOMENICO PARISI, *Mass media vs personal media*, in A. Ardigò e G. Mazzoli (a cura di), *Le nuove tecnologie per la promozione umana. Usi dell'informatica fra macro e micro comunicazioni*, Angeli Milano 1993
26.M. E. REID, *Electropolis. Communication and Community on Internet Relaiy Chat*, tesi di laurea Università di Melbourne 1991
27.E.M. REID, *Cultural Formations in Text-Based Virtual Realities*, Master Thesis, University of Melbourne 1994
28.H. RHEINGOLD, *The Virtual Community*, 1993 [trad. it. *Comunità virtuali. Parlare, incontrarsi, vivere nel ciberspazio*. Sperling & Kupfer, Milano 1994].
29.M. RICCIARDI, *Plurimedia* in *Lingua, letteratura, computer* (a cura di M. Ricciardi), Bollati Boringhieri 1996
30.C. SEGRE*, Avviamento all'analisi del testo letterario*, Einaudi Torino 1985.
31.L. SPROULL e S. KIESLER, *Connections. New Wais of Working in the Networked Organization*, MIT Press Cambridge Mass. 1991.
32.R. STONE, in *Will the Real Body Please Stand Up? Boundary Stories about Virtual Cultures,* in *Cyberspace. First Steps*, M. Benedikt (ed.), MIT Press Cambridge Mass. 1991 [trad. it. *Cyberspace. Primi passi nella realtà virtuale,* Muzzio Padova 1993]
33.A.R. STONE, *The War of Desire and Technology, at the Close of the Mecanical Age*, copyright 1995 [trad. it. *Desiderio e tecnologia*, Feltrinelli Milano 1997].
34.G. TRENTIN, *Didattica in rete. Internet, telematica e cooperazione educativa*, Roma, Garamond 1996.

2. Essere Sociale, Immaginario, Cinema (e Ipercinema)

Percorsi e frammenti che mettono in causa il rapporto tra nuovo cinema, un possibile ipercinema e l'immaginario. Quest'ultimo ha una lunga storia, sia nella cultura, sia nella saggistica; l'altro discende dal paradigma "iper" che ci porta direttamente dentro il mondo dei rapporti più forti e diretti tra tecnologie della comunicazione, contenuti e significati (a partire dalle tecnologie ipertestuali).

1. Sull'interfaccia interattiva cinematografica

Ogni volta che estendiamo i nostri sensi, per esempio attraverso l'interattività, il nostro sistema cognitivo oscilla tra desiderio di abbandono, trasparenza e volontà di comprendere la struttura profonda dell'oggetto. Questo è quello che accade anche nelle interfacce digitali: il processo di interazione oscilla continuamente tra desiderio di immergersi e perdersi nell'illusione referenziale dell'oggetto rappresentato e, d'altro canto, la volontà di padroneggiarne il contenuto e il linguaggio.

La fonte di queste posizioni si trova nella citazione da Marshall McLuhan a proposito di "torpore" e va riferito al classico rapporto che McLuhan stesso instaura tra i media e il "nostro sistema nervoso centrale".

Si può citare un passo, sempre da McLuhan, ma dedicato specificatamente al cinema. Perché? Perché vogliamo sottolineare un carattere fondamentale del cinema nella società del Novecento, almeno della prima metà del Novecento, prima dell'avvento della televisione; quello di essere il medium dominante di quella società. Non solo quale mezzo di riproduzione e di rappresentazione di quella società. Esso apre una possibilità insperata di superamento e di fuoriuscita dalla società della meccanizzazione, cioè dal dominio della fabbrica fordista e della sua gerarchia sociale e culturale.

> *La meccanizzazione non è mai stata così intensamente frammentata o sequenziale come ai tempi in cui nasceva il cinema, che a sua volta ci trasportò ben presto al di là del meccanismo, nel mondo dello sviluppo e dell'interrelazione organica. Il film, con la semplice accelerazione della componente meccanica, ci ha indotti a passare dal mondo della*

sequenza e delle connessioni a quello della configurazione e della struttura creativa. Il messaggio del medium *consiste nella transizione dalle connessioni lineari alle configurazioni. Questa transizione è all'origine di un'osservazione che oggigiorno è abbastanza calzante: "Se funziona, è antiquato". Quando poi la velocità elettrica riscatta dai limiti della componente meccanica le sequenze cinematografiche, le linee di forza delle strutture e dei* media *diventano allora vistosamente chiare. E torniamo così alla forma onnicomprensiva dell'icona.*[167]

McLuhan attribuisce al cinema la funzione innovatrice che consente di superare non solo una tecnologia dominante, ma una cultura dominante. Per le tecnologie il punto chiave è la velocità, l'accelerazione, è l'esasperazione dell'obiettivo finalmente raggiunto dal cinema nelle sale e dai film prodotti a partire dai fratelli Lumières: passare dall'immagine fissa al movimento. È un passaggio decisivo che porta questo medium al centro della cultura europea e poi americana: l'asse portante, fondato sul codice alfanumerico, viene scrollato violentemente e si scopre un mezzo o uno stratagemma per forzare quel paradigma che appare ora (agli inizi del Novecento) una gabbia rigida e vincolante: il modello logico sequenziale della scrittura. Il grimaldello, la chiave di volta è la tecnica del montaggio: scardinare appunto il meccanismo ripetitivo e cercare nuovi linguaggi in cui il visivo, l'immagine non è più soltanto supporto dell'immaginazione, ma inizia ad essere il linguaggio dell'immaginazione. Il cinema indica con orgoglio nei suoi primi grandi maestri che sta inventando un genere nuovo e un linguaggio nuovo; ma l'ambiente ideale era stato creato dalle avanguardie artistiche del Novecento, anche dagli scrittori, a cominciare da Joyce per passare dai futuristi ai dadaisti, ai surrealisti. McLuhan pone l'accento su questo nesso decisivo tra cinema e arti di avanguardia, scegliendo una esperienza decisiva, quella del cubismo; ma il cinema è davvero la clava per spazzare via quel mondo sclerotizzato e per aprire le porte al nuovo pubblico, quello di massa, quello popolare. Tutti possono vedere il cinema, solo gli eletti possono leggere Joyce o l'arte di avanguardia.

A una cultura estremamente alfabetizzata e meccanizzata il cinema parve un mondo di illusioni trionfanti e di sogni che il denaro era in grado di comprare. A questo punto arrivò il cubismo, che E. H. Gombrich ha definito in Arte e illusione *"il tentativo più radicale per*

---

[167] McLuhan M., *Gli strumenti del comunicare*, Il Saggiatore, Milano 1990, p. 15 e seg. [ed. or.: McLuhan M., *Understanding media*, McGraw-Hill Book Company, New York 1964].

toglier di mezzo l'ambiguità e imporre una lettura del quadro come costruzione fatta dall'uomo e come tela colorata". Il cubismo infatti presenta simultaneamente tutte le facce di un oggetto, anziché il "punto di vista", ovvero la faccia dell'illusione prospettica. Al posto dell'illusione funzionale della terza dimensione, esso propone un gioco di piani e una contraddizione, o conflitto drammatico, di schemi, di luci e di tessuti che "manda a destinazione il messaggio" attraverso un coinvolgimento. E questo è considerato da molti un esercizio di pittura, non di illusione.

In altre parole il cubismo, mostrando in due dimensioni l'interno e l'esterno, la cima e il fondo, il davanti e il dietro, eccetera, rinuncia all'illusione della prospettiva a favore dell'immediata consapevolezza sensoria del tutto. Cogliendo in un unico istante la consapevolezza totale, ha improvvisamente annunciato che il medium è il messaggio. *Non è forse evidente che non appena la sequenza lascia il posto alla simultaneità, si entra nel mondo della struttura e della configurazione? Non è forse accaduto proprio questo nella fisica come nella pittura, nella poesia e nelle comunicazioni? Segmenti di attenzione specializzata si sono trasferiti in un campo totale, talché oggi possiamo dire con sufficiente tranquillità che "il* medium *è il messaggio". Ciò non era per nulla ovvio prima della velocità elettrica e del campo totale.*[168]

A questo punto siamo già arrivati alla possibilità che il medium sia il messaggio; si sono determinate, cioè, le condizioni per un passaggio duplice: radicale mutamento nel ruolo egemone dei media; competizione sempre più feroce tra i media per conquistare l'egemonia sulla cultura del tempo.

La parola chiave è Interattività: Interattività vuol dire rapporto diretto, reazione immediata dello spettatore. Citiamo il cinema delle origini: diverse forme e diversi gradi di interattività con lo spettatore; informazione e emozione, ma creando un pubblico che ha ben visibile il suo essere sociale e le sue caratteristiche antropologiche (per usare il linguaggio preciso del tempo, le sue connotazioni di classe).

---

[168] McLuhan M., *op.cit.*, 1990, p. 21.

E cominciamo proprio dai primi due film ufficiali della storia del cinema, ma ne scegliamo uno che, però, è doppio: *L'Arrivée d'un train à La Ciotat* (Auguste e Louis Lumière, 28 Dicembre 1895).

Esistono due versioni dell'arrivo del treno, visibili al Museo Nazionale del Cinema. Possiamo metterle a confronto.

La prima è quella "sociale", l'occhio guarda il treno, ma concentra la sua attenzione sui passeggeri che scendono dal treno appena arrivato alla stazione. L'idea di movimento è data dall'arrivo alla stazione, come recita il titolo, ma poi lo sguardo della macchina da presa si sofferma sui passeggeri, cioè sulla società, colta nei suoi movimenti, nelle sue diversità. Appare la natura umana rappresentata direttamente e "oggettivamente". Gli umani si muovono senza sapere di essere osservati e ritratti e infinitamente riprodotti; tanto meno sono educati o abituati a essere ripresi e a considerare quella macchina estranea come una parte della loro vita, anche di quella quotidiana.

Il cinema inizia il suo percorso quale strumento formidabile di analisi sociale, culturale, antropologica; nessuno strumento, nessuna tecnologia può uguagliarlo nel rappresentare la vita come essa è, nel suo istante che continuamente muta e continuamente scorre nel tempo. La tradizione dell'inchiesta, del viaggio antropologico tra i costumi e i comportamenti degli esseri umani, soprattutto quelli moderni, quelli che vivono dentro i processi di modernizzazione industriale, ha trovato il suo medium per eccellenza.

La seconda è quella emotiva e spettacolare. L'effetto in presa diretta che fece fuggire il pubblico dalle sale. La macchina da presa riprende l'arrivo come se la locomotiva invadesse lo schermo e di qui si proiettasse a investire gli spettatori in sala. La potenza del cinema è potenza di suggestione, è forza dirompente di immedesimazione dello spettatore dentro l'azione filmica. È l'immagine in movimento che prende e cattura totalmente gli spettatori come folla, come insieme di umani costretti e dominati tutti insieme dalla forza delle immagini. Qui il cinema dispiega la potenza ancora latente nel meccanismo nuovo di riproduzione e di rappresentazione attraverso l'immagine in movimento: il movimento sembra assimilarsi e quindi riflettere oggettivamente il movimento della vita. La realtà sembra apparire come è, direttamente nelle immagini: la finzione è tanto potente, l'artificio è così efficace da travolgere le difese razionali degli individui e da immergerli totalmente in quello spettacolo, fino al punto di metterli in fuga per la sua verosimiglianza emotiva incontrollabile. Cambierà il cinema, ma cambieranno con esso anche gli umani: il grande schermo nella sala buia, potenziato ancora da tecnologie più evolute e dalla colonna sonora che accentuerà l'effetto realismo e verosimiglianza. Si mette in moto la società dello schermo e quindi il cinema sarà, attraverso lo schermo, la tecnologia di comunicazione dominante della prima metà del Novecento, fino a quando ingaggerà una lotta mortale e disperata con la tecnologia emergente, familiare e casalinga, quella del piccolo schermo: la televisione.

La genesi di una tecnologia della comunicazione, di un medium è troppo importante: è il suo DNA che rimane incancellabile finché rimangono gli ultimi segni della sua natura autentica. Uno di questi caratteri originali e genetici è l'effetto potenza: grande schermo, grandi azioni, immagini umane smisurate e sempre molto più grandi di quelle reali che solo apparentemente riflettono: il cinema è naturalmente predisposto per comunicare grandi azioni, grandi storie e per fare grandi, nella loro partecipazione e nella loro emozione, gli spettatori in sala.

Senza immagini non possiamo descrivere e analizzare questi fenomeni; non siamo ancora in una civiltà dell'immagine così evoluta da comunicare per immagini e non si è compiuta ancora in nessun modo un'altra *domestication* totale da consentirci di parlare tra di noi, umani, e di sperimentare linguaggi che possano comunicare conoscenza reciproca per immagini.

Nell'immaginario del lettore emergono film fondativi della storia del cinema: si pensi a *Cabiria* (1914), capolavoro e archetipo del cinema kolossal e del cinema che fa della storia uno scenario monumentale, ma pieno di trovate tecniche; in particolare il regista Giovanni Pastrone, proprio per dare con più forza il senso del movimento in diretta di grandi masse, monta la cinepresa su un carrello che corre sui binari. Tutti ammireranno questa tecnica, questo linguaggio e di qui nascerà l'ambizione di legare strettamente il cinema al suo popolo, alla sua nazione. Il medium per rappresentare le radici e le forze che tengono insieme un popolo: vengono trasferite sul grande schermo per fare vedere la storia e per fare vedere, nella loro attualità, i gesti gli atti gli eventi che hanno fatto la nostra storia e continuano a alimentarla al presente. Ecco *Nascita di una nazione* (1915) di David Wark Griffith.

Questa è l'onda lunga del cinema del *volk*, del cinema delle masse nazionali, autoctone, che riprendono coscienza di sé nei miti delle loro origini e nel mito di un eroismo al presente rappresentato solo dal grande capo. Se il cinema del fascismo ci sembra insufficiente o troppo semplice per queste considerazioni, rivediamo i film della Leni Riefenstahl, in particolare *Il trionfo della volontà* (1935). Mai nessuno aveva fatto vedere il capo così da vicino, così vivo e vitale e mai nessuno, partecipe delle grandi adunate e delle manifestazioni più corali e di massa del regime nazista, ha visto il Fuhrer così direttamente: in queste immagini del capo che urla e predica il suo verbo, gerarchi, uomini e donne del popolo, generali e semplici soldati sono uguali. La forza dell'immagine distrugge tutti i privilegi e unifica come non mai, al di là delle classi, dei generi, delle storie, uomini e donne del terzo Reich. *Grande Cinema!*

Nell'interattività si realizza la dialettica trasparenza e opacità, che è un tema chiave del linguaggio cinematografico. Questo rapporto si carica di nuove valenze e tensioni dal momento in cui la fruizione cinematografica vuole essere interattiva.

2. Interfacce culturali

Qui è proprio Lev Manovich che ci propone il concetto di interfaccia culturale:

> *Poiché la distribuzione di tutte le forme culturali si basa ormai sul computer, ci stiamo sempre di più "interfacciando" con dei dati prevalentemente culturali: testi, fotografie, film, musica, ambienti virtuali. In sostanza non ci stiamo più rapportando con un computer, ma con una cultura codificata in forma digitale. Userò il termine interfaccia culturale per descrivere un'interfaccia uomo-computer-cultura, cioè le modalità con cui i computer ci presentano i dati culturali e consentono di interagire con essi.*[169]

Ed è sempre Manovich che indica nel cinema la "madre" di ogni interfaccia culturale:

> *Invece di essere solo uno dei tanti linguaggi culturali, il cinema sta diventando l'interfaccia culturale: una scatola degli attrezzi per tutta*

---

[169] Manovich L, *Il linguaggio dei nuovi media*, Olivares, Milano 2002, pp. 97-99 [ed.or.: *The Language of New Media*, MIT Press, Cambridge 2001].

la comunicazione culturale, che viene a prendere il posto della parola stampata.[170]

Il cinema fornisce gli "strumenti" all'utente del computer [...] la finestra che dà su un mondo fittizio in cui si svolge una narrazione cinematografica è diventata una finestra che si affaccia su un panorama di dati. In sostanza, quello che una volta era il cinema, costituisce oggi l'interfaccia uomo-computer.[171]

In questo modo Manovich riduce il cinema a grande serbatoio, al dispositivo più diffuso, più permeabile e più presente nell'immaginario degli esseri umani; è l'incunabolo da cui l'utente ricava la materia prima, ma è il computer e la logica dell'ordinatore (non a caso in francese computer è tradotto con *ordinateur*) che definiscono sempre più l'approccio dell'utente alla macchina e, attraverso questa, al mondo circostante. Paradossalmente Manovich descrive (e non sappiamo con quanta consapevolezza) il percorso di uscita e di superamento che McLuhan attribuì al cinema. Il cinema dei film e delle sale pubbliche fu mezzo per fuoriuscire dalla gerarchia della società fordista, dalla civiltà della meccanizzazione e avviarsi verso il mondo dei flussi e delle "configurazioni", cioè di forme culturali e di paradigmi fondati su tecnologie non meccaniche. Allo stesso modo le interfacce culturali segnano la fine di quel lungo passaggio e l'approdo, non solo a una cultura fondata sul digitale, ma a un'immagine del mondo tutta costruita sulla logica del database. Il mondo appare dunque un deposito infinito di dati, di relazioni e di connessioni che si possono assemblare, riordinare e ricombinare all'infinito. Questa è la logica del database, una logica su cui si crea, nel tempo presente, l'idea vincente della creatività; un'idea molto lontana dai paradigmi della cultura classica e moderna, poiché si fonda sul primato tecnologico, non solo come strumento, ma come attore di conoscenza e ordinatore delle nostre possibili forme di conoscenza al presente. La finestra, lo schermo sono tra-passati (o almeno è forte la suggestione e forse l'illusione della massima interattività, della massima permeabilità, della massima immersività).

Così avviene *il passaggio verso la logica del database: si apre una finestra!* Quella finestra, che dava su un mondo fittizio in cui si svolgeva la narrazione cinematografica, è diventata una finestra che si affaccia su un panorama di dati.

---

[170] Manovich L., *op.cit.*, 2002, p. 191.

[171] Manovich L., *op.cit.*, 2002, p. 118.

In sostanza, quello che una volta era il cinema, costituisce oggi l'interfaccia uomo-computer.

Inizia un percorso in cui l'immaginario viene sconvolto dalle tecnologie della comunicazione; le pratiche di rappresentazione nel sistema dei media interagiscono tra loro e si sviluppano nell'immaginario collettivo attraverso metafore, stili, prodotti di consumo e forme artistiche. L'immaginario come luogo di un universale meticciato, un mercato arabo (*suk*) in cui si vendono tutti i prodotti possibili e si consumano tutte, indistintamente, le pratiche possibili di esperienza di vita vissuta.

Il presupposto è che la comunicazione, le sue evoluzioni attraverso le interfacce digitali, plasmino in modo decisivo la cultura, in quanto, come dice Postman, "*non vediamo come sono la natura, l'intelligenza, la motivazione umana, l'ideologia, ma come sono i nostri linguaggi. I linguaggi sono i mezzi di comunicazione. I mezzi sono le nostre metafore. Le metafore creano il contenuto della nostra cultura*"[172]; è la conferma di una argomentazione propria della teoria della *remediation*. "*La rappresentazione di un medium all'interno di un altro è una caratteristica fondamentale dei nuovi media digitali*"[173].

Approdiamo così alla ragnatela linguistico-semiotica che ci rappresenta un mondo in cui nessuno segnala mai le rotture, le fratture, i conflitti. L'immaginario, pensato così, corre il rischio di apparire e di essere realmente una sorta di mongolfiera, una bolla sganciata dai processi reali, in cui il conflitto e la differenza sono segni distintivi. L'immaginario del cinema del Novecento unificava il popolo sotto la spinta di ragioni travolgenti, sociali e culturali che, nella politica dei regimi autoritari di massa trovò, sotto diverse e opposte bandiere, la piena espressione. E consumò tutte le attese e tragicamente le concluse nella guerra e nei bombardamenti delle città indifese, nei campi di concentramento, nei gulag, nel terrore e nella minaccia dell'olocausto totale e definitivo.

---

[172] Postman N., *Divertirsi da morire: discorso pubblico nell'era dello spettacolo*, Longanesi, Milano 1985, p. 15 [ed. or.: *Amusing Ourselves to Death: Public Discourse in the Age of Show Business*, Viking Press, New York 1985].

[173] Bolter J. D, Grusin R., *Remediation. Competizione e integrazione tra media vecchi e nuovi*, Guerini. Milano 2002, p. 73 [ed.or.: *Remediation. Understanding New Media*, MIT Press, Cambridge, 1999].

Questo nuovo immaginario a quali spinte risponde? A quali attese risponde e quali speranze accende, nell'attesa che non sia ancora un'occasione di minaccia e di terrore?

3. La competizione tra i media

Non solo, infatti, le interfacce digitali influenzano il nostro sistema percettivo, creando dei nuovi *brainframes* (De Kerkhove) con i quali inquadriamo la nostra esperienza quotidiana, ma esse influenzano anche la produzione e la configurazione di messaggi all'interno del complessivo sistema dei media. Il sistema dei media, quindi, si caratterizza per un certo livello di autoreferenzialità, che Bolter definisce "rimediazione" (*remediation*): "*elemento costitutivo del concetto di remediation è la presa d'atto che nella nostra cultura un singolo medium non può mai operare in forma isolata perché si appropria di tecniche, forme, significati di altri media e cerca di competere con loro o di rimodellarli in nome del reale*"[174] (evidente debito dalla scuola di McLuhan).

Certamente è importante questa impostazione della ricerca sui media da parte di Bolter. È importante introdurre la mediazione culturale in un campo che rischia di essere troppo e solo tecnologico, dominato dal determinismo tecnologico e dalla mescolanza mediatica. Viene proposto un concetto dinamico, evolutivo e con possibili espansioni verso l'universo dei comportamenti culturali.

Questa impostazione rimane però una mediazione culturale senza soggetti sociali, una cultura sganciata del suo essere sociale. Non ci dà risposte e soprattutto non apre prospettive per capire se siamo finalmente al passaggio di civiltà con *domestication*s decisive per il cambiamento definitivo di paradigma.

Il tema centrale ci riporta alle forme della tradizione e alle dinamiche del cambiamento; tema che, insieme con il concetto di monopolio, aveva profondamente influenzato e suggestionato prima Innis e poi McLuhan. E rimane tema ineludibile per uno scienziato sociale che voglia capire il passaggio dalla modernità verso l'oltre, ma anche della società industriale verso l'oltre...

Siamo tornati all'eredità culturale. Uno dei momenti storici in cui assume un ruolo centrale e la riflessione e la discussione su di essa è strettamente legato nel

---

[174] Bolter J. D, Grusin R., *op.cit.*, 2002, p. 16.

Novecento all'idea di rivoluzione sociale, politica e culturale: le rivoluzioni del Novecento e le avanguardie artistiche sono i poli determinanti di questo conflitto e di queste riflessioni. Qual è la rivoluzione a cui facciamo riferimento e quali sono i soggetti protagonisti? Molti osservatori competenti e molti ricercatori (per esempio, Castells) indicano nella rivoluzione della percezione delle grandi categorie spazio-temporali il segno del cambiamento epocale; del tempo in particolare, con l'annullamento dell'idea di processo e la sua sostituzione con l'eterno presente dei flussi. Si cancella la funzione della tradizione che trasmette nel tempo e quindi la tradizione storicistica nel tempo lineare, che dal passato viene fino a noi. La tensione è per una forte, totale attualizzazione: realizzazione paradossale dell'anatema di Friedrich Nietzsche sulla storia. Tutto il potere e una potenza forse inedita alle tecnologie della comunicazione.

Il mondo come enorme e inesauribile banca dati, messi in relazione dinamica, ma non organizzati gerarchicamente. Non si tratta dunque di produrre oggetti o significati, ma di trovarli e di combinarli in modo "creativo".

I media in questo senso hanno costituito il bacino più rappresentativo, e di facile accesso, a una eredità culturale disponibile a tutti, al quale gli stessi progettisti di interfacce hanno, implicitamente o deliberatamente, fatto riferimento.

La facilità di accesso è la società dell'accesso, come afferma Rifkin[175]. E non solo il mercato è rivoluzionato nella sua parte costitutiva di luogo di compravendita delle merci, e quindi di luogo che fonda la proprietà privata delle merci stesse e dei beni. Il valore commerciale dell'accesso rivoluziona il mercato, ma anche rivoluziona il rapporto tra economia e cultura e ripropone in forma diversa, ma sempre negli elementi fondamentali, la grande diatriba sull'industria culturale avviata negli anni Venti e Trenta del secolo passato.

L'addestramento rapido e facile all'accesso sostituisce la *domestication* che ha portato, nel tempo lungo, i nostri antenati dall'oralità alla scrittura e poi da questa alla stampa, fino ai media di massa.

La facilità e l'immediatezza della padronanza del materiale culturale sono l'approdo decisivo: i progettisti dell'interazione uomo-computer hanno attinto e attingono alle metafore comunicative, al sistema di valori e percezioni presenti negli altri media, come cinema, giornali o televisione, per creare interfacce in

---

[175] Rifkin J., *The Age of Access*, Penguin, London 2000 [trad. it. *L'era dell'accesso. La rivoluzione della new economy*, Mondadori, Milano, 2000].

grado di comunicare efficacemente con gli utenti. L'utilizzo delle stesse metafore già presenti nel sistema dei media, infatti, permette di scavalcare numerosi problemi di accesso cognitivo, di riconoscimento e di accettazione propria dell'immissione di nuovi schemi di interazione. Emerge quindi che quasi tutti i modelli di comunicazione delle interfacce digitali attingono a un comune bacino semantico proveniente dal più ampio sistema dei media.

In poco tempo le interfacce digitali hanno fagocitato quasi tutti i modelli di interazione utilizzati dagli altri media, e li hanno trasformati in relazione alle precipue caratteristiche del mezzo, secondo le logiche della rimediazione e dell'ipermediazione descritte da Bolter. L'interattività, la personalizzazione, la natura discreta dell'informazione digitale, la possibilità di creare connessioni orizzontali e sincrone di comunicazione, hanno trasformato questi stessi modelli dal di dentro, e probabilmente siamo vicini al momento in cui gli altri media — giornali, cinema, tv — riconfigureranno le loro metafore comunicative secondo i modelli contaminati che propone il *brainframe* digitale.

Può esistere un cinema interattivo?

Un cinema digitale, che "rimedi" in senso profondo il linguaggio cinematografico per creare la propria interfaccia?[176]

Taddeo ci offre questa definizione di ipercinema:

> *L'ipercinema, quindi, comprende tutti i tentativi di configurare un nuovo* metamedium visuale, *ponte fra narratività e rappresentazione, fra racconto e interazione, fra mass media e personal media, fra trasparenza e opacità della fruizione. [...]Proprio per definire questo dialogo tra media, linguaggi, forme di fruizione e tradizioni visuali utilizzerei il concetto di "Ipercinema": cinema aumentato, espanso, ipertestuale, composito, che lavora in alcuni casi nell'allargare la propria dimensione rappresentativa — attraverso le interfacce immersive, la tridimensionalità, l'alta definizione — in altri nel*

[176] La ricerca di Gabriella Taddeo si pone i l'obiettivo di capire, in termini teorici e sperimentali, come i concetti di trasparenza, rimediazione e ipermediazione possano essere criticamente applicati e interpretati per la costruzione di un'interfaccia di film interattivo. Nella parte terza del volume, Taddeo offre un ricco panorama di sperimentazioni e di azioni che il lettore può verificare e leggere imparando molto e trovando molta materia prima di riflessione nel concreto di esperienze realizzate o di prototipi o di progetti incompiuti.

riprogettare la propria dimensione narrativa, attraverso il cinema ipertestuale, multilineare, multiutente[177].

Va discusso il palcoscenico di un nuovo immaginario cinematografico e sottoporre a verifica quelle categorie: spettatore, visitatore, attore. L'ipotesi è che l'evoluzione verso l'interattività sia un passaggio verso una più ampia e intensa partecipazione del soggetto. Ma questo soggetto o questi soggetti sono latenti, quasi sconosciuti e non sono più riconoscibili, né attraverso le categorie delle scienze storiche, e quindi rispetto all'evoluzione e al cambiamento nel tempo lineare, né leggibili attraverso una rinnovata scienza sociale che deve necessariamente rivedere il suo presupposto genetico: la differenza della società in classi sociali e i loro rapporti di potere e di conflitto.

Io credo che queste due strade vadano assolutamente riprese per ri-animare il pensiero critico e riflessivo, la nostra coscienza culturale che non intenda cedere e abbandonarsi alla resa dell'alluvione di oggetti virtuali e di segni inafferrabili, come in un caleidoscopio senza inizio e senza fine.

Dentro il conflitto attuale tra immaginario e essere sociale si rivela pienamente uno dei processi di lungo periodo, potremmo dire eterni, rispetto alla civiltà degli esseri umani: la *crisi dell'autorità dell'autore*[178].

Oggi si comunica principalmente attraverso messaggi alfanumerici e secondo il modello testuale basato sul codice logico sequenziale. Non è ancora dimostrabile un avvicendamento tra la civiltà della scrittura e quella dell'immagine ed è ancora in discussione il valore conoscitivo e comunicativo dell'immagine fissa e in movimento. Comunichiamo ancora attraverso il paradigma tradizionale. Anche Internet ha seguito questo modello, nella prima fase, riducendone sempre di più il valore cogente attraverso la smaterializzazione del supporto, la ricerca di altri linguaggi che superassero il codice fondato sulla coppia autore-lettore. Si è realizzata una mescolanza progressiva dei due ruoli con una partecipazione attiva e creativa del secondo (il lettore spesso trasformato più genericamente in fruitore o utente) e una abolizione della retorica dei generi e dei ruoli fissati dal canone letterario e culturale; infine, con l'aiuto di tecnologie della comunicazione, è stata facilitata la partecipazione di utenti non attrezzati professionalmente spingendoli

---

[177] Taddeo G., *op. cit.*, 2007, p. 108.

[178] Cfr.: Ricciardi M., "Prosumer. Comunicare per immagini" in *Scienze Gastronomiche*, n. 2, 2007, disponibile online all'indirizzo http://www.unisgjournal.it/ita/022007/ricerca/ricciardi.asp (ultimo accesso: aprile 2008).

all'uso intenso di immagini per comunicare le proprie esperienze di vita e i propri modelli di comunicazione.

3.1. L'esplosione dei contenuti

La ricerca *How much information?* realizzata nel 2003 presso l'Università di Berkeley[179] si basa su una valutazione quantitativa dei messaggi di informazione; cioè sui *bit*. Questa indagine ha il pregio di permettere un confronto tra i grandi volumi di informazione prodotti a livello globale. Il suo limite più evidente è quello di ridurre l'informazione, e le diverse forme di produzione e di comunicazione, a un parametro unicamente quantitativo; troppo poco per la natura complessa e in evoluzione continua dei messaggi e dei contenuti della comunicazione.

Questi dati però confermano una sensazione comune e certificano con sicurezza che siamo davvero partecipi e protagonisti della società dell'informazione. I flussi di dati sono un bene di larghissima diffusione e di larghissimo consumo; la dinamica che li caratterizza sembra seguire il fattore esplosivo che ha qualificato l'avvio di Internet alle sue origini: crescita esponenziale, diffusione rapidissima e senza confini.

Infatti negli anni tra il 2000 e il 2003 la quantità di informazione prodotta è stata equivalente a quella prodotta nei trenta anni precedenti, che a sua volta viene considerata equivalente a quella prodotta in tutta la storia precedente.

---

[179] Lyman, P., Varian H. R., *How Much Information?*, School of Information Management and Systems, University of Berkeley, California 2003, disponibile online all'indirizzo: http://www2.sims.berkeley.edu/research/projects/how-much-info-2003/ (ultimo accesso: aprile 2008).

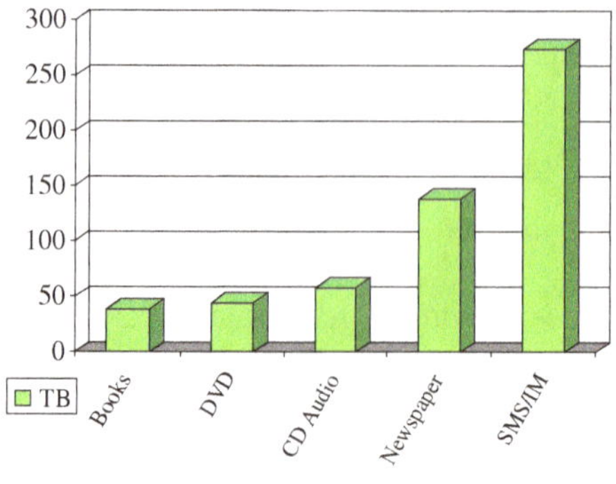

Figura 5.1[180]

Le informazioni prodotte dai singoli individui superano di gran lunga quelle prodotte dalle major. Vengono prodotti più SMS e Instant Messages che l'equivalente totale di informazioni prodotte attraverso libri, DVD, CD messe insieme. Persino le informazioni rappresentate da quotidiani e riviste sono minori di quelle prodotte in forma di SMS.

Dilaga una nuova frontiera e uno spazio quantitativamente inedito: la produzione personale degli *outsiders*, dei dilettanti, al punto da superare, nel complesso, quella degli specialisti, degli addetti a quei lavori e a quelle professioni specifiche (i professionisti). Questa rappresentazione statistica affronta il problema da un altro angolo visuale: cerca, cioè, di determinare il peso dei diversi tipi di informazione. Ragionando sempre in termini quantitativi, ci accorgiamo che l'informazione, considerata un bene assolutamente immateriale, ha invece pesi differenziali, ma reali e occupa spazi assai diversi a seconda del genere che viene analizzato. La grande differenza di peso è determinata dalla natura del contenuto: la comunicazione scritta propria del codice alfanumerico e, all'opposto, la diffusione di un codice monomediale o meglio ancora multimediale in cui dominano i generi prevalenti dei media dal cinema alla televisione. Un fattore di grande cambiamento che determina il superamento nell'apprezzamento e nell'uso del web al posto della televisione tradizionale è determinato dal ruolo che hanno (e avranno) le tecnologie della comunicazione e delle telecomunicazioni e lo

[180] Fonte: Lyman, P., Varian H. R., *op.cit.*, 2003, rielaborazione a cura di Saracco R., *Information and communication technologies: disruptions to look for and their impact on countries evolution strategies*, Telecom Italia Lab, Torino 2005.

"spazio", il canale nuovo che stanno creando e che renderà accessibile a un sempre maggiore numero di individui: la cosiddetta banda larga.

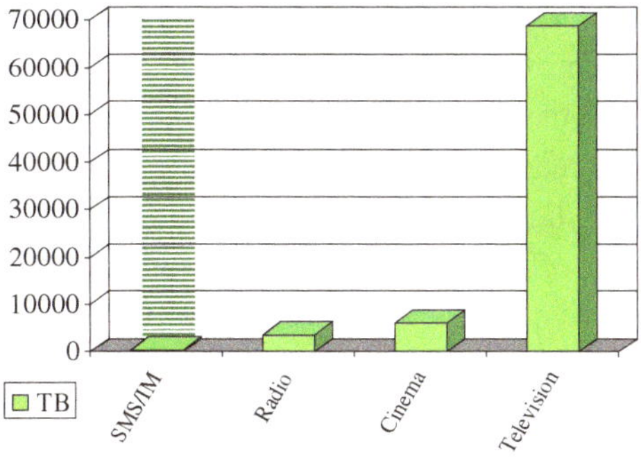

Figura 5.2[181]

Quest'ultimo report conferma che la produzione individuale, come somma di attività indistinte e non definite, supera di gran lunga quella dei professionisti. La prima conseguenza, colta immediatamente dai principali operatori multimediali, è l'apertura di un mercato sconfinato che sembra possedere due caratteristiche particolarmente suggestive: non ha confini e non produce al suo interno regole (cfr. YouTube o Google), quindi promette di svilupparsi indefinitamente e a ritmi particolarmente veloci e soprattutto non pone vincoli e non richiede investimenti finanziari significativi.

La seconda è più profonda e investe la natura culturale di questi processi: l'*outsider* è anche un fai da te. È, secondo la classica distinzione di Claude Lévi-Strauss[182], un *bricoleur*, quindi un misto avventuroso e creativo di *self made man* e di dilettante, ma tutto calato nel modo concreto del fare e del provare continuamente senza tradizione e senza creare tradizioni. Il *bricoleur* non a caso è l'opposto della razionalità e della logica costruttiva dell'*ingénieur*. Si afferma qui una *home culture*: un vero e proprio spazio di meticciato, di disordine e di improvvisazione. È cultura ibrida, senza confini e senza gerarchie; in prospettiva non si vedono segnali né di forme associative (se non uno sviluppo debole dell'esperienza più significativa dei network e cioè le comunità virtuali), né di

[181] Fonte: Lyman, P., Varian H. R., *op.cit.*, 2003, rielaborazione a cura di Saracco R., *op.cit.*, 2005.

[182] Lévi-Strauss C., *Il pensiero selvaggio*, Il Saggiatore, Milano 1964 [ed.or.: *La Pensée Sauvage*, Plon, Paris 1962].

raggruppamenti ordinati e orientati, se non quelli spinti da evidenti logiche espansive di nuovi preziosi mercati, ricercati con grande accanimento poiché sembrano essere i soli (o quasi) a offrire remunerative prospettive di business (anche di breve durata). L'esaltazione della creatività in questo contesto è parente assai prossima dell'improvvisazione e del dilettantismo familiare o amicale; ma, per ora, non sappiamo davvero quale sarà l'esito di questo terremoto. Vediamo con sicurezza che l'immagine, specie quella in movimento e soprattutto tutte le forme di mescolanza e di impudente superamento di generi, di confini, di norme, sta dilagando e forse offrendo opportunità che le istituzioni e molte società nazionali ormai così ibernate e cristallizzate non offrono più: non ci sono parametri ufficiali di valutazione e di controllo; quindi, non ci sono autorità visibili e riconosciute. Non c'è neppure bisogno di usare parametri "critici" o valutativi al di là di improvvisate hit parade o di concorsi in cui i giudici sono gli stessi partecipanti: dunque non c'è canone né tradizione.

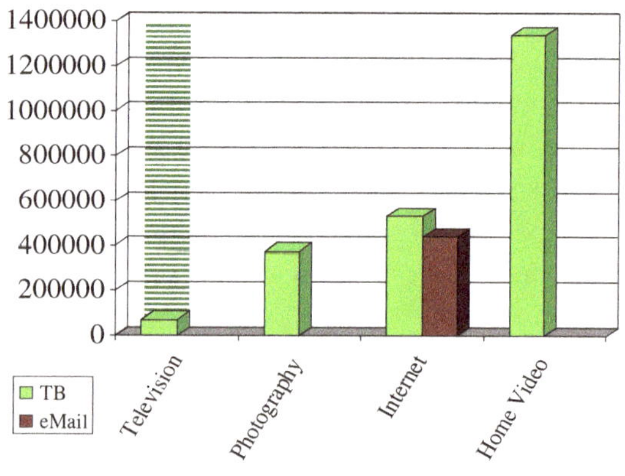

Figura 5.3[183]

3.2. Visualizzazione

Sembra essere il terreno più promettente e quello in cui possono avvenire le mutazioni più significative, collegando un'esplosione tecnologica con un

[183] Fonte: Lyman, P., Varian H. R., *op.cit.*, 2003, rielaborazione a cura di Saracco R., *op.cit.*, 2005.

mutamento profondo nei paradigmi culturali[184]. Qui viene messa in questione l'arte del vedere e l'abitudine alla frequenza delle immagini nel nostro abitare il mondo. Se, sulla scorta di numerose ricerche e interpretazioni, possiamo definire la società del Novecento come società dello schermo, queste tecnologie della visualizzazione ci portano oltre e attraverso lo schermo. I due paradigmi possono essere così sintetizzati: schermo e finestra. La società dello schermo si fonda sullo sviluppo, ai limiti delle tecnologie meccaniche e del modello analogico, rappresentato dall'invenzione e dalla diffusione, prima di tutto del cinema. Dentro la società industriale, ma già ai limiti e forse oltre i limiti: grande schermo, effetto potenza dell'immagine, partecipazione sociale attraverso le sale e partecipazione emotiva nel buio delle sale. La televisione va oltre e mette in crisi questo modello, ma è ancora tecnologia dello schermo. Noi vediamo sullo schermo riprodursi fantasia e realtà, fiction e documento.

Le nuove tecnologie della visualizzazione ci fanno passare attraverso lo schermo; possiamo vedere attraverso schermi di diverso tipo e partecipando con altri, non più attraverso processi di socializzazione, ma esternalizzando e rendendo comuni (*community*) processi di personalizzazione sempre più spinta. Si rende possibile un'evoluzione, ancora tutta da comprendere e definire, non solo nei suoi effetti pervasivi ma anche nelle sue ambiguità e contraddizioni.

Qui il mezzo corre avanti, molto avanti alle capacità culturali e cognitive dei soggetti: l'immagine non si deposita sullo schermo per essere fruita da spettatori esterni, conduce al suo interno e di lì rende partecipi, attraverso linguaggi ancora in gran parte da esplorare, del suo mondo rappresentato, comunicato, partecipato intensamente e direttamente. Schermo e finestra sono metafore opposte, ma anche ambienti e mezzi opposti, almeno nella loro versione radicale. Le nuove tecnologie che permettono un'alta definizione mai sperimentata, le tecnologie 3D rinnovate, portano ad una ridefinizione di questo percorso storico: il cinema ha chiamato gli spettatori nelle sale per farli partecipi di un mondo comune che è in grado di costituire un immaginario unificante, al di là delle connotazioni sociali e territoriali. Le opportunità che offrono queste tecnologie sembrano proporre un modo diverso di abitare questi luoghi e questi spazi comuni: spazi aperti, luoghi di incontro che non devono essere necessariamente collocati all'interno della dimensione urbana o nel tempo-spazio delle megalopoli. Possono anche ricostituire un "luogo" in cui la natura e l'ambiente, espulsi dalla storia del Novecento (dall'industria e dalle metropoli del Novecento) tornano ad essere

[184] Cfr. Saracco R., *op.cit.*, 2005.

spazio e attore delle nostre esperienze, del nostro esserci nel mondo concreto e ideale, di sogno e di azione nel presente.

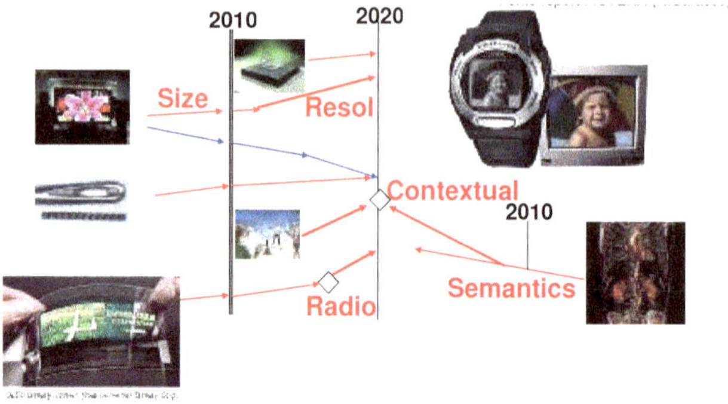

Figura 5.4[185]

Il confine che separa prodotti professionali e prodotti realizzati dai "consumatori", ma preferirei definirli *outsiders*, diviene spesso labile, quasi sparisce. È una possibilità inedita e quindi un'occasione per memorizzare e conservare, ma in modo attivo e partecipato, questa produzione non inclusa in alcun canone. Possiamo valorizzare la produzione degli utenti nei nuovi ambienti di comunicazione degli archivi audiovisivi, offrendo un'inedita occasione per catturare il presente e le sue dinamiche vive e non consegnarlo quindi, come nella tradizione occidentale, a una memoria e a un sistema di archivi irrigiditi nella pura e semplice conservazione dei dati e delle informazioni. Il documento mantiene ancora quel suo rapporto vitale con i viventi che lo rende materiale indispensabile per conoscere le loro relazioni, le loro esperienze.

Abbiamo visto una serie di analisi e di previsioni che sottolineano la convergenza tra la diffusione delle tecnologie di produzione *consumer*, l'abbassamento dei costi e la diffusione della banda larga. Questi tre elementi non agiscono separatamente, ma si inseriscono in una strategia che ha al centro una dimensione produttiva e culturale che – per noi – si concentra sulla cross-medialità. In questa prospettiva, che non bada soltanto al dato quantitativo, all'accumulo, allo stoccaggio finale di dati e di documenti, acquista un valore di grande interesse innovativo (questa è vera innovazione culturale e tecnologica) la rapida crescita nella produzione e condivisione in rete di contenuti digitali da parte degli utenti,

[185] Fonte: Saracco R., *op.cit.*, 2005.

al punto che oggi la quantità di informazione prodotta dagli utenti è superiore a quella generata dai grandi network (Lyman, Hal, 2003; Saracco, 2005).

Si realizza concretamente una nuova figura di attore: il *prosumer*, neologismo coniato da Alvin Toffler nel 1980[186], che fonde i termini inglesi *producer* e *consumer* per riferirsi a soggetti insieme produttori e consumatori di contenuti, informazioni, conoscenza. È del tutto evidente che quando questa metafora, collocata negli orizzonti del futuribile, venti anni prima della fine del secolo scorso, prende corpo e diventa materia, oggetto e esperienza di milioni di esseri umani soli o da casa o associati in forme diverse di comunità, essa acquista un significato rivoluzionario, specie se confrontata con i parametri fondamentali della società industriale: il binomio distinto e inscindibile di produttori e di consumatori. La cultura della società moderna è fondata su di un paradigma altrettanto decisivo, costituito dall'egemonia culturale del valore del testo e del libro, a sua volta radicato nel binomio che distingue e separa, anche gerarchicamente, autore e lettore.

Nel dicembre 2006 il *Time*[187], pubblicando in copertina un computer con uno specchio al posto dello schermo, ha eletto come simbolo dell'anno "*tutte le persone che hanno partecipato all'esplosione della democrazia digitale*" usando Internet per diffondere i cosiddetti *user-generated content*, cioè contenuti (testi, immagini e video) prodotti dall'utente, contribuendo al successo di siti come YouTube o MySpace. Questa può essere considerata la celebrazione pubblica più efficace e persuasiva di un movimento e di dinamiche che sono in moto. Le ricerche che stiamo compiendo e quelle che alcuni centri, sia americani sia europei, hanno in parte già realizzato ci inducono a essere più prudenti e a esaminare in modo approfondito alcuni aspetti decisivi dalla effettiva partecipazione degli utenti alle dimensioni reali di questi fenomeni (spesso manipolate e gonfiate per evidenti scopi pubblicitari e di business)[188].

---

[186] Toffler A., *The third wave*, William Morrow, New York 1980 [tr.it., *La terza ondata*, Sperling & Kupfer, Milano 1987].

[187] Si veda l'articolo "Time's Person of the Year: You", in *Time Magazine*, 2006, consultabile online all'indirizzo: http://www.time.com/time/magazine/article/0,9171,1569514,00.html (ultimo accesso: aprile 2008).

[188] Si vedano a questo proposito i dati emersi dalle seguenti ricerche: Forrester Research, *Social Technographics Report*, 2007, disponibile online all'indirizzo: www.forrester.com/Research/Document/Excerpt/0,7211,42057,00.html (ultimo accesso: aprile 2008). Cfr. anche http://blogs.forrester.com/charleneli/2007/04/forresters_new_.html (ultimo accesso: aprile 2008); Harris Interactive, *NetObserver Europa*, 2007, disponibile online

Bibliografia

1. Bolter J. D, Grusin R., *Remediation. Competizione e integrazione tra media vecchi e nuovi*, Guerini. Milano 2002, p. 73 [ed.or.: *Remediation. Understanding New Media*, MIT Press, Cambridge, 1999].
2. Lévi-Strauss C., *Il pensiero selvaggio*, Il Saggiatore, Milano 1964 [ed.or.: *La Pensée Sauvage*, Plon, Paris 1962].
3. Lyman, P., Varian H. R., *How Much Information?*, School of Information Management and Systems, University of Berkeley, California 2003, disponibile online all'indirizzo: http://www2.sims.berkeley.edu/research/projects/how-much-info-2003/ (ultimo accesso: aprile 2008).
4. Manovich L, *Il linguaggio dei nuovi media*, Olivares, Milano 2002, pp. 97-99 [ed.or.: *The Language of New Media*, MIT Press, Cambridge 2001].
5. McLuhan M., *Gli strumenti del comunicare*, Il Saggiatore, Milano 1990, p. 15 e seg. [ed. or.: McLuhan M., *Understanding media*, McGraw-Hill Book Company, New York 1964].
6. Postman N., *Divertirsi da morire: discorso pubblico nell'era dello spettacolo*, Longanesi, Milano 1985, p. 15 [ed. or.: *Amusing Ourselves to Death: Public Discourse in the Age of Show Business*, Viking Press, New York 1985].
7. Ricciardi M., "Prosumer. Comunicare per immagini" in *Scienze Gastronomiche*, n. 2, 2007, disponibile online all'indirizzo http://www.unisgjournal.it/ita/022007/ricerca/ricciardi.asp
8. Rifkin J., *The Age of Access*, Penguin, London 2000 [trad. it. *L'era dell'accesso. La rivoluzione della new economy*, Mondadori, Milano, 2000].
9. Toffler A., *The third wave*, William Morrow, New York 1980 [tr.it., *La terza ondata*, Sperling & Kupfer, Milano 1987].

all'indirizzo: www.harrisinteractive.fr/services/pubs/HI_FR_NetObserverEurope_V15_IT_Sep07.pdf (ultimo accesso: aprile 2008); Hitwise, *Measuring Web 2.0 Consumer Participation*, 2007, disponibile online all'indirizzo: www.hitwise.com/press-center/hitwiseHS2004/web20.php (ultimo accesso: aprile 2008); Technorati, *The State of the Live Web*, 2007, disponibile online all'indirizzo: http://technorati.com/weblog/2007/04/328.html (ultimo accesso: aprile 2008).

3. Indici di parole e mappe mentali

Premessa

- il rapporto testo-indici
- non ci sono indici senza testi scritti
- indice fisico e testo fisico
- indici mentali e cultura testualizzata

1. Orientarsi senza mappe

> *"Figlio mio, la sapienza è un* ***tesoro*** *e il* ***luogo*** *in cui conservarlo è il tuo cuore. Quando apprendi la sapienza, tu* ***raccogli tesori preziosi*** *[...]I tesori della sapienza sono molteplici, e ci sono* ***tanti posti in cui serbarli*** *nel tuo cuore [...]* ***Devi imparare a distinguere questi posti****, a sapere dove si trova* ***ciascuno*** *di essi, in modo da* ***ricordarti dove*** *hai messo questa o quella cosa [...] Basta che tu* ***osservi l'uomo che cambia le monete al mercato, e poi fai come lui****. Guarda come la sua mano scatta nella borsa giusta [...] e ne tira fuori* ***immediatamente*** *la moneta che occorre"*[189]

Ugo di san Vittore ci permette di ricavare, da uno scritto medievale, alcune osservazioni che possono essere riferite alle nostre esigenze di oggi: di affrontare il problema non soltanto dell'acquisizione di risorse ma soprattutto quello della loro accessibilità e distribuzione in ambienti artificiali e con tecnologie. Osserviamo innanzitutto l'abbinamento tra ambienti esterni e interni all'essere umano: da un lato ci sono luoghi fisici, azioni visibili e tipiche dell'economia mercantile, atti concreti; dall'altro, luoghi della mente che, qui, propriamente sono collocati nel "cuore". In questo caso l'educazione del lettore, il suo addestramento perché impari prima di tutto a selezionare e a differenziare dei siti in cui si possa collocare l'informazione, integra e sempre ritrovabile e possibilmente accessibile rapidamente, si basa sul confronto immediato con atti esterni, propri

[189] Ugo di San Vittore, *De tribus maximis circumstantiis gestorum,* cit. in Ivan Illich, *Nella vigna del testo. Per una etologia della lettura.* (trad. it), Raffaello Cortina Editore, Milano 1994, nota 84.

dell'esperienza concreta del mondo economico: tesori, monete, mercato. Il meccanismo proposto deve essere successivamente interiorizzato, cioè fatto proprio singolarmente dal discepolo, trasferendo nei luoghi immateriali interni al corpo fisico (il cuore), modelli ricavati dall'ambiente esterno e dal mondo delle attività concrete. Siamo dunque all'esemplarità del mondo fisico, al predominio dell'ambiente esterno, all'utilizzo di strumenti propri del corpo umano.

Ivan Illich, utilizzando questo testo e soprattutto il *Didascalicon*, così commenta:

> *Era in questo modo che si insegnava come reperire un dato a un novizio, a Parigi, un secolo prima che nascesse l'università, e nell'anno precedente a quello in cui venne compilato il primo rudimentale indice alfabetico per materie che si sia conservato.*
>
> *La mente dell'adolescente veniva addestrata a costruire i labirinti della memoria, a percorrerli e a ritrovare quanto vi era depositato. Il ricordare non era concepito come un atto di rilevamento cartografico, ma come un'attività psicomotoria, moralmente impegnata. Come vogliono i nostri tempi, io ero ancora un bambino quando mi fu insegnato a usare il Baedeker; dovendo fare da guida in montagna, imparai a decifrarne mappe e fotografie prima di avventurarmi tra le rocce. Alcuni decenni più tardi, quando arrivai in Giappone per la prima volta, comprai una pianta di Tokyo; ma non potetti servirmene: la moglie del mio ospite rifiutò assolutamente di farmi tracciare il mio itinerario attraverso l'intrico di vie della città guardandole, mentalmente, dall'alto; giorno dopo giorno mi guidò fino a un angolo di strada e poi a un altro, finché non fui in grado di navigare il labirinto e raggiungere le mie destinazioni senza mai sapere astrattamente dove mi trovassi. Prima che esistessero gli indici, il lavoro di localizzazione dei riferimenti doveva essere molto simile a questo tipo di orientamento senza mappa, di cui la scuola odierna ci rende incapaci*[190].

La distanza tra noi e loro, tra il nostro mondo attuale e quello qui ricostruito da Illich, si evidenzia: allora il problema fondamentale era il reperimento e l'ordinamento stabile del sapere; occorreva costruire archivi mentali in cui l'accesso e i modi di ricerca interni fossero costanti, affidabili e rapidi. Noi siamo allenati, invece, a usare indici e mappe materiali; quindi, non siamo educati a

[190] Illich, cit., p. 33-34.

introiettare archivi ma a leggere mappe e guide o a usare strumenti che ci orientino nella ricerca; là si educa perché il sapere sia interno all'uomo qui si addestra ad usare oggetti e strumenti esterni all'individuo. La distinzione non è solo di tipo storico; nella società pre-indici si insegnava in quel modo; oggi non più: è anche una differenza di civiltà. La nostra idea di progresso lineare deve misurarsi con i suoi limiti geografici e etnici: altri, in parallelo a noi, si istruiscono e si educano con forme mentali simili a quelle di un nostro lontano passato, opposte alle nostre, di questo presente.

"Localizzare", prima di Gutemberg e, secondo Illich, prima della rivoluzione mentale della fine del XII secolo, non indicava luoghi fisici, ma situazioni della mente o più propriamente luoghi della memoria. Siamo noi moderni che abbiamo materializzato e reso fisicamente accertabile la dimensione del luogo; distruggendo, per un verso, l'esperienza continua nel tempo lungo e invece scegliendo la possibilità di verifica, di calcolo immediato attraverso strumenti fisici (le mappe e le bussole; gli indici appunto e le tabelle).

2. Scrittura e significato

Le tracce persistono anche quando l'ambiente è stato completamente snaturato; la scrittura può rivelarle e cooperare alla consapevolezza che, spesso, quegli stessi segni usati per comunicare non possono rivelare ciò che più importa: non una serie infinita di significati, ma la ricerca del senso e l'indagine oltre i limiti naturali del soggetto umano. Lo scrittore può comunicare, alla fine, solo per simboli e parzialmente irridendo alla scrittura stessa, cioè al suo mezzo privilegiato di comunicazione: la consapevolezza della propria fine viene qui riferita, secondo la testimonianza di Lilian Hellman, con un gesto riassuntivo e simbolico:

> *Quando entrai nella stanza di Hammett, stava seduto alla sua scrivania con la faccia tesa e eccitata che aveva al tempo in cui beveva. In grembo aveva un grosso volume stampato in giapponese che aveva comperato e amato molti anni prima. Stava indicando col dito un ideogramma e chiedeva intanto all'infermiera: "Guarda cara, non è meraviglioso?". Quando mi avvicinai, l'infermiera fece per allontanarsi,ma lui le prese la mano e gliela baciò, con lo stesso gesto*

elegante e civettuolo d'un tempo; poi guardò me e ammiccò. Il libro era capovolto...[191]

Il messaggio trasmette un doloroso rovesciamento: lo scrittore non può e non sa più trasmettere nulla, può comunicare soltanto l'ultimo e decisivo messaggio: quello della propria morte fisica e quello dell'estinzione della sua capacità di scrivere. E' un grande quadro dell'impasse borghese schiacciata tra valori storicamente rinnegati, ma che ancora affiorano (e appartengono alla sfera degli istinti, del sangue e dei sentimenti) e la volontà di capire e di superare quella barriera naturale che impedisce all'ultimo momento la comunicazione di una saggezza e di un'arte finalmente appresa.

L'interruzione della comunicazione possibile, quando sembra raggiungere i punti più alti di verità, è un grande tema della crisi del mondo borghese; un tema tragico, perché sempre si abbina al riconoscimento della morte fisica, della distruzione materiale e quindi alla sensazione angosciosa della fine del soggetto e ancor di più del suo messaggio; messaggio che, in punto di morte, può assumere i più alti valori di testimonianza: come si dice, nel linguaggio giuridico per il testimone minacciato o consapevole della fine, "testimonianza a futura memoria". Ecco, un solo confronto, tra i tanti possibili, per sottolineare questo passo decisivo e pieno di esperienza e di letteratura, ma sotto il segno della consapevolezza dell'impedimento. E' il famoso episodio della morte del padre nella *Coscienza di Zeno*; anche in questo caso non è possibile comunicare l'essenziale, qui ancor più tragico e angoscioso perché il messaggio è tra padre e figlio e perché poi la comunicazione di saggezza interrotta è sostituita da un inesplicabile gesto di violenza.

- Non si tratta di una discussione -rispose egli trasognato- ma di tutt'altra cosa. Una cosa che non si può discutere e che saprai anche tu non appena te l'avrò detta. Ma il difficile è dirla!

Qui ebbi un dubbio:

- Non ti senti bene?

---

[191]Lilian Hellman, introduzione a Dashiell Hammett, *L'istinto della caccia*, trad. it., Arnoldo Mondadori, Milano1974, p. 20.

- Non posso dire di star male, ma sono molto stanco e vado subito a dormire.

[...]

Con fervore baciai mio padre sulla fronte e nel pensiero gli augurai:

- Oh dormi! Dormi fino ad arrivare al sonno eterno!

Ed è così che augurai a mio padre la morte, ma il dottore non l'indovinò

[...]

Subito mio padre tentò di ribaltarsi verso la sponda del letto per sottrarsi alla mia pressione e levarsi. Con mano vigorosa poggiata sulla sua spalla, gliel'impedii mentre a voce alta e imperiosa gli comandavo di non muoversi. Per un istante, terrorizzato, egli obbedì. Poi esclamò:

- Muoio!

[...]

Io penso che allora la sua ira fu aumentata al trovarsi -sebbene per un momento solo- impedito nei movimenti e gli parve certo ch'io gli togliessi anche l'aria di cui aveva tanto bisogno, come gli toglievo la luce stando in piedi contro di lui seduto. Con uno sforzo supremo arrivò a mettersi in piedi, alzò la mano alto alto, come se avesse saputo ch'egli non poteva comunicarle altra forza che quella del suo peso e la lasciò cadere sulla mia guancia. Poi scivolò sul letto e di là sul pavimento. Morto!

[...]

Dovettero allontanarmi a viva forza da quella stanza. Egli era morto ed io non potevo più provargli la mia innocenza.[192]

La ragione, la scienza, la letteratura che hanno enormemente dilatato il campo di indagine; le tecniche che permettono di riconoscere e di identificare le

[192] Italo Svevo, *Opere*, Dall'Oglio editore, Milano 1964, pp. 628, 637, 642, 643.

microstrutture della realtà e cogliere indizi latenti nella coscienza (psicoanalisi) o quelli che sconvolgono l'ordine sociale e civile, si arrovesciano su se stesse: la dilatazione del campo, il delirio di onnipotenza conoscitiva naufraga nella proliferazione di un mare di significati, di un oceano di simboli tutti riconoscibili, ma non riconducibili a un significato. Il collegamento tra morte, fine e rilevanza dei significati da trasmettere, non soltanto appare sulla scena decisiva, nel momento di incontro tra i protagonisti e quindi nella tragica impossibilità di comunicazione: la verità conosciuta non è comunicabile, è una sapienza interrotta. L'allusione alla morte nasce, per contrasto, dalla rievocazione di una vita naturale colta nelle sue manifestazioni più estese e fenomenologiche di vitalità, di riproduzione. L'avventura fuori dai confini della società civile e moderna può compiersi nella terribile angoscia del cacciatore "intellettuale" che contempla morente la riproducibilità eterna, la fecondità e indifferenza della natura che gli sta intorno. E' il tema, carico di angoscia per il nihilismo che lo contraddistingue fino alla disperazione per l'impossibilità estrema della conoscenza, quale Hemingway rappresenta in uno splendido racconto:

Le nevi del Kilimangiaro

Il Chilimangiaro è un monte coperto di neve alto 5890 metri e si diche sia la più alta montagna africana. La vetta occidentale è detta Masai Ngajé Ngài, Casa di Dio. Presso la vetta c'è la carcassa stecchita e congelata di un leopardo. Nessuno ha saputo spiegare che cosa cercasse il leopardo, a quell'altitudine.

[...]

La branda su cui l'uomo giaceva era nell'ombra ampia di una mimosa, e guardando oltre l'ombra nella luce del piano, l'uomo vedeva tre grandi uccelli appollaiati oscenamente, mentre un'altra dozzina d'essi volavano in cielo, veloci ombre al passaggio

"Stanno qui dal giorno in cui si ruppe l'autocarro" l'uomo disse. "Oggi è la prima volta che se ne posa a terra qualcuno. In principio osservavo il loro volo attentamente, in caso volessi servirmene per un racconto. Sembra una cosa da ridere, ormai."

[...]

Poi rimase disteso e tranquillo per un poco e guardò l'orlo del bosco oltre il bagliore caldo della pianura. C'erano alcune antilopi che apparivano piccole e bianche contro il giallo, e più lontano vide una mandra di zebre bianche contro il verde del bosco.

[...]

Così era finita, pensò. Ora non avrebbe mai più potuto andare fino in fondo. Così finiva tutto, in una zuffa per un bicchiere di vino. Da quando era cominciata la cancrena nella gamba destra non aveva più dolore, e col dolore se n'era andato l'orrore e tutto quello che egli provava era una grande stanchezza, e rabbia che questa fosse la fine. [...] Mai più avrebbe scritto le cose che si era serbato di scrivere, per quanto fosse stato bravo abbastanza per scriverle. Bene, e nemmeno avrebbe più fallito nel tentativo di scriverle. Magari sono cose che non potreste mai scrivere, e per questo le mettete da parte e rimandate l'inizio. Ora non l'avrebbe potuto sapere più.[193]

Prime conseguenze:

1. la separazione tra testo spirituale o mentale e supporto, in particolare il libro

2. la dipendenza materiale degli indici dalla scrittura prima, e dalla stampa poi

3. rivedere il nostro punto di vista dal presente, su questi fenomeni: categorie storiche e modelli antropologici

3. Il libro e il testo

Sul finire del XII secolo il libro si carica di un simbolismo che conserverà sino ai nostri tempi. Diventa il simbolo di un tipo di oggetto senza precedenti, visibile ma intangibile, che chiamerò il *testo libresco.* Nella lunga storia sociale dell'alfabeto, l'impatto di questo sviluppo può essere paragonato solo a due altri eventi: l'introduzione della scrittura totalmente fonetica, intorno al 770 a. C., che fece del greco una lingua sulla quale il parlante poteva riflettere, e la diffusione della

[193] *Passim.* Ma si ricordi, per evidente contrasto, la versione olliwoodiana del racconto, con protagonisti Gregory Peck e Ava Gardner. Il finale del film, vero happy end, stravolgendo il senso del racconto, faceva sì che il protagonista venise salvato.

stampa nel secolo XV, che fece del *testo* la potente matrice di una nuova concezione del mondo letteraria e scientifica.[194]

La pagina divenne un testo libresco, quest'ultimo modellò la mentalità scolastica, e il rapporto testo-mente fu per la cultura della stampa un fondamento altrettanto necessario ...[195]

Illich mette in relazione il *testo libresco* con una rivoluzione mentale che ha inizio, storicamente, con l'affermazione della nuova unità di misura per l'informazione, e cioè la pagina scritta e poi stampata. La mentalità testualizzata del lettore nasce dall'incontro tra lo sviluppo di una tecnologia e la definizione di processi culturali standardizzati e quindi fissati sulla successione definita e regolare delle pagine sfogliate. La simbiosi tra supporto materiale e contenuti culturali avviene nel tempo storico in un processo caratterizzante la società moderna: l'atto di lettura si specializza sulla pagina e il libro diventa non solo il contenitore del sapere e delle informazioni ma, più avanti nel tempo, il compagno insostituibile di ogni atto culturale.

Se distinguiamo il testo dal libro, possiamo scandire alcuni passaggi nel tempo storico e rilevare delle discontinuità e delle differenze: possiamo pensare all'esistenza di libri che non venivano letti secondo il paradigma testuale e possiamo pensare, invece, a documenti leggibili senza che siano libri. L'estensione e l'universalizzazione della lettura testualizzata con le sue regole, i suoi codici, i suoi modelli di comportamento, aumenta enormemente sia i processi di scrittura e ri-scrittura sia quelli di lettura e ri-lettura individuali a tal punto da cancellare ogni altro possibile processo di conoscenza o comprensione della realtà, che non sia ancorato a quel sistema di regole. Fissando l'ingresso della maturità e poi della scolarità e quindi del pieno possesso dei diritti del cittadino nell'alfabetizzazione, e dunque nell'imparare a leggere e a scrivere e a fare di conto; la prima rivoluzione industriale e soprattutto la seconda, determinano i confini della società moderna e civilizzata. Non solo il libro evolve nel tempo e le tecnologie della sua produzione si diffondono e diffondono modelli di imprenditoria, ma anche il testo che si radica nella mente e nella struttura genetica degli uomini si evolve e si modifica in rapporto a quel supporto materiale. I mondi interiori, la dimensione delle passioni, dei sentimenti e delle emozioni, come quelli della razionalità e della riflessione fino alla scoperta degli abissi sconosciuti

[194] Illich, *cit.*, p. 119.
[195] Illich, *cit.*, p. 120

del sogno o dell'inconscio, vengono esplorati attraverso la scrittura, la lettura e gli apparati fisici di organizzazione dei dati, delle informazioni, delle conoscenze.

La macchina mentale "moderna" lavora per modelli testuali; questi modelli sono stati elaborati storicamente attraverso l'esercizio del leggere e dello scrivere all'interno dei processi di alfabetizzazione. Essi sono diventati seconda natura, quindi sono stati interiorizzati fino ad essere una componente culturale ineliminabile dell'uomo moderno, elemento costitutivo del suo modo di pensare.

Quando e come la scrittura e la lettura passano dalla semplice accettazione di segni e regole che comprendono non solo le lettere ma anche i numeri, all'affermazione di modi di scambio simbolico regolamentato, convenzionale, fino a diventare vere e proprie regole istitutive dello spazio culturale? La scrittura e la lettura si corrispondono e si differenziano come strumenti indispensabili nella comunicazione culturale: produzione di senso, accettazione di regole, interiorizzazione di regole e di comandi [doveri, valori] e trasmissione e proposizione di modelli di comportamento. Possiamo parlare di scrittura e di lettura al plurale: forme diverse conoscibili nella serie storica, di tipo evolutivo, determinata da una successione di abilità e tecniche e dall'accumulo di precedenti esperienze che influiscono sulle successive. Possono essere anche modelli costitutivi di strutture mentali persistenti nel tempo, spesso immateriali o fondate sullo scambio orale o sulle pratiche dell'esperienza quotidiana e quindi non registrate nella vincente cultura lineare della scrittura logico-sequenziale e della sua potente espansione attraverso la tecnologia della stampa. Dobbiamo perciò parlare di stili diversi, e cioè di una forma multi-stile, di tecniche diverse e cioè di azioni pluri-tecnologiche, di funzioni diverse e quindi poli-funzionali; ecc ecc.

4. Il testo sopra il libro

Il testo è ciò che mette in moto la mente di chi legge; è un luogo tipicamente ideale, quindi non-definibile nel suo *hic et nunc,* ma ben documentabile nei suoi effetti nel tempo. Potremmo affermare, in via di ipotesi tutta da dimostrare, che, mentre il supporto materiale, quello che la storiografia moderna definirà e utilizzerà come fonte, come documento, determina il paradigma spazio-temporale e spinge i saperi umanistici a definirsi per differenze e per distinzioni disciplinari; al contrario, il testo mentale procede per via genetica, insediandosi nel DNA profondo della cultura di ogni soggetto umano, e non-storica, fluendo, appunto, fuori e talora contro quelle categorie spazio-temporali; creando un tempo dell'esperienza non-storico e una successione o associazione di eventi mentali non riconoscibili per paradigmi storico-filologici o di tipo disciplinare riconosciuto. Esso ci permette di capire come un lettore ha letto il testo scritto da un altro; se le regole del modello materiale di testo di chi ha scritto sono state accettate da chi ha letto o se sono avvenute importanti dinamiche mentali di ripulsa o fraintendimento (tutte comunque di comunicazione e tutte quindi assimilabili nella serie storica della tradizione). E' per questo motivo che occorre usare la categoria di testo solo all'interno di un codice ristretto in cui la scrittura ha una funzione costruttiva e insieme di fissazione di norme sequenziali indispensabili per generare senso; distinguendo da un mondo dell'oralità in cui non sono presenti modelli testuali [il che non vuol dire per nulla che lì esistano solo modelli semplici o primitivi o non culturali] quello successivo in cui coesistono forme diverse e miste, fino a un ritorno, come quello attuale, dove l'oralità si riafferma dopo la civiltà della scrittura e coesiste con una forma di universalizzazione della comunicazione che ha il suo fondamento nell'evoluzione delle discipline informatiche in linguaggi multimedia, in tecnologie dell'intelligenza direttamente legate alla nuova dislocazione delle risorse, alla loro collocazione in non-luoghi e alla loro definizione attraverso soggetti non-individui.

E' questa, ad esempio, la situazione che si ingenera nel momento in cui l'esperienza della pratica di comunicazione in rete e del lavoro continuo nella rete delle reti, cioè in Internet, diverrà abitudine consolidata.

5. Indici e mappe liste e indici

Una scala di prima e poi: l'oralità è costituita da flussi di parole non regolamentabili, solo con la scrittura è possibile costruire indici, fare liste, produrre elenchi[196]; dalle liste nascono le informazioni scritte che, a loro volta, derivano soprattutto da situazioni concrete (trasferimento dall'esperienza, come nell'esempio, che abbiamo citato all'inizio, tratto dall'opera *De tribus..* di Ugo di san Vittore), ma anche dal linguaggio (cioè dalla comunicazione culturale) e quindi si riproducono già attraverso forme di scambio culturale autonomo. Le liste e quindi gli indici non hanno equivalenti orali[197]; cioè non esistono elenchi di parole isolate nell'oralità; visibili, collocate separatamente; gli indici hanno

[196] Si veda in partic. Jack Goody, *L'addomesticamento del pensiero selvaggio*, trad. it., Angeli, MIlano 1981, pp. 89-128.
[197] Goody, *cit.*, p. 122-127.

bisogno di spazi fisici dedicati, di un ordinamento auto-referenziale esplicito, che ha significato e funziona solo se riferito a uno o più documenti preliminarmente definiti: le liste, gli elenchi cominciano con la scrittura. Un tipico esempio è il rapporto tra indici e *loci communes*. I *loci communes* preesistono al documento, sono una tipologia, una classificazione retorica. L'indice verifica la congruenza del documento con i diversi *loci*; segnalando dove [in quale punto del testo] sono utilizzati. Viene ipotizzata una sorta di corrispondenza tra luoghi della mente e testi scritti in cui sono applicati: questa corrispondenza implica una materializzazione e anche l'applicazione di una forma di identificazione (il punto preciso nello spazio del documento) in cui si trovano fissati (e quindi usati) i diversi *loci*.

Cosa succede quando gli indici vengono messi in relazione a attributi tipici della scrittura evoluta, dei testi e dei libri? in quale momento storico il libro è considerato un oggetto che contiene informazioni [nel senso moderno], cioè viene letto per avere informazioni?

> *Gli esempi citati da Goody mostrano come il materiale verbale sia trattato in modo relativamente sofisticato nelle culture chirografiche, per renderne immediato il recupero attraverso la sua organizzazione spaziale. Le liste raccolgono elementi tra loro attinenti in uno stesso spazio fisico, visivo, mentre la stampa sviluppa un uso ancor più sofisticato di questo spazio, ai fini di una organizzazione visiva e di un efficace recupero.*
>
> *A questo proposito gli indici sono composizioni di primaria importanza: quelli alfabetici mostrano in modo lampante come le parole si possono liberare dal discorso e andarsi a collocare nello spazio tipografico. I manoscritti possono avere indici alfabetici, ma ciò accade raramente.*[198]

Gli indici sono parole del testo collocate in un altro ordine, determinato dallo spazio tipografico, questo ordine facilita la ricerca da parte del lettore nell'indice stesso e permette la ricerca sull'intero documento. Essi prevedono forme di lettura, associazioni, relazioni tra parole in uno spazio funzionale definito, e associazioni mentali nel lettore. Nel libro stampato i luoghi fuori dalla mente si materializzano e acquistano una loro autonomia fisica (*id est* visiva), ma attivano anche un

[198] Walter Ong, *Oralità e scrittura*, trad. it. ; Il Mulino, Bologna 1982, p. 177

duplice scambio: il testo, il libro sono oggetti fisici che contengono informazioni (il libro stampato definisce e specializza queste funzioni) e sono strumenti di scambio con la mente: servono per conoscere la realtà "esterna" e altri libri o prodotti della mente.

L'indice alfabetico si trova in realtà all'incrocio fra la cultura orale-aurale e quella che si fonda sulla vista. <<Indice>>, da latino <<index>>, è forma abbreviata per *index locorum* o *index locorum communium*, cioè <<indice dei luoghi>> o <<indice dei luoghi comuni>>. La retorica ha fornito i vari *loci* o <<luoghi>> o, come li potremmo chiamare, <<voci>>, sotto le quali si possono trovare i vari <<argomenti>>, ad esempio causa, effetto, somiglianze, dissomiglianze, e così via. Avvicinandosi al testo con questo equipaggiamento formulaico di base orale, chi scriveva gli indici 400 anni fa, osservava semplicemente su quali pagine del testo venisse utilizzato questo o quel *locus*, e metteva poi in lista tale <<luogo>> e le pagine corrispondenti nell'*index locorum.* I *loci* erano in origine ritenuti dei <<luoghi>> della mente, dove venivano immagazzinate le idee. Nel libro stampato questi vaghi <<luoghi>> psichici furono localizzati fisicamente e visivamente: stava prendendo forma un nuovo mondo poetico, organizzato nello spazio.[199]

Le corrispondenze, la ricerca di legami tra mondo esterno, materiale e mondi interiori, della mente trovano il loro medium ideale, sulla superficie della pagina del libro e attraverso i caratteri della scrittura e poi lo standard di quelli a stampa: così viene storicamente costruito lo spazio visivo della scrittura.[200]

Solo la scrittura permette questa divisione e nuovo ordine razionale, solo la stampa lo potenzia e lo eleva a fondamento dello scambio culturale; per questo motivo, il medioevo, guardato dai discendenti e dipendenti della tecnologia della stampa e prima della pervasione universale delle tecnologie informatiche, è disordine, non-definizione; e così veniva percepito dagli umanisti e soprattutto da coloro che più erano legati al nuovo stile della stampa. Si estraggono informazioni e le si visualizzano, ma intanto galoppa la mente; si mette in moto la macchina

---

[199] Ong, *cit.*, p. 178

[200] Si veda ad es. in Ong. *cit.*, p. 175 e sgg., il paragrafo intitolato significativamente: "Spazio e significato"; in Illich, *cit.*, pp. 51-52: "Secondo una tradizione vecchia di millecinquecento anni ... Il lettore moderno concepisce la pagina come una lastra che segna d'inchiostro la mente, e la mente come uno schermo sul quale la pagina viene proiettata per poi eventualmente svanire appena la si volti". Per una storia di questi processi si veda Jay David Bolter, *Lo spazio dello scrivere. Computer, ipertesti e storia della scrittura.*, trad. it., Vita e pensiero, Milano 1993.

mentale (e quindi le parole scritte mentre si dispongono e si fissano sulla superficie del supporto, impressionano la mente, passano attraverso la vista ecc ecc), ma soprattutto vanno a costruire il mondo interiore [separato e difeso] dell'individuo e a costituirlo come tipico della natura umana civilizzata.

6. Scrittura e oralità

Osserviamo il rapporto tra oralità e scrittura, assumendo un punto di vista che nasce dopo l'affermazione della stampa a caratteri mobili e l'universalizzazione del libro. Secondo Ong, la frattura nasce dall'impronta industriale e dunque reificante propria di quella tecnologia; quando il soggetto umano, ormai trasformato in individuo, si trova di fronte a caratteri, fisicamente percepibili come oggetti estranei, distinti dall'io; perde il rapporto diretto, di comunione con la parola e quindi col linguaggio dell'oralità. La scrittura prima, le lettere dell'alfabeto stampato poi, nascono dalla perdita di queste relazioni fondamentali di comunità; al tempo stesso costruiscono una società di individui che comunicano attraverso mezzi, cioè attraverso prodotti di tecnologie. i caratteri tipografici preesistono alle parole che andranno a formare. La stampa suggerisce che le parole sono cose, più di quanto la scrittura non abbia mai fatto [...] Essa introdusse la parola nel processo industriale e la fece diventare una specie di prodotto: la prima catena di montaggio [...] non fabbricò fornelli, scarpe o armi, ma un libro stampato.[201]

Scegliamo come punto di riferimento il rapporto tra società alfabetizzata e non, tra soggetti alfabetizzati e no, tra oralità e scrittura; in particolare gli effetti della scrittura sui "modi di pensare" o forme di conoscenza individuali oppure sulle istituzioni (spazio sociale). Dobbiamo assumere che:

si fonda e quindi opera continuamente una relazione attiva tra scrittura e mente: la scrittura è un rivelatore della macchina mentale; la scrittura non solo rappresenta e comunica "contenuti"; la sua azione si svolge continuamente in relazione al lettore (agisce sul lettore costantemente).

Quali sono gli strumenti che possiamo utilizzare per osservare questi fenomeni a partire dal nostro presente:

---

[201] Ong, *cit.*, p. 170

categorie conoscitive di impianto storico lettura dei prodotti, testimonianze ecc ecc strumenti di conservazione e di ricerca sul corpus dei documenti. La dicotomia (ad es. oralità e scrittura) è formulata da noi in termini di processo, ma anche di progresso, secondo il nostro modo culturale di percepire gli eventi. Secondo Lévy Strauss: "la classificazione e quindi un'ordine è caratteristica di ogni pensiero", per cui la celebre differenza tra *bricoleur* e *ingénieur* viene necessariamente formulata in termini di progresso: "Il ragazzo *cresciuto* come bricoleur *diventa* ingénieur".[202]

Goody, afferma invece:

Il nostro punto di partenza deve davvero essere questo: che l'acquisizione del linguaggio, il quale è una prerogativa esclusiva della specie umana, è alla base di tutte le istituzioni sociali, di ogni comportamneto normativo [...] un esame dei mezzi di comunicazione, uno studio della tecnologia dell'intelletto, può gettare nuova luce sugli sviluppi della sfera del pensiero umano. [...]Dopo il linguaggio, il successivo rilevante progresso in questo campo, consistette nella riduzione del discorso a forme grafiche, nello sviluppo della scrittura. [203]

Ponendo così un limite critico all'idea di progresso: esiste un'evoluzione dal linguaggio alla scrittura, ma essa va definita nei suoi modi specifici ["riduzione"] e misurata rispetto alla persistenza della centralità della comunicazione e dei rapporti tra media e mente nelle società umane al di là della prospettiva che l'idea storica di progresso porta con sè. Infine, sono i processi di alfabetizzazione che generano la *literacy* (scrittura e lettura alfabetica attraverso documenti scritti):

> *In un precedente saggio (1963), Watt e io cercammo di delineare alcuni degli aspetti da noi ritenuti strettamente connessi all'avvento della scrittura e, in particolare, all'invenzione del sistema alfabetico che rese possibile un'ampia litterazione (literacy). Sostenevamo che la logica, la "nostra logica" nell'accezione ristretta di strumento di procedimenti analitici [...]sembrava costituire una funzione della scrittura, essendo l'esposizione scritta del discorso che permetteva all'uomo di separare le parole, di manipolarne l'ordine e di sviluppare forme sillogistiche di ragionamento [...]è certamente più agevole percepire contraddizioni nella scrittura che non nel discorso orale, sia*

[202]**Le sottolineature sono nostre.

[203] Goody, *cit.*, p. 19

perché si possono formalizzare le enunciazioni in modo sillogistico, sia perché la scrittura arresta il flusso della conversazione orale in modo da poter confrontare a una a una le espressioni emesse in tempi e in luoghi diversi.[204]

La letteratura orale è essenzialmente diversa da quella scritta; le condizioni in cui avviene la comunicazione in una società orale rivelano una differenza che non può essere solo riferita a una successione cronologica.

Le ballate medievali differiscono da quelle del sec. XIX, non solo perché furono composte in epoche diverse, ma perché furono soggette a differenti processi di trasmissione, i quali a propria volta influiscono sul processo di composizione. La ballata medievale non è soltanto una creazione individuale, ma una creazione individuale in un mezzo orale; il processo di trasmissione implica che essa è soggetta a una composizione continua, a una creazione continua, e quindi rivela alcune delle caratteristiche che i vecchi esegeti attribuivano al misterioso processo dell'invenzione collettiva.[205]

E per ribadire questa posizione, Goody cita ancora da Parry e Lord[206]*: "il poeta orale apprende i suoi canti oralmente, li compone oralmente e li trasmette agli altri oralmente".*

Il rapporto tra comunicazione orale e le forme di apprendimento individuale determinano la natura del messaggio che ciascun componente di quella stessa società produce, compresa la forma dell'anonimato o la scelta caratterizzante della firma

Uno degli aspetti peculiari della comunicazione orale nelle società preletterate sta nella sua capacità di assorbire l'acquisizione individuale incorporandola in un insieme di consuetudini tramandate che può considerarsi come l'equivalente approssimativo di ciò che Tylar chiamava "cultura" e Durkheim "società" (o, meglio, "fattore sociale"), che entrambi gli autori ritenevano sui generis. [...] Nelle

---

[204] Goody, *cit.*, p. 20-21. Qui Goody riprende un suo saggio precedente (1963), in collaborazione con Watt, "The Consequences of Literacy"; trad. it. parziale in Giglioli (ed.), *Linguaggio e società*, Il Mulino, Bologna 1973, pp. 361-405.

[205] Goody, *cit.*, p. 36-7

[206] *The Singer of Tales*, Cambridge Mass., 1960.

società orali, l'acquisizione di un uomo, si tratti di una canzone o di un altare, tende ad essere incorporata (o rigettata) in modo anonimo. Non è che sia assente l'elemento creativo, però il suo carattere è diverso. E non è che un misterioso autore collettivo, a stretto contatto con la coscienza collettiva, faccia ciò che fanno gli individui nelle culture letterarie. Piuttosto, la firma del singolo viene sempre cancellata nel processo di trasmissione generativa. E questo processo influisce, anche se in grado diverso, non solo su ciò che nella sua forma scritta chiameremmo "letteratura", ma, più in generale, sulle categorie della conoscenza e sui sistemi di classificazione stessi, poiché esiste sempre una relazione dialettica tra l'individuo in quanto creatore e la cultura in quanto dato. [207]

Che cosa viene interiorizzato? non il libro, ma il testo sovrapposto ad esso; è il testo che mobilizza la mente attraverso gli atti di lettura, attraverso i processi di interiorizzazione, a tal punto da imporre come egemone nella cultura dal XIX secolo ai nostri giorni l'idea che libro e testo siano una cosa sola in quanto valore culturale pregnante. Con difficoltà, sia all'interno delle discipline storiche sia di quelle filologiche, si considerano di nuovo la materialità del libro e la sua natura di supporto, e le tecniche di lettura e scrittura che fanno sì che quel supporto immobile e in-significante sia storicamente diventato lo strumento universale di comunicazione culturale del genere umano; a questo punto anche il testo immateriale può essere conosciuto nelle sue regole e leggi, nei suoi linguaggi autonomi e specifici.

Usare i libri per ottenere informazioni e per cercarvi informazioni è il risultato di un processo, ma, al tempo stesso, determina processi sia all'interno degli individui protagonisti e fruitori del libro sia all'esterno, nelle istituzioni e nelle società in cui quegli stessi individui operano. Le informazioni possono essere costruite attraverso la somma, collazione e intreccio di libri diversi [la biblioteca, l'archivio: fisico e mentale]; da sempre i documenti scritti contengono informazioni e informazioni strutturate? occorre che si realizzino almeno alcune condizioni.

Da un punto di vista fisico, tutti i libri stampati erano uguali, oggetti identici, mentre quelli manoscritti non lo erano, anche se contenevano lo stesso testo. Ora, grazie alla stampa, due copie di una data opera non solo dicevano le stesse cose,

---

207 Goody, *cit.*, p. 38

ma erano dei duplicati esatti[208]. la copia a stampa è un duplicato ottenuto meccanicamente: la serie delle opere stampate garantisce anche dell'identità di ciascuna; attraverso l'esatta riproducibilità si è compiuta una rivoluzione nei supporti perché essi vengono sempre più incorporati ai significati che veicolano. La mano o la tecnica dell'uomo che copia non ha più alcun rilievo particolare, la serie garantisce l'identità nello spazio e nel tempo di quell'oggetto, ma attraverso la lettura, l'interiorizzazione veicola quella stessa esatta riproducibilità dal supporto materiale, attraverso i caratteri seriali fino nella mente del lettore, abituandolo a manipolare quegli oggetti e a leggere quei segni, distinguendoli, differenziandoli, dividendoli secondo logica e analisi.

> *Una delle conseguenze di questa esatta riproducibilità [del torchio e dell'organizzazione industriale della stampa] fu la nascita della scienza moderna" (prima c'era l'osservazione esatta, ad es. del cacciatore o dell'artigiano) "Carattere distintivo della scienza moderna, è l'unione tra osservazione esatta e verbalizzazione esatta, vale a dire, una descrizione verbalmente formulata in modo preciso degli oggetti e dei complessi processi osservati.*[209]

Il testo che abbiamo in mente [inteso anche in senso fisico] è il testo fatto con i caratteri mobili (è il testo stampato); nella società dell'oralità il documento scritto viene letto "oralmente" [dal rumore al silenzio, dal comunitario al privato] fintantoché il lettore (e l'autore-scrittore) non viene educato a leggere e a scrivere secondo il modello testuale.

Come leggevano? l'ordine della pagina (cioè il controllo, secondo le regole dello spazio fisico della pagina, diventa ordine mentale passando attraverso l'occhio); il lettore vede e riconosce regole applicate (non solo formali, ma conoscitive e attraverso queste accetta visioni del mondo, sistemi di documentazione e di rappresentazione, modelli di comportamento). In questo modo gli indici, le guide e le mappe sono residenti nella mente dell'individuo e possono essere stampate secondo criteri convenzionali in luoghi specifici del libro stesso e quindi essere usati come strumenti di navigazione e orientamento sia fisico sia intellettuale.

---

[208] Ong, *cit.*, p. 180.

[209] Ong, *cit.*, p. 180

7. Orientarsi: dal cacciatore all'investigatore

L'eroe del romanzo poliziesco cerca la spiegazione dentro il territorio, nella società reale e materiale: deve perciò orientarsi e quindi combattere tutti i tentativi di disorientamento che sono disseminati nel labirinto della grande città. Come è possibile conoscere, senza essere ingannati, nella metropoli, quando essa stessa appare il luogo ideale perché l'individuo scompaia, non lasci tracce, perda o confonda la propria fisionomia caratteristica e quindi individuale; come è possibile orientarsi quando i sistemi di riconoscimento e quindi di individuazione fanno capo a una sapienza tradizionale che tutto deriva dal sistema naturale, dai segnali materiali e visibili del mondo animale, delle piante, delle cose e delle leggi biologiche? Nel primo romanzo in cui Holmes è protagonista, *A Study in Scarlet*, pubblicato nel 1887, le caratteristiche essenziali delle descrizioni di Londra sono due. Londra è un labirinto umano in cui è impossibile orientarsi, ma in cui è possibile nascondersi; Londra è il luogo delle folle, ma in mezzo alla folla può compiersi l'atto più crudele e violento, l'assassinio, senza lasciare apparentemente tracce. La prima descrizione, che esprime il punto di vista di Watson, segnala soprattutto il "grande immondezzaio" e la "selva", la foresta dove ovviamente vige la legge del più forte; un altro protagonista afferma esplicitamente che Londra è un labirinto in cui non si può vivere e in cui è quasi impossibile orientarsi. Non è un caso che il punto di vista del disorientamento appartenga ad altri personaggi, non a Holmes, che, come vedremo, sa seguire le tracce e scoprire gli indizi come un cacciatore. Holmes rappresenta un passo in avanti, un superamento rispetto a Poe che non può immaginare la violenza e l'efferatezza del crimine se non attribuendole davvero a una "bestia selvaggia" come nel caso del *Delitto della via Morgue.*

> *Il viso aveva un'espressione di orrore e, mi parve, di odio, quale non avevo mai visto sul volto umano. Quell'atroce e sinistra contrazione dei lineamenti, uniti alla fronte bassa, al naso camuso e alla mascella prognata del morto, gli davano un aspetto scimmiesco che la posa innaturale accentuava. Ho visto la morte sotto molte forme, ma mai mi era apparsa con un aspetto tanto orrendo comein quella macabra stanza prospiciente una delle principali arterie della periferia londinese*
>
> *[...]*

Mentre parlava, trasse di tasca un metro e una grossa lente di ingrandimento rotonda. ... Una volta si sdraiò addirittura al suolo. Era così assorto che sembrava dimentico della nostra presenza ... Mentre l'osservavo non potevo fare a meno di paragonarlo a un segugio di razza, ben allenato, intento a seguire la preda con latrati d'orgasmo ... "

Dicono che il genio consiste in un'illimitata capacità di curare i particolari -osservò sorridendo- E' una pessima definizione,ma si applica al lavoro dell'investigatore

Infine, chi è Holmes? In *Uno studio in rosso,* la presentazione avviene attraverso la descrizione di Watson (è il personaggio che racconta la storia: il sottotitolo è appunto *Dai ricordi del dottor John H. Watson*): *"Aveva abitudini tranquille e regolari [...] La sua energia sembrava inesauribile [...]";è una presentazione ampia e ricca di particolari a cui segue una scheda, vero indice e tabella riassuntiva:*

Cognizioni di Sherlock Holmes

1. Letteratura: zero.

2. Filosofia: zero

3. Astronomia: zero

4. Politica: scarse

5. Botanica. variabili. Conosce a fondo caratteristiche e applicazioni della belladonna, dell'oppio e dei veleni in generale. Non sa nulla del giardinaggio e di orticultura.

6. Geologia: pratiche, ma limitate. Riconosce a prima vista le diverse qualità di terra. Dopo una passeggiata mi ha mostrato delle macchie sui suoi calzoni, indicando, in base al loro colore e alla loro consistenza, in quale parte di Londra aveva raccolto il fango dell'una e dell'altra macchia.

7. Chimica: profonde

8. Anatomia: esatte

9. Letteratura sensazionale: illimitate. A quanto pare conosce i particolari di tutti gli orrori perpetrati nel nostro secolo.

10. Suona bene il violino

11. E' abilissimo nel pugilato e nella scherma.

12. E' dotato di buone nozioni pratiche in fatto di legge inglese

8. Textus e literacy oralità e scrittura

Prima della testualità si sono formati due mondi autonomi -oralità e scrittura[210]; poi la scrittura ha fissato il proprio codice nel tempo e secondo un'evoluzione storica che si allontana sempre più dal mondo della piena e pura oralità. L'importanza dell'analisi del passaggio e dell'evoluzione dalla società orale a quella alfabetica è stata lungamente e ampiamente sottolineata nel dibattito delle scienze antropologiche del Novecento ed è stata considerata una tappa decisiva nella nascita della "coscienza e civiltà moderna". Gli studi, di Havelock[211] per ciò che concerne la cultura della Grecia classica e quelli di Goody, concentrati sul ruolo sociale e fondativo della scrittura alfabetica, hanno aperto una prospettiva inedita, anche sui mondi attuali e sul ruolo delle tecnologie della comunicazione nella società contemporanea. Analizzando i loro contributi e poi quelli di Walter Ong, Michael Heim[212] in un saggio ricco di riferimenti polemici e anche provocatori -ad es. alla filosofia del linguaggio di Heidegger- ha proposto una formula che in qualche modo li comprende: "The Theory of Transformative Technology"[213]. Heim ha sottolineato il ruolo decisivo, attivo, fondante che nelle posizioni di Havelock e Ong assume la scrittura di fronte all'oralità: essa forma le coscienze, trasforma la società stessa e configura il pensiero filosofico "occidentale" fin dalle sue origini. In questa prospettiva, che ha certamente ampi

---

[210] W. J. ONG, *Orality and Literacy, The Technologizing of the Word*, Methuen, London - New York 1982 [trad. it. *Oralità e scrittura. Le tecnologie della parola*, Il Mulino, Bologna 1986].

[211] Il suo libro fondamentale è E. HAVELOCK, *Preface to Plato*, Harvard University Press, Cambridge 1963 [trad. it. *Cultura orale e civiltà della scrittura. Da Omero a Platone*, Latera, Bari 1995].

[212] M HEIM, *Electric Language: a Philosophical Study of Word Processing*, Yale University Press, New Haven & London 1987.

[213] *Ibid.*, pp. 46-69.

debiti con le posizioni di McLuhan, è la tecnologia della scrittura che determina un nuovo modo di pensare ed è la scrittura alfabetica che consente l'origine di quella cultura delle leggi e della riflessione analitica che contraddistingue la cultura europea moderna. Heim stesso invita, però, energicamente a non estendere questo modello, oltre un livello metaforico e di esempio; poiché, ovviamente, proprio le caratteristiche della società contemporanea e l'evoluzione della tecnologia, oggi, sono incomparabili rispetto alla civiltà greca classica o alla società orale. L'utilità di questa discussione è però essenziale; essa ci consente di mettere in campo una metodologia di confronti assai ricca: appare forte una linea di continuità, quella della scrittura, ma assunta come tecnologia, come dominio pratico, che supera nel tempo cambiamenti economici e politici e culturali della civiltà europea. Su di essa, come una vera e propria sovrastruttura, si inseriscono i caratteri storici di una cultura testuale che ha dominato la società moderna. Le affermazioni di Ong sul carattere tecnologico della scrittura e la critica di Goody a un modello deterministico di progresso della civiltà europea, assunto come modello universale, hanno avuto, inoltre, diretta influenza su studiosi e ricercatori, soprattutto statunitensi, che saranno decisivi nella pratica e nella diffusione della tecnologia ipertestuale.[214] Ci fu scrittura prima del testo.[215]

E' possibile tracciare una storia ricca di esempi del rapporto tra autore e lettore quale paradigma più ampio sia dell'affermarsi dell'autorità **della scrittura** sia della sua crisi, osservando che gli appelli al lettore, al suo ruolo rinnovato e decisivo sono spesso segnali di una crisi di autorità oppure di un mutamento profondo nei ruoli attribuiti al pubblico. Secondo Bodei: "Si può anzi constatare come nelle fasi di svolta della nostra cultura, alla "soglia" di epoche nuove, il primato della parola scritta e letta venga posto in discussione. Ciò è accaduto esemplarmente, sia nell'età di Socrate che in quella che vede il sorgere del "mondo moderno".[216]

L'esempio di Socrate a cui fa riferimento Bodei è certamente legato al celebre passo del *Fedro* di Platone (LIX, LX e LXI), considerato uno dei primi luoghi in cui si discute dell'avvento del mondo della scrittura e dell'alfabetizzazione

[214] Un esempio di questa importante influenza si può trovare in *Hypermedia and Literary Studies*, P. DELANY and G. P. LANDOW ed., The MIT Press, Cambridge 1990.

[215] Un'ampia e accessibile rassegna degli studi sull'origine del testo si può leggere in C. SEGRE, *Avviamento all'analisi del testo letterario*, Einaudi Torino 1985, pp. 360 e sgg..

[216] BODEI, intr. a BLUMEMBERG, *cit*, p. X.

scritta.[217] Nella prima parte del dialogo, Socrate oppone a una versione ottimistica[218] del mito dell'invenzione della scrittura (strettamente collegata a quella dei "numeri, del calcolo, della geometria e dell'astronomia"), intesa come "scienza (che) renderà gli Egiziani più sapienti e arricchirà la loro memoria"; una visione fortemente critica, fondata sulla convinzione che l'alfabeto "ingenererà oblio nelle anime di chi lo imparerà: essi cesseranno di esercitarsi la memoria perché fidandosi dello scritto richiameranno le cose alla mente non più dall'interno di se stessi, ma dal di fuori, attraverso segni estranei"[219]. L'alfabetizzazione scritta produrrebbe la perdita della memoria (attiva, partecipata) poiché chi usa i segni scritti, le lettere dell'alfabeto, li ritrova materialmente sempre uguali e presenti come "cose", oggetti di cui può avvalersi per ricordare; le lettere però sono "oggetti", quindi strumenti, esterni all'individuo e in quanto tali estranei e indifferenti al suo destino, non più personalizzabili e pertanto disponibili per chiunque li voglia utilizzare. Il "nuovo" individuo non ha più bisogno di apprendere le arti della memoria, poiché esse sono superate e, per certi aspetti, incorporate nella scrittura. Qui Socrate descrive, con pochi tratti, l'effetto fondamentale di una nuova tecnologia, di cui sottolinea la componente più fortemente alienante. Infatti, una nuova tecnologia spossessa l'individuo di antiche abitudini, di abilità apprese attraverso l'educazione tradizionale e allo stesso tempo aliena abilità prima possedute da pochi, le rende più facilmente disponibili e non più riservate agli specialisti. In particolare, la tecnologia della scrittura fissa il suo messaggio, dunque esiste per sé; la memoria individuale, al contrario, fluisce. Chi usa la scrittura, usa in realtà una tecnologia; in questo caso una nuova tecnologia che facilita le operazioni di conservazione (memoria) e di comunicazione (linguaggio) e standardizza quegli stessi atti. La scrittura viene universalmente adottata perché favorisce l'abbandono della fatica necessaria all'apprendimento delle tecniche della memoria; ma la diffusione di questa tecnologia produce la creazione di un mondo artificiale, separato da quello

[217] Su questo passo, ma in generale sui rapporti tra oralità e scrittura, e sull'origine della scrittura nella cultura greca classica, sono fondamentali gli studi di Eric A. HAVELOCK. In traduzione italiana sono apparsi, su questo argomento, *Cultura orale e civiltà della scrittura. Da Omero a Platone*, Laterza, Bari 1973; e *Dike. La nascita della coscienza*, Laterza, Bari 1983.

[218] "Questa scienza ... renderà gli Egiziani più sapienti e arricchirà la loro memoria perché questa scoperta è una medicina per la sapienza e la memoria"; citiamo dalla versione italiana delle *Opere complete*, a cura di Piero Pucci, Laterza, Bari 1986.

[219] Per una corretta comprensione del passo occorre ricordare che questa parte del dialogo ha origine da una opposizione, formulata da Socrate, tra antichi e moderni e tra opinioni e verità: *"posso dirti un racconto degli antichi. Essi conoscono la verità; se potessimo scoprirla da noi, forse che ci preoccuperemmo ancora delle opinioni degli uomini?*

naturale (o forse mitico) in cui l'apprendimento è dialogo diretto tra persone e avviene lentamente nella successione del tempo di vita. La scrittura porta "fuori" ciò che appartiene al "dentro" della persona; la scrittura aliena ed è alienata, mentre la memoria e il dialogo appartengono alla natura degli uomini, riflettendo direttamente i meccanismi mentali attraverso i quali essa stessa si riproduce nel tempo. Si tratta dunque di una questione che riguarda la civiltà e non la natura fisica; è uno squisito problema di comunicazione che in Socrate oppone il mondo del rapporto diretto e immediato dell'oralità, chiuso in se stesso, a quello artificiale, ma senza limiti di tempo e di spazio, della scrittura. Per Socrate, infine, la parola scritta è una parola oggetto, fissa, definita e concreta, che dura come un oggetto fisico, un manufatto prodotto nel tempo: la parola scritta è rappresentata dalle lettere dell'alfabeto che la compongono; la parola parlata è invece attiva, non si separa da chi la pronuncia e rimane nella comunità di ascolto. Per questo motivo l'ambito di ricezione dell'oralità è garanzia della verità del discorso e dell'impossibilità di ogni forma di fraintendimento o addirittura di manipolazione del significato del messaggio: io parlo la parola udita dal mio interlocutore; costui recepisce il messaggio e risponde e quindi instaura un dialogo con chi ha parlato, stabilendo un reciproco rapporto dialettico. Chi parla può controllare gli effetti immediati della parola su chi ascolta sia che ciò avvenga in pubblico sia quando si tratti di colloqui privati; mentre chi scrive può non conoscere del tutto chi legge. Il Socrate di Platone imputa alla scrittura una forma di riduzione del discorso; infatti, "le parole scritte crederesti che potessero parlare, quasi che avessero in mente qualcosa; ma se tu, volendo imparare, chiedi loro qualcosa di ciò che dicono esse ti manifestano una cosa sola e sempre la stessa. E una volta che sia messo per iscritto, ogni discorso arriva alle mani di tutti, tanto di chi l'intende tanto di chi non ci ha nulla a che fare".

Le affermazioni di Socrate sono rivolte, come risulta dal richiamo, contenuto nello stesso dialogo, a un racconto "mitico", di un lontano passato a cui fare risalire anche l'invenzione della scrittura; dunque la scrittura esiste da lungo tempo e l'alfabetizzazione è un processo già presente nella società greca precedente a Socrate e tanto più a Platone. Non si può trattare perciò di una battaglia di retroguardia o del rimpianto per un'epoca felice; è la presa d'atto dell'affermazione dell'alfabetizzazione scritta quale asse fondante di una nuova civiltà. In questo processo di sconvolgente novità vengono stravolti e abbandonati antichi valori e insieme alle abilità scompaiono forme di sapere; dunque, sono messe in questione forme di educazione e di comunicazione di modelli di conoscenza e di comportamento. Ed è su questo punto che si concentra la critica di Socrate denunciando gli effetti di spossessamento della nuova tecnologia e quelli di indiscriminata diffusione di un sapere che appare dipendente non solo dal supporto materiale che lo veicola, ma anche dalla tecnologia attraverso la quale è interiorizzato e diffuso. Socrate critica il messaggio che scaturisce dall'utilizzo di questa tecnologia e così difende un'autorità del sapere, quello vero e antico, dall'assalto delle nuove tecniche e dall'appropriazione dei nuovi soggetti[220]. Nel formulare le critiche a questa nuova forma di apprendimento Socrate difende ancora la fondamentale teoria platonica della conoscenza, infatti: "chi crede di poter tramandare un'arte affidandola all'alfabeto e chi a sua volta l'accoglie supponendo che dallo scritto si possa trarre qualcosa di preciso e di permanente, deve essere pieno di una grande ingenuità ... se s'immagina che le parole scritte siano qualcosa di più del rinfrescare la memoria a chi sa le cose di cui tratta lo scritto". La critica ai limiti della scrittura, identificati in sintesi come una forma di riduzione del discorso, di alienazione del soggetto e di interruzione del rapporto privilegiato tra maestro e scolaro, indica anche, nella sostanziale debolezza del ricevente, l'elemento qualificante. Infatti, la scrittura offre al lettore un messaggio non soggetto a nessuna forma di modificazione, tipica del processo di apprendimento: la comunità educativa viene divisa e scissa. Poiché le lettere non possono insegnare se non "una cosa sola e sempre la stessa", l'attenzione si deve rivolgere agli effetti che induce il testo scritto: "E una volta che sia messo in iscritto, ogni discorso arriva alle mani di tutti, tanto di chi l'intende tanto di chi non ci ha nulla a che fare". Perciò il destinatario non può esercitare alcuna azione di educazione sul maestro né trasformarsi in un pubblico che possa educare gli autori: la lettura è un processo di esteriorizzazione di messaggi, sfugge all'impegno primario del maestro, quella missione così intensa da richiedere a

---

[220] *"ciò che tu hai trovato non è una ricetta per la memoria ma per richiamare alla mente. Né tu offri vera sapienza ai tuoi scolari, ma ne dai solo l'apparenza perché essi, grazie a te, potendo avere notizie di molte cose senza insegnamento, si crederanno d'essere dottissimi, mentre per la maggior parte non sapranno nulla; con loro sarà una sofferenza discorrere, imbottiti di opinioni invece che sapienti". E' interessante osservare, nello spirito di questo contributo, che al momento in cui Socrate formula la sua critica sulla tecnologia della scrittura, necessariamente mette in campo e in diretto collegamento proprio i temi che ci stanno a cuore: il conflitto tra sapere e opinione si gioca prima di tutto nel cambio di tecnologia e quindi in questa forma di spossessamento dell'antico sapere, ma lo scenario capitale in cui si gioca la partita è quello della scuola dove domina il rapporto di educazione. La critica alla nuova tecnologia difende un modello di educazione -messo in grave pericolo dall'affermazione di questa nuova tecnologia- basato sull'autorità degli antichi e sul rapporto diretto, orale, tra maestro e studente!*

Platone l'uso di un lessico che fa capo direttamente all'area semantica della fecondazione, della riproduzione:

> *"Ma molto più bello, io penso, è occuparsene seriamente quando usando l'arte della dialettica e prendendo un'anima congeniale vi si piantano e vi si seminano parole con scientifica consapevolezza. Le quali sono sempre in grado di venire in aiuto a se stesse e a coloro che le hanno seminate e non sono sterili; ma poiché racchiudono in sé un germe (sperma) da cui nuove parole germogliano in altre indoli esse sono capaci di rendere questo seme immortale e rendono beato chi lo possiede, quanto può esserlo un umano".*

Il primato del lettore è perciò negato alla radice, rifiutato per i pericoli che esso comporta sia rispetto all'autorità che presiede alla conservazione del vero sapere sia rispetto alla natura del messaggio che viene comunicato e solo in quel modo (comunicazione orale e autoritaria) tutelato nella sua integrità. Lo scambio sembra dunque essere duplice, da un lato la nuova tecnologia crea il suo pubblico, deprivandolo dell'antica sapienza, ma facilitandolo nell'apprendimento, dall'altro la conquista del tempo, l'inizio di un'avventura affascinante di appropriazione del tempo oltre il limite del tempo di vita naturale, paga il prezzo di affidarsi a oggetti, a prodotti, a cose, dunque di alienarsi e necessariamente affidarsi a interpreti meccanici che non possono in alcun modo tutelare la comunicazione dai pericoli del fraintendimento, della manipolazione del messaggio stesso. La meccanica, la tecnica rivelano un rapporto impensabile col significato, più intimo e determinante; esse possono venire relegate a una funzione di mero supporto solo se confrontate con un sistema di valori che fa capo al principio stesso della comunicazione genetica, della diffusione di parole, apparentabile a quello del seme umano, dello sperma appunto[221]. In queste battute tra Socrate e Fedro sono

---

[221] *Socrate propone a Fedro l'esempio del "contadino giudizioso che avesse alcuni semi che gli stanno a cuore e da cui volesse dei frutti, li seminerebbe con tutta serietà in estate...? O piuttosto non lo farà per gioco...? a cui si può paragonare "chi ha la conoscenza del bello e del giusto". Per distinguere tra serio e non-serio, tra intenzioni ludiche e intenzioni educative, Socrate richiama ancora l'esempio della scrittura, qui descritta nei suoi atti materiali, tecnici, come tramite necessario per un'intenzione unicamente ludica, di possibile gioco: "Allora non le scriverà con intenzioni serie nell'acqua nera, seminandole mediante la penna con parole che non possano parlare a propria difesa, né possono insegnare in modo sufficiente il vero". Non è certo senza significato che, in futuro, acquisterà valore proverbiale, per sottolineare non solo l'inutilità dell'azione, ma anche la sua contraddizione in termini, l'espressione "scrivere nell'acqua", come appare, ad esempio, nel verso famoso di Catullo, 74,4: "in vento et rapida scribere oportet aqua".*

racchiusi alcuni dei temi centrali connessi alla fortuna della tecnologia della scrittura nella società europea e moderna, prima che essa, completamente interiorizzata, si trasformi in cultura, ma anche alcuni dei pregiudizi che sembrano caratterizzare il distacco storico tra cultura letterata e tecnologie fino a elevare a simbolo di una possibile caduta, quasi degradazione, l'incorporamento di alcune funzioni della comunicazione orale in tecniche applicate. L'emblema del rapporto tra maestro e allievo, come quello di autore e lettore sono il segnale più significativo della centralità della questione e della divaricazione che si apre tra un punto di vista che intende difendere il sapere e la sua autorità e un altro che intende superarlo e forse distruggerlo, obbedendo a una logica e a interessi esterni e forse opposti a esso. Cultura contro tecne, ma anche potere della scrittura e dominio degli "specialisti" contro l'appropriazione possibile dei molti e dei non-letterati. Il ricambio o lo scambio o il conflitto scandiscono epoche diverse della storia antica e moderna, richiamando sempre, e talora oscurando, la funzione che le tecnologie esercitano ma, certo, mettendo in primo piano la rottura o la crisi nel rapporto di educazione tra l'autorità della tradizione e il necessario pubblico o interlocutore privilegiato a cui essa deve rivolgersi.

Se è accettabile ciò che dice Illich la testualità mentale viene dopo ed è già un'operazione intellettuale, che anticipa la rivoluzione materiale del libro e della stampa. l'attitudine mentale può precedere la rivoluzione tecnologica (e questo è anche vero per noi, basti pensare a Bush e Nelson e alla storia dell'ipertesto). si tratta di un'operazione culturale che tende a ridurre il peso materiale del supporto, lo lascia infine al suo destino di oggetto inerte, cosa tra le cose e invece mette in moto un'efficacissima macchina mentale che può insediarsi in ciascuno di noi (interiorizzazione) e riprodursi con l'uso quasi etereo di strumenti materiali. Nella società si apre lo spazio della società civile e della società privata (l'inventore è il Petrarca), viene regolamentato per differenza lo spazio individuale e la dimensione dell'interiorità (spazio chiuso, invisibile agli altri grazie alla fisicità del corpo, ma aperto alla circolazione delle idee e agli scambi mentali: sono linguaggi universali).

Anche all'interno del textus ci sono tracce evidenti di storicità!

9. Libro e computer il valore dell'esperienza: per una nuova forma di personalizzazione

La cultura del libro è dentro la storia, cioè ha un inizio e quindi una fine; coscienza storica, per noi, significa: consapevolezza di processi finiti e distanti da noi, dal nostro presente; scarsa fiducia nell'idea di continuità e di necessità dei processi storici fin dentro la nostra esperienza attuale. storicizziamo il libro e la sua cultura. la cultura del libro, oggi, sembra corrispondere alle riflessioni di Blumemberg: le discipline e i libri si sono ossificati, sono ormai fissi come muri, e allontanano forse definitivamente l'esperienza e soprattutto l'esperienza del fare e quella propria dei giovani. Un conflitto, con momenti di negazione e forse di distruzione che è già nella nostra esperienza oltre la fine del secondo millennio.

> *Tra i libri e la realtà è posta un'antica inimicizia. Lo scritto si è sostituito alla realtà, allo scopo di renderla -in quanto definitivamente inventariata e accertata- superflua.* ***La tradizione scritta, e infine stampata, si è costantemente risolta in un indebolimento dell'autenticità dell'esperienza***[222]*. Esiste una sorta di arroganza dei libri in forza della loro pura quantità: già dopo un certo periodo di una civiltà che pratichi la scrittura, essa suscita l'impressione opprimente che nei libri debba esservi tutto e che non abbia senso, nel lasso di una vita che è comunque troppo breve, tornare a vedere di persona ciò che già una volta venne visto e registrato.*
>
> *La forza di quest'impressione determina la violenza dei contraccolpi. Si scorge allora, d'un tratto, la polvere sui libri. Sono vecchi e pieni di muffa, sanno di stantio, sono copiati l'uno dall'altro perché hanno tolto la voglia di cercare altrove che nei libri. L'aria delle biblioteche soffoca; il disgusto di respirarci, di passarci una vita, è immancabile.*[223]

Rivalutare l'esperienza in funzione polemica, contro la tradizione dei libri, impone la scelta di assumere il presente quale terreno di verifica. La centralità dell'esperienza mette in moto due modelli:

---

[222] la sottolineatura è nostra

[223] H. Blumenberg, la leggibilità del Mondo, Il Mulino, Bologna, p. 11

1. per noi esperienza è prima di tutto esperienza del fare

2. l'autenticità dell'esperienza è la ripresa forte del ruolo del soggetto dentro gli ambienti mutanti e artificiali: nell'abbondanza delle risorse tecnologiche e nello sviluppo delle tecnologie della comunicazione assume una funzione decisiva il soggetto (cioè colui che attiva, mette in moto; ma anche riceve, scambia, coopera e inter-agisce), quella figura che ha origine dalla categoria storica di individuo e va verso un nuovo ruolo e una nuova definizione. Se per noi, per il nostro recente passato, quello del secolo XX, il punto di riferimento storico, e perciò ricco di esperienza duratura nel tempo, ma conclusa, è quello del Welfare State, della società delle masse, della società delle differenze tra pubblico e privato e quindi del ruolo conflittuale tra individuo e massa; oggi, la fine di quel rapporto storico tra Stato, società, economia e esseri viventi, storicamente viventi; non significa interruzione, perdita definitiva, smemoratezza. E' necessario però affermare con forza che l'età dei nuovi media è l'età dei media personalizzati, cioè di quelli che richiedono un'erogazione immensa, faticosa e rivoluzionaria di intelligenza da parte delle persone in sé e per sé; una disponibilità ad apprendere, all'addestramento a conoscere il nuovo, ma anche a **disimparare, a dis-conoscere**.

L'attenzione concentrata sulla persona non è un ritorno al primato dell'individuo e non può essere nostalgia di un tempo in cui erano regolamentati e i rapporti sociali e le differenze tra individuo e società secondo modelli pre-industriali. Il richiamo alla personalizzazione dipende direttamente dall'evoluzione delle tecnologie e dalle forme pervasive, dominanti soprattutto nelle tecnologie dell'informazione e della comunicazione. Il ruolo nuovo della persona è in rapporto diretto alla formazione di ambienti artificiali, cioè tecnologicamente ricchi, in cui molte delle azioni che un tempo si consideravano tipiche della sfera umana, vengono o sostituite o simulate o enormemente potenziate dalla macchina. Ciò che si vuole affermare è invece una svolta critica sia per la fiducia incondizionata verso gli automatismi, verso le funzioni direttamente sostitutive dei meccanismi (che pur sempre vengono messe in moto da umani) sia nell'uso di strumenti che possono davvero penetrare nella sfera più intima e più personale degli esseri umani e permettono uno sviluppo inedito dei sistemi di relazione, di scambio e dunque di comunicazione tra individui. Il carico cognitivo, lo sforzo intellettuale richiesto, il continuo addestramento vengono incorporati in questo processo e sono talmente decisivi da costituire la vera risorsa necessaria per raggiungere la "terra promessa". Perciò il rapporto tra interfaccia e uso di essa da parte degli umani è il campo su cui si deve concentrare il massimo dell'attenzione:

per convincere un essere umano a usare quotidianamente nuovi strumenti di comunicazione, per far sì che al primitivo moto di curiosità o di repellenza, di disagio e paura o di fiducia incondizionata seguano davvero dei processi di appropriazione e di padroneggiamento e poi di efficace utilizzo, occorrono processi paragonabili ai grandi rivoluzionamenti nella storia della società umana. È un grande tema di civilizzazione. una delle più profonde differenze col passato potrebbe essere nei tempi, cioè nella velocità impressa ai processi attuali, incomparabile con le grandi rivoluzioni culturali del passato, dall'introduzione della scrittura alla stampa allo sviluppo dei mass media e nell'immediata universalizzazione dei processi. La nostra percezione privilegia l'immediatezza e la globalità, cioè l'universalità degli eventi, annullando di conseguenza o molto indebolendo la serie delle successioni storiche, proprie di altre grandi rivoluzioni sia industriali sia culturali. La rapidità può creare una percezione nuova del tempo; il ritmo impresso crea addirittura un tempo nuovo dell'esperienza che si svincola dalle nostre misure e consapevolezze del tempo storico. La personalizzazione è il quid caratteristico perché si possa parlare di nuovi media ed è la stella polare a cui rivolgersi per scelte determinanti per il nostro futuro.

Pensiamo alle conseguenze possibili con alcuni esempi. Nella sfera educativa personalizzare vuole dire proporre un modello di apprendimento basato sull'idea che lo scambio educativo avviene da punto a punto (cioè da uno a uno) abolendo il vincolo fisico degli edifici, delle classi, delle localizzazioni urbanistiche; può avvenire in forma di on-line education garantendo una risposta diretta e in sincrono oppure in forme altrettanto efficaci e certamente significative, ma in asincrono, attraverso la posta elettronica in cui sia l'emittente che il ricevente possono controllare il proprio tempo e comunicare secondo ritmi di volta in volta concordati e programmati.

Si pensi all'informazione e alla possibilità di scelta per l'antico consumatore di prodotti confezionati tutti uguali: la tv on-demande, la tv-interattiva, le integrazioni tra radio e reti e così via sono tutte strade che possono essere, in questa prospettiva, un'autentica rivoluzione dall'epoca dei media orientati verso il pubblico di massa (utente e consumatore)[224]. E' possibile rovesciare il terrore che suscita il Grande Fratello, il monopolio dell'informazione e della comunicazione

---

[224] Negroponte così sintetizza: *"la trasmissione televisiva è un esempio di sistema di comunicazione in cui tutta l'intelligenza è concentrata nel punto di origine. Chi trasmette definisce ogni cosa e chi riceve prende ciò che gli viene dato" [Negroponte, Essere digitali, p. 9/10]*

attraverso un'idea del medium che viene determinato nella sua natura e nelle sue funzioni proprio dall'utente, da quello che è stato fino ad oggi solo il destinatario passivo. Il passaggio deve concentrarsi sul rapporto di scambio tra umano e interfaccia: occorre dunque educare l'interfaccia a far sì che dialoghi con un umano a sua volta addestrato a collaborare con la macchina[225]. La vera personalizzazione è ormai a portata di mano. Non si tratta di scegliere il gusto della senape. Era post-informazione significa una conoscenza che si estende nel tempo: macchine che capiscano le persone con lo stesso livello (se non maggiore) di perspicacia che possiamo aspettarci dagli esseri umani[226]. Questo rapporto tra umano e medium è un processo di rottura rispetto ai media della società delle masse: deve cambiare la figura del consumatore-massa; deve cambiare il sistema dei rapporti tra tutti i soggetti attivi; devono essere ridefiniti i luoghi e le comunità, eliminando quelle catene e quelle barriere fisiche che ci impediscono di trasformarli in comunità virtuali.

Nella fase di passaggio, attenzione "speciale" è dedicata agli atti di lettura come atti fondamentali di scambio culturale; nella tradizione, leggere significa leggere libri, poi creare degli archivi fisici e mentali e infine collegare, attraverso il meccanismo delle citazioni o della selezione di parti di testo, altre parti di testo e infine collocare questa rete di citazioni in un insieme che può essere non strutturato, ma, alla fine, va rigorosamente organizzato e finalizzato. Questo insieme è il prodotto finale in cui si mescolano sia testi costituiti (informazioni, dati, conoscenze tratte da testi costituiti) sia testi elaborati autonomamente da chi sta producendo il documento finale.

Chi è autore? e quale rapporto ha col testo e con il lettore? ci sono davvero mutamenti sostanziali che ci collochino in una situazione diversa da quella, così definita da Bonaventura da Bagnoregio?

> *Fare un libro significa cose diverse. Limitarsi a trascrivere nel libro scritti altrui senza nulla aggiungere o mutare, è proprio del copista (scriptor); opera del compilatore (compilator) è invece raccogliere in un libro testi altrui, introducendo un ordine non arbitrario; il libro del*

---

[225] *Alcuni protagonisti delle ricerche nel campo dell'intelligenza artificiale hanno provato formulare un'ipotesi di "società della mente". Nel volume (1989) dal titolo omonimo Marvin Minsky avanza l'ipotesi che l'intelligenza non risieda in qualche grande elaboratore, ma sia piuttosto il risultato del* comportamento collettivo di un gran numero di macchine specializzate, tra loro capillarmente interconnesse.

[226] Negroponte, essere digitali, p. 170 e 171

commentatore (commentator) è altro ancora: riproduce opera altrui come parte essenziale, e di proprio aggiunge quanto serve a intenderla. Il vero e proprio autore (auctor) scrive invece quanto per sé conosce del Sapere e cita altri solo a conferma.[227]

Il testo definito, nel nostro caso le opere riconosciute all'interno della tradizione oppure i saggi di riferimento, sono l'orizzonte entro il quale ci si muove; non è prevista forma di comunicazione e soprattutto forma di cultura che possa esprimersi diversamente: il suono, l'immagine, i meccanismi mentali o fisici, la percezione e così via non sono presi in considerazione. Si rinvia, però, inevitabilmente, all'immaginario, sconosciuto e latente, individuale e collettivo, costantemente operante e agente necessario perché qualunque azione di scambio simbolico o di comunicazione interpersonale possa avvenire: questi meccanismi, rimangono fuori dal nostro orizzonte; la spiegazione possibile, l'ermeneutica praticabile è solo quella testuale, quella del testo scritto. Nel passaggio dall'ambiente della tipografia di Gutemberg a quello "virtuale" del nuovo mondo gli strumenti materiali si trasformano in flussi immateriali; si avvia un'interazione stretta tra mente e atti operativi e ambiente; i luoghi dedicati, quelli della tradizione umanistica, scompaiono e vengono sostituiti da ambienti che noi stessi possiamo concorrere a creare: gli orizzonti culturali e le promesse di lavoro sono i due scenari del nuovo mondo.

Per orizzonti culturali intendiamo prospettive di grande respiro che portano con sè cambiamenti profondi, rapidi e di lunga durata. Poiché la situazione che stiamo vivendo sembra essere caratterizzata da elementi inediti talmente forti da rendere assai fragile ogni modello di previsione, la nostra attenzione si è concentrata su modelli e categorie che garantissero e una tenuta sul lungo periodo e una capacità di spiegazione di fenomeni che non sembrano riconducibili a una sola causa o all'interno di un sistema ordinato e disciplinare del sapere. del passato sembrava importante individuare i momenti di rottura e di grande svolta, specie quelli che portavano con sé e rivoluzionamenti tangibili e rivoluzioni silenziose e nascoste. Il primo esempio di riferimento sono apparsi gli studi fondamentali di quegli antropologi che hanno concentrato la loro attenzione sull'invenzione della scrittura e sulle sue conseguenze sociali: il rapporto tra oralità e scrittura, la categoria di "domestication" sono apparse di grande interesse. Di qui

[227] BONAVENTURA, *Commentarium in I Librum Sententiarum*, pp.14-15

l'individuazione di una costellazione, che fa capo, tra gli altri, a Goody, Ong, Havelock.

La scoperta della dinamica attuale (cioè, oltre le categorie storiche di continuità o quelle fondate solo su parametri politico-istituzionali o economici) tra oralità e scrittura e del ripetersi continuo, in condizioni sociali e economiche profondamente mutate, di trasformazioni mentali e comportamentali, legate a processi di interiorizzazione e di apprendimento, ci induce a rilevare e a riscoprire altri due nessi teorici e pratici. Gli studi di questi antropologi non solo riportavano a galla un dominio rimosso, ma di valore universale sia per estensione sia per profondità, ma ricevevano una legittimazione significativa dallo studio dell'impatto dei cosiddetti paesi emergenti o del Terzo mondo non solo rispetto ai paesi industrializzati ma soprattutto rispetto alle forme nuove post-industriali legate alla pervasione delle tecnologie dell'informazione e della comunicazione. Così espressioni come tecnologia della parola e interfacce della parola[228] acquistavano un valore non solo polemico o allusivo, ma concreto. Aprivano un campo inedito in cui possono convergere studi e osservazioni che, storicamente, sono avvenuti e si sono sviluppati in ambiti assai diversi e lontani. Questo campo è costituito dal valore decisivo delle tecnologie della comunicazione e dalla loro forza plasmante rispetto all'individuo e alla società; dunque, il richiamo inevitabile va alle posizioni di McLuhan. In questo caso, appaiono di più forte significato non tanto le formule elaborate attraverso *Gli strumenti del comunicare* (formule che hanno avuto, forse per nemesi storica, una fortuna pari alla loro ambiguità e al loro stravolgimento dal significato originario) ma piuttosto l'impianto di un'altra opera di McLuhan, *La galassia Gutemberg*. Infatti, in questo contributo, veniva messo a fuoco con strumenti provocatori e con affermazioni, spesso assai discutibili, l'altra grande fase di svolta e di passaggio: quella legata alla stampa tipografica. L'importanza dell'impianto usato da McLuhan trascende la qualità delle sue affermazioni perché riesce, al di là delle analisi disciplinari, a favorire la storicizzazione (anche involontaria) dei processi di lungo periodo che, per gli uomini del Novecento, collega automaticamente, ma anche distanzia consapevolmente, il mondo del medium tipografico da quello dei media per le masse alla rottura oggi in atto, secondo noi, con i nuovi media. Per un verso possiamo capire che esiste persistenza nel tempo, anche quando le tecnologie in sé siano profondamente diverse e rivoluzionate, perché non solo perdurano gli effetti di socializzazione, oltre il declino o la trasformazione tecnologica del medium, ma perché si sviluppano anche autonomamente processi di

---

[228] Cit.Ong interfacce della parola

appropriazione e di feedback tra umano e macchina che solo oggi possiamo sperimentare nella massima estensione e pienezza. Ma per l'altro dobbiamo chiedere alla ricerca storica di andare più a fondo e di inventare nuove strategie per l'analisi di questi passaggi. Ciò che più ci importa è non restare imprigionati a un uso solo metaforico o allusivo di categorie che fanno capo a grandi trasformazioni o a rivoluzioni; occorrono categorie che si riferiscano fondamentalmente alla configurazione e definizione storica, sociale, linguistica, culturale degli esseri umani in quanto individui e soggetti sociali attivi. L'accento sulla comunicazione come agente di trasformazione, le prime indagini e quindi le prime conoscenze storiche sui processi di lettura e di appropriazione culturale sono i contributi più ricchi che alcuni dei capifila della ricerca storica, attenta a questi temi, hanno fornito: da Darnton a Chartier a Eisenstein.

Il ritorno evidente a forme di oralità, oralità secondaria naturalmente, poiché coesiste con un'alfabetizzazione primaria su scala planetaria, determina il declino irrimediabile del libro come forma più alta, indiscussa e portante della società nel nostro tempo. Queste valutazioni hanno poco a che fare con le diatribe sulla fine del libro e la morte della cultura; hanno molto a che a fare, invece, con processi di drastica differenziazione culturale che sembrano assegnare al libro e al suo modello di lettura silenziosa e concentrata, una funzione che non può essere trasferita, col ruolo guida che storicamente le apparteneva, al nuovo mondo. Siamo giunti alla fine del primato del libro; ma rimarrà insostituibile la lettura continua col libro come forma di conoscenza culturale; sarà però una pratica specialistica. La diffusione sempre più ampia di altre forme di comunicazione richiede perciò una svolta educativa simile a quelle proprie dei grandi processi di alfabetizzazione primaria. e se per il processo originario era necessario "domare" e reprimere il pensiero "selvaggio"; per questo, che ci tocca, è necessario rapidamente e alternativamente imparare il nuovo e disimparare il vecchio. Il processo non è per nulla rettilineo ed è ancora in larga misura nelle mani degli esseri umani, ma dipende e, contemporaneamente, mette in moto colossali interessi economici, politici, sociali. La diffusione dell'oralità attraverso il medium televisivo sarà fortemente contrastata e subirà radicali trasformazioni dai processi innescati dai nuovi media che porteranno un carico cognitivo e necessità di apprendimento a cui, per ora, nessuno provvede. Un esempio: nello sviluppo di Internet la scrittura riconquista un ruolo sia rispetto alla ricerca e navigazione nelle reti sia soprattutto nell'uso della posta elettronica: ma è un'altra forma di scrittura rispetto all'originario modello alfabetico. In questa prospettiva Internet può essere considerata una sorta di codice planetario steso a tappeto (a maglie ora fittissime ora assai rade) a cui accedono in qualunque momento e senza vincoli di identificazione o di rispetto dell'ordine temporale, amanuensi intelligenti che tessono e ritessono questa ragnatela in ogni momento (web e world wide web). Arriviamo così al punto estremo di questa catena: come per la costruzione di un tipo di società la scrittura fu fondamentale, così oggi si pone l'obbiettivo di costruire nuove forme di società: comunità virtuali, domini di cyberspazio. Questo habitat sociale nasce dallo scambio diretto tra esseri umani, è fondato sul primato della comunicazione e trasforma e si trasforma continuamente: le sue fondamenta però non appartengono e non sono controllate da queste comunità di utenti e presto questa contraddizione fondamentale diventerà insostenibile e porrà la questione della sopravvivenza delle forme di libertà e di emancipazione che quelle comunità avranno conquistato dentro Internet e fuori di essa e dunque dentro la società storica, materiale e in rapida trasformazione, che caratterizza la nostra vita di ogni giorno.

10. Un criterio: l'utilità

Perché conviene lasciare alle spalle la cultura alfabetica, e imparare a costruire oggetti informatici che possano sostituire o trasformare il libro, quale perno non solo della cultura, ma anche dei sistemi di informazione e comunicazione della società contemporanea? Gran parte del dibattito, in tempi recenti, si è preoccupato più o meno ipocritamente del destino finale del libro: le tecnologie lo distruggeranno? i lettori scompariranno? ecc ecc. Un dibattito che non sembra molto produttivo, anche se sottolinea un orizzonte in cui la velocità del cambiamento e l'ampiezza dei suoi effetti determinano uno scenario inedito in cui con molta difficoltà, l'industria editoriale, ad esempio, riesce a collocarsi. E' preferibile guardare al processo da un altro punto di vista: quello appunto dei nuovi media, dei media personalizzati. In questa prospettiva al libro corrisponde sempre il suo modo di lettura e il suo pubblico; ma è un pubblico e una cultura che non sarà più l'asse fondante e dominante della società del prossimo millennio. La competenza testuale, la lettura e la scrittura di testi su supporto cartaceo saranno, come altri, del resto, forme diverse di comunicazione con caratteristiche specifiche e quindi anche settoriali. Il nostro impegno è di tentare di leggere e scrivere in altro modo e soprattutto conoscere, comunicare e stabilire relazioni attive tra esseri umani utilizzando per questi scopi le nuove tecnologie al posto del medium della stampa, ma anche al posto del medium della radio o della televisione o del telefono ecc ecc. In realtà è probabile che per una fase non breve del nostro tempo storico, prevarrà non solo l'integrazione e la successiva trasformazione tra diversi media (antichi, moderni, contemporanei e nuovi) ma, sulla falsariga di quanto è accaduto sia per l'introduzione della scrittura sia per la diffusione della stampa, i nuovi media assumeranno non poco dai media che intendono sostituire. La qualità del cambiamento si misura dall'intensità dell'innovazione tecnologica e dalla profondità e diffusione tra gli esseri umani di queste stesse innovazioni. Ma saranno gli esseri umani; possono essere gli esseri umani a determinare la direzione e l'intensità del cambiamento. Per questo non bisogna avere né fiducia illimitata negli automatismi nè rassegnazione senza speranza a causa dell'invadenza delle macchine. Le tecnologie dell'informazione e della comunicazione nel momento in cui assumono un ruolo strategico nello sviluppo della società contemporanea, dipendono strettamente dall'evoluzione e dall'intensità del cambiamento (e forse dalla rapidità) che si compirà nella mente e nei comportamenti degli umani. L'innovazione non è irreversibile e può incontrare resistenze e opposizioni e crisi che ne rallentino e forse blocchino la marcia. Il nuovo scenario è dunque determinato, come in altre grandi svolte di civiltà, dal contemporaneo rivoluzionamento dei modelli e degli strumenti legati all'informazione, all'educazione (o apprendimento) e alla comunicazione. Così è stato per la scrittura, così per la stampa e così ora per i nuovi media.

La cultura del libro è oggi una cultura di minoranza (di élites) e lo sarà sempre di più

Il movimento storico dal XIX sec. ha fatto sì che il libro e la cultura testuale quale elemento caratterizzante della sua diffusione fosse strettamente abbinato ai processi di alfabetizzazione e di istruzione su larga scala, a partire dall'Europa. Il rapporto positivo tra industrializzazione e istruzione ha favorito la diffusione della cultura del libro e dei suoi connotati fondamentali quale simbolo della civiltà del xix e del xx sec. dunque, la cultura testuale e il libro come fondamento di essa sono anche il simbolo dell'universalità di quella cultura: tutti devono leggere e scrivere e il libro è la base di questa civiltà. Dire che oggi la cultura del libro è una cultura di minoranza è evidentemente affermare un paradosso; è anticipare un processo già in atto che non intacca il dato quantitativo: i libri continuano ad essere uno degli strumenti fondamentali e più diffusi per le attività culturali degli esseri umani. È il primato, è il paradigma che viene intaccato; certamente il monopolio assoluto è discusso. Ciò avviene soprattutto sul piano pratico: la gente legge e scrive sempre di più ma usando altri strumenti, mescolando, ibridando, manipolando strumenti fisici e atti mentali che non corrispondono se non parzialmente o in via ultima al grande modello fisico del libro. Si può leggere e scrivere su altri supporti, con altri strumenti e soprattutto si può comunicare in forme talmente diverse dalla cultura del libro e in forme inedite da consentire anche alla teoria di immaginare mondi in cui il lettore, l'autore, lo scrittore così come noi diretti eredi della cultura industriale abbiamo sperimentato direttamente, non siano più dominanti né determinanti. Si tratta appunto di culture affluenti, di esperienze e mondi non strutturati in cui l'esperto della scrittura grammaticale, il lettore silenzioso abituale, l'autore di opere definite sono sempre più figure della specializzazione e dell'approfondimento. il libro sembra proteggere e salvaguardare solo la fissità monumentale e cimiteriale del canone e della tradizione definita delle opere catalogate. La testualità si trasforma in una gabbia mortale nella società post-industriale. Quali sono i fenomeni che producono questo processo e cioè il distacco tra scrittura e testualità e chi sono i soggetti protagonisti

1. la dissolvenza del supporto

2. un'enfasi di interazione, in particolare nella dimensione on-line e sincrona

3. la crisi del valore sociale della testualità sostituito automaticamente dalla socialità delle connessioni e delle reti telematiche

4. il conflitto tra lingua nazionale-istituzione linguistica- e linguaggi, gerghi, forme espressive non regolamentate

5. giovanilismo, comunque protagonismo di giovani e di non regolari (outsiders) (verificare se questo è vero o è solo un fenomeno di superficie -apparenza-)

6. protagonismo in rete come occasione di autoaffermazione

7. protagonismo in rete come occasione di business (forme di imprenditorialità liberate dalla costruzione sociale propria del lavoro industriale)

Gli aspetti della testualità che appaiono più alienanti:

1. l'impianto normativo (anche sul piano grammaticale e sintattico) regolato dalla gabbia fisica del modello tipografico gutemberghiano. le regole necessarie per la stampa vengono percepite come regole formali e materiali, come segni propri di un ordine sconosciuto e astratto: possono essere, al tempo stesso, manipolate senza alcun rispetto e considerate appartenenti a un mondo del tutto estraneo, e quindi impartecipabile

2. il legame rigido non solo con la grammatica della lingua e dei mezzi di comunicazione, ma il vincolo fisico con il supporto materiale. appare evidente che la materialità del supporto e la fusione tra significato e mezzo sono del tutto vincolanti, anzi viene percepito l'ambiente materiale come produttore e condizionamento insuperabile di ogni possibile forma espressiva, di cui la scrittura è veicolo essenziale. Acquista perciò grande importanza la possibilità d'uso di un mezzo "immateriale"; artificiosità e artificio tecnologico sono più accettabili, anzi accettati e padroneggiati con entusiasmo, della tecnologia alfabetica o della scrittura stampata.

Noi oggi assistiamo alla **degenerazione**, oltre che alla **dissoluzione** (in forme apparentemente di dissolvenza, di smaterializzazione) **della società testuale.**

La società testuale si presenta storicamente, nella società contemporanea, come struttura, base della forma universale di comunicazione (alfabeto scritto), paradigma culturale universale e forma culturale dominante; ma appare anche totalmente inserita e asservita alla società di massa e al dominio dei mezzi di comunicazione di massa. appare alfabeto minimale e facilmente manipolabile, esile struttura di raccordo, fragile filo conduttore di fronte alla potenza dell'immagine, del suono, del movimento rappresentati e amplificati dai media per le masse. questi media potenziano e semplificano, esaltano e banalizzano il messaggio scritto sotteso: agli occhi degli spettatori, non più lettori, l'autorità del codice scritto scompare. Se già il lettore era un autore dimezzato, ora lo spettatore è davvero un'appendice passiva e soltanto ricettiva e soltanto orientata al consumo diffuso. Nel momento in cui la società delle masse perde la sua potenza, il suo fulcro gerarchico impiantato nello stato interventista e onnipotente e quindi vive la crisi dello stato-sociale (la versione "buona" dello stato totalitario dagli anni '20 in avanti) vive anche la degenerazione del suo strumento principe di consenso e di pervasione: appunto i media di massa. Siamo di fronte a un passaggio bloccato: è indubbio che possono apparire più evidenti gli elementi di degenerazione, di dissoluzione e di crisi e non le spinte positive, nuove. esse, proprio perché l'orizzonte appare del tutto bloccato e la speranza della rivoluzione politica degli inizi del '900, quella del cambiamento radicale nel tempo di vita, delle grandi trasformazioni su scala mondiale, sembra del tutto vana, non possono che rivolgersi a altri ambienti e usare modi sia polemici sia di fuoriuscita non tradizionali. incrinata pesantemente la crosta "attiva" dello stato compare sotto di esso il disordine e la società sembra piuttosto un formicaio e non un sistema regolato e funzionale.

Bibliografia

1. Ugo di San Vittore, *De tribus maximis circumstantiis gestorum,* cit. in Ivan Illich, *Nella vigna del testo. Per una etologia della lettura.* (trad. it), Raffaello Cortina Editore, Milano 1994, nota 84.
2. *Hypermedia and Literary Studies*, P. DELANY and G. P. LANDOW ed., The MIT Press, Cambridge 1990.
3. Carlo Ginzburg, *Spie. Radici di un paradigma indiziario*; in *Crisi della ragione*, a cura di Aldo Gargani, Einaudi, Torino 1979
4. Galileo Galilei, *Il Saggiatore*, a cura di L. Sosio, Feltrinelli, Milano 1965
5. Jack Goody, *L'addomesticamento del pensiero selvaggio*, trad. it., Angeli, MIlano 1981.
6. E. HAVELOCK, *Preface to Plato*, Harvard University Press, Cambridge 1963 [trad. it. *Cultura orale e civiltà della scrittura. Da Omero a Platone*, Latera, Bari 1995].
7. M HEIM, *Electric Language: a Philosophical Study of Word Processing*, Yale University Press, New Haven & London 1987.
8. Lilian Hellman, introduzione a Dashiell Hammett, *L'istinto della caccia*, trad. it., Arnoldo Mondadori, Milano1974.
9. Walter Ong, *Oralità e scrittura*, trad. it. ; Il Mulino, Bologna 1982
10. C. SEGRE, *Avviamento all'analisi del testo letterario*, Einaudi Torino 1985, pp. 360 e sgg..
11. Italo Svevo, *Opere*, Dall'Oglio editore, Milano 1964

4. Mondi vicini e universi infiniti

Possiamo distinguere due tipi di processi immaginativi: quello che parte dalla parola e arriva all'immagine visiva e quello che parte dall'immagine visiva e arriva all'espressione verbale. Il primo processo è quello che avviene normalmente nella lettura: leggiamo per esempio la scena di un romanzo o il reportage d'un avvenimento sul giornale, e a seconda della maggiore o minore efficacia del testo siamo portati a vedere la scena come se si svolgesse davanti ai nostri occhi, o almeno frammenti e dettagli della scena che affiorano dall'indistinto.

Nel cinema l'immagine che vediamo sullo schermo era passata anch'essa attraverso un testo scritto, poi era stata "vista" mentalmente dal regista, poi ricostruita nella sua fisicità sul set, per essere definitivamente fissata nei fotogrammi del film. Un film è dunque il risultato d'una successione di fasi, immateriali e materiali, in cui le immagini prendono forma; in questo processo il "cinema mentale" dell'immaginazione ha una funzione non meno importante di quella delle fasi di realizzazione effettiva delle sequenze come verranno registrate dalla camera *e poi montate in* moviola. *Questo "cinema mentale" è sempre in funzione in tutti noi, – e lo è sempre stato, anche prima dell'invenzione del cinema – e non cessa mai di proiettare immagini alla nostra vista interiore*[229].

1. La meraviglia prima del cinema

Può sembrare ovvio, se non banale, iniziare un discorso sugli effetti affascinanti dell'immagine dal campione europeo dello stupore e della maraviglia, quel Cavalier Marino, che fece appunto della maraviglia un celeberrimo manifesto di poetica:

---

[229] Calvino I., *Lezioni americane. Sei proposte per il prossimo millennio,* Garzanti, Milano 1988, pp. 93-94, lezione 4 – "Visibilità".

[...]è del poeta il fin la maraviglia: parlo de l'eccellente, non del goffo;
chi non sa far stupir vada a la striglia[230].

Meno ovvio, e più interessante per la nostra riflessione sulla contemporaneità, è osservare il contesto in cui quelle parole vengono dette e scritte e il significato che possono assumere nella prospettiva del presente. Innanzitutto ci muoviamo sul difficile terreno che segna la frontiera tra scrittura di parole e immagini, tra ricerca di nuove forme di sperimentazione linguistica e letteraria, gusti europei e stili di vita che, per la prima volta, irrompono sulla scena. Marino vuole ottenere effetti di stupore e quindi ottenere successo e consenso attraverso le parole scritte, attraverso i versi della poesia, ma è già ben consapevole che il canone della letteratura, il modello normativo della retorica aristotelica e infine le regole dei classici sono in procinto di essere polverizzate dalle cose, dagli oggetti e dalle esperienze che una società dei colti e una società di popoli stanno già vivendo.

Parole e immagini, ma anche parole e suoni, iniziano una nuova vita di relazioni e la parola scritta deve accettare un ruolo subalterno, ridursi nei casi estremi a mera stringa di commento, a didascalia, a informazione. La "maraviglia" è proclamata in un contesto polemico, in cui appare evidente l'accettazione di un modello di competizione e di concorrenza, esasperato fino ai limiti estremi del vissuto e del destino personale. La concorrenza e la polemica hanno certamente il loro centro nella corte e nel sistema delle corti europee, ma evocano necessariamente un pubblico, un nuovo pubblico che sta per diventare sia il consumatore di quei prodotti, sia il giudice di un successo non solo culturale, ma anche economico.

La *Murtoleide*, Fischiata XXXIII, contiene gli elementi principali che consentono di osservare un processo storico e culturale che si dividerà in due grandi prospettive: ottenere successo di pubblico per mezzo dell'inganno, della seduzione, delle tecniche artificiali invisibili, ma efficacissime, ed educare il pubblico alla conoscenza e all'apprendimento finalizzati all'emancipazione.

La poetica barocca, quindi, è il primo grande catalogo, è il repertorio più ricco che la cultura europea offra al nuovo mondo: il paradigma testuale, la cultura alfabetica, si incontra con le suggestioni delle arti e della musica per aprirsi a

[230] G.B. Marino, *La Murtoleide, Fischiata XXXIII*, in Getto G., a cura di, *Opere scelte di Giovan Battista Marino e dei Marinisti*, Utet, Torino 2, p. 248.

spettatori, lettori, uditori sempre più numerosi e portatori di nuove esigenze di conoscenza e di piacere culturale ed estetico.

Giovanni Getto, il più raffinato esploratore della poetica e della cultura letteraria del Barocco in Italia, così sintetizza questo processo di radicale cambiamento degli orizzonti culturali e questa piena adesione al modello, che oggi ci è familiare, della modernità:

> *Per effetto del programma poetico della meraviglia, lo scrittore barocco fruga la realtà, dilata il suo campo visivo, ed accoglie nel suo universo poetico motivi e figure, forme e sostanze, prima rimasti ignorati ed estranei all'esperienza lirica. [...] la poesia barocca non pare troppo lontana dalla condizione dei nuovi esploratori del pensiero e della natura, della prosa del seicento, piena del gusto della tecnica delle varie arti, dell'analisi delle diverse forme della vita*[231].

Lo stesso Getto ci aiuta a introdurre due altri elementi, indispensabili nella costellazione di significati e di oggetti che stiamo ricostruendo in modo assolutamente episodico: lo spirito scientifico che emerge e si mescola tuttora con le culture dello spettacolo e della persuasione, quelle definite crudamente come superstizione e magia, e il mondo delle macchine, dell'artificiale, dunque delle tecnologie applicate a un pubblico.

La sorpresa e lo stupore necessitano di tecniche ed esercitano il potere della seduzione, dell'inganno, della conquista di un consenso non razionale, ma emotivo. Il piacere dello spettacolo, il godimento dell'effetto, spesso non è fine a stesso e non è così innocente: si ricercano larghi consensi anche per ottenere successo e vantaggi economici. Accanto alla sorpresa c'è poi la paura, accanto al piacere del nuovo spettacolo si accompagna lo shock della scoperta. Emergono visioni e conoscenze che la nuova scienza individua e consegna non solo agli specialisti, ma anche al "popolo", ai più larghi e indistinti fruitori. È ancora un popolo senza identità: sono lettori e spettatori a cui nessuno per ora dà un volto, di cui nessuno studia i caratteri esterni del corpo e interni dello spirito. Ma l'inganno e le tecniche dell'inganno prevedono un patto: non possono non accettare uno scambio di competenze e di poteri, che al momento vede una salda gerarchia, ma che nel tempo storico delle rivoluzioni industriali ammetterà un cambiamento radicale, una rivoluzione.

---

[231] Getto G., *Il Barocco letterario in Italia*, Bruno Mondadori, Milano 2000, p. 61.

L'universo e le meraviglie dell'infinitamente grande, osservabile col cannocchiale galileiano e attraverso la rivoluzione copernicana, si mescolano con le meraviglie dell'immensamente piccolo, scoperti attraverso il microscopio. Il panorama è fuori, all'esterno dell'osservatore, impegnato a trasformarsi in esploratore di mondi sconosciuti, scienziato e catalogatore di oggetti e, forse, di modi di vita imprevedibili. Ogni osservatore però deve anche accettare che la lente attraverso cui guarda, lo rifletta e, forse inconsapevolmente, lo indaghi, lo frughi e lo metta a nudo fin dentro i meccanismi, gli istinti, le pulsioni più nascoste o solo latenti. È un altro mondo, anch'esso un nuovo mondo, che inquieta e appassiona, che stupisce e spaventa.

Con qual magia di cristallina lente,
picciolo ordigno, iperbole degli occhi,
fa che in punti d'arene un Perù fiocchi,
e pompeggi da grande un schizzo d'ente?

Tanto piacevol più, quanto più mente;
minaccia in poche gocce un mar che sbocchi;
da un fil, striscia di fulmine che scocchi;
e giuri mezzo tutto un mezzo niente ...

L'occhialino, di Giacomo Lubrano[232].

Mobile ordigno di dentate rote
lacera il giorno e lo divide in ore,
ed ha scritto di fuor con fosche note
a chi legger le sa: SEMPRE SI MORE.

Mentre il metallo concavo percuote,
voce funesta mi risuona al core;
né del fato spiegar meglio si puote
che con voce di bronzo il rio tenore...

Orologio da rote, di Ciro di Pers[233]

2. Macchine e prospettive

Oltre la parola scritta, e non in senso temporale o storico, si pongono gli inganni artificiali, le vedute e le prospettive. La tecnica è più complessa, implica organizzazione, progettazione, strumenti e idee che siano indirizzati a uno scopo in cui il pubblico è parte dominante.

Calvino sostiene che anche nel cinema, paradiso dell'immagine, c'è in realtà un corto circuito che lega la parola scritta, l'autore, all'immagine e c'è una *ratio* che riporta il senso del progetto al paradigma logico-sequenziale. Noi possiamo

232 Lubrano G., "L'occhialino" in Getto G., a cura di, *op.cit.*, 1962, p. 416. Testo originale in: Lubrano G., *Scintille poetiche*, a cura di Pieri M., Longo, Ravenna 1982 (prima edizione: *Scintille poetiche o poesie sacre e morali di Paolo Brinacio Napoletano*, Napoli, 1690).

233 Pers C. di, "Orologio da rote" in Getto G., a cura di, *op.cit.*, 1962, p.503. Testo originale in: Pers C., *Poesie,* a cura di Rak M., Einaudi: Torino, 1978 (prima edizione: *Poesie del caualier fra Ciro di Pers al sereniss. principe Leopoldo di Toscana*, Firenze, 1666)

soltanto pensare in termini di modelli alfanumerici, il nostro codice genetico è fondato sulla scrittura e dunque noi siamo ancora rigorosamente legati al processo di *domestication* descritto dai grandi antropologi come Walter Ong o Jack Goody. Siamo usciti dalla civiltà del mondo orale e non vi potremo tornare mai più; siamo culturalmente degli alfabeti che stanno entrando in un nuovo mondo, dominato dal flusso delle immagini, dei suoni e dal movimento simultaneo e impressivo dell'insieme di queste forme espressive.

Gli scenari dunque, diventano le macchine per ingannare e stupire più persone riunite in un luogo costruito appositamente, per facilitare l'inganno, per realizzare pienamente l'immersione nello spettacolo del pubblico in sala. E ancora una volta è la tradizione italiana che ci suggerisce i motivi più persuasivi: la prospettiva e gli scenari hanno storicamente un protagonista che ha dettato, in qualche modo, le leggi del teatro e dello spettacolo: Sebastiano Serlio[234].

> *[...]Si potrà ancora su per la scena mettere alcuni candelieri con torcie sopra, et ancora sopra essi candelieri vi sia un vaso pieno di acqua dentro, nella quale metterai un pezzo di canfora, il quale ardendo fa bellissimo lume, et è odorifero. Alcuna fiata accadrà a dimostrare qualche cosa che abbrucia (sia che si voglia), si bagnerà benissimo di acqua vite della più potente et appiccatogli il fuoco con una candeletta, arderà per un pezzo. Et benché quanto alli fuochi si potria dire assai più, voglio questo sia bastevole per presente. Ma parliamo di alcune cose, le quali sono di gran diletto a gli spettatori. Mentre la scena è vota di dicitori, potrà l'architetto aver preparato alcune ordinanze di figurette di quella grandezza che si ricercarà dove avranno a passare, e queste saranno di grosso cartone colorite e tagliate intorno, le quali posaranno sopra un regolo di legno a traverso la scena, dove sia qualche arco, fatto sopra il suolo uno incastro a coda di rondina, entro il quale si metterà detto regolo e così pienamente una persona dietro al detto arco le farà passare, e tal fiata dimostrare che siano musici con istrumenti e voci, onde dietro alla scena sarà una musica e sommissa voce. Tal volta farà correre uno squadrone di gente, chi a piedi e chi a cavallo, le quali con alcune voci o gridi sordi, strepiti di tamburri e suono di trombe, pascono molto gli spettatori. Et se tal volta accadrà*

---

234 Serlio S., *I sette libri dell'architettura*, Arnaldo Forni, Bologna 1987, p. 52 (ristampa anastatica dell'edizione: Francesco de Franceschi senese, Venezia 1584). Cfr. anche: "Lo spazio geometrico di Sebastiano Serlio", in Marotti F., *Lo spettacolo dall'Umanesimo al Manierismo. Storia documentaria del teatro italiano*, Feltrinelli, Milano 1974, pp. 190-204.

che uno pianeta o altra cosa per aria si vegga passare, sia ben dipinta quella cosa in cartone e tagliata intorno, poi dietro la scena (cioè a gli ultimi casamenti) sia tirato a traverso un filo di ferro sottile, e con alcuni anelletti in esso filo attaccati dietro il cartone, nel quale sia un filo negro, e dall'altro lato sarà una persona che pian piano lo tirerà a sé, ma sarà di sorte lontano che né l'uno né l'altro filo sarà veduto. Tal fiata accaderà tuoni, lampi e folgori a qualche proposito, li tuoni così si faranno.

Sempre (come ho detto) le scene si fanno nel capo di una sala, sopra la quale gli è sempre un suolo, sopra del quale si farà correre una grossa palla di pietra, la quale farà bene il tuono.

Può essere paragonato a uno scienziato chi opera questi inganni per diletto e divertimento del pubblico? Esiste anche nella messinscena, nella creazione dello spettacolo altrettanto rigore di quello necessario per stendere un trattato scientifico? Ma rovesciando questa logica disciplinare, esiste anche nello scienziato quell'eccellente creatività e quello scatto della fantasia, proprio dello scenografo o del progettista, che può trasformare la noia e la ripetitività dell'esperimento in scoperta condivisibile da altri?

Se accettiamo la definizione che Giovan Battista Della Porta, nei *Magiae Naturalis Libri Viginti*[235] offre del mago (cioè dello scienziato), possiamo recuperare il senso profondo di chi compie "*opere piene di maraviglia e di stupore*". La riflessione del Della Porta ci aiuta ad aggiungere un altro elemento, fondamentale, nella costellazione che intendiamo costruire, ri-costruire e percorrere. Le linee di tendenza sono due e opposte, come abbiamo già visto, ma qui, appare un altro tracciato per opposizioni. Il progettista dei trucchi acquista consapevolezza di ciò che sta escogitando: sa che l'inganno perfetto è quello che fa scomparire agli occhi dello spettatore ogni artificio, rende invisibili macchine, meccanismi, media, che si risolvono nello spettacolo stesso, realizzano davvero, con un anticipo storico straordinario, l'affermazione categorica di Marshall McLuhan[236]: *il medium è il messaggio*. La macchina e i suoi effetti non sono tutti controllati e controllabili da chi li progetta, li fabbrica e infine li mette in moto; occorre sviluppare più a fondo e quindi rischiare in modo più evidente la

---

[235] Della Porta G.B., *Della magia naturale*, Ferro, Milano 1970 (prima edizione: *Magiae naturalis libri viginti*, apud Horatium Saluianum, Neapoli 1589).
[236] McLuhan M., *La galassia Gutenberg. Nascita dell'uomo tipografico*, Armando, Roma 1998.

complicità del pubblico, dello spettatore, del visitatore. Deve essere compiuto un atto di consenso, questa volta molto intimo, più personale:

> *Se le cose che opri, vuoi che paiano più maravigliose, nascondi le cause, perché quella cosa par maravigliosa della quale non sai la cagione, ché sapendosi la cagione togli la causa della maraviglia, e intanto ti paiono le cose stupende e maravigliose, mentre ti mantiene sospeso l'intelletto l'ignoranza delle cagioni*[237].

Operiamo subito un corto-circuito contro qualunque modello evolutivo e di narrazione storica, così come ci eravamo prefissati e mettiamo a confronto queste osservazioni del Della Porta con le analisi così acute di Brenda Laurel a proposito dell'interfaccia: "*il sottile velo che divide l'utente dal materiale informativo*". Proseguendo in questa analisi Brenda Laurel sviluppa una vera e propria teoria del contatto: "*The primitive notion of interface as screen or membrane holds important seeds of truth. [...] We naturally visualize the interface as the place where contact between two entities occur. [...] An interface is a contact surface*"[238].

Il contatto che sostituisce l'approfondimento e favorisce la simultaneità sembra corrispondere più direttamente e facilmente alle teorie associative dei processi mentali[239]. Potremmo dire provocatoriamente che un popolo giovane, di recente tradizione e con pochi vincoli intellettuali, scopre più facilmente che la cultura del testo, la testualità quale paradigma conoscitivo e la società del testo come dimensione totale del presente, non appartengono alla naturalità e, se si vuole, alla biologia dell'individuo, ma sono storia e dunque hanno un'origine e una fine. Di fronte alle macchine per conoscere e per comunicare sono artifici tecnici arcaici o superati: la mente viene riscoperta aggirando il paradigma logico-sequenziale prodotto dalla scrittura e potenziato immensamente dalla stampa. Si ritorna a forme di comunicazione diretta, come l'oralità e si riscoprono i meccanismi autentici della mente: non sequenziali, non-logici, non predisposti e quindi non

---

[237] Della Porta G.B., *op. cit.*, Libro I "Delle cagioni delle cose mirabili", 1970, p. 5; Cfr. anche: Getto G., *La prosa scientifica dell'età barocca*, Società editrice internazionale, Torino 1968.

[238] Laurel B., "Introduction" in Id., edited by, *The Art of Human Computer Interface Design*, Addison Wesley, Reading 1990, pp. XII: "*La nozione primitiva di interfaccia come schermo o membrana porta importanti semi di verità. [...] Noi visualizziamo naturalmente l'interfaccia come il luogo in cui avviene il contatto tra due entità... [...] Un'interfaccia è una superficie di contatto*" (T.d.A.).

[239] Bush V., *As we may think*, Atlantic Monthly, 1945.

orientati gerarchicamente a un risultato previsto e definito. La superficie ha a che fare con la rapidità, l'immediatezza, l'effimero, l'emozione, la sensazione e va a creare un campo semantico che appare assai lontano da quello logico-sequenziale. Storicamente si libera dal predominio culturale di quel paradigma; ed è possibile farlo attraverso macchine e artefatti artificiali. "*Contact surface*"[240]: è la leggerezza di Calvino, ma è anche l'ambiguità, la soglia propria della simulazione, tra inganno e ricerca del nuovo attraverso la manipolazione e la sperimentazione. L'abbandono della consapevolezza della finzione è noto come "*willing suspension of disbelief*"[241]. L'idea originaria del poeta inglese Samuel Taylor Coleridge è sviluppata da Brenda Laurel: "*It is the state of mind that we must attain in order to enjoy a representation of an action. Coleridge believed that any idiot could see that a play on a stage was not real life.[...] Coleridge noticed that, in order to enjoy a play, we must temporary suspend (or attenuate) our knowledge that it is* pretend. *We do this* willingly *in order to experience other emotional responses as a result of viewing the action*"[242].

3. Guardare e sognare

Sospendere il controllo razionale e lasciare libero flusso ai pensieri, alle loro associazioni non è un atto naturale o spontaneo; è una ricerca, una tecnica che può essere compiuta con l'esercizio diretto dei sensi del nostro corpo, con l'aiuto di sostanze o con l'utilizzo di mezzi. Esiste dunque un filo diretto che lega l'aspirazione a sognare, quindi ad andare oltre i limiti della quotidianità e della percezione sensibile, alla ricerca di ciò che spesso le leggi e le norme della società civile vietano o interdicono, e la volontà di esplorare ciò che appare così suggestivo e che può essere inafferrabile: guardare fuori di sé o dentro di sé diventano percorsi non più alternativi e non più così divergenti.

---

[240] Superficie di contatto (T.d.A.).

[241] Sospensione volontaria dell'incredulità (T.d.A.).

[242] Laurel B., *Computers as Theatre*, Addison-Wesley, Reading Mass. 1993, p. 113: "*è la condizione mentale che dobbiamo raggiungere per apprezzare la rappresentazione di un'azione. Coleridge credeva che qualunque idiota potesse capire che una rappresentazione su un palco non fosse vita reale. Coleridge osservò che, per apprezzare una rappresentazione, dobbiamo temporaneamente sospendere (o attenuare) la nostra consapevolezza della sua finzione. Lo facciamo volontariamente, per sperimentare altre risposte emotive come risultato della visione dell'azione*" (T.d.A.).

Walter Benjamin[243] ci indica un percorso di ricerca che può suscitare qualche sorpresa anche al lettore contemporaneo. L'autore decisivo è Rousseau e il libro decisivo, frammentario, ambiguo e contraddittorio sono le *Rêveries du promeneur solitaire*:

> *[...] et j'allais me jeter seul dans un bateau que je conduisais au milieu du lac quand l'eau était calme, et là, m'étendant tout de mon long dans le bateau les yeux tournés vers le ciel, je me laissais aller et dériver lentement au gré de l'eau, qualquefois pendant plusieurs heures, plongé dans mille rêveries confuses mais délicieuses, et qui sans avoir aucun objet bien déterminé ni constant ne laissaient pas d'être à mon gré cent fois préférables à tout ce que j'avais trouvé de plus doux dans ce qu'on appelle les plaisirs de la vie. Souvent averti par le baisser du soleil de l'heure de la retraite je me trouvais si loin de l'île que j'étais forcé de travailler de toute ma force pour arriver avant la nuit close.*[244]

La ricerca di un momento "felice" in cui sia sospeso il nostro personale controllo e sia possibile dimenticare quanto artificiale sia questa volontà, guida il contatto con la natura. Essa è piegata a un desiderio interiore: andare al di là, provare ciò che non è sperimentabile nella quotidianità e da tutti, consapevolmente, nella vita sociale. Ma l'analisi di Benjamin collega il sognatore solitario con il *flaneur*, lega Rousseau a Baudelaire e collega direttamente un'esperienza, giocata tutta nella solitudine e nell'eccezionalità, con la vita ormai definitiva dentro lo spazio urbano delle metropoli, dunque nel rapporto diretto con la folla. Il *flaneur* si perde nella folla come il sognatore si perde cullato dalle piccole onde del lago di Ginevra: un abisso storico e sociale li separa, una condizione di vita ha definitivamente spaesato il ricercatore solitario, l'esploratore e il pioniere degli abissi sconosciuti

---

[243] Benjamin W., *I passages di Parigi, Opere complete IX*, Einaudi, Torino 2000.

[244] Rousseau J.J., *Les Rêveries du promeneur solitaire*, Garnier-Flammarion: Parigi 1964, p. 67: "*...e io andavo da solo a gettarmi su una barca che conducevo in mezzo al lago quando l'acqua era calma, e là distendendomi in tutta la mia lunghezza nel battello con gli occhi rivolti al cielo, io mi lasciavo andare alla deriva lentamente seguendo l'onda, qualche volta per molte ore abbandonandomi a mille fantasticherie confuse, ma piacevoli e che, senza avere alcun oggetto preciso né continuo, erano per me cento volte più gradevoli rispetto a tutto quello che io avevo sperimentato di più dolce in quelli che ognuno definisce i piaceri della vita. Spesso venivo avvertito che era giunta l'ora di rientrare dal sole ormai basso sull'orizzonte così tardi da trovarmi così lontano dall'isola da dovermi impegnare a tutta forza per arrivare prima che giungesse la notte fonda.*" (T.d.A.)

dell'anima dall'intellettuale che ha perduto l'aureola e che deve ricercare stimoli e suggestioni nello spettacolo delle folle urbane.

Siamo pervenuti al di là dello specchio e, con formula provocatoria, potremmo dire che gli artifici predisposti per ingannare il pubblico ignorante o i trucchi escogitati per distinguere l'esperienza aristocratica, almeno nello spirito, si ritorcono contro gli intellettuali del secolo XIX. Il *flaneur* di Baudelaire è già a pieno titolo il cittadino della metropoli di quella capitale del XX secolo che è Parigi. E Benjamin ci introduce al di là dello specchio e della macchina. Non si tratta solo di scoprire gli artigiani e gli operai che hanno costruito le macchine nel tempo storico delle rivoluzioni industriali, ma di guardare al pubblico a cui erano dirette e che nel tempo si riflette in esse e progressivamente si appropria di esse.

Il progresso delle macchine è anche il Progresso di milioni di donne e di uomini che credono allo slogan del movimento socialista *sapere è potere*, e quindi fanno dell'educazione e dell'apprendimento uno strumento di emancipazione. Questo processo non passa soltanto attraverso l'imparare a leggere e a scrivere; milioni di donne e di uomini hanno anche imparato dalle immagini e dalle macchine, dai piccoli spettacoli delle lanterne magiche... fino alle illustrazioni e ai fumetti. Calvino ci offre una testimonianza singolare:

> *L'esperienza della mia prima formazione è già quella d'un figlio della «civiltà delle immagini» anche se essa era ancora agli inizi, lontana dall'inflazione di oggi. Diciamo che sono figlio di un'epoca intermedia, in cui erano molto importanti le illustrazioni colorate che accompagnavano l'infanzia, nei libri e nei settimanali infantili e nei giocattoli. Credo che l'essere nato in quel periodo ha marcato profondamente la mia formazione. Il mio mondo immaginario è stato influenzato per prima cosa dalle figure del «Corriere dei Piccoli», allora il più diffuso settimanale italiano per bambini. Parlo d'una parte della mia vita che va dai tre anni ai tredici, prima che la passione per il cinema diventasse per me una possessione assoluta che durò per tutta l'adolescenza. Anzi, credo che il periodo decisivo sia stato tra i tre e i sei anni, prima che io imparassi a leggere*[245].

---

[245] Calvino I., *op.cit.*, 1988, p. 104, lezione 4 – "Visibilità".

4. Chi guarda?

Nella tela del Tiepolo[246] vediamo il popolo, ma solo di schiena. Tanti curiosi, attratti, meravigliati, ma per noi, osservatori separati nel tempo da quel dipinto, invisibili, sconosciuti, senza anima. È la gente che guarda incuriosita, ma deve ancora passare del tempo, della storia, della cultura e della politica per poter dare un volto preciso a quella folla e per poter individuare ciascuno con i propri caratteri e con le proprie peculiarità individuali. Prima sarà trasformato in folla, in pubblico, in massa.

Il popolo può insegnare? Quella folla può offrire materiale, documenti, esperienza di vita vissuta perché un artista crei di nuovo suggestioni e piacevoli inganni, offra ancora un'immagine e una creazione nuova, più ricca e più intensa? Secondo Carlo Goldoni sì, quando dichiara nella *Prefazione dell'autore alla prima raccolta delle commedie* (1750) i due grandi soggetti della sua riforma teatrale, il Teatro appunto e il Mondo:

> [...] *ma dirò con ingenuità, che sebben non ho trascurata la lettura de' più venerabili e celebri autori, da' quali, come da ottimi maestri, non possono trarsi che utilissimi documenti ed esempli: contuttociò i due libri su' quali ho più meditato, e di cui non mi pentirò mai di essermi servito, furono il Mondo e il Teatro. Il primo mi mostra tanti e poi tanti vari caratteri di persone, me li dipinge così al naturale, che paion fatti apposta per somministrarmi abbondantissimi argomenti di graziose ed istruttive commedie: mi rappresenta i segni, la forza, gli effetti di tutte le umane passioni: mi provvede di avvenimenti curiosi: m'informa de' correnti costumi: m'istruisce de' vizi e de' difetti che son più comuni del nostro secolo e della nostra nazione, i quali meritano la disapprovazione o la derisione de' saggi; e nel tempo stesso mi addita in qualche virtuosa persona i mezzi coi quali la virtù a codeste corruttele resiste, ond'io da questo libro raccolgo, rivolgendolo sempre, o meditandovi, in qualunque circostanza od azione della vita mi trovi, quanto è assolutamente necessario che si sappia da chi vuole con qualche lode esercitare questa mia professione. [...]Io stimo che, più scrupolosamente che ad alcuni precetti di Aristotele o di Orazio, convenga servire alle leggi del popolo in uno spettacolo destinato all'istruzion sua per mezzo del suo divertimento e diletto. Coloro che*

[246] Tiepolo Giandomenico, *Il mondo novo*, 1791, affresco ubicato a Venezia - Ca' Rezzonico, Museo del Settecento Veneziano.

amano tutto all'antica, ed odiano le novità, parmi che si potrebbono paragonare a que' medici, che non volessero nelle febbri periodiche far uso della chinchina per questa sola ragione, che Ippocrate o Galeno non l'hanno adoperata[247].

E un nuovo corto circuito della storia e delle tradizioni si realizza se confrontiamo le parole di Goldoni alle esperienze descritte da Sherry Turkle, in cui le finestre di dialogo del personal computer diventano spazi in cui le vite reali si trasformano in rappresentazione di vite di personaggi che molto hanno a che spartire con il teatro.

Doug è uno studente ai primi anni di college. Impersona quattro personaggi differenti in tre diversi MUD. Il primo è una donna attraente, mentre l'altro è un tipico macho, *un cowboy la cui autodescrizione sottolinea come sia "il tipo perfetto della pubblicità Marlboro" [...] Illustrando i suoi spostamenti tra i vari personaggi, Doug spiega come l'uso delle finestre gli consenta di "accendere e spegnere parti diverse della mia mente". Posso dividere la mia mente in più parti, e funziona sempre meglio. Riesco a vedere me stesso scomposto in due, tre o anche più entità diverse. E passando da una finestra all'altra ogni volta accendo una parte della mia mente. In una finestra sto partecipando a una complicata discussione, mentre in un'altra sto andando dietro a una ragazza di un MUD, e in un'altra ancora potrei occuparmi di una particolare ricerca scolastica... E a un certo punto mi vedo arrivare un messaggio [che lampeggia sullo schermo non appena viene inviato da un altro utente del sistema], che immagino abbia a che fare con la vita reale. Che è soltanto una finestra in più. "La vita reale non è altro che una finestra in più, e in genere nemmeno la migliore", ripete*[248].

5. Il museo: la memoria e lo spettacolo

Può un museo ricomporre questi due momenti, queste due grandi tendenze storiche della civiltà europea e può aspirare ad essere un luogo in cui ci si può

[247] Goldoni C., *Opere*, Ricciardi, Milano-Napoli 1964, pp. 191-193 (prima edizione: "Prefazione dell'autore alla prima raccolta delle commedie" in Id, *Opere*, vol. 1, Venezia1750).
[248] Turkle S., *La vita sullo schermo,* Apogeo, Milano 1997, pp. XIV-XV.

perdere nella memoria, ma anche riconquistare il senso profondo delle identità che hanno fatto la nostra storia? E possiamo anche aspirare ad essere lontanissimi epigoni e modestissimi discendenti di una civiltà come quella celebrata dall'Aretino in questa lettera a Tiziano, così ricca di malinconia profonda, di intelligenza visiva acutissima e di amore e di orgoglio per Venezia, la propria città?

> *[...] appoggiate le braccia in sul piano de la cornice de la finestra, e sopra lui abbandonato il petto e quasi il resto di tutta la persona, mi diedi a riguardare il mirabile spettacolo che facevano le barche infinite, le quali, piene non men di forestieri che di terrazzani, ricreavano non pure i riguardanti, ma esso Canal grande, ricreatore di ciascuna che il solca. [...] Considerate anco la maraviglia ch'io ebbi dei nuvoli composti di umidità condensa, i quali in la principal veduta mezzi si stavano, vicini ai tetti de gli edifici, e mezzi ne la penultima però che la diritta era tutta d'uno sfumato pendente in bigio nero. Mi stupii certo del color vario di cui essi si dimostravano: i più vicini ardevano con le fiamme del foco solare; e i più lontani rosseggiavano d'uno ardore di minio non così bene acceso. Oh con che belle tratteggiature i pennelli naturali spingevano l'aria in là, discostandola dai palazzi con il modo che la discosta il Vecellio nel far dei paesi! Appariva in certi lati un verde azzurro, e in alcuni altri un azzurro verde, veramente composto da le bizarrie de la natura, maestra dei maestri. Ella con i chiari e con gli scuri isfondava e rilevava in maniera ciò che le pareva di rilevare e di sfondare, che io, che so come il vostro pennello è spirito dei suoi spiriti, e tre e quattro volte esclamai: – O Tiziano, dove sète mò? – Per mia fe' che se voi aveste ritratto ciò ch'io vi conto, indurreste gli uomini ne lo stupore che confuse me; che nel contemplare quel che v'ho contato ne nutrii l'animo che più non durò la maraviglia di sì fatta pittura.*

Ma possiamo anche aspirare a fare di un luogo, fisico e simbolico, radicato in uno spazio e in un tempo definito, quale è la Mole Antonelliana, ad animarlo, a renderlo vivo e vivibile per tutti e soprattutto per quel pubblico di giovani che rende ancora oggi vivo e vitale lo spettacolo cinematografico? Possiamo dunque accettare la sfida delle nuove tecnologie e pensare, come Myron Krueger, di animare e personalizzare un museo e il monumento in mattoni più alto del mondo:

Per anni, recandomi a Times Square ho sognato di comandare l'insegna elettronica installata sul vecchio edificio del Times. Mi rivolsi allora ai proprietari e chiesi loro il permesso di far controllare l'insegna dai passanti con i movimenti delle mani. Nel 1988, durante la mostra "Digital Visions" curata da Cynthia Goodman presso la IBM Gallery a Manhattan, una delle interazioni di VIDEOPLACE fu infatti una proposta per realizzare questa idea su scala monumentale. Il panorama notturno di New York veniva proiettato su uno schermo video. I partecipanti potevano accendere le luci negli edifici servendosi delle immagini delle proprie dita. Le luci si accendevano e si spegnevano secondo schemi diversi ogni volta che la sagoma del dito toccava un edificio particolare. Gli schemi venivano memorizzati e in un secondo momento rievocati in sequenza per ogni grattacielo. Il panorama era così animato. Ci sarà un giorno in cui gli abitanti di una metropoli saranno in grado di partecipare a una simile grandiosa interazione.

Bibliografia

1. Aretino P., *Scritti scelti*, a cura di Ferrero G Utet, Torino, 1970
2. Benjamin W., *I passages di Parigi, Opere complete IX*, Einaudi, Torino 2000
3. Bush V., *As we may think*, Atlantic Monthly, 1945
4. Calvino I., *Lezioni americane. Sei proposte per il prossimo millennio,* Garzanti, Milano 1988.
5. Getto G., a cura di, *Opere scelte di Giovan Battista Marino e dei Marinisti*, Utet, Torino 2000.
6. Getto G., *Il Barocco letterario in Italia*, Bruno Mondadori, Milano 2000.
7. Getto G., *La prosa scientifica dell'età barocca*, Società editrice internazionale, Torino 1968.
8. Goldoni C., *Opere*, Ricciardi, Milano-Napoli 1964
9. Laurel B., *Computers as Theatre*, Addison-Wesley, Reading Mass. 1993
10. Laurel B., "Introduction" in Id., edited by, *The Art of Human Computer Interface Design*, Addison Wesley, Reading 1990
11. Lubrano G., *Scintille poetiche*, a cura di Pieri M., Longo, Ravenna 1982 (prima edizione: *Scintille poetiche o poesie sacre e morali di Paolo Brinacio Napoletano*, Napoli, 1690).
12. Marotti F., *Lo spettacolo dall'Umanesimo al Manierismo. Storia documentaria del teatro italiano*, Feltrinelli, Milano 1974, pp. 190-204.
13. McLuhan M., *La galassia Gutenberg. Nascita dell'uomo tipografico*, Armando, Roma 1998
14. Rousseau J.J., *Les Rêveries du promeneur solitaire*, Garnier-Flammarion: Parigi 1964
15. Turkle S., *La vita sullo schermo,* Apogeo, Milano 1997

5. Una casa per la mente

Premessa

Locative media è argomento inedito in ambito italiano e rappresenta progetti e posizioni culturali anche eterogenee , concentrate sull'idea di rinnovare il rapporto tra la pratica delle tecnologie di rete e l'evoluzione della società di Internet, recuperando un rapporto rinnovato e diretto col territorio attraverso il coinvolgimento delle comunità locali.

Creatività invece e 'argomento di cui si parla e discute da sempre. creatività è vista in rapporto a due processi opposti: influenzata dalla crisi economica con la sua potenza disgregatrice e allo stesso tempo, opportunità per i processi di innovazione che potrebbero trovare nuovo slancio proprio dalle industrie creative.

1. Una nuova casa?

Locative media e Internet delle cose (o degli oggetti) [internet of things] sono etichette che rappresentano scenari in movimento, compositi ma rappresentativi di tendenze in atto che scavano all'interno della situazione attuale. Possono rappresentare un tentativo, dalle molte sfaccettature, di rappresentare un cambio di paradigma che ha il suo punto di partenza nella rivoluzione informatica e tecnologica iniziata nella seconda metà del secolo scorso. I punti essenziali sono: critica delle scienze della computazione e quindi del binomio informatica/informazione e la ricerca di una forma di conciliazione di quella che viene considerata una frattura. La distanza, il formarsi quasi di due mondi paralleli quello dell'etere, dei network e quello della vita "reale". Per questo motivo sono affrontati con molta determinazione sia punti di svolta tipicamente tecnologici sia punti di svolta concentrati sulla dimensione sociale, sulle relazioni interpersonali all'interno di comunità.

La diffusione del modello ubiquitous computing è il punto di partenza perché enfatizza un'attività sempre presente e mai interrotta attraverso Internet fino a conferire agli oggetti, etichettati o arricchiti di tecnologia dell'informazione, un'inedita funzione attiva, un'anima e una sensibilità tali da farli conferire attivamente e autonomamente con gli individui aprendo un dialogo e una relazione inedita.

L'uso diffuso delle etichette e i meccanismi di localizzazione ne sono diretta conseguenza. Nelle posizioni che hanno ambizioni teoriche maggiori questo movimento significa l'inizio di una fase di grande impegno perché vuole offrire il suo contributo a una svolta nella riflessione (e non solo, ma anche nella pratica) del rapporto tra l'umano (l'umano della nostra contemporaneità) e i due mondi dell'informazione, quella determinata dalle tecnologie informatiche, e del mondo fisico, materiale nel quale e attraverso il quale si attua la nostra esperienza.

Comunque si categorizzino o si definiscano, le tecnologie della localizzazione forniscono un collegamento tra due mondi, quello digitale dei dati e quello fisico, su entrambe le scale, globale e locale. I progetti legati ai locative media non mirano soltanto al "dove", all'hic, agiscono per ri-costruire e ri-pristinare il contesto.

Le Tecnologie embedded e l'informazione embedded sono il fattore che consente agli oggetti di arricchirsi di un'anima, di avere in sé informazione e input e output che vanno incontro alle diverse e mutanti forme dell'umano sia esso fruitore, utilizzatore, spettatore, visitatore.

Oggi "pervasivo" è sinonimo di *ubiquitous computing*. Usando la parola pervasivo perciò si ribadisce la similarità con l'oralità; come l'aria, la computazione è distribuita nello spazio in modo immateriale e, come la parola, è incorporata nella mente umana, anche la computazione è incorporata negli oggetti, nei luoghi e nel corpo umano.

I personal computers partivano dall'assunto che ogni cosa necessaria doveva essere immagazzinata localmente. I computers in rete sono partiti da qui per costruire un ambiente "globale" in cui ogni informazione necessaria potesse essere universalmente accessibile su Internet. Un'informazione che è percepita in rete come del tutto smaterializzata. Così hanno indotto nel senso comune la percezione che questo mondo, quello delle reti, fosse per sua natura e soprattutto per l'esperienza che induce, un mondo smaterializzato e dunque un mondo immateriale, un altro mondo o un mondo parallelo rispetto a quello fisico, materiale. Sono stati occultati i processi materiali di produzione delle infrastrutture necessarie al funzionamento e all'efficienza dei network.

L'informatica locative si spinge oltre questa nozione, promettendo di portare Internet nel mondo reale, rendendo accessibile ogni luogo attraverso una serie di dispositivi. Quando osserviamo quello che possiamo descrivere come "informatica centrata sugli oggetti", nell'ambito dell'Internet delle Cose, iniziamo a immaginare un mondo in cui, è rilevante per l'informazione a cui voglio accedere e per le relazioni che voglio formare, non solo la mia localizzazione, ma anche, e sempre più significativamente, gli oggetti che si trovano intorno a me. Le ambizioni di questi progetti vanno oltre la semplice "traduzione" degli spazi fisici e delle relazioni sociali in numeri. Si propongono la "trasformazione" di forme spaziali e temporali in esperienze umane.

Proviamo a assumerle in una forma teorica di più largo respiro, confrontandola con alcuni passaggi teorici, di cui si svela il contenuto di fondo. E' innanzi tutto la critica all'impianto largamente diffuso che l'informatica sia una scienza prodotta unicamente dalla mente. E' la mente, a partire da Turing, che garantisce la scienza della computazione e, allo stesso modo, la computazione, anche quando si sviluppa in una scienza e tecnologia applicativa come sarà la scienza del computer, ridefinisce e esalta il ruolo della mente.

È una mente che si è separata dal corpo e ha perso ogni legame con l'ambiente e il vissuto, cioè il nostro quotidiano e quindi la nostra esperienza certa e circoscritta.

Una funzione della mente enormemente dilatata e enormemente spiritualizzata; un umano dal corpo piccolissimo e molto magro, ossuto, esile, senza energia e senza 'sesso "pubblico", dalla testa enorme e dall'intelligenza e dalle capacità conoscitive super potenziate. A questo reagisce l'embodyment e anche il ritorno al territorio circoscritto. La mente viene sospinta a riposizionarsi in compagnia degli altri sensi e di un corpo nuovamente "incarnato", cioè, potremo dire materializzato come esso è in natura. Si tratta di una seconda, terza natura… tutta da costruire in nuove prospettive senza buttare via l'enorme progresso che internet e il modello della realtà aumentata hanno rappresentato e rappresentano.

Per semplificare si possono opporre un'idea di mente informatica all'idea di mente alfabetica così come affermato da Havelock e altri antropologi. La mente informatica è una mente unilaterale, vincolata a una ideologia del dato (data) e al modello bi-univoco (codice binario, Von Neumann: electronic brain). Ma anche Turing si propone di "costruire un cervello" 1943.. Nella sua versione più recente e più aggressiva è stata espressa da Nicholas Negroponte. Negroponte, infatti, per testimoniare l'esito definitivo dell'affermazione del digitale oppone il nuovo mondo dei bit al mondo, ormai superato, degli atomi. la mente alfabetica apre a una rivoluzione di civiltà, pur riducendo la ricchezza del mondo dell'oralità e vincolando l'intelligenza umana al modello logico-sequenziale.

La reazione nelle posizioni del locative media può essere rappresentata in modo semplificato nel trovare un luogo di identità e di stabilità rispetto ai flussi (soprattutto nella contrapposizione tra luogo e corpo da una parte e mente e flussi nell'etere dall'altra) nel ricucire una frattura tra il mondo cyber tutto disincantato dalla terra e tutto incantato nella blogosfera, e il mondo della nostra esperienza quotidiana, quello che ci appartiene e che possiamo sperimentare direttamente ogni giorno. In opposizione al fascino delle facilitazioni che le tecnologie offrirebbero nelle relazioni cyberspaziali, qui ci si propone di ritrovare un rapporto diretto e reale con la realtà vera, il nostro mondo quotidiano. In questo modo viene anche svelato che il cyberspazio non è una fascinazione solo intellettuale o artistica ,ma è robustamente sorretta da potenti interessi economici e di mercato.

L'obbiettivo è quello di ricostituire un senso positivo dell'abitare e, insieme, proseguire sulla linea della complessità, dell'arricchimento e dell'augmenting. Si è aperta una nuova via che indica un cambio di paradigma non violento e neppure radicale; non vuole negare la società di internet, la società digitale, pur registrando quanto è accaduto di devastazione, impoverimento e crisi generate dalla violenza dei processi di globalizzazione. La resistenza alla globalizzazione si esprime nell'opposizione tra il mondo delle cose, il mondo reale e ciò che rimane impresso nell'immaginario comune degli effetti della globalizzazione. È una presa di distanza e una critica della globalizzazione come processo di spaesamento e di sradicamento, veicolato dalle tecnologie di rete e di rappresentazione. Dal dominio della finanza sull'economia con la disponibilità del denaro in flussi ininterrotti e incontrollabili all'origine dell'enorme e crescente disuguaglianza: grandi ricchezze accumulate in brevissimo tempo e gravissime crisi di impoverimento della classe media a cominciare dagli Stati Uniti. Il veicolo principale di immagini che ha indotto molti cittadini a credere alla possibilità di un rapido arricchimento attraverso facili indebitamenti promossi dalle banche viene addebitato alla virtualizzazione, a quel mondo dell'apparenza, soprattutto dei media televisivi in cui la realtà del sangue, della guerra e della distruzione, viene comunicato e smaterializzato fino a farlo diventare oggetto di consumo in forma anestetizzata (perdita di realtà).

Spaesamento a cui si contrappone una rinascita del luogo e forme nuove di riappropriazione del luogo in cui fare esperienza. Questa reazione agli inganni o alle false promesse di un mondo che si arricchisce facilmente attraverso un uso ingenuo delle tecnologie della comunicazione non nega, anzi vuole salvaguardare e rinnovare l'efficacia facilitante e di rapporti diretti, sociali che queste stesse tecnologie hanno generato. Si vuole mantenere l'interazione diretta, cioè l'opportunità che questi media offrono di collegarsi familiarmente (domestic) e universalmente con chiunque e in qualunque luogo, anche nella forma ubiquitous (cioè sempre con noi e tra noi). Si apre un campo, una forma inedita e potenzialmente molto più ricca delle forme tradizionali di socializzazione.

Una ricerca sulla profondità e sulla complessità dei rapporti sociali, dove si mette l'accento più sulle relazioni e le inter-relazioni tra i soggetti, sul valore della vita privata e di relazioni circoscritte. nella globalizzazione i limiti del circoscritto, cioè della nostra esperienza situata, sembrano scomparire nei flussi, nei percorsi, negli attraversamenti, senza barriere e senza frizioni (friction free kapitalism, Bill Gates) ma poi si rivelano necessari per non perdere la nostra identità. Un po' di resistenza un po' di attrito e un po' di vincoli e di limitazioni fa bene all'individuo.

2. Mondi invisibili e storie latenti

Il potere della narrazione

La profondità rivaluta il latente (inespresso, represso, invisibile) e quello che mi appartiene della mia esperienza (il quotidiano soprattutto) e che non filtra in superficie sul palcoscenico della vita comune, delle relazioni pubbliche. In questo modo si può sviluppare una visione complessa e ricca dei rapporti sociali. L'opportunità è data da un percorso critico che denuncia i limiti della concezione informatica del dato, del bit come l'elemento rappresentativo della complessità della comunicazione e delle relazioni tra umano e ambiente e tra gli stessi esseri umani. Dal punto di vista sociale significa concentrare l'attenzione verso ciò che non sta sulla superficie. L'attenzione, invece, si concentra verso il latente. Non è un caso che in questa area di ricerca e di studio assuma un ruolo rilevante l'opera di Michel De Certeau. La terminologia freudiana torna a galla, ma viene derubricata dal suo impatto "rivoluzionario" e resa più conciliante nei suoi aspetti più aggressivi e radicali. Ad esempio, vengono tenuti in ombra i concetti di TRAUMA e poi il concetto di rimosso, rimozione e poi di represso.

La narrazione in questa prospettiva offre una singolare occasione e un'opportunità sociale di ritessere le fila che sono state lacerate dai processi di disgregazione sociale e culturale indotti dalla globalizzazione. Il male è più profondo persino della povertà, della miseria, del decadimento morale, sociale e culturale di ampie fette della classe media: è un male che penetra nella profondità delle culture personali, intacca le radici dell'identità, disgrega nuclei sociali privandoli delle loro profonde ragion d'essere.

Un'esperienza meditata e raccontata costruisce, invece, una ragnatela di rapporti che sono autenticamente sociali e che ripristinano quel vissuto occultato dai network e dalla loro potenza comunicante e di relazione istantanea.

Il tempo e lo spazio ideale della narrazione possono risolvere il conflitto tra istantaneo, una percezione indotta dai media, a loro volta potenziati dalle tecnologie dei network, e la ricerca di uno spazio individuale e sociale (di comunità locale soprattutto) in cui si possano dipanare storie e quindi esperienze di vita comuni che sono tali proprio nel momento in cui sono raccontate. Il racconto riapre spazi sociali e pubblici. Viene ridata la voce agli invisibili e a ciò che è latente: i poveri o la classe media, già tecnologicamente attrezzata e socialmente in pericolo a causa della globalizzazione. All'ipotesi della relativa indifferenza rispetto al luogo di origine, là dove sei nato, e quindi alla sottovalutazione dei vincoli o delle catene che lì ti possono limitare e rinchiudere anche per tutta la vita, si oppone l'idea che occorre riesplorare il luogo pertinente alla nostra situata e limitata esperienza di vita. L'esperienza possibile può ri-emergere e ri-acquistare significato dentro un circuito di relazioni sociali, ripristinato attraverso l'utilizzo delle tecnologie ri-orientate.

Storytelling e narrazioni concorrono a ricostruire relazioni non conflittuali, utilizzando la complessità e la ricchezza dei linguaggi.

Due livelli: rivelazione e comunicazione della complessità oltre la semplice trasmissione e elaborazione del dato (informatica); riscoperta del valore sociale di connessione e di coesione delle forme di narrazione, specialmente di quelle che non rientrano nel canone ma appartengono alle esperienze di vita vissuta. Portate alla luce, rese visibili automaticamente generano rapporti sociali.

Il terreno scelto è la vita vissuta, Il quotidiano L'esperienza situata; le narrazioni personali sfruttano l'accessibilità e la disponibilità di risorse e di pubblico per uscire dallo schema vincolante dei monopoli di origine massmediale.

Possono le narrazioni personali competere con il grande business, generato proprio dalla grande occasione di rinnovato uso dei contenuti culturali in rete, attraverso la georeferenzialità?

Da Google a Facebook a Yahoo, la geo-localizzazione è oggi la strada su cui i colossi informatici stanno puntando

Si riproduce un conflitto che spesso percorre la storia del Novecento tra le azioni culturali dal basso, quelle underground e il potere economico e culturale che si concentra nei monopoli. Anche la georefernzialità è business inevitabilmente come è accaduto per Internet delle origini, Internet del tempo della frontiera. E qui, in questo dilemma trova posto la riflessione e l'analisi del ruolo delle industrie creative. Nel Novecento la riflessione dei grandi maestri che hanno studiato le comunicazioni di massa e l'industria culturale conduce a un dilemma non risolvibile. A cominciare da Innis, il maestro di McLuhan, con la sua definizione di monopolio. Innis, economista, considera uno step fondamentale il passaggio dalla concentrazione monopolista dell'economia delle materie prime al monopolio della conoscenza e quindi dell'economia immateriale, dell'industria culturale e della comunicazione. Il monopolio in questo secondo caso non rappresenta soltanto il potere della proprietà ma piuttosto quello del controllo e quindi della manipolazione degli individui, delle loro anime e delle loro abitudini.

Il monopolista dell'economia industriale ha potere sulla vita materiale e sui bisogni e di qui giunge a condizionare le opinioni e il consenso. Ma se, secondo Adorno, colui che usa per primo con forza assolutamente critica il termine industria culturale, quel potere economico si espande all'intera società e occupa non solo lo spazio dei bisogni primari, elementari ma arriva anche allo spazio e al tempo delle coscienze e del tempo libero, allora può succedere questo:

autoritarismo e monopoli: uno comanda sulla persona, sull'individuo totale e l'altro comanda sull'economia e sul sistema di vita. Dal comando e dalla proprietà al controllo e alla manipolazione. Oggi esiste la possibilità, a fronte di una crisi economica globale e capace di distruggere sia ricchezza sociale sia rapporti sociali, di trovare una via di uscita a questo dilemma tipico della società del novecento?

Esiste la possibilità di un'industria creativa o e' possibile soltanto l'industria culturale "massificante? Il social network e la nuova economia di rete creano le condizioni per nuove forme di produttività su larga scala in grado di generare ricchezza e quindi essere forme nuove di produttività industriale? Esistono concrete possibilità di avviare un percorso che modifichi la figura del consumatore passivo e semplice terminale di processi determinati dai monopoli senza alcuna possibilità di interazione e di coinvolgimento.

La mentalità da alveare opposta a una libera, individuale creatività riconduce alla critica della mente informatica come mente unilaterale al culto dell'oggettività del dato come unico perno dei flussi di informazione. La speranza di cogliere la creatività nell'attimo fuggente della sua massima e più efficace espressione si fonda sulla dinamica di gruppi e di élites creative che accentuano insieme il dinamismo e la fragilità. E' l'onda, sono i flussi che dominano e bisogna coglierli nel momento più alto, l'individuo deve nuotare in questi oceani senza annegare travolto dalla mole indiscriminata e crescente di dati, di informazioni.

Attraverso lo sviluppo dell'orologio e successivamente della mappa, lo spazio é diventato un bene di consumo, e come suggerisce Heidegger, abbiamo cominciato a perdere un'intrinseca connessione con la terra e, così facendo abbiamo perso il senso dell'" abitare" (Heidegger, 1971).

3. Cosalizzazione e reificazione

Cosa succederà se non più solo gli esseri umani faranno parte della rete sociale, ma anche le nostre cose potranno scaricare, inviare, trasmettere informazioni significative e che creano significato. Quando si coabita un mondo dove all'improvviso le Cose sono viste non più semplicemente nella loro funzione principale, ci possiamo chiedere in che modo esse iniziano a significare come veri attori sociali.

Non si può non partire da Marx e dai manoscritti economico filosofici e dalla loro vulgata nel novecento: reificazione è la riduzione dell'uomo a cosa, a merce attraverso il processo di produzione capitalistico che sfrutta la forza lavoro riducendola a merce. Anche l'uomo viene ridotto a merce. Non solo il suo corpo ma anche lo spirito che immagina il capitalismo e il mercato delle merci come un feticcio.

Oggi, invece, si ipotizza che le cose si umanizzino, perdano la loro stabilità e fissità materiale per entrare in una dinamica che ha al suo centro la produzione e lo scambio di informazione e la generazione di significati e di simboli condivisibili e condivisi. Cioè alla fine comunitari e sociali.

L'agency concerne la capacità di questi oggetti di essere decisivi e di articolare e incoraggiare l'azione. Gli oggetti possono essere dotati di vita significativa e quindi esseri viventi in forma evoluta (cioè cosciente e significante).

Il dato è un registro che può essere conosciuto e poi utilizzato solo dopo essere davvero materializzato come dato, prodotto come dato e quindi reificato ma nel senso di Marx. Qui il termine reification significa proprio cio' che critica Marx, con un tentativo di uscire dalla contraddizione fondamentale dei processi di reificazione in cui l'esperienza è ridotta a oggetto e l'esperienza è ridotta a merce da cui nasce la valorizzazione capitalistica del lavoro salariato. Non vogliono rimanere dentro il circuito dell'oggettivazione che vuol dire riduzione a oggetto, cioè a cosa come non valore dell'esperienza umana, sfruttamento e quindi aprono piuttosto confusamente verso l'esperienza condivisa, partecipata per recuperare il valore dell'umano che si può esprimere. In questo punto di vista (speed) viene educatamente rimosso il peso del denaro e il suo potere come pure il meccanismo proprio del capitalismo industriale.

Fine dell'homo faber; la ridefinizione del produttore Utopia??

Dal momento che le persone, gli oggetti e i luoghi diventato tracciabili, e rintracciabili e registrati attraverso una infrastruttura di lettori e di etichette dislocati ovunque nello spazio, diventeremo una descrizione accessoria delle cose che trasportiamo e dello spazio in cui ci muoviamo. L'Internet delle cose è uno spazio strano, quando sarà in uso porterà a tre risultati: non ci sarà più sfera pubblica; non ci sarà più nessuna possibilità di perdere la memoria e non ci saranno più le persone, ma solo una mole di dati come una nube. Memoria pervasiva, narrazioni localizzate (racconti localizzati).

Versione "utopica" che rientra nello spirito di Internet delle origini. Il progetto, focalizzandosi sui ricordi e sulle storie personali e non su dati quantitativi, come il prezzo, la temperatura o altre informazioni logiche, offre a ogni istanza materiale dell'oggetto una ricca dimensione immateriale. Oppure si afferma un'altra convinzione diffusa, tipica delle origini della comunicazione digitale: è l'originaria pregiudiziale di Internet: alla larga dallo stato e dai governi, costruiamo liberamente i diritti universali di cittadinanza!!